V&R Academic

Heinrich Kaulen / Christina Gansel (Hg.)

Literaturkritik heute

Tendenzen – Traditionen – Vermittlung

V&R unipress

Bibliografische Information der Deutschen Nationalbibliothek

Die Deutsche Nationalbibliothek verzeichnet diese Publikation in der Deutschen
Nationalbibliografie; detaillierte bibliografische Daten sind im Internet über
http://dnb.d-nb.de abrufbar.

ISBN 978-3-8471-0246-5
ISBN 978-3-8470-0246-8 (E-Book)

© 2015, V&R unipress in Göttingen / www.vr-unipress.de
Printed in Germany.
Titelbild: Ausschnitt (A1) aus ›7 greenred‹, Acryl auf Leinwand, 100x150 cm, 2011, © Renate Sander
Druck und Bindung: CPI buchbuecher.de GmbH, Birkach

Gedruckt auf alterungsbeständigem Papier.

Inhalt

Vorwort

Literaturkritik ist eine der wichtigsten Vermittlungsinstanzen zwischen Texten und Lesern, an die die Erwartung geknüpft wird, lobende, warnende oder neutrale Informationen zu literarischen Texten zu liefern. Sie ist eine Institution der literarischen Öffentlichkeit, die individuelle und kollektive Vorstellungen darüber prägt, was Literatur ist, was sie sein kann oder sein sollte und wie einzelne Texte einzuschätzen sind. In ihrer Funktion als Vermittlungsinstanz verschafft Literaturkritik Überblicke, sie wählt aus, informiert, wertet, regt dazu an, über Literatur zu diskutieren. Literaturkritik ist zudem eine Institution literarischer Erziehung und Bildung. Selbst dort, wo sie verurteilt, liefert sie ex negativo eine Vorstellung von der möglichen Leistung von Literatur. Insofern ist Literaturkritik immer auch eine Art Werbung für Literatur und für das Lesen. Die Funktionen von Literaturkritiken reichen weit in unterschiedliche Bereiche der Gesellschaft hinein:

In ihrer didaktisch-vermittelnden Funktion für das Publikum stellt die Literaturkritik nötiges Wissen und erforderliche Fähigkeiten zur Rezeption ausgewählter Texte zur Verfügung und besitzt damit Relevanz für die Schule. In ihrer didaktisch-sanktionierenden Funktion für Literaturproduzenten (Autoren, Verlage) hat Literaturkritik zumindest den Anspruch, durch Bewertungsakte die Qualität von Literatur zu sichern und auf diese Weise gewissermaßen die Grenzen des Systems Literatur zu ›sichern‹. In ihrer reflexions- und kommunikationsstimulierenden Funktion fördert Literaturkritik die öffentliche Verständigung über Literatur. Als eine Funktion von Literatur gilt nach wie vor die Unterhaltung. Diese Funktion erscheint vor allem im Journalismus, speziell im Feuilleton, von besonderer Bedeutung und schlägt sich gleichfalls in der sprachlichen Gestaltung von Literaturkritik nieder.

Was Literaturkritik heute will und was sie im Sinne der benannten Funktionen leisten kann, ist in starkem Maße davon abhängig, welcher Literaturbegriff dominiert, in welcher sozialen Rolle sie agiert und welche gesellschaftlichen wie historischen Kontexte für sie maßgeblich sind.

Die in der Gegenwart etablierten Medien der Kritik – soweit sie nicht, wie der

Hörfunk, das Fernsehen oder Internet erst im 20. Jahrhundert eingeführt wurden – sind in Erscheinungsformen und Organisationsprinzipien seit dem ausgehenden 18. Jahrhundert bekannt. Zeitschriften bilden seit dem 18. Jahrhundert das traditionelle Medium der Literaturkritik (Rezensionsorgane). Seit Mitte des 19. Jahrhunderts haben kritische Rezensionen ihren festen Sitz in den Feuilletons der Tages- und Wochenzeitungen. Für die Gegenwart kann auf Rezensionsorgane wie *Am Erker, LITERATUREN* oder *Die Berliner Literaturkritik* verwiesen werden. Unabhängig von Zeitungen oder speziellen Rezensionsorganen im Printbereich haben sich Internetplattformen wie www.literaturkritik.de oder das Online Kulturmagazin Perlentaucher.de etabliert. Neben diesen Plattformen, die Literaturkritiken von Experten für die Öffentlichkeit bereitstellen, bringen Plattformen wie amazon.de eine hohe Frequenz von Laienkritiken hervor. In der Praxis kann also eine Vielzahl unterschiedlicher Ausprägungen von Literaturkritik beobachtet werden. Bislang scheint die Literaturkritik, obwohl sie in ihrer kommentierenden Funktion von Literatur im Literatursystem fest verankert ist, von der Literaturwissenschaft unterschätzt worden zu sein, was sich in der Tatsache zeigt, dass die Praxis der Literaturkritik wenig untersucht ist. Der vorliegende Band ist daher Ausdruck des gewachsenen Erkenntnisinteresses an der Praxis der Literaturkritik, ihrer Ausweitung in unterschiedlichen Medien sowie der unterschiedlichen Qualität der produzierten Texte im Rahmen der Rezeption von Literatur.

In dem Maße wie sich Literaturwissenschaft der Geschichte des Faches zugewandt hat und es zu einer notwendigen Praxisausrichtung gekommen ist, werden zunehmend Fragen der Literaturvermittlung diskutiert (an Schulen und Universitäten). Inzwischen beginnt sich die Literaturkritik als eigenständiger Bestandteil des Faches Germanistik zu etablieren. Allerdings gehört die Literaturkritik nur in Ausnahmen zu den Untersuchungs- und Lehrgegenständen des Faches. Trotz einer sich zunehmend evaluierenden und evaluierten Gesellschaft finden sich Ansätze zu einer historischen und theoretischen Selbstverständigung eher selten.

Die literaturkritische Praxis ist oftmals unzureichend reflektiert. Zur Analyse literaturkritischer Texte hat die Literaturwissenschaft bisher nur ansatzweise ein methodologisches Rüstzeug geliefert oder gar Musteranalysen entwickelt. Auch bei diesem Desiderat möchte der vorliegende Band ansetzen, indem Literaturkritik als ein interdisziplinärer Gegenstand konstituiert wird und literatur- wie sprachwissenschaftliche Analysen Facetten von Literaturkritik erschließen, Modellierungen der Formen von Literaturkritik vorschlagen und sich den (ästhetischen) Gestaltungsprinzipien in Literaturkritiken widmen. Zudem wird der aufstörende Charakter von Literaturkritik beleuchtet und als Analysekategorie eingeführt.

In den beiden eröffnenden Beiträgen diskutieren Thomas Anz und Dessislava

Stoeva-Holm den engen Zusammenhang von Bewertungen und Gefühlen einerseits sowie die Auslösung von Emotionen bei den Adressaten andererseits. Während die psychologische Emotionsforschung den Zusammenhang von Bewertung und Gefühlen stark beachtet, sieht Thomas Anz die literaturwissenschaftliche Literaturkritik- und Wertungsforschung in der Pflicht, in Analysen vertiefter herauszustellen, wie Wertungen auf Emotionen basieren und in Formen rationalen Argumentierens eingebunden werden. In linguistischer Perspektive problematisiert Dessislava Stoeva-Holm methodische Aspekte zur Erfassung von Verfahren der Versprachlichung von Emotionen neben der konkreten Benennung des Gefühls, das das Leseerlebnis des Kritikers hervorruft. Sie sieht es als eine Spezifik der Textsorte Literaturkritik an, Emotionen zu inszenieren.

Ein zweiter größerer Komplex umfasst literatur- und sprachwissenschaftliche Beiträge, die Veränderungen der Literaturrezeption und Literaturkritik unter den Bedingungen des Gebrauchs von Online-Medien im 21. Jahrhundert reflektieren. Stefan Neuhaus geht anhand von Kundenbewertungen bei Amazon der Überlegung nach, dass die Bewertungen Veränderungen im Leseverhalten offenbaren und dazu beitragen, die Kluft zwischen hoher und niedriger Literatur zu vertiefen. Die von Stefan Neuhaus für seine Analyse herangezogenen Kundenbewertungen verortet Stephan Stein in textlinguistischer Perspektive in den im WWW etablierten Laien-Literaturkritiken, die spezifische Charakteristika und Funktionen ausgeprägt haben, die nicht den Ansprüchen professioneller Rezensionen gerecht werden. An den Vergleich von professionellen und Laien-Literaturkritiken schließt Andrea Bachmann-Stein an und analysiert die in den Laienkritiken verbreiteten sprachlichen Formen des Bewertens sowie die daraus resultierenden Anschlusskommunikationen. Thomas Ernst konstituiert in seinem Beitrag Transformationen der Literaturkritik im digitalen Wandel als neuen Gegenstand der Literaturwissenschaft und nimmt eine breit gefächerte Differenzierung und Analyse neuer Formen vor. Oliver Ruf geht vor einem begriffs- und theoriegeschichtlichen Hintergrund der Frage nach, ob die Kritik im medialen Kontext einen ästhetischen Standpunkt aufrecht erhalten kann oder Veränderungen des Schreibens im kulturtechnischen Sinne notwendig zur Transformation von Kritik führen.

Mit dem Beitrag von Carsten Gansel verdichtet sich die Perspektive auf Literaturkritik als Vermittlungsinstanz, der die Aufgabe zukommt, die in und durch Literatur ausgelöste Störung bzw. Irritation sichtbar zu machen, zu verstärken und auf diese Weise Anschlusskommunikation herzustellen. Im Zentrum steht dabei die Literaturkritik in der DDR. David-Christopher Assmann untersucht an dem Erzähltext »Die ganze Wahrheit« (2010) von Norbert Gstrein die Wechselseitigkeit der Störung von Literatur und Literaturbetrieb. Vor dem Hintergrund des aktuellen Literaturbetriebs hinterfragt Jan Süselbeck den mutmaßlichen Bedeutungsverlust der Literaturkritik. Ihre bedeutende Form, der Verriss, steht im Zentrum des Beitrags, der die Effekte des Verrisses in der Aufmerksamkeitsökonomie des Buchhandels diskutiert.

An die Diskussion von Transformationsprozessen von Literaturkritik im medialen Kontext sowie zur aufstörenden Rolle von Literatur und Literaturkritik in offenen und geschlossenen Gesellschaften schließt sich ein Komplex von Beiträgen an, die sich der Literaturkritik historisch nähern. Zunächst verdeutlicht Manuel Bauer am Beispiel von Friedrich Schlegel grundlegende Aspekte der Theorie und Praxis der Literaturkritik. Norman Kasper untersucht das Feld, in dem Tiecks Schiller-Kritik ihre Ausprägung erfahren hat. Im Zentrum des Beitrags von Gabriele Guerra steht Walter Benjamins Kritik an Max Kommerell, die eine kulturkritische und geschichtsphilosophische Färbung annimmt, wenn Werke besprochen werden, die als kulturkonservativ gelten. Der Literat, Publizist und Mentor der »Gruppe 47«, Hans Werner Richter, steht im Mittelpunkt des Beitrags von Guilia A. Disanto. Es werden die Neubestimmung der Funktion von Literaturkritik durch die Aktivitäten der »Gruppe 47« und deren Rolle für die deutsche Literatur bis zur Gegenwart untersucht.

Der Kinderliteraturkritik widmet sich Caroline Roeder. Sie nimmt eine Positionsbestimmung der Kritik der Kinder- und Jugendliteratur vor und verfolgt aktuelle Entwicklungen auf dem Buchmarkt, die sie in engem Zusammenhang mit dem »Elend« der Kritik der Kinder- und Jugendliteratur sieht. José Fernández Pérez geht in didaktischer Orientierung der Frage nach, welche Rolle Literaturkritik im Deutschunterricht spielen kann, und erfasst unterschiedliche Arbeitsfelder von Literaturkritik im Deutschunterricht. Literaturkritik wird dabei als Potential für einen praxisorientierten Deutschunterricht gewürdigt.

Den Rahmen der Beiträge schließen Rüdiger Vogt und Michael Hametner. Rüdiger Vogt liefert eine textlinguistische Analyse zur Gestaltung literaturkritischer Beiträge. Die exemplarische Untersuchung konzentriert sich auf zentrale Gestaltungsprinzipien wie thematische Strukturierung oder die Nutzung spezifischer sprachlicher Mittel zur Bewertung, die geeignet sind, das Konzept der Textsorte *Literaturkritik* zu erfassen. Michael Hametner reflektiert abschließend die Probleme und Erfordernisse der Literaturkritik aus der Sicht eines Literaturkritikers, der auf die Unübersichtlichkeit von Neuerscheinungen oder die dramatische Abnahme ihres Platzes in den Feuilletons zu reagieren hat.

Marburg und Greifswald im Februar 2015
Heinrich Kaulen und Christina Gansel

Thomas Anz

Werten und Fühlen.
Zur Rationalität und Emotionalität literaturkritischer Kommunikation – am Beispiel von Marcel Reich-Ranicki

1   Kritik, Wertung und Emotion

Das Titelbild des Magazins *Der Spiegel* vom 21.8.1995, in dem Marcel Reich-Ranicki[1] in Form eines offenen Briefes seinen berühmt-berüchtigten Verriss des Romans *Ein weites Feld* von Günter Grass veröffentlichte, setzt einen hoch erregten Literaturkritiker in Szene.

Die Kritik selbst spricht schon in den ersten beiden Absätzen eine Vielzahl von Emotionen an, Emotionen des Kritikers, des Roman-Autors und die anderer Adressaten der Rezension:

»Mein lieber Günter Grass, es gehöre ›zu den schwierigsten und peinlichsten Aufgaben des Metiers‹ – meinte Fontane –, ›oft auch Berühmtheiten, ja, was schlimmer ist, auch solchen, die einem selber als Größen und Berühmtheiten gelten, unwillkommene Sachen sagen zu müssen‹. Aber – fuhr er fort – ›schlecht ist schlecht, und es muß gesagt werden. Hinterher können dann andere mit den Erklärungen und Milderungen kommen‹. Das ist, ziemlich genau, meine Situation.
Ich halte Sie für einen außerordentlichen Schriftsteller, mehr noch: Ich bewundere Sie – nach wie vor. Doch muß ich sagen, was ich nicht verheimlichen kann: daß ich Ihren

---

1 Der Vortrag, auf dem dieser Beitrag basiert, wurde fünf Tage nach dem Tod von Marcel Reich-Ranicki gehalten, mit der Auswahl von Textbeispielen aus diesem Anlass kurzfristig modifiziert, im Untertitel erweitert und damit dem Andenken dieses Literaturkritikers gewidmet.

Roman ›Ein weites Feld‹ ganz und gar mißraten finde. Das ist, Sie können es mir glauben, auch für mich sehr schmerzhaft. Sie haben ja in dieses Buch mehrere Jahre schwerer und gewiß auch qualvoller Arbeit investiert. Sie haben, das ist unverkennbar, alles aufs Spiel gesetzt: Es ist das umfangreichste Werk Ihres Lebens geworden. Was soll ich also tun? Den totalen Fehlschlag nur andeuten und Sie schonen, Sie also wie einen ›matten Pilger‹ (auch ein Fontane-Wort!) behandeln? Nein, das nun doch nicht. Nur eins verspreche ich Ihnen: Wer hier auf boshafte Witze und auf hämische Seitenhiebe wartet, der soll nicht auf seine Rechnung kommen. Denn schließlich geht es um eine todernste Sache – jedenfalls für Sie.«[2]

Von Peinlichkeit, Bewunderung, Qual und Schmerz, von möglicher Häme und von Ernst ist hier ausdrücklich die Rede. Andere Emotionen wie Enttäuschung oder Zorn werden indirekt artikuliert. Die ganze Kritik ist ein extremes, aber keineswegs singuläres Beispiel dafür, dass Prozesse der literaturkritischen Kommunikation zwischen Kritikern, rezensierten Autoren und anderen Adressaten der Kritik ein Geschehen sind, bei dem Emotionen der Beteiligten eine erhebliche Rolle spielen.

Dass die bisherige Forschung zur Literaturkritik und zur literaturkritischen Wertungspraxis sich bislang nicht oder nur beiläufig mit der Bedeutung von Emotionen in der literaturkritischen Kommunikation auseinandergesetzt hat, ist erstaunlich.[3] Denn einerseits werden Werturteile in der Emotionsforschung als konstitutiver Bestandteil von Emotionen angesehen und andererseits wurden Emotionen in der Wertungsforschung und schon in sehr alten Theorien ästhetischer Wahrnehmung als gewichtiger Bestandteil von Werturteilen benannt und beschrieben.

Diesen Zusammenhängen trägt die Emotionsforschung bereits in ihren zahlreichen Explikationen des Begriffs ›Emotion‹ Rechnung. Zwei davon seien hier zitiert. Beide stimmen mit vielen anderen annähernd überein. Die eine stammt aus einer Einführung in die Emotionsforschung von Thomas Hülshoff: »Emotionen sind körperlich-seelische Reaktionen, durch die ein Umweltereignis aufgenommen, verarbeitet, klassifiziert und interpretiert wird, *wobei eine Bewertung stattfindet.*«[4] Die andere, komplexere haben Marcel R. Zentner und Klaus R. Scherer so formuliert:

> »Das theoretische Konstrukt ›Emotion‹ wird in zunehmendem Maße definiert als ein multikomponentieller Prozess, der sich primär durch Anpassungsreaktionen auf Er-

---

2 Reich-Ranicki 1995, S. 162; auch Reich-Ranicki 2003, S. 151.
3 Sogar die Literaturwissenschaftlerin Simone Winko, die sowohl im Bereich der Wertungs- als auch im Bereich der Emotionsforschung maßgebliche Schriften publiziert hat, ist bislang auf die Zusammenhänge von Werturteilen und Emotionen nur beiläufig eingegangen. Vgl. u. a. Heydebrand / Winko 1996 und Winko 2007. Inzwischen ist zu dem Thema erschienen: Neuhaus 2014.
4 Hülshoff 1999, S. 14 (Hervorhebung durch TA).

eignisse oder Objekte auszeichnet, die ein Organismus als wichtig für sein Wohlbefinden einschätzt. Zu den Komponenten des Prozesses rechnet man in der Regel zentrale und periphere neurophysiologische Veränderungen, motorische Ausdrucksprozesse und den subjektiven Gefühlszustand. Dabei spricht man auch von der emotionalen ›Reaktionstrias‹. Je nach Autor werden darüber hinaus auch die emotionsdifferenzierenden Kognitionen (*Bewertungsprozesse, Appraisal*) und die resultierenden Motivationslagen oder Handlungstendenzen einbezogen.«[5]

In Begriffsexplikationen jüngerer sprachwissenschaftlicher Beiträge zur Emotionsforschung haben Bewertungen als Bestandteil von Emotionen einen noch dominanteren Stellenwert: Monika Schwarz-Friesel konzeptualisiert in ihrer 2007 erschienenen Einführung über *Sprache und Emotion* Emotionen als »Kenntnis- und Bewertungssysteme«: »Als Bewertungssysteme werden sie (teils bewusst, teils unbewusst) benutzt, um innere und äußere Sachverhalte je nach Situation einzuschätzen und Urteile zu treffen.«[6] In einem Beitrag zum 2008 publizierten Handbuch *Rhetorik und Stilistik* mit dem Titel »Emotionale Kommunikation« bezeichnet der Sprachwissenschaftler Reinhard Fiehler eine Emotion als »bewertende Stellungnahme« zu Ereignissen, Gegenständen oder Personen: »Insofern man Emotionen als bewertende Stellungnahmen versteht, wird ein Teil der Bewertungen, die kommuniziert werden, als Kommunikation von *Emotionen* realisiert.«[7]

Dass literaturwissenschaftliche Theorien und Analysen der Bewertung von Literatur die emotionalen Komponenten literarischer und literaturkritischer Kommunikation bisher nur beiläufig oder eingehender nur unter sehr eingeschränkten Perspektiven untersuchen (ich beziehe da meine eigenen Arbeiten zu dem Thema mit ein), liegt zum Teil daran, dass sie in den letzten zwei Jahrzehnten dominant sprach- und argumentationsanalytisch orientiert waren. Eine für diese Orientierung maßgebliche, 1996 erschienene *Einführung in die Wertung von Literatur* von Renate von Heydebrand und Simone Winko bezieht Emotionen durchaus ein, soweit es um affektive Wirkungen von Literatur geht, um literarische Effekte der Rührung und des Mitleids, der Spannung, des Ekels und überhaupt der Erzeugung von Lust- und Unlustgefühlen.[8] Solche Wirkungen werden bewertet und diesen Bewertungen liegen Wertmaßstäbe zugrunde. In der Argumentationsanalyse unterscheiden Wertungstheorien zwischen objektbezogenen Argumenten, die Merkmale des bewerteten Textes beschreiben, und subjekt- bzw. wirkungsbezogenen Argumenten, die unter anderem auch die emotionalen Wirkungen eines Textes beschreiben. Unter diesem Aspekt sind

---

5 Zentner / Scherer 2000, S. 151 (Hervorhebung durch TA).
6 Schwarz-Friesel 2007, Zitate S. 72 f.
7 Fiehler 2008, S. 759.
8 Vgl. Heydebrand / Winko 1996, S. 127–130, auch Anz 2004, S. 208 f.

emotionale Anteile in literaturkritischen Kommunikationsprozessen bisher am meisten beachtet worden. Ich gehe hier zunächst auch darauf ein.

2   Emotionale Wirkungen literarischer Texte und ihre Bewertung

Welchen Stellenwert emotionale Wirkungen eines Textes in Prozessen literaturkritischer Wertung haben, war einem Kritiker wie Reich-Ranicki wohl bewusst. In einem ausführlichen, 1992 als Buch publizierten Gespräch mit Peter von Matt bekannte er sich zu den hedonistischen Grundlagen seiner Bewertungspraxis. Peter von Matt bot ihm drei mögliche Antworten auf die Frage nach den Funktionen von Literatur an:

> »Literatur vermittelt Wahrheit, die Wahrheit über die Welt und die Menschen. Das ist die eine Möglichkeit, die philosophische. Literatur zeigt mir, wie ich leben soll und schreckt mich von dem falschen Weg ab. Das ist die zweite, die pädagogische Definition. Drittens: Literatur verschafft mir Lust und Vergnügen. Das ist die epikureische Definition. Sie verschafft mir Denkvergnügen, Spiellust, erotisches Vergnügen, Lust als Aggressionsabfuhr usw. Alle drei Möglichkeiten können sehr simpel oder sehr hoch entwickelt sein. Wahrheit, Erziehung oder Lust, wo liegt für Sie das Hauptgewicht?«[9]

Reich-Ranicki antwortete: »Beim Vergnügen, bei der Lust. Ich entscheide mich also für die epikureische Definition.«[10] Die Konsequenzen dieser Entscheidung für die literaturkritische Wertung fasste Peter von Matt so zusammen: »Das Lust- oder Unlustgefühl, das der Text in Ihnen weckt, ist entscheidend für alles, was nachher passiert.« Das sei zwar etwas überspitzt formuliert, entgegnete Reich-Ranicki, »aber der Ausgangspunkt meiner Kritik ist damit richtig angedeutet«[11].

Mit diesem Bekenntnis zur Lust oder Unlust am literarischen Text als Basis literaturkritischer Wertung stand Reich-Ranicki in Traditionen poetologischen und ästhetischen Denkens, die bis in die Antike zurückreichen, im 18. Jahrhundert neu entdeckt und weitergeführt wurden und noch heute in literaturwissenschaftlichen Wertungstheorien eine zentrale Bedeutung haben. Kant erklärte gleich zu Beginn seiner *Kritik der Urteilskraft* das Gefühl der Lust oder der Unlust zur Basis aller ästhetischen Urteile. Nach »Vorrede« und »Einleitung« lautet der erste Satz dieser *Kritik:* »Um zu unterscheiden, ob etwas schön sei oder nicht, beziehen wir die Vorstellung nicht durch den Verstand auf das Objekt zum

---

9 Reich-Ranicki 1992, S. 63.
10 Ebd.
11 Ebd., S. 65.

Erkenntnisse, sondern durch die Einbildungskraft [...] auf das Subjekt und das
Gefühl der Lust oder Unlust desselben.«[12]

Bloße Bekundungen der Lust oder Unlust reichen allerdings für eine Literaturkritik, die ihren Namen verdient, nicht aus. Es müssen Gründe für sie gefunden, also Hinweise gegeben werden, aufgrund welcher Eigenschaften ein
literarischer Text Lust- oder Unlustgefühle hervorruft.»Einem Menschen von
gesundem Verstande, wenn man ihm Geschmack beibringen will, braucht man
es nur auseinander zu setzen, warum ihm etwas nicht gefallen hat.«[13] So hatte
Lessing in der »Ankündigung« seiner *Hamburgischen Dramaturgie* diese Notwendigkeit formuliert. Reich-Ranicki beschrieb den Prozess der literaturkritischen Urteilsbildung so:

> »Schon während der ersten Lektüre bereitet mir das Buch Vergnügen oder es langweilt
> mich, ich bin an der Sache stark interessiert oder sie läßt mich kalt, ich bin begeistert
> oder entsetzt. Erst etwas später mache ich mir Gedanken über die Ursachen meines
> Verhältnisses zu diesem Text. Die notwendigen Argumente sind nicht immer gleich da,
> aber sie lassen sich schon finden.«[14]

Zwei Arten von Argumenten sind dabei in der literaturkritischen Praxis besonders verbreitet und gehören zu den Mindestanforderungen an eine Wert-
urteilsbegründung. Der Kritiker muss zum einen *Merkmale* und zum anderen
Wirkungen eines literarischen Werkes (auf ihn selbst und vermutlich auch auf
andere Leser) beschreiben, aufgrund derer er es positiv oder negativ bewertet.
Und er versucht dabei die Frage zu beantworten, aufgrund welcher Merkmale
der Text welche positiven oder negativen Wirkungen hervorruft.[15] Als Marcel
Reich-Ranicki beispielsweise 1984 den Roman *Der junge Mann* von Botho
Strauß negativ bewertete, begründete er dies zum einen mit dem Wirkungsar-
gument, der Roman rufe bei der Lektüre Langeweile hervor. Diese Wirkung
wiederum begründete er zum anderen mit Hinweisen auf Textmerkmale:
»Warum? Weil uns der Autor des ›Jungen Mannes‹ mit Zeichen, Sinnbildern und
Symbolen, mit allegorischen Motiven, bizarren Visionen und mythologischen
Anspielungen überhäuft, diesen Elementen aber Sinnlichkeit, Anschaulichkeit
und Überzeugungskraft abgehen.«[16]

Reich-Ranickis Wirkungsargumente verwenden, soweit sie sich auf Unlust-
gefühle beim Lesen beziehen, mit Vorliebe Wörter wie »langweilen« oder »er-
müden«. »Peinlich«, »ärgerlich« oder »quälend« sind weitere Vokabeln der
Abwertung, die er gerne benutzt. Bei Thomas Bernhards frühen Erzählungen

---

12 Kant 1983, Bd. VIII, S. 279.
13 Lessing 1996, Bd. IV, S. 233.
14 Reich-Ranicki 1992, S. 64.
15 Vgl. Anz 2004, S. 209 ff.
16 Reich-Ranicki 1984.

kann der Kritiker nicht verschweigen, dass der Autor »häufig, wo er erschüttern will, nur noch ermüdet«[17]. Positiv werden Texte bewertet, die eine starke emotionale Wirkung bestimmter Art haben, die »aufschrecken«, »erschüttern«, die »unvergesslich« bleiben.

Als Gründe für die Unlustgefühle zum Beispiel der Langeweile können unterschiedlichste Eigenschaften der Texte angeführt werden: zu viele Wiederholungen und Anhäufungen gleicher Motive, Klischees, umständliche Formulierungen, zu viele und noch dazu wenig intelligente Reflexionen.

Die so benannten Eigenschaften der Texte versucht Reich-Ranicki in der Regel mit exemplarischen Zitaten oder Paraphrasen zu belegen. In Alfred Anderschs »peinlichem« Roman *Efraim* jage ein »Klischee« das andere. Das wird nicht nur behauptet, sondern sogleich mit Beispielen begründet: Der deutsche Verleger ist dort blond, der jüdische Journalist »von Unrast beherrscht«, der enttäuschte Kommunist hat ein »von Leiden ausgehöhltes Gesicht«. Und, so der Kritiker: »In Rom ist es trocken und sonnig, in London feucht grau und neblig.«[18] Die Grundbestandteile literaturkritischer Argumentation finden sich trotz der Umfangsbeschränkungen, die für Rezensionen gelten, in nahezu allen Artikeln von Reich-Ranicki. Sie erschöpfen sich nicht in bloßen Lust- oder Unlustbekundungen, sondern führen Gründe dafür an, die um das Einverständnis der Leser bemüht sind oder ihm Möglichkeiten geben, die Bewertung zurückzuweisen. Der Subjektivität und individuellen Willkür des Kritikers sind damit Grenzen gesetzt, doch bleiben Spielräume für persönliche Vorlieben.

3   Emotionale Wirkung literaturkritischer Texte

Von solchen Fragen und Praktiken sind allerdings die, in denen es um die emotionale Wirkung nicht literarischer, sondern literaturkritischer Texte geht, strikt zu unterscheiden. Einer der wenigen Wertungsheoretiker, die in den letzten Jahrzehnten den Zusammenhang von Werturteilen und Emotionen nicht nur beiläufig, sondern systematisch durchdacht und problematisiert haben, ist Michael Kienecker in seinem 1989 erschienen Buch *Prinzipien literarischer Wertung. Sprachanalytische und historische Untersuchungen*[19]. Als Kontrastprogramm zum »logischen Positivismus«, der die Bedeutung eines Satzes von seinem Wahrheitsgehalt abhängig machte, führt er Positionen sprachanalytischer Emotivisten an, die erklärten, dass Werturteile der Form »X = gut« keinen

---

17 Reich-Ranicki 1973, S. 56.
18 Ebd., S. 44.
19 Kienecker 1989, S. 42 ff.

Wahrheitsgehalt haben, also keine beschreibenden Urteile sind, sondern Ausdruck von Emotionen. »Einerseits sollen nämlich Werturteile dazu dienen, die Gefühle des Sprechers *auszudrücken* oder kundzugeben, andererseits aber auch dazu, Gefühle beim Hörer *hervorzurufen*.«[20] Ein wichtiger Satz, der dazu herausfordern kann, ein Analyseprogramm zu entwickeln, das dieser Einsicht gerecht wird!

Literaturkritische Texte sind nämlich nicht nur emotionale Reaktionen auf literarische Texte, die von Kritikern beschrieben oder auch ausgedrückt werden, sondern diese Reaktionen sind selbst wiederum textuelle Reize, die bei Lesern literaturkritischer Texte zu emotionalen Reaktionen führen (sollen). Und die emotionale Kommunikation im Medium literaturkritischer Texte ist wiederum Teil der emotionalen Kommunikation im Medium literarischer Texte, in die Kritiker als Leser dieser Texte eingebunden sind. Autoren evozieren also mit ihren literarischen Texten mehr oder weniger bewusst intendiert bestimmte Emotionen bei ihren Adressaten. Wenn diese Adressaten, unter ihnen auch Kritiker, ihre Emotionen anderen gegenüber erkennen lassen, evozieren sie wiederum mehr oder weniger bewusst bei diesen bestimmte Emotionen. Und so fort.

Im Unterschied zu Reiz-Reaktionsmodellen, die in der psychologisch-empirischen Emotionsforschung bislang dominieren, sind Emotionen in Kommunikationsmodellen nicht bloß Reaktionen auf Reizkonfigurationen, sondern werden, wenn sie für andere wahrnehmbar sind, unter Umständen selbst zu Reizkonfigurationen, die wiederum emotionale Reaktionen anderer hervorrufen (wollen).[21] Diese Prozessualität emotionaler Kommunikation in den Medien literarischer und literaturkritischer Texte genauer zu analysieren, erfordert ein komplexes Konzept und Instrumentarium. Einige Gesichtspunkte für die Entwicklung eines solchen Konzeptes möchte ich hervorheben und veranschaulichen. Anregungen dazu finden sich in der Tradition der Rhetorik, der sich auch Reich-Ranicki verbunden sah.

Rhetorik ist die Kunst, mit Reden oder Schreiben beim Publikum bestimmte Wirkungen zu erzielen, gerade auch emotionale. Ob Reich-Ranicki mündlich oder schriftlich agierte, ein Rhetoriker war er durch und durch. Als er 1997 einen Vortrag über »Glanz und Elend der Redekunst« hielt, sprach er, ohne es ausdrücklich zu sagen, in eigener Sache. Der Vortrag erschien in dem Band *Vom Tag gefordert*, einer Sammlung seiner »Reden in deutscher Angelegenheit«. Von Literaturkritik ist hier nur beiläufig die Rede, doch ist sie zweifellos mit gemeint, wenn Reich-Ranicki die Rhetorik gegen ihre Verächter verteidigt – im Bewusstsein, dass sie oft missbraucht wurde. Zu Reich-Ranickis Rhetorik, die ein

---

20 Ebd., S. 43.
21 Vgl. Anz 2012.

kalkuliertes Spiel mit den Emotionen seiner Adressaten betreibt, gehört die
Polemik, also eine öffentliche Form aggressiver, streitlustiger, überspitzter, doch
keineswegs argumentationsloser Kritik, die Lessing zu einem Instrument der
Wahrheitsfindung aufgewertet hatte. »Jede Kritik, die es verdient, eine Kritik
genannt zu werden, ist auch eine Polemik.«[22] Seit jeher gehört sie zum unent-
behrlichen Repertoire des Kritikers. Lessing, so erklärt Reich-Ranicki, hatte es
auf diesem Gebiet bereits zur Meisterschaft gebracht. Dabei schreckte er auch
vor derben Ausdrücken und zornigen Angriffen nicht zurück, was ihm den Ruf
eines »oft unbarmherzigen und grausamen, ja mitunter nahezu sadistischen
Polemiker[s]«[23] einbrachte.

Auch hier charakterisierte Reich-Ranicki mit Lessing unverkennbar sich
selbst. Ein rhetorisches Stilmittel, das im polemischen Diskurs selten fehlt, ist
die Übertreibung. Wie der von ihm so hoch geschätzte Thomas Bernhard im
Bereich der Literatur hat sich Reich-Ranicki in der Literaturkritik als Über-
treibungskünstler inszeniert. Die polemische Übertreibung soll zur Deutlichkeit
beitragen und damit stärkere Reaktionen provozieren. Den grammatischen
Superlativ verwendet Reich-Ranicki zwar in negativen Urteilen selten, doch
starke Attribute wie primitiv, albern, läppisch, peinlich, dürftig oder plump sind
ihm ebenso geläufig wie die Substantive Unsinn, Lappalien, Blödeleien, »kaum
noch zu überbietende Albernheit« oder – im Wechsel der Stilhöhe – auch
»Mumpitz« und dergleichen.

Im letzten seiner *Briefe antiquarischen Inhalts* erklärte Lessing, und Reich-
Ranicki zitierte dies zustimmend, dass »jeder Tadel, jeder Spott« dem Kritiker
erlaubt sei und ihm niemand vorschreiben könne, »wie sanft oder wie hart, wie
lieblich oder wie bitter, er die Ausdrücke eines solchen Tadels oder Spottes
wählen soll. Er muß wissen, welche Wirkung er damit hervorbringen will, und es
ist notwendig, dass er seine Worte nach dieser Wirkung abwäget«[24].

Die rhetorische Kunst, mit Worten starke Wirkungen zu erzielen, beherrschte
Reich-Ranicki wie kein anderer Kritiker seiner Zeit. Wer seine Publikationen
nach rhetorischen Stilfiguren und anderen Techniken der Erregung und Bindung von Aufmerksamkeit durchsucht, wird auf Schritt und Tritt fündig. Die
rhetorischen Regeln belehrender Argumentation (docere) sind ihm ebenso geläufig wie die Mittel der Affekterregung (movere) und die Künste, das Publikum
zu vergnügen (delectare). »Ein belangloser, ein schlechter, ein miserabler
Roman. Es lohnt sich nicht, auch nur ein Kapitel, auch nur eine einzige Seite
dieses Buches zu lesen.«[25] So steigert sich die Kette der abwertenden Wörter

---

22 Reich-Ranicki 2002, S. 54.
23 Reich-Ranicki 1994, S. 18.
24 Zitiert nach Reich-Ranicki 2002, S. 333 f.
25 Reich-Ranicki 1981, S. 175.

(Klimax) im Verriss von Martin Walsers Roman *Jenseits der Liebe*. Die Figuren der Alliteration, Antithese und Häufung kombiniert das Urteil über den Roman *Örtlich betäubt* von Günter Grass: »Was einst drall und deftig war, ist jetzt dürr und dürftig.«[26]

Dass der Roman durchaus vorzügliche Sätze und Passagen enthalte, wird mit einer Metapher veranschaulicht – mit dem Hinweis, »in seinem verdorbenen Teig seien immerhin einige Rosinen enthalten«[27]. Das auf Anschaulichkeit bedachte Schreiben und Sprechen in Bildern gehört zu Reich-Ranickis stilistischen Eigenheiten. Als 1967 Martin Walsers Stück *Die Zimmerschlacht* in München von Fritz Kortner inszeniert wurde, verglich er den Text mit einer Leiche und die Inszenierung mit einem Mord. Es habe, so der Kritiker, »in Anwesenheit vieler illustrer Trauergäste ein Leichenbegängnis erster Klasse stattgefunden. Zu klären bleibt, ob hier das Stück [...] systematisch ermordet wurde oder ob man nur eine Leiche auf die Bühne gezerrt hat«[28]. Robert Musils *Mann ohne Eigenschaften* gleiche »einer Wüste mit schönen Oasen«. Die »Wanderung von einer Oase zur nächsten« sei »bisweilen qualvoll«[29].

Die Anschaulichkeit und Spannung, die sich Reich-Ranicki von guter Literatur erhoffte, versuchte er in seinen literaturkritischen Texten selbst zu bieten. Statt Behauptungen zu präsentieren, stellte er gerne Fragen, die den Leser auf die Antwort gespannt machen. Oft sind seine Sätze oder Absätze so gebaut, dass wichtige Informationen oder Pointen erst am Ende stehen. Zu dem Spiel mit den Emotionen der Adressaten gehört die auch einer Kritik inhärente Spannungsdramaturgie. Ihr folgt der ganze Aufbau literaturkritischer Texte.

Rezensionen enthalten in der Regel ein festes Repertoire an Bestandteilen: Informationen über die bisherigen Leistungen, Erfolge oder Misserfolge des Autors verbinden sich mit der Frage, inwieweit das neue Buch daran anknüpft. Hinweise zu den literaturkritischen Reaktionen auf vergangene Werke oder auf das neue Werk geben den Anlass, diese zu überprüfen. Relativ knapp gehaltene Angaben zu Inhalt, Thema, Handlung, formalen und stilistischen Eigenarten des neuen Buches sind verknüpft mit Ansätzen zu einer Interpretation. Entschiedene Bewertungen des Buches, oft in Form von Hinweisen zur emotionalen Wirkung auf den Rezensenten, verbinden sich mit Begründungen des Werturteils durch Zitate oder mit Hinweisen auf exemplarische Einzelheiten des Textes. Bei entschiedenen Verrissen weist der Rezensent ziemlich regelmäßig auf gelungene Passagen hin, die zeigen, was der Autor hätte leisten können, und demonstrieren, dass auch eine Polemik sich den Qualitäten des Autors nicht

---

26 Reich-Ranicki 1973, S. 80.
27 Ebd., S. 81.
28 Ebd., S. 123.
29 Reich-Ranicki 2002b, S. 171.

gänzlich verschließt und zu Differenzierungen fähig bleibt. Der Person des Autors und ihren Fähigkeiten wird Anerkennung und Respekt bekundet, während einzelne Leistungen schonungslos in Frage gestellt werden. Nicht alle anerkennenden Hinweise sind so vernichtend wie in der Rezension zu Günter Grass' *Ein weites Feld*, die mit den Sätzen endet:»Aber daß ich es nicht vergesse. Da gibt es in Ihrem Buch eine Episode, die völlig aus dem Rahmen fällt. Sie schildern ein Treffen mit Uwe Johnson. Sie schildern es wunderbar. Das kann keiner besser als Sie. Aber es sind nur fünf Seiten von 781.«[30] Freundlicher endet eine Rezension von 1968 über Hans Erich Nossacks Roman *Der Fall d'Arthez*: »Kurz und gut: Ich bin gegen Erich Nossacks Roman, aber diese Abschnitte werde ich nicht so bald vergessen.«[31]

Ein mögliches Spannungselement von Rezensionen besteht darin, den Leser auf das Werturteil warten zu lassen. Reich-Ranicki benutzt es selten. Zur Rhetorik seiner Rezensionspraxis gehört vielmehr, die Rezension mit einem entschiedenen Urteil zu eröffnen und die Spannung darauf zu lenken, wie das Urteil begründet wird. »Um mit dem Fazit zu beginnen: Ich bin gegen Nossacks neuen Roman, dieser ›Der Fall d'Arthez‹ mißfällt mir entschieden.«[32] Der zitierte Beginn von Reich-Ranickis Rezension zu *Ein weites Feld* ist dafür ein weiteres Beispiel.

Wie bei einem Roman so entscheiden bei einer Rezension oft die ersten Sätze darüber, ob es dem Text gelingt, die Aufmerksamkeit des Lesers so zu fesseln, dass er bereit ist, die Lektüre fortzusetzen. »Dieses Buch beginnt mit einer Unwahrheit«[33], so beginnt die Rezension zu Martin Walsers *Liebeserklärungen*. Was Reich-Ranicki 1967 gleich zu Beginn seiner Rezension zum Roman *Hundejahre* über Grass schrieb, gilt auch für den Autor literaturkritischer Texte: »Natürlich weiß ein so exakt arbeitender Schriftsteller, ein so sorgfältig kalkulierender Artist wie Günter Grass, welch außerordentliche Bedeutung gerade dem Einstieg zukommt – den ersten Zeilen eines Romans oder einer Erzählung.« Grass versuche, »die Aufmerksamkeit des Lesers sogleich auf den Kern des jeweiligen Werks zu lenken«[34]. Ebendies versuchte auch Reich-Ranicki als Autor von Rezensionen und Essays. Zwar wies er den Anspruch Alfred Kerrs, dass Kritik selbst Literatur sei, zurück. Und mehr noch das Ansinnen, dass der Kritiker im Zweifelsfall beweisen müsse, dass er selbst das von ihm kritisierte Werk hätte besser schreiben können. Man müsse schließlich nicht Koch sein, um zu bemerken, dass die Suppe versalzen sei. Doch sind seine Rezensionen und Essays durchaus Vorführungen von Qualitäten, die er sich auch von Autoren

---

30 Reich-Ranicki 2003, S. 165.
31 Reich-Ranicki 1973, S. 113.
32 Ebd., S. 108.
33 Reich-Ranicki 1994a, S. 111.
34 Reich-Ranicki 2003, S. 45.

literarischer Texte wünschte: Publikumsnähe, Anschaulichkeit, Prägnanz, Witz, Spannung oder auch kompositorische Geschlossenheit.

Mit welchen verbalen oder auch non- und paraverbalen Techniken versucht der Literaturkritiker bei welchen Adressaten welche Emotionen hervorzurufen und welche ruft er tatsächlich hervor? Dazu abschließend einige provisorische Beobachtungen und Überlegungen, die zeigen mögen, wie komplex und untersuchungsbedürftig die mit diesen Fragen angesprochenen Phänomene sind.

Dabei scheint eine mögliche und naheliegende Antwort mit einem hohen Maß an Plausibilität zunächst recht einfach zu sein: Eine mehr oder weniger bewusst verwendete Basistechnik der Emotionalisierung auch in der Literaturkritik besteht darin, eigene Emotionen auszudrücken, um ähnliche Emotionen bei anderen zu evozieren bzw. auf andere zu übertragen, negative wie Ärger, Enttäuschung und andere Unlust-Gefühle oder positive wie Begeisterung, Bewunderung und andere Lust-Gefühle. Schwieriger wird die Antwort, wenn man bedenkt, dass Literaturkritiker unterschiedliche Adressatengruppen haben, bei denen mit jeweils anderen emotionalen Reaktionen auf die Kritik zu rechnen ist. Auf den »Verriss« zum Beispiel eines Romans von Günter Grass reagieren Leser, die den Autor bisher sehr geschätzt haben, anders als jene, die ihm schon vorher mit Skepsis oder Aversionen begegnet sind. Bei den einen evoziert der Kritiker vermutlich, und das weiß er, Empörung (natürlich nicht über Grass, sondern über die Kritik und den Kritiker), bei den anderen bestärkt er potentiell den Ärger über Grass und evoziert freudige Genugtuung darüber, sich in der eigenen Einschätzung bestätigt zu sehen. Zu unterscheiden sind weiterhin Adressatengruppen, die einen kritisierten Roman bereits kennen oder noch nicht. Begeisterung oder Ärger eines Kritikers über ein neues literarisches Werk kann von Lesern, die es noch nicht kennen (und das dürften in der Regel zum Zeitpunkt des Erscheinens einer Kritik die meisten sein), nur unter Vorbehalten übernommen werden, als Erwartung einer vielleicht ähnlichen Emotion bei der eigenen Lektüre, als ein Versprechen, dass sie ähnlich begeistert sein werden wie der Kritiker, oder als Warnung vor einer Lektüre mit ähnlichen Unlust-Gefühlen, die sie sich ersparen möchten.

Anders geartet wiederum ist die emotionale Kommunikation zwischen Kritikern und Autoren. Die von einem Kritiker bekundete Verärgerung über ein Werk wird vom Autor natürlich nicht übernommen, sondern voraussichtlich transformiert in eine Verärgerung über den Kritiker. Und die vom Kritiker ausgedrückte Begeisterung evoziert beim Autor nicht primär Begeisterung über sein eigenes Werk, sondern eher Freude über die Anerkennung und Dankbarkeit gegenüber dem Kritiker. Nicht zu übersehen sind in der Beziehung zwischen Kritiker und Autor schließlich jene Emotionen, die zu typischen Merkmalen narzisstischer Syndrome gehören: Unter- oder Überlegenheitsgefühle, schwere Kränkungen mit den damit verbundenen Aggressionen. Sie äußern sich nicht selten in gegen den Kritiker gerichteten Mordphantasien. Diese sind oft nicht ganz so ernst zu nehmen, wie sie Reich-Ranicki, ein vielfaches Objekt derartiger Wut,[35] in einem Kommentar zu Goethes gewitztem Gedicht *Rezensent* genommen zu haben scheint, das mit dem Vers endet: »Schlagt ihn tot den Hund! Er ist ein Rezensent.« Im Rahmen seiner *Frankfurter Anthologie* disqualifizierte der Kritiker dieses Gedicht als das »dümmste« von Goethe und schrieb dazu: »Indem Goethe seine Leser auffordert, die Rezensenten totzuschlagen, entpuppt er sich als ein Anhänger der Todesstrafe und als ein Gegner der Meinungsfreiheit; überdies ist auch der Tatbestand der Volksverhetzung erfüllt.«[36]

Andere zu kritisieren wiederum oder sich mit Kritik an anderen zu identifizieren, kann ähnlich wie herabsetzendes Lachen der lustvollen Stabilisierung oder Steigerung des eigenen Selbstwertgefühls dienen und positive Gemeinschafts- und Überlegenheitsgefühle in einer Gruppe Gleichgesinnter hervorrufen. Andererseits kann vehemente Kritik implizit oder sogar explizit Ausdruck der Hochachtung vor dem kritisierten Autor sein. So zumindest hat Reich-Ranicki sie wiederholt verstanden und sich dabei auf Lessing berufen, der im fünfzehnten seiner fiktiven *Briefe* schrieb: »Einen elenden Dichter tadelt man gar nicht; mit einem mittelmäßigen verfährt man gelinde; gegen einen großen ist man unerbittlich.«[37] Wenn Reich-Ranicki über junge und noch weitgehend unbekannte Schriftsteller schrieb, hatten seine Artikel in der Regel einen lobenden Tenor. Und die negative Besprechung von Büchern, die er eigentlich nicht für kritikwürdig hielt, rechtfertigte er mit dem Rang des Autors. In seinem Verriss von Martin Walsers Roman *Jenseits der Liebe* erklärte er: »Lohnt es sich darüber zu schreiben? Ja, aber bloß deshalb, weil der Roman von Martin Walser stammt«[38].

In seiner am 14. 10. 1978 in der F.A.Z. erschienenen Erzählung *Selbstportrait als Kriminalroman* hat Martin Walser sich selbst als einen Schriftsteller und Verbrecher und seinen Kritiker als Kommissar dargestellt. Der Verbrecher leidet unter dem Kommissar, doch noch mehr leidet er unter der Möglichkeit, der Kommissar könnte ihn mangels Interesse nicht mehr verfolgen. Größer als die Kränkung durch eine Kritik kann die sein, die einem Autor mangels Beachtung zugefügt wird.

Die Analyse literaturkritischer Kommunikation unter Aspekten der Emotionsforschung hat also nicht nur ihre verbalen, sondern auch nonverbalen Bestandteile zu berücksichtigen. Sie ist mit einer Vielfalt von Aspekten konfrontiert, die für die Literaturkritik-Forschung eine noch nicht angenommene, aber lohnende Herausforderung ist.

---

35 Vgl. dazu das Kapitel »Freunde und Feinde« in Anz 2004, S. 150 – 155.
36 Zitate aus dem Nachdruck in Reich-Ranicki 2014, S. 104 – 106.
37 Lessing 1996, Bd. III, S. 304.
38 Reich-Ranicki 1981, S. 175.

Literatur

Anz, Thomas: Marcel Reich-Ranicki (dtv portrait). München 2004.

Anz, Thomas: ›Theorien und Analysen zur Literaturkritik und zur Wertung‹, in: ders. / Baasner, Rainer (Hg.): *Literaturkritik. Geschichte – Theorie – Praxis.* 5. Aufl. München 2007, S. 194–219.

Anz, Thomas: ›Gefühle ausdrücken, hervorrufen, verstehen und empfinden. Vorschläge zu einem Modell emotionaler Kommunikation mit literarischen Texten‹, in: Poppe, Sandra (Hg.): *Emotionen in Literatur und Film.* Würzburg 2012, S. 155–170.

Hülshoff, Thomas: Emotionen. Eine Einführung für beratende, therapeutische, pädagogische und soziale Berufe. München 1999.

Fiehler, Reinhard: ›Emotionale Kommunikation‹, in: Fix, Ulla / Gardt, Andreas / Knape, Joachim (Hg.): *Rhetorik und Stilistik. Ein Handbuch historischer und systematischer Forschung.* Bd. 1. Berlin u. a. 2008, S. 757–772.

Heydebrand, Renate von / Winko, Simone: Einführung in die Wertung von Literatur. Systematik, Geschichte, Legitimation. Paderborn 1996.

Kant, Immanuel: Werke in zehn Bänden. Hg. von Wilhelm Weischedel. Darmstadt 1983.

Kienecker, Michael: Prinzipien literarischer Wertung. Göttingen 1989.

Lessing, Gotthold Ephraim: Werke. Hg. von Herbert G. Göpfert. Darmstadt 1996.

Neuhaus, Stefan: »Dieses Buch ist unlesbar!« Die Ambivalenz der Emotionen im literarischen Wertungsdiskurs‹, in: *Wirkendes Wort* 64. Jg., 2014/3, S. 441–455.

Reich-Ranicki, Marcel: Lauter Verrisse. Mit einem einleitenden Essay. Erweiterte Taschenbuch-Ausgabe. Frankfurt am Main / Berlin / Wien 1973.

Reich-Ranicki, Marcel: Entgegnung. Zur deutschen Literatur der siebziger Jahre. Erweiterte Neuausgabe. Stuttgart 1981.

Reich-Ranicki, Marcel: ›Manchmal wurde die Langeweile schier unerträglich. Der Roman »Der junge Mann« des erfolgreichen Autors Botho Strauß‹, in: *Frankfurter Allgemeine Zeitung* 1. 12. 1984, Bilder und Zeiten, S. 5.

Reich-Ranicki, Marcel: Der doppelte Boden. Gespräch mit Peter von Matt. Zürich 1992.

Reich-Ranicki, Marcel: Martin Walser. Mit Fotografien von Isolde Ohlbaum. Zürich 1994a.

Reich-Ranicki, Marcel: Die Anwälte der Literatur. Stuttgart 1994b.

Reich-Ranicki, Marcel: ›… und es muß gesagt werden. Ein Brief von Marcel Reich-Ranicki an Günter Grass zu dessen Roman »Ein weites Feld«‹, in: *Der Spiegel* 21. 8. 1995/34, S. 162–169.

Reich-Ranicki, Marcel: Über Literaturkritik. Stuttgart / München 2002a.

Reich-Ranicki, Marcel: Sieben Wegbereiter. Schriftsteller des zwanzigsten Jahrhunderts. Stuttgart / München 2002b.

Reich-Ranicki, Marcel: Unser Grass. München 2003.

Reich-Ranicki, Marcel: Meine Geschichte der deutschen Literatur. Vom Mittelalter bis zur Gegenwart. Hg. von Thomas Anz. München 2014.

Schwarz-Friesel, Monika: Sprache und Emotion. Stuttgart 2007.

Winko, Simone: ›Textbewertung‹, in: Anz, Thomas (Hg.): *Handbuch Literaturwissenschaft.* Bd. 2. Stuttgart / Weimar 2007, S. 233–266.

Zentner, Marcel R. / Scherer, Klaus R: ›Partikulare und integrative Ansätze‹, in: Otto, Jürgen H. / Euler, Harald A. / Mandl, Heinz (Hg.): *Emotionspsychologie. Ein Handbuch.* Weinheim 2000, S. 151–164.

Dessislava Stoeva-Holm

Gefühle worten.
Zum Emotionalisieren in zeitgenössischer Literaturkritik

1 Vorwort

Dass Rezensenten in ihren Literaturkritiken versuchen, den zentralen Aktualitätsbezug zum Literatur- und Zeitgeschehen herzustellen, ist in der Forschung zur Literaturkritik[1] unumstritten. Dass diese Kritiker aber auch den Erwartungen der Leser von Rezensionen entgegenkommen müssen, ist unumgänglich. Mit Gansel könnten die gestellten Anforderungen an diese Textsorte – im Lichte der Systemtheorie – folgendermaßen skizziert werden:[2]

>»1) Erfassen der Fiktionalität eines literarischen Werkes;
>2) Erschließung des Sujets, der Poetologie;
>3) Einordnung des Werkes in das Gesamtwerk des Autors/der Autorin, in aktuelle literarische Strömungen oder Gruppenbildung, Kanonisierung und Vergleiche mit anderen Autorinnen und Autoren;
>4) Erschließung der je individuellen Schreibweise, spezifischen Sprache;
>5) Aussagen zur Gattung;
>6) Wertung.«[3]

Als Bestandteil des Literatursystems gesehen, zeichnet sich Literaturkritik somit durch stabile und tradierte Rollen und Normen sprachlichen Handelns aus,[4] wobei jedoch die Frage nach der emotionalen Beteiligung des Kritikers zum besprochenen Werk (die auch Bestandteil der Rezension sein kann) oft übergangen wird. Den Kritikern steht es nämlich offen, nicht nur das Werk zu bewerten, sondern ihr Leseerlebnis und somit emotionale, innere Zustände zu kommunizieren, oder sich in eine bestimmte Stimmungs- und Gefühlslage einzuschreiben. Man könnte sagen, dass es ihnen freisteht, ihr intrasubjektives

---

1 Unter »Literaturkritik« soll in Anlehnung an Anz (2007, S. 194) »die informierende, interpretierende und wertende Auseinandersetzung mit vorrangig neu erschienener Literatur und zeitgenössischen Autoren in den Massenmedien« verstanden werden.
2 Vgl. Gansel 2011, S. 358–372.
3 Gansel 2011, S. 366.
4 Vgl. auch Anz 2007, S. 200.

Leseerlebnis mit einer mehr oder weniger deutlich ausgeprägten emotionalen Akzentsetzung in literaturkritischen Texten zu versprachlichen. Und obwohl redaktionelle Medien den Kritikern Anweisungen zur Gestaltung ihrer Rezensionen vorgeben können, die eine Gefühlsdarbietung stark einschränken könnten, wird der emotionalen Komponente des intrasubjektiven Leseerlebnisses ein entscheidender Raum in diesen Texten zugeteilt. Dies wird an den Beispielen (1), (2) und (3), die den Rezensionen zum Roman *Imperium* von Christian Kracht entnommen worden sind, deutlich sichtbar:

(1) Am Ende bleibt immerhin das Gefühl. (www.amazon.de, 8.3.2013)
(2) Möchte niemandem etwas unterstellen, vielleicht liege ich falsch, aber ein ungutes Gefühl bleibt. (www.amazon.de, 19.3.2012)
(3) Man will sich die Liebe zu dieser unglaublich schönen Prosa, zu dieser schönen Sprache einfach nicht verdunkeln lassen. (FAZ, 29.4.2012, S. 26)

Um jedoch eine *intersubjektive* Verständlichkeit des *Intrasubjektiven* zu gewährleisten, müssen die Kritiker bei der Versprachlichung von Gefühlen auf überindividuell verständliche Konzepte von Emotionalität zurückgreifen, denn im Rückgriff auf konventionalisierte Formen und Ausdrucksweisen können in der Kommunikation Verständnis und Anteilnahme beim Leser gewährleistet werden. Dafür stehen in einer Sprach- und Kulturgemeinschaft bestimmte Gefühlswortschätze und Muster für deren Gebrauch zur Verfügung.[5] Zum einen nutzen die Kritiker sie, zum anderen tragen sie auch zur Bildung neuer Muster und Ausdrucksformen bei.

2   Sprache und Gefühl

Lange waren Aspekte der Emotionalität aus sprachwissenschaftlichen Untersuchungen ausgeschlossen worden, da man Sprache als autonomes, von Gefühlen nicht oder nicht wesentlich bestimmtes System betrachtete. Emotionen[6] wurden als »irrelevante Begleiterscheinungen, marginale Nebeneffekte oder bloße Störfaktoren«[7] klassifiziert, was sich heute weitgehend geändert hat. Den Emotionen werden in der sprachwissenschaftlichen Forschung konstitutive bzw. determinierende Eigenschaften zuerkannt. Trotzdem scheint es eine Diskrepanz zu geben zwischen der großen Bedeutung von Emotionen für das Leseerlebnis der Literaturkritiker und der geringen Relevanz von Emotionen in vielen wissenschaftlichen Analysen in Texten der Literaturkritik. Diese Diskrepanz könnte

---

5 Vgl. hierzu auch Stoeva-Holm 2005.
6 Die Termini *Emotion* und *Gefühl* werden im Beitrag synonymisch benutzt.
7 Schwarz-Friesel 2007, S. 1.

jedoch auf methodologische Probleme der Untersuchung von emotionalen Gehalten in Literaturkritiken zurückzuführen sein.

Um emotionale Gehalte von Literaturkritiken analysieren zu können, kann in diesem Beitrag ein kodebasierter Ansatz benutzt werden, wie ihn Winko für literaturwissenschaftliche Analysen im Anschluss an soziologische Emotionstheorien oder Jahr für linguistische Analysen im Anschluss an die psychologische Emotionsforschung entwickelt haben.[8] Dieser kodebasierte Ansatz fußt auf zwei Grundannahmen:[9]

1) Gefühle können semiotisch als Kodes konzipiert werden und sind somit als Muster der Informationsaufnahme und -verarbeitung zu sehen;

2) Gefühle können auch als kulturell kodiert verstanden werden. Ihren Sinngehalt bekommen sie erst dann zugeschrieben, wenn eine Einbettung in komplexere Wissenssysteme geschieht. Diese Wissenssysteme beinhalten das kulturelle Wissen über Gefühle, über ihren Ausdruck und über emotionstypische Situationen.

Ausgehend von diesem kodebasierten Ansatz zur Darstellung aber auch zur Identifikation von Emotionen scheinen kontextualisierende Analyseverfahren nicht nur möglich, sondern geradezu auf der Hand liegend. Dabei kann angenommen werden, dass zeitgenössische Leser und Rezensenten innerhalb einer Sprach- und Kulturgemeinschaft bestimmtes Wissen über emotionale Muster teilen, d. h. sie verfügen über ein Regelwissen, wie in einer Situation zu fühlen ist, in welchem Umfang Gefühle vorzeigbar und welche Ausdrucksmittel zur Wiedergabe von Gefühlen zu verwenden sind. Ekman und von Friesen nannten diese Regeln *feeling rules* und *display rules*.[10]

Indem der vorliegende Beitrag sich dem kodebasierten Ansatz anschließt, soll dementsprechend der Fragestellung nachgegangen werden, wie Gefühle des Rezensenten durch Wortwahl dem Leser zugänglich gemacht werden, d. h. welche Verfahren zur Versprachlichung von Gefühlen benutzt werden, die Resultat eines Leseerlebnisses sein könnten. Exemplarisch soll anhand einer lexikalisch-semantischen Analyse von zeitgenössischer Literaturkritik dabei der Blick sowohl für Konzeptualisierungen als auch für Symbolsysteme und somit für textsortenspezifische Inszenierungen von Gefühlen geschärft werden. Zu den sprachlichen Daten ist grundlegend festzuhalten, dass zwischen unspezifischen Emotionalisierungsstrategien und spezifischen, identifizier-

---

8   Vgl. Winko 2003; Jahr 2000.
9   Vgl. auch Hillebrandt 2011.
10 Vgl. Ekman / von Friesen 1975.

baren Emotionen in den Literaturkritiken zu unterscheiden ist. Es ist also zu unterscheiden,

1) ob im Text direkt von einem bestimmten Gefühl die Rede ist (in Form von lexikalisiertem Emotionswortschatz),

2) ob ko- und kontextualisierende Rekonstruktionsleistungen nötig sind, um das Spektrum des emotionalen Gehalts eines Textes zu bestimmen.

Bei der sprachlichen Darstellung von Gefühlen können nach Winko außerdem zwei grundlegende Kategorien unterschieden werden: die *Thematisierung* und die *Präsentation* von Gefühlen, die entweder abhängig oder unabhängig voneinander benutzt werden können und die sich in ihrer Funktion entweder gegenseitig betonen oder widersprechen können.[11]

Bei der *Thematisierung* von Gefühlen in Literaturkritiken geht es um deren Nennung oder Umschreibung, d. h., was über Gefühle im jeweiligen Text gesagt wird. Das können Definitionen einzelner Gefühle, deren angemessene Ausdrucksweise oder auch Angaben zu emotionstypischen Situationsszenarien sein. Thematisierung meint aber auch, mit welchen Begriffen oder Bildern auf Gefühle Bezug genommen wird.

Die Analyse der Thematisierung von Gefühlen kann so zweierlei aufzeigen: zum einen deren Funktionalisierung im Einzeltext und zum anderen die Konzeptualisierung und die Rolle von Gefühlen zu einem bestimmten Zeitpunkt oder in einer bestimmten Sprechergemeinschaft.

Die *Präsentation* von Gefühlen in Texten unterscheidet sich von der *Thematisierung* insofern, als es hier nicht um auf Gefühle bezogene Propositionen geht, sondern um die *Vermittlung* von Gefühlen.[12] Hier spielen vor allem implizite sprachliche Mittel und Strukturen eine Rolle. Die Präsentation von Gefühlen kann somit auf sehr vielfältige Weise erfolgen. Prinzipiell können dabei alle sprachlichen Ebenen eine Rolle spielen, jedoch wird im vorliegenden Beitrag der Fokus auf die lexikalisch-semantische Ebene gerichtet. Bei der Analyse der Präsentation von Gefühlen in Texten wird also nach den sprachlichen Mitteln gefragt, mit denen Gefühle gestaltet werden, nach den Traditionen, in denen sie stehen und wie sie von diesen eventuell abweichen.

In meinem Beitrag wird sowohl auf die *Thematisierung* von Emotionen als auch auf ihre *Präsentation* eingegangen. Denn wird in den Literaturkritiken über die allgemeinen Erscheinungsformen und Qualitäten einer Emotion gesprochen, ist der Text als Teil eines Diskurses zu sehen, womit eine *Thematisierung*

---

11 Vgl. Winko 2003.
12 Vgl. Hillebrandt 2011.

vorliegen würde. Werden Gefühle jedoch benannt, um den inneren Zustand eines Rezensenten darzustellen, wäre von einer *Präsentation* spezifischer Emotionen zu sprechen.

3 Literaturkritiken zu Christian Krachts Roman *Imperium*

17 Beiträge von Literaturkritikern zu Christian Krachts Roman *Imperium* (2012) werden zur Illustration herangezogen, die in der Zeitspanne zwischen Februar 2012 und April 2012 in unterschiedlichen redaktionellen Medien wie regionalen und überregionalen Zeitungen als auch in der Zeitschrift *Der Spiegel* erschienen sind und einen durchschnittlichen Umfang von 1200 Wörtern pro Fließtext aufweisen (der längste mit 2583 und der kürzeste 457). Insgesamt besteht das Korpus aus 20 602 Wörtern. Bei den Zeitungen handelt es sich um die *Frankfurter Allgemeine Zeitung, Neue Zürcher Zeitung, Süddeutsche Zeitung, Die Zeit, Thüringische Landeszeitung, Abendzeitung München, Die Welt*. Hinzu kommen 82 kürzere Kritiken zu diesem Werk, die alle auf der web-Seite www.amazon.de im Jahr 2012 und 2013 geschaltet wurden.

Die Handlung im Roman *Imperium* kreist um den Franken August Engelhardt (1875 – 1919) und zeichnet fiktiv seine Lebensgeschichte. In kurzen Episoden schildert Kracht die Mühen und Nöte Engelhardts. Als Aussteiger bricht Engelhardt zu Beginn des vorigen Jahrhunderts in die Südsee auf, um auf einer Insel vor der Küste Deutsch-Neuguineas ein neues Leben zu beginnen. Er beabsichtigt, als Missionar und Prophet, eine Kolonie zu gründen und sich nur von Kokosnüssen zu ernähren, die Kleidung abzuwerfen und auch sonst sich ganz und gar der Natur hinzugeben. Eine Zeitlang folgen ihm einige Jünger, die sich ebenfalls reif für die Insel fühlen und lassen sich zu seiner Heilslehre bekehren, der zufolge in der Kokosnuss die Rettung der Menschheit schlummere. Engelhardt wird jedoch von den übrigen deutschen Kolonisten verspottet und finanziell hintergangen. Im Roman werden von Kracht die Schrecken der ersten Hälfte des 20. Jahrhunderts zusammengeführt. Bald zeichnet er seinen Romanhelden Engelhardt als Erlöser- und Christus-Figur, bald als Zerrbild aller falschen Propheten seiner Zeit. Und im Hintergrund tauchen sowohl Größen der deutschen Literatur als auch Tyrannen auf wie Hermann Hesse und Franz Kafka, Thomas und Katia Mann, aber auch Hitler erscheint – zur Karikatur verkleinert – im Text.

Die Wahl von Literaturkritiken zum Roman *Imperium* gründet sich auf die über Monate hinweg angeschürte Debatte zu Krachts Intentionen mit seinem Werk – eine heftige Debatte, die der Literaturkritiker Georg Diez mit seiner Rezension im *Spiegel*, Heft 7; S. 100, am 13.02.2012 auslöste und die auf Reaktionen andersdenkender Kritiker nicht warten ließ. Kracht wurde vorgeworfen,

ein »Türsteher der rechten Gedanken« zu sein und antisemitisches Gedankengut
zu transportieren. Die unter Kritikern entfachte Debatte kreiste um Fragen, wo
der Autor ende und seine Figur beginne, welche Aufgaben und Freiheiten Literaturkritik eigentlich habe und wie weit künstlerische Gestaltungsfreiheit
gehen könne, wobei diese Dispute dazu führten, dass die literarischen Qualitäten des Romans immer mehr in den Hintergrund gerieten und es zu Stellungnahmen in Bezug auf die entfachte Debatte kam.

Zeitgleich zur Debatte in den Printmedien erschienen Rezensionen zu
Krachts Roman auf Internetseiten, die im Gegensatz zu denen in den Printmedien auffallend kürzer gestaltet waren und nicht nur das Leseerlebnis des Rezensenten spiegeln, sondern auch die Debatte um den Roman als Leseanlass
thematisieren. Diese Rezensionen sind mit Abbreviaturen, Chiffren und möglicherweise Pseudonymen der Verfasser versehen – eine Verfahrensweise, die
dem Konzept der Anonymisierung entspricht, das nach Baasner nicht neu,
sondern epochenübergreifend schon in Hinblick auf das 18. und 19. Jahrhundert beobachtbar sei.[13] Durch die Anonymität sind teilweise andere Mechanismen in der Gefühlspräsentation beobachtbar. Während in den Printmedien die
nicht-anonymen Kritiker den Eindruck eines akribisch beobachtenden, methodisch analysierenden und wertenden Schreibers und deren Texte eher den
»Eindruck der Gefühlslosigkeit« hinterlassen,[14] scheinen die Kritiken im Netz
nicht vordergründig mit dieser »Affektscham« behaftet zu sein. Beide Formen
der Literaturkritik sollen jedoch hier nicht miteinander verglichen werden,
sondern werden eher als komplementär aufgefasst, um im Kontrast ein Ge-
samtbild aufstellen zu können, bei dem Ähnlichkeiten und Unterschiede in der
Emotionsthematisierung und -präsentation zwischen den Rezensionen in den
unterschiedlichen Medien zutage treten.

Unabhängig davon, in welchem Medium die Kritiken erscheinen, kann festgehalten werden, dass mehr oder weniger Emotionswortschatz zur Thematisierung und Präsentation von Gefühlen benutzt wird. Einige der Emotions-
wörter enthalten jedoch auch Bedeutungskomponenten, die neben Gefühlen
und Wertung auch zusätzliche Aspekte wie Willen und Einstellung mittrans-
portieren, wie z. B. die Lexeme *Empörung, Verachtung, Bewunderung, Respekt.*

(4) Empörung, Distanz und Verachtung: Was tut eigentlich die Aufregung um Christian
     Krachts Roman »Imperium«? (SZ, 25.02.2012, S. 15)
(5) Man konnte diesen Roman wegen der fast seherischen Qualität der Prosa mögen, man
     konnte ihn auch wegen der lässigen Menschenverachtung nicht mögen – die Reise des
     Christian Kracht aber hatte eine Richtung angenommen, bei der es manchmal schwer
     wurde, ihm zu folgen. (Der Spiegel, 13.02.2012, Heft 7; S. 100)

---

13 Vgl. Baasner 2007, S. 23.
14 Vgl. auch Hillebrandt / Fenner 2010.

Aus den Texten wird ersichtlich, dass ein Gefühl selten isoliert präsentiert wird, sondern meistens in Relation zu Bewertungen (Beispiel 6) oder Handlungsanweisungen (Beispiel 7), die auf strikte Regulierung des Leseverhaltens hinauslaufen, wie in:

(6)   [...] das freut die Germanistikprofessoren und ihre Postcolonial-Studies, aber mich nicht. (www.amazon.de, 28. 2. 2012)
(7)   Ehrlich gesagt: Was für ein Dreck! Das Buch ist noch nichtmal [sic!] das Papier wert auf das es gedruckt wurde! [...] FINGER WEG! (www.amazon.de, 4. 4. 2012)

Somit besteht die Spezifik der Gefühlspräsentation darin, dass das Erleben des Rezensenten mit bewertenden Sprechhandlungen verwoben wird, wie in Beispiel (8):

(8)   Die Emotionen des Leser [sic!] bleiben dabei allerdings auf der Strecke, zu kalt ist die sprachliche Eleganz. (www.amazon.de, 2. 3. 2012)

Das Fehlen von erlebten Gefühlen bei der Lektüre (*Emotionen bleiben auf der Strecke*) wird in dieser Internetrezension negativ bewertet.

Zum Verhältnis von Bewerten und Emotionalisieren sei Sandig angeführt. Sie betrachtet das Emotionalisieren als eine Sonderform des Bewertens,[15] das zu den wichtigsten komplexen Handlungsmustern gehört. Dass jedoch die Position des Emotionalisierens im Verhältnis zum Bewerten mit Hilfe verschiedener Strategien in den Vordergrund treten kann, soll in den folgenden Überlegungen gezeigt werden.

4   »Short stories« zum Emotionalisieren in Literaturkritiken

Bei der Betrachtung von Literaturkritiken in den Printmedien lässt sich feststellen, dass hier nicht nur ein Erzählen und ein Bewerten von bestimmten Inhalten stattfindet, sondern auch eine Vermittlung von Gefühlen. Dies geschieht in Form von »short stories«, die vordergründig einen äußeren Geschehensablauf schildern, der Zugang zur Erlebniswelt des Rezensenten und den Gefühlen verschaffen kann. Diese Geschichten im Kleinformat stellen in der Regel besondere oder kritische Ereignisse[16] dar, die größtenteils ohne Verwendung von lexikalisiertem Emotionswortschatz auskommen, was wiederum den Eindruck eines bewussten Vermeidens von Gefühlsthematisierungen in redaktionellen Medien hinterlässt. Betrachtet man jedoch die Kleingeschichten mit

---

15   Vgl. Sandig 1996, S. 256 ff.
16   Nach Quasthoff (1980) sind außergewöhnliche Ereignisse Inhalte von Erzählungen, die die Routine des Üblichen durchbrechen.

ihren Situations- und Problembeschreibungen näher, wird deutlich, dass mit ihrer Hilfe nicht nur formelle Einstiege in Rezensionen geschaffen werden, sondern auch (überwiegend negative) Gefühle in den Literaturkritiken zum Ausdruck kommen. Eine emotionale Akzentsetzung geschieht somit nicht vorrangig über explizite Benennungen von Emotionen mit Gefühlswörtern wie *Groll* und *Empörung,* sondern indem eine frühere Rezeptionssituation rein-szeniert[17] wird, wie das folgende Beispiel (9) mit Roman Buchelis Rezension in der *Neuen Zürcher Zeitung* zeigt:

(9)   Vor drei Wochen geschah das Ungeheuerliche: Der Schriftsteller Georg Diez hatte Christian Krachts neuen Roman »Imperium« gelesen und holte nun mit lang kultiviertem Groll im »Spiegel« zum grossen Schlag gegen den Kollegen aus (NZZ 17.2.12): Kracht habe sich mit »Imperium« vollends zum »Türsteher der rechten Gedanken« gemacht. An seinem Beispiel könne man sehen, »wie antimodernes, demokratiefeindliches, totalitäres Denken seinen Weg findet hinein in den Mainstream«. Nicht genug damit, gab Diez noch eins drauf und schrieb, Kracht placiere sich »sehr bewusst ausserhalb des demokratischen Diskurses«. (NZZ, 6.3. 2012, S. 19)

Indem das Wissenswerte zur Rezension von Georg Diez thematisiert wird, bildet die emotiv geladene Geschichte den Projektionshintergrund für die angestrebte Beurteilung seitens des Kritikers. Vom Standpunkt der Ereignisbeteiligung wird dieses Geschehen in seiner inhaltlichen Dynamik geschildert. Es ist hier fest-zuhalten, dass je konkreter (z. B. mit Zitaten) und detaillierter die Darstellung ist, umso eher ist Emotionalität Ausdruck der Erlebnisperspektive oder wird in Aussicht gestellt.

So wird auch dieses Eigenerleben als Resultat der Ereignisverarbeitung erst in der »Nachgeschichte« in den nächstfolgenden Zeilen angeboten, wie Beispiel (10) zeigt:

(10) Abermals eine Woche später, vor Wochenfrist, meldet sich Georg Diez noch einmal im »Spiegel«: Das war doch alles nicht so gemeint, Freunde, ruft er nun in die Runde. Natürlich sei Kracht kein Nazi, kein Faschist. Vielmehr: »Das alles bewegt sich innerhalb des demokratischen Diskurses [...]. Christian Kracht gehört selbstverständlich dazu.« Verwundert reibt man sich die Augen. Ja, was gilt denn nun? Einmal ist Kracht ausserhalb, dann wieder »selbstverständlich« innerhalb. Und innerhalb oder ausserhalb von was? Denn was meint ein Schriftsteller wie Georg Diez eigentlich mit »demokratischem Diskurs«, als dessen eifriger Verteidiger er sich hier aufspielt, bald mit gravitätisch ernster Miene, bald gönnerhaft schulterklopfend? (NZZ, 6.3.2012, S. 19)

---

17 Laut Wiedemann (1986) bewegen sich nicht-fiktive Sprecher in ihren Erzählungen auf un-terschiedlichen Ebenen und nehmen dabei unterschiedliche Perspektiven ein, die der Re-inszenierung, der Ereignisbeteiligung und der Ereignisverarbeitung.

Ohne dass in diesem Textabschnitt Emotionen benannt werden, können hier aus den im eigenen Kulturkreis geltenden Emotionsregeln die aktuellen Gefühle: Ärger und Gereiztheit erschlossen werden. Die Darstellung von zurückliegenden Ereignissen ermöglicht nicht nur eine nachträgliche Ausdeutung und Verarbeitung der Geschehnisse, sondern auch das Vorweisen einer emotiven Beteiligung und Ereignisverarbeitung des Rezensenten, was auch aus den sich aneinanderreihenden Fragesätzen wie in Beispiel (11) hervorgeht:

(11) [...] Ja, was gilt denn nun? Einmal ist Kracht ausserhalb, dann wieder »selbstverständlich« innerhalb. Und innerhalb oder ausserhalb von was? Denn was meint ein Schriftsteller wie Georg Diez eigentlich mit »demokratischem Diskurs«, als dessen eifriger Verteidiger er sich hier aufspielt, bald mit gravitätisch ernster Miene, bald gönnerhaft schulterklopfend? (NZZ, 6. 3. 2012, S. 19)

Das besondere Charakteristikum der situativen Umstände für die Rezeption von Literaturkritik ist der Sachverhalt, dass sie dem Leser eine Interpretation der Vorgänge abverlangen, dessen Ergebnis die Identifizierung des Gefühls ist. Die Deutung geschieht hier auf der Grundlage persönlicher Erfahrungen und kulturbedingter Wissensbestände.

5 Reaktionsschilderungen zur Gefühlspräsentation in Literaturkritiken

Dass Emotionen trotz fehlender Gefühlsbenennung erschlossen werden können, wurde bei der Betrachtung der Situationsbeschreibungsmuster in den Rezensionen deutlich. Die Fokussierung auf Erleben wird aber auch durch andere Verfahren und Darstellungsmöglichkeiten gewährleistet, z. B. durch Beschreibungen von körperlichen Symptomen, welche Gefühlswörter größtenteils als überflüssig erscheinen lassen. Es kann dabei auf die Resultate der psychologischen Forschung u. a. von Battacchi et al hingewiesen werden,[18] die sich hier ohne weiteres auf die Kritiken applizieren lassen. Mit Hilfe von Reaktionsschilderungen können eine Reihe von Emotionskomponenten und -dimensionen identifiziert werden. Es handelt sich somit um Reaktionen hauptsächlich nichtverbaler Art wie:

---

18 Vgl. Battacchi / Suslow / Renna 1996, S. 21 f.

– Physiologische Symptome, wie z. B. Übelkeit:

(12) Häufig wollte ich das Bich [sic!] weglegen, durch Würgereiz begleitend und leider
      wenig überlegend, Seite um Seite vorquälend, habe ich es bis zum Ende geschafft.[19]
      (Ekel und Qual) (www.amazon.de, 6. 6. 2012)
(13) Auch die vermeintlichen intelektuellen [sic!] »Seitenhiebe« im Buch verursachen
      lediglich Brechreiz... (Ekel) (www.amazon.de, 4. 4. 2012)

– Tonische Symptome, die die An- oder Entspannung des Körpers in seiner
  Gesamtheit angeben:

(14) Die Geschichte des »verklemmten Gernegroß« August Engelhardt, [...], mit langen
      Sätzen und manchen Gedankenwendungen, die mich des Öfteren haben laut lachen
      lassen, [...] (Freude) (www.amazon.de, 12. 7. 2012)
(15) Der erste Satz [...] wirkt fast wie eine Überdosis [...]. Da muss man erst mal
      durchatmen. (Schreck) (FAZ, 12. 2. 2012, S. 25)

– Motorische Reaktionen:

(16) Und er fügt sich in eine lange Reihe von Äußerungen Christian Krachts, die alle
      darauf angelegt zu sein scheinen, zumindest heftiges Kopfschütteln auszulösen [...].
      (Empörung und Zweifel) (SZ, 25. 2. 2012, S. 15)
(17) Ich habe beim Lesen oft schmunzeln können [...] (www.amazon.de, 11. 1. 2013)

Zu diesen Schilderungen sind auch
– *Expressive sprachliche Reaktionen* zu rechnen, die sich durch eine
  syntaktische und lexikalische Selektion auszeichnen:

(18) Was, um Himmels willen, ist in den Schriftsteller Christian Kracht gefahren? (FAZ,
      12. 2. 2012, S. 25)

Geschildert werden somit in den Beispielen (12) bis (18) Reaktionen oder die
mehr oder weniger schwer zu erklärenden Symptome, die aufkommen oder es
wird darauf hingewiesen. Da die meisten Empfindungen diffus und schwer
beschreibbar sind, ist das Thematisieren äußerlich wahrnehmbarer Auswirkungen körperlicher Art, eine Möglichkeit Gefühle darzustellen. Es gibt jedoch
eine Fülle von »Fertigteilen« wie lexikalisierte Phraseme, die durch ihren me-
taphorischen Gehalt das Diffuse greifbar machen,[20] wie in Beispiel (19):

(19) Christian Kracht hat 2011 einen E-Mail-Wechsel mit dem amerikanischen Musiker,
      Künstler und politischen Wirrkopf David Woodard veröffentlicht, in dem sich nun
      freilich eine Gesinnung manifestiert, die *einen durchaus das Fürchten lehren* könnte.
      (NZZ, 6. 3. 2012, S. 19)

---

19 Kursivierungen in den Beispielen sind von der Autorin vorgenommen, falls nicht anders
   angegeben.
20 Vgl. Stoeva-Holm 2005.

6   *Herz, Hand, Auge* als Gefühlswörter in Literaturkritiken

Da die Anzahl der lexikalisierten Gefühlswörter wie *Groll, Leid, Freude, Hei-
terkeit* und *Empörung, Gleichgültigkeit, Aufregung* oder die zur Verfügung stehenden Phraseologismen im Vergleich zur breiten Palette des Gefühlslebens
ziemlich begrenzt ist, wird in den Literaturkritiken auch Lexik benutzt, die nicht
primär dem Emotionswortschatz zuzuordnen ist, jedoch als bildlicher Ausdruck
für Emotionen gelten kann, wie z. B. die Lexeme *Herz, Hand, Auge*. Diese lexi-
kalischen Mittel können in ihrer Funktion als *Signalwörter* betrachtet werden.

Von den Signalwörtern ist zu erwarten, dass sie inhaltlich über ein relevantes
und hohes Assoziationspotential verfügen, um viele der Gefühle porträtieren zu
können. Es handelt sich hier um bildliche Präsentationen mit Hilfe von Metaphern, Vergleichen und Metonymien. Die bildlichen Darstellungen können
dabei aus den verschiedensten Lebensbereichen stammen. Durch die Analyse
dieser Wörter, die sich in den untersuchten Kritiken durch Kriterien wie
Usualität, relativ häufiges Vorkommen und inhaltliche Relevanz auszeichnen,
können Rückschlüsse auf die dahinterliegenden Konzeptualisierungsstrukturen
von emotionalem Erleben gezogen werden.

So wird mit Hilfe der Lexeme *Herz, Hand, Auge* in den Kritiken intrasubjektives Erleben auf traditionelle Weise gestaltet. Erwartungsgemäß ist das
Lexem *Herz*, als Sitz der Gefühle verstanden, in den Kritiken zu finden. Das *Herz*
ist eine entscheidende Dimension der Kritik-Welt. Eine Handvoll Beispiele
fußen in diesem Bereich der Innerlichkeit, dem Mensch-Zentrum Herz, das allen
anderen Bereichen überlegen ist. Das *Herz* wird zum Platz ernannt, an dem die
Rezeption geschieht. Das Herz ist auch der Ort, an dem Entscheidungen gefällt
werden. Es ist daher kein Zufall, wenn im Rahmen der Handlungsfunktion der
Literaturkritiken *Herz* mit seinem Hochwert immer wieder angesprochen wird,
wie in Beispiel (20):

(20)   Anspielungen auf Musikstile jener(?) Zeit sind reichlich vorhanden und, dem
        gebildeten Leser *wärmt sich das Herz* wenn er gemerkt hat, dass mit dem auf der
        kurischen Nehrung spazierengehenden Redakteur des Simplicissimus natürlich
        Thomas Mann gemeint ist und seine Verlobte längst hätte ›einen Anhaltspunkt vis-
        à-vis den tatsächlichen Neigungen ihres Anversprochenen‹ hätte haben können.
        (www.amazon.de, 31. 5. 2012)

Die Emotionen werden in Literaturkritiken außer mit dem Lexem *Herz* auch
systemhaft mit Lexemen wie *Hand* und *Auge* vernetzt, die emotional geladen die
Emotionsqualität worten und den Interpretationsmodus konstant mitschwin-
gen lassen (vgl. die Beispiele 21 bis 23). *Hand* umfasst alle auf den Mitmenschen
gerichtete Aktivität, das Schreiben und Handeln allgemein, die beim Kritiker
Freude über die Geschicklichkeit des Schriftstellers auslöst.

(21) So unterhaltsam zu lesen, daß [sic!] man dieses Buch nicht mehr *aus der Hand legen*
      möchte. Mir erging es auf jeden Fall so. (www.amazon.de, 22.2.2012)

Auge und das dazugehörende Blickverhalten ermöglichen im Vergleich zu *Hand*
eine Wendung nach außen. Sie sind der Wegbereiter dafür, den Lesestoff auf das
Gefühlsleben einwirken zu lassen.

(22) Ehrlich gesagt: Ich weiß es nicht. Seine Bücher *eröffnen alle den Blick auf eine andere
      Welt*. Oder: auf die Welt, wie sie ist oder war, wie wir sie aber noch nicht zuvor
      gesehen haben. (FAZ, 29.4.2012, S. 26)

Durch die Beschreibung der Orientierung und Ausrichtung des Blickes wird das
Leseerlebnis in verschiedenen Stadien strukturiert. Ein verborgenes Gefühl
kann durch den *Rück*blick zutage gefördert werden:

(23) Die Geschichte eines abenteuerlichen Herzens, [...] hat in mancher Hinsicht ein
      Jahrhundert auf dem Buckel; doch wie sie erzählt wird, das ist von einer
      schwerelosen Heiterkeit, *die erst der neugierige, aber eben unbeteiligte Blick durch
      den Rückspiegel auf eine Massenkarambolage zulässt*, wie sie das zwanzigste
      Jahrhundert darstellt. (FAZ, 11.2.2012, S. 33)

Indem die Signalwörter den Kritikern einen konkreten Rahmen vorgeben, erleichtern sie ihnen das Sich-Einschreiben in die Welt des Fühlens. Es ist ersichtlich, dass die Wahl des Signalwortes mit der Perspektive einhergeht, Sen-
timentalität und Pathetik vorzubeugen. Indem das Wortfeld *sehen* immer mehr
an Bedeutung gewinnt, werden Voraussetzungen geschaffen, nicht nur eigene
Gefühle zu thematisieren, sondern die Gefühlswelt auch leichter an den Kontext
von Kognition zu binden.

Dass dabei in Literaturkritiken hauptsächlich auf traditionelle Symbole und
Bilder zurückgegriffen wird, bzw. gewisse Stereotype gebildet und verstärkt wer-
den, verwundert nicht. Im Gegenteil: Durch die Reduktion des komplexen emo-
tionalen Erlebens auf wenige Situationen und Darstellungsnormen entstehen
Idealbilder, die auf ein etabliertes Verständnis bei den Lesern stoßen. Anstatt diese
Bilder jedoch als Vereinfachungen zu bezeichnen, könnte in diesen Fälle von einer
Sinngebung des Empfindens durch *Ritualisierung* gesprochen werden.

7   Das Konzept »Vergnügen« als zentraler Bestandteil der Literaturkritiken

Während ein Großteil der Literaturkritiker in ihren Rezensionen Stellung zur
Debatte um Krachts Roman *Imperium* und ihrer Berechtigung beziehen und das
Emotionalisieren eher als Sonderform des Bewertens erscheint, fokussieren
Laienrezensenten auf das Gefühl des Lesevergnügens, das seinerseits als Aus-

druck einer literaturkritischen Wertung und deren Begründung aufgefasst werden kann.[21] *Vergnügen* wird als Ziel des Leseereignisses gesehen; *Vergnügen* wird erreicht, wenn man den Roman rezipiert, *Vergnügen* geht aber auch verloren, wenn man ihn liest. Somit sind auch Enttäuschung / Empörung als auch Ärger an die Gefühlskonfiguration des *Vergnügens* gebunden. Das Lexem (*Lese*) *Vergnügen* wirkt in Literaturkritiken nicht nur als Signalwort auf den Rezipienten, sondern ist auch ein wichtiges Kondensat mentaler Vorstellungen. Die Kollokationen in Sentenzen oder expressiven persönlichen Aussagen ermöglichen es m. E. die zentralen Elemente des Gefühlskonzeptes von den peripheren zu unterscheiden. Die Aussagen haben prototypische Züge, indem sie allgemeine, habituelle und zeitlose Auffassungen vermitteln.

Von den Aussagen, die als Überschriften benutzt werden, wie in den Beispielen (24) bis (26):

(24) *Lesevergnügen* und geistiger Zugewinn! (www.amazon.de, 1.11.2012)
(25) Ein *wahres* Lesevergnügen (www.amazon.de, 14.4.2012)
(26) *Intelligentes* Lesevergnügen (www.amazon.de, 16.5.2012)

wird deutlich, dass dieses Gefühl eine zentrale Stellung einnimmt. Die Darstellung sensorischer Erlebnisse unterstreicht das Erstrebenswerte:

(27) *Ein geradezu süffiges Vergnügen*, das sich bedenkenlos und ohne anschließende Migräne, wegen allzu gepanschter Inhaltsstoffe, an einem einzigen Leseabend konsumieren läßt [sic!]. (www.amazon.de, 3.3.2012)

Man kann das Vergnügen mit anderen Sinnen erleben als nur mit dem Herzen und dem Intellekt. Man kann es förmlich hören und verkosten (Beispiel 27) und es lässt sich steigern (Beispiele 28 und 29):

(28) Ein wirklich wunderbarer, im Wortsinn eigenartiger Roman, und *ein großes Lesevergnügen*. (www.amazon.de, 16.5.2012)
(29) *Eine kolossale Steigerung dieses Vergnügens* findet sich in der Hörbuch-Version, in welcher Dominik Graf ganz famos (mit einem Hauch von Sigmatismus) einen brillanten Vortrag leistet (www.amazon.de, 16.6.2013)

Ein gewöhnliches Thema neben dem Aspekt des Ausmaßes ist das der Echtheit und Ungetrübtheit dieses Gefühls, wie in den Beispielen (30 und (31):

(30) Aber am sicheren Seil von Krachts kunstfertiger Sprache in die Abgründe des engelhardtschen Paradieses hinabzusteigen, das war *ein reines Vergnügen*. (www.amazon.de, 19.5.2012)

---

21 Schon Kant erhob in seiner *Kritik der Urteilskraft* dem im Subjekt hervorgerufenen »Gefühl der Lust oder Unlust« zur Grundvoraussetzung für jedes ästhetische Urteil (vgl. Anz 2007, S. 211).

(31) Dieses Buch, das uns in die Zeit deutscher Kolonialherrschaft nach Papua-Neuguina [sic!] ins damalige Herbertshöhe, dem heutigen Kokopo (was für ein Name in diesem Zusammenhang!) führt, bereitet *großes, reines Vergnügen.* (www.amazon.de, 19. 5. 2012)

Da das Vergnügen als das angestrebte und selbstverständliche Ziel der Rezeption dargestellt wird, werden auch die Faktoren thematisiert, die zum Erreichen dieses Ziels notwendig sind. Es sind die Faktoren sprachliche Gewandtheit, emotionale Gestaltung und Sinn für Ästhetik, die im Werk zusammenwirken müssen (vgl. die Beispiele 32 und 33):

(32) Der Roman ist in einer sehr schönen Sprache geschrieben, die Atmosphäre und der Schreibstil machen das Lesen zu einem *ästhetischen Vergnügen.* (www.amazon.de, 8. 2. 2013)
(33) Das *außerordentliche Lesevergnügen* erschließt sich freilich nur jenem, welcher sich auf *die sprachliche Finesse und die feinsinnig-intellektuelle Ironie* dieses literarischen Pralinées einzulassen vermag. (www.amazon.de, 16. 6. 2013)

Zu den Metaphern, die zur Beschreibung von Lesevergnügen verwendet werden, ist festzuhalten, dass die meisten von der Vorstellung einer Kraft ausgehen (Beispiel 34), die den Leser fesseln könnte oder auch nicht:

(34) Dennoch: *Ein fesselndes Lesevergnügen* ist Imperium nicht gerade. (www.amazon.de, 13. 3. 2012)

Und einer Kraft, der man sich ausliefern könnte:

(35) Aber ein mit Intelligenz, schweizerisch-stilistischem Sprach- und Feingefühl, *mit Ironie und Sarkasmus gewürztes Leseereignis*, das man sich nicht entgehen lassen sollte. (www.amazon.de, 3. 3. 2012)

Diese Kraft wird mit der berauschenden Wirkung von Alkohol verglichen (*berauschendes Vergnügen*), dessen überdurchschnittlicher Konsum jedoch nicht als gesundheitsschädlich empfunden wird (*ohne anschließende Migräne, wegen allzu gepanschter Inhaltsstoffe*), wie aus dem Beispiel (27) hervorgeht. Diesen Bildern liegen alte Traditionen zugrunde.

Dass das Konzept (Lese)Vergnügen zentral in den Netzrezensionen erscheint, ist als Ausdruck für ein starkes konsumtions- und verbraucherorientiertes Schreiben zu deuten, bei dem »Emotionalität« im Vergleich zu »Rationalität« in ästhetischen Urteilen stärker in den Vordergrund tritt.

8   Zusammenfassung

Die Literaturkritiker schaffen Bezüge zum Literaturgeschehen, indem sie ihr Leseerlebnis worten und anderen zugänglich machen. Dieses Leseerlebnis ist zwar stark an Gefühle und Wertungen geknüpft, doch wird diesen unterschiedlich viel Platz eingeräumt und unterschiedlicher Stellenwert beigemessen. Es hat den Anschein, dass Gefühle in Internetseiten öfter zum Tragen kommen als in redaktionellen, was natürlich an den Kaufempfehlungen und somit den expliziten Bewertungen liegen könnte, die hier gegeben werden, aber auch am Medium. Während Kritiken im Netz deutlich auf das Konzept des (Lese)Vergnügens abzielen, scheinen die Kritikerrezensionen in Zeitungen und Zeitschriften mit einer Affektscham behaftet zu sein. Jedoch kann festgehalten werden, dass Art und Weise des Emotionalisierens in den Printmedien auf eine andere Weise geschieht.

Erschließbares Muster der Emotionsthematisierung in Printmedien war nämlich die Benutzung von »short-stories« als Einstieg in die Rezension. In diesen Erzählungen im Kleinformat werden frühere Rezeptionssituationen reinszeniert, um auf diesem Hintergrund die Erlebnisbeteiligung des Kritikers festzuhalten. Das Ziel solcher Erzählungen scheint somit nicht nur die Sensibilisierung für Rezeptionsverhältnisse zu sein, sondern auch einen Rahmen für Versprachlichungen des emotiven Gehalts zu bilden. Denn wenn einerseits die vorliegenden Rezeptionsverhältnisse vergegenwärtigt werden, können andererseits hierdurch auch die für diese Verhältnisse geltenden Emotionen erschlossen werden. Den pragmatischen Ausgangspunkt bildet dabei die Pointe, die Reduzierung auf das Wesentliche und die scharfe Gestaltung der Debatte zwischen den Akteuren. Vereinzelt vorkommende Gefühlswörter, Phraseologismen und Bilder bilden dabei lexikalisch-semantische Höhepunkte. Diese sind größtenteils konventionell, um die Argumentationsstruktur zu vereinfachen und Assoziationen und adäquate Konzepte zu aktivieren. Somit wird in den Literaturkritiken in den Printmedien Emotionalität nicht nur geschaffen, sondern in den Fokus ästhetischer Werturteile gestellt und das vermeintliche »Gefühl der Gefühlslosigkeit« umgangen.

Literatur

Anz, Thomas: ›Theorien und Analysen zur Literaturkritik und zur Wertung‹, in: Anz, Thomas / Baasner, Rainer (Hg.): *Literaturkritik. Geschichte, Theorie, Praxis*. 4. Auflage. München 2007, S. 194–219.
Baasner, Rainer: ›Allgemeine Grundzüge der Literaturkritik im 18. und 19. Jahrhundert‹,

in: Anz, Thomas / Baasner, Rainer (Hg.): *Literaturkritik. Geschichte, Theorie, Praxis.* München 2007, S. 23–27.

Battacchi, Marco W. / Suslow, Thomas / Renna Margherita: Emotion und Sprache. Frankfurt am Main u. a. 1996.

Ekman, Paul / von Friesen, Wallace: Unmasking the face. A guide to recognizing emotions from facial clues. Englewood Cliffs 1975.

Gansel, Christina: ›Literaturkritik als Textsorte und systemspezifische Ausdifferenzierungen‹, in: Böhm Elisabeth / Gansel, Christina (Hg.): *Systemtheorie. Mitteilungen des Deutschen Germanistenverbandes.* Göttingen, 58. Jahrgang, Heft 4, 2011, S. 358–372.

Hillebrandt, Claudia: Das emotionale Wirkungspotenzial von Erzähltexten: Mit Fallstudien zu Kafka, Perutz und Werfel. Berlin 2011.

Hillebrandt, Claudia/Fenner, Anna: Emotionen und Literatur. Begriffsklärung, Untersuchungsperspektiven und Analyseverfahren. 2010, verfügbar unter: http://www.literaturkritik.de/public/rezension.php?rez_id=14155 [24.2.2014].

Jahr, Silke: Emotionen und Emotionsstrukturen in Sachtexten. Ein interdisziplinärer Ansatz zur qualitativen und quantitativen Beschreibung der Emotionalität von Texten. Berlin / NewYork 2000.

Quasthoff, Uta M.: Erzählen in Gesprächen. Tübingen 1980.

Sandig, Barbara: Textstilistik des Deutschen. Berlin 1996.

Schwarz-Friesel, Monika: Sprache und Emotion. Tübingen / Basel 2007.

Stoeva-Holm, Dessislava: Zeit für Gefühle. Eine linguistische Analyse zur Emotionsthematisierung in deutschen Schlagern. Tübingen 2005.

Wiedemann, Peter M.: Erzählte Wirklichkeit. Zur Theorie und Auswertung narrativer Interviews. Weinheim 1986.

Winko, Simone: Kodierte Gefühle. Zu einer Poetik der Emotionen in lyrischen und poetologischen Texten um 1900. Berlin 2003.

Quellen

Kracht, Christian (2012): *Imperium.* Köln.
Abendzeitung München
Der Spiegel
Die Welt
Die Zeit
Frankfurter Allgemeine Zeitung
Neue Zürcher Zeitung
Süddeutsche Zeitung
Thüringische Landeszeitung
www.amazon.de

Stefan Neuhaus

»Leeres, auf Intellektualität zielendes Abrakadabra«. Veränderungen von Literaturkritik und Literaturrezeption im 21. Jahrhundert

1 Einige grundlegende Vorbemerkungen für die Zeit vom 18. bis ins 20. Jahrhundert

Die Geschichte der Rezeption von Literatur ist lang und komplex, so komplex, dass etwa Simone Winko mit Blick auf die Kanonbildung vom Phänomen der ›invisible hand‹ gesprochen hat.[1] Um sich dem Thema dennoch zu nähern, bieten sich verschiedene Ansätze an, von der Diskursanalyse über die Systembis zur Feldtheorie.[2] Anschließen möchte ich hier an das Konzept der Genese und Struktur des literarischen Feldes, wie es Pierre Bourdieu beschrieben hat, ohne allerdings Bourdieus für Frankreich geltende Annahme, dieses Feld habe sich im 19. Jahrhundert entwickelt, auf den deutschsprachigen Raum übertragen zu wollen. Vielmehr gehe ich davon aus, dass sich die Strukturen seit dem Sturm und Drang, also in der zweiten Hälfte des 18. Jahrhunderts ausgebildet haben.

Bourdieu skizziert das Verhältnis des künstlerischen Feldes, zu dem die Literatur gehört, zur Gesellschaft und insbesondere zur Ökonomie als Grundlage dieser Gesellschaft als »chiastische Struktur [...], in dem neben der Hierarchie, die dem kommerziellen Gewinn entspricht (Theater, Roman, Dichtung), eine Hierarchie des Prestiges existiert«[3]. Bourdieu geht davon aus, dass Kultur- und Literaturschaffende zunächst stärker an symbolischen Profiten, also vor allem an Prestige innerhalb des Kulturbetriebs interessiert sind und dass das Streben nach ökonomischem Gewinn dem nachgeordnet ist.

Die Industrialisierung ist von Anfang an geprägt durch die Einführung und Optimierung der Massenproduktion. Um von anderen Produkten unterscheidbar zu bleiben und eine besondere ›geistige‹ Qualität verbürgen zu kön-

---

1 Vgl. Winko 2002. Vgl. außerdem v. Heydebrand 1998; v. Heydebrand / Winko 1996; Neuhaus 2002; Freise / Stockinger 2010; Rippl / Winko 2013.
2 Vgl. hierzu auch Neuhaus 2009.
3 Bourdieu 2001, S. 189 f.

nen, tritt im literarischen Feld an die Stelle der Massenproduktion die Verknappung durch Erhöhung der Zugangsvoraussetzungen. Während in der Frühaufklärung noch Texte veröffentlicht wurden, um möglichst viele Menschen zu Bürgern zu erziehen und ihnen die Teilhabe an einem bürgerlichen Diskurs zu sichern, wird mit der Genieästhetik das Prinzip der Neuheit und Einzigartigkeit zum wichtigsten Merkmal ›guter‹ Literatur aufgewertet. Diese Neuheit und Einzigartigkeit bedingt Produktion und Rezeption – nur wer die vorherige Literatur kennt, kann anders schreiben als die anderen und das Neuartige wahrnehmen. Die Experten im literarischen Feld haben auf diese Weise die »Macht«, ihren Gegenständen »Wert zu verleihen und aus dieser Operation Gewinn zu schlagen«[4]. Allerdings können sie dies nicht an den Rezipienten und Rezipientinnen vorbei tun, wobei es ein eingegrenzter Kreis von Lesern ist, die »ihm diese Macht zugestehen, weil sie in ihrem Gesellschaftsbild, ihren Geschmacksausprägungen und ihrem ganzen Habitus strukturell mit ihm übereinstimmen«[5].

Das literarische Feld ist seit seiner Ausbildung nicht homogen, sondern heterogen und es hat sich immer weiter ausdifferenziert. Es gibt verschiedene Produkte für verschiedenartige Publika. Um den größten Unterschied zu bezeichnen, haben sich Begriffe wie Höhenkammliteratur einerseits und Trivial- oder Unterhaltungsliteratur andererseits eingebürgert. Rudolf Schenda hat von den ›populären Lesestoffen‹ gesprochen, ohne ihnen deshalb mehr zuzubilligen als eine Unterhaltungsfunktion mit der Tendenz, im Untersuchungszeitraum 1770–1910 »nationale Meinungen, Vorurteile oder Aversionen in Bezug auf andere Objekte geschaffen oder gefestigt« zu haben.[6] Peter Nusser hat allgemein für die Trivialliteratur von einer »Regression ins Unkomplizierte« gesprochen:

> »Es läßt sich nun sagen, daß das durch diese Strategien bestimmte Angebot an Simplifizierungen, eindeutigen Werturteilen und Scheinerklärungen deswegen besonders wirksam ist, weil es dem resignierten Desinteresse sehr vieler Leser gegenüber komplizierten und undurchsichtigen Strukturen der Wirklichkeit entgegenkommt.«[7]

Das Zitat stammt von Anfang der 1990er-Jahre, also aus einer Zeit, als das Internet noch keine Rolle spielte. Zur Gegenwart hin haben sich die massenmedialen Angebote so sehr weiter entwickelt und ausdifferenziert, dass die für das jeweilige Individuum sinnhafte Selektion von Angeboten noch schwieriger geworden ist.

---

4 Ebd., S. 239.
5 Ebd., S. 267 f.
6 Schenda 1977, S. 493.
7 Nusser 1991, S. 136.

2   Aufmerksamkeit als neue Währung

Georg Franck hat zu den jüngsten Entwicklungen in den westlichen Industrie-
gesellschaften festgestellt:

> »Wir leben im Informationszeitalter und merken es daran, daß wir uns vor Informa-
> tion nicht mehr retten können. Nicht der überwältigende Nutzen der Information,
> sondern ihre nicht mehr zu bewältigende Flut charakterisiert die Epoche. [...] Die
> Kapazität unserer Aufmerksamkeit zur Informationsverarbeitung ist organisch be-
> grenzt.«[8]

Deshalb hat Franck den Begriff der »Ökonomie der Aufmerksamkeit« bereits in
den Titel seiner Studie gehoben. Ökonomie hat hier allerdings eine doppelte
Bedeutung, einmal die ökonomische Auswahl, zum anderen aber auch die Do-
minanz der Wirtschaft im Auswahlprozess. Kristina Nolte hat die Folgen so
geschildert: »Konsum ist Mittel im Kampf um Aufmerksamkeit [...]. Statt
Wirtschaftsgüter konsumieren Menschen Zeichen, mittels denen sie eine
Identität konstruieren, Kommunikation betreiben und eine Position in der
Gesellschaft signalisieren.«[9]

Nach dem Ende des Kalten Krieges begann in den 1990er-Jahren eine Debatte
darüber, dass deutschsprachige Literatur zu wenig leserzugewandt sei und
stärker unterhaltend sein, damit auch kommerziell erfolgreich werden müsse.
Ein seinerzeit bekanntes Beispiel für diese Stoßrichtung ist Uwe Wittstocks Buch
gewordener Essay *Leselust* von 1995. Wittstock postuliert eine Annäherung an
populärere Schreibweisen: »Der Seitenblick auf die leichteren Musen muß keineswegs, wie viele Kritiker hierzulande reflexhaft unterstellen, zu Lasten der
Qualität gehen.«[10] Ein Höhepunkt dieser Entwicklung war die Einführung eines
breitenwirksamen und erstaunlich erfolgreichen Publikumspreises, des Deutschen Buchpreises, im Jahr 2005. Auf der Homepage zum Preis heißt es ebenso
schlicht wie unbescheiden, man zeichne »jährlich [...] den besten Roman in
deutscher Sprache aus«. Als höchstrangiges Ziel wird die Schaffung von Aufmerksamkeit genannt.[11] Das Buch, das besonders breitenwirksam sein kann, ist
in dieser Argumentation auch das beste Buch – oder umgekehrt. Insofern hat
sich der Graben zwischen ›hoher‹ und ›niedriger‹ Literatur, den der US-ameri-
kanische Germanist Leslie Fiedler in seinem damals aufsehenerregenden Vortrag und Aufsatz *Cross the Border – Close the Gap* geschlossen sehen wollte,
tatsächlich stark verringert, aber hat er sich auch geschlossen und wenn ja, zu
welchem Preis?

---

8 Franck 2007, S. 49.
9 Nolte 2005, S. 122.
10 Wittstock 1995, S. 15.
11 Vgl. Deutscher Buchpreis 2013.

Fiedlers Vortrag ist nicht zufällig im symbolischen Jahr 1968 gehalten und publiziert worden. Seine Ziele stehen im Zusammenhang mit dem revolutionären Versuch, durch das Beseitigen von sozialen Differenzierungen einen höheren Grad an Demokratisierung zu erreichen.[12] Die Frage, ob das Erzeugen von Aufmerksamkeit für Bücher, die möglichst viele Mitglieder »der industrialisierten Massengesellschaft« ansprechen, der richtige Weg ist, die Klassengesellschaft abzuschaffen, kann, etwa im Lichte der Forschungen von Schenda und Nusser, verneint werden. Ein trotziges Beharren auf einem möglichst eng gefassten Literaturkanon, wie es etwa Harold Bloom propagiert, scheint allerdings eine ebenso fragwürdige Lösung zu sein.[13] Bourdieu hat seine Untersuchung mit einem Plädoyer abgeschlossen, das die Intellektuellen auffordert, »kollektiv für die Verteidigung ihrer eigenen Interessen einzutreten. Was sie dazu führen sollte, sich gegenüber den Technokratien als internationale Kritik- und Kontrollinstanz zu etablieren«[14]. Von einer solchen Kritikfunktion scheint ein zunehmend auf die Produktion von Bestsellern fixierter deutschsprachiger Literaturbetrieb weit entfernt zu sein. Woran das liegt, ist keine einfach zu beantwortende Frage. Sehen wir uns einmal die Veränderungen der letzten Jahrzehnte beispielhaft an; zunächst möchte ich auf die Entwicklungen in der Literaturkritik eingehen.

3   Tod der ›bürgerlichen‹ Literaturkritik?

In den 1960er-Jahren haben Akteure im Feld wie Walter Boehlich und Hans Magnus Enzensberger die ›bürgerliche‹ Literatur und Literaturkritik zu Grabe getragen. Es entstand eine neue interessierte Öffentlichkeit, deren Wortführer mit der Literatur auch die Gesellschaft einem Demokratisierungsprozess unterziehen wollten.[15] Dieser mit 1968 etikettierte, eigentlich vorher einsetzende Prozess ist mit der Ablösung Helmut Schmidts durch Helmut Kohl im Amt des Bundeskanzlers im Jahr 1982 an ein vorläufiges Ende gekommen. Schließlich entzieht der Zusammenbruch des Sozialismus in Osteuropa in den Jahren 1989/90 den linken Intellektuellen jede politische Legitimationsbasis, wie es der heftige ›deutsch-deutsche Literaturstreit‹ um Christa Wolf ebenso öffentlich wie deutlich vorführt.[16] Für den weiteren Verlauf lässt sich feststellen: »Die ›emphatische‹, also auf identifikatorischer Lektüre beruhende und positiv wertende

---

12 Fiedler 1994, S. 31.
13 Bloom 1994.
14 Bourdieu 2001, S. 535.
15 Vgl. z. B. Klein 2010, S. 34.
16 Vgl. Anz 1995.

Literaturkritik hat zugenommen und versteht sich als programmatisch literaturbejahend.«[17]

Wie Thomas Anz gezeigt hat, ist die Literaturkritik durch die Einführung des Internet einerseits unter Druck geraten – hierzu später mehr. Andererseits gibt es aber auch positive Entwicklungen zu beobachten. Anz hat die positiven Aspekte in fünf Thesen zusammengefasst:

> »1. *Das Internet hat zu einer erhöhten Nachhaltigkeit der Literaturkritik geführt.*
> 2. *Literaturkritik findet durch das Internet sehr viel weitere Verbreitung als früher durch die Printmedien.*
> 3. *Das Internet hat der Literaturkritik viele neue Kritiker und neue Adressatengruppen zugeführt.*
> 4. *Die Literaturkritik hat durch das Internet ihre Gegenstandsbereiche erheblich ausgeweitet.*
> 5. *Literaturkritik hat ihre dialogischen und populären Traditionen im Internet neu aufgegriffen, intensiviert und erweitert.*«[18]

Diese Entwicklungen lassen sich auch als durchaus ambivalente Veränderungen beschreiben, wie dies Wieland Freund 2009, am Beispiel der Einstellung der Printausgabe der *Washington Post*, in einer knappen Skizze getan hat:

> »Die digitale Literaturkritik also wird sich von der analogen unterscheiden – sie tut es bereits jetzt. So wie die Fan-Fiction einen neuen Typ Autor hervorbringt, bringen die Fan-Foren einen neuen Typ Kritiker zur Welt: einen Dilettanten im ursprünglichen Sinn, der mit Emoticons operiert wie der gelernte Rezensent mit dem Sachwörterbuch der Literatur. Der Online-Literaturauftritt der ›Post‹ konkurriert mit Leser-Communities wie ›Lovely Books‹. Die Literatur-Seite der ›Post‹ tat das nicht.«[19]

Freund nennt als Beispiel den sogenannten »Spoiler« (von engl. to spoil = verderben), der »gesetzt« werde, wenn eine »Buchempfehlung« im Internet zu viel über das Buch verrate, d. h.: »Wenn sie dem Internet-Leser nimmt, worauf er offensichtlich vor allem anderen aus ist, auf Spannung nämlich. Alle anderen Lesefrüchte schätzt die Spoilerkultur wenn nicht gering, dann geringer.«[20]

Die von Thomas Anz den eigenen fünf positiven Thesen gegenübergestellten »Bedenken« fokussieren vor allem die schwindenden ökonomischen Grundlagen für eine professionalisierte Kritik und den daraus resultierenden Verlust an »*Glaubwürdigkeit und Qualität*«[21].

Die Kundenbewertungen bei Amazon können als Beispiel 1) für den starken Akzent auf Spannung und 2) für das Problem der Ökonomisierung von Lite-

---

17 Neuhaus 2010, S. 38.
18 Anz 2010, S. 49–53.
19 Freund 2009.
20 Ebd.
21 Vgl. ebd., S. 54–57, Zitat S. 57.

raturkritik dienen, wobei hier die Grenze von der Literaturkritik zur Produktwerbung klar überschritten ist, selbst wenn dies oft nicht im Bewusstsein der dort Schreibenden zu sein scheint.

4   Das Problem der Kundenbewertungen

Die äußerst populären Kundenbewertungen bei dem Großhändler Amazon, der mittlerweile eine marktbeherrschende Stellung auf dem Buchmarkt einnimmt, stammen vermutlich nicht selten von Autoren und Autorinnen oder Verlagen selbst. So hat die Zeitschrift *ComputerBild* festgestellt: »Hinter den Shop-Fassaden tobt ein Krieg der Sterne. ›Rund 20 bis 30 Prozent der Bewertungen sind gefälscht‹, schätzt Branchenkenner Krischan Kuberzig aus Hamburg.«[22] Dem Bericht nach gibt es sogar Agenturen, die das Verfassen solcher Kundenbewertungen anbieten, obwohl dies illegal ist. Amazon selbst versucht, mit der »Real-Name-Plakette« gegen schwarze Schafe vorzugehen, und begründet dies wie folgt:

> »Amazon.de ist es wichtig, dass alle Kundenbeiträge von anderen Kunden als hilfreich empfunden werden. Darum können Beiträge gewertet und die besten gekennzeichnet werden. Wie lässt sich die Qualität der Beiträge messen? Zum einen über die Bewertung durch andere Kunden – Besucher haben die Möglichkeit, Kundenrezensionen oder Lieblingslisten als ›hilfreich‹ zu bewerten. Außerdem kann auch der Autor einen Hinweis auf die Qualität von Beiträgen geben. Gute Autoren finden Sie zum Beispiel auf der Liste unserer Top-Rezensenten. Aber auch die Real Name-Kennzeichnung ist aussagekräftig, insbesondere dann, wenn der Autor relativ neu ist oder noch wenige Bewertungen zu ihm eingegangen sind. Mit dem Real Name unterzeichnet der Autor mit seinem Namen und steht somit mit seiner vollen Identität hinter seinen Beiträgen.«[23]

Aufschlussreich ist, dass die Verfasser von Kundenbewertungen von Amazon selbst als Rezensenten bezeichnet werden. Ihnen wird auf diese Weise mehr kulturelles Kapital und eine besondere Expertise zugeschrieben.

Wie stellt sich die Situation von Kundenbewertungen belletristischer Titel dar? Hier kann nur eine Stichprobe vorgenommen werden. Gewählt habe ich zwei Beispiele, die mit Höhenkammliteratur einerseits, mit Trivial- oder Unterhaltungsliteratur andererseits assoziiert werden. Es handelt sich bei beiden Texten um historische Romane und sie wurden in den sogenannten Nuller-Jahren veröffentlicht (2003 bzw. 2006).

Zu dem 2006 erschienenen Roman *Johanna* der Büchnerpreisträgerin des

22 Engelien 2012.
23 Vgl. Amazon 2013.

Jahres 2012, Felicitas Hoppe, gibt es – bis 22. Mai 2013[24] – nur drei Kundenrezensionen, eine von Carl-Heinrich Bock (ein sog. »real name«), er gibt die
maximale Punktzahl von fünf Sternen. Margaret Jardas und »Mairer« [kein
Vorname angegeben] vergeben jeweils nur einen Stern.

Anders als die beiden anderen schreibt Bock mit Datum 12. 2. 2007 unter dem
Titel »Kein historisches Buch, aber ein großartiges Buch« einen längeren Text
und er bemüht sich um eine Struktur, die durchaus an eine Rezension im
Feuilleton erinnert. Zu Beginn gibt er einige grundlegende Informationen zur
Autorin und ihrem Buch, auch wenn er die Titel von *Picknick der Friseure* und
Paradiese, Übersee nicht ganz richtig schreibt und die Grammatik nicht sicher
gebraucht (Mischung von Präteritum und Präsens in der zweiten Zeile):

> »Felicitas Hoppe debütierte vor zehn Jahren mit ›Picknick der Frisöre‹. Es war ein
> Erzählband, der sofort den ›Aspekte Literaturpreis‹ gewonnen hat. Es folgten die Ro-
> mane ›Pigafetta‹, ›Paradies, Übersee‹ und ›Verbrecher und Versager‹. Mittlerweile ist
> sie eine der wichtigsten deutschen Schriftstellerinnen. Sie erhielt zahlreiche Aus-
> zeichnungen, Stipendien und Preise, zuletzt den ›Brüder Grimm-Preis‹. In ihrem ak-
> tuellen Roman dreht sich alles um Johanna, eine der faszinierendsten Frauen, die es in
> der Geschichte je gegeben hat. Es ist jedoch kein historischer Roman, auch wenn man
> es nach dem Vorwort vermuten könnte.«

Bock urteilt, es handele sich bei *Johanna* um ein Buch »voll historischer Genauigkeit«, obwohl er zugibt, dass die titelgebende historische Person eigentlich
so gut wie gar nicht vorkommt. Ihm gefällt das Buch vor allem deshalb, weil es
das Thema »Angst« leitmotivisch behandelt:

> »Menschen haben eigentlich immer Angst. Das ist gut so, so lange die Angst nicht
> Überhand nimmt. Und in diesem Buch geht es sehr viel darum, dass die Protagonisten
> sich davor fürchten, das zu tun, was sie in Wirklichkeit gerne tun würden. Es ist auch
> ein Buch über die Sehnsucht nach Leidenschaften, die auszuleben aber niemand den
> Mut aufbringt, weil man sich vor möglichen Konsequenzen fürchtet und so sucht man
> lieber Schutzräume auf.«

Die beiden anderen Kundenbewertungen geben jeweils nur einen Stern von fünf
möglichen. Margaret Jardas schreibt am 29. 4. 2007 unter dem Titel »Unent-
wirrbare Sprachfetzen«:

> »Ich habe mich regelrecht durch dieses Buch hindurchgequält [...]. Dieses Buch ist
> kein Roman, es ist keine Biografie, aber was es eigentlich sein möchte, ist mir nicht klar
> geworden. Ein Sprachrätsel? Für mich war es eindeutig eine Luftblase, leeres, auf
> Intellektualität zielendes Abrakadabra. Schade um die Zeit, die ich mit diesem Text
> verbracht habe.«

---

24 Vgl. Kundenbewertungen Johanna 2013. Sofern nicht anders vermerkt, gilt dieser Nachweis
    für alle folgenden Zitate.

Mairer begnügt sich, am 6.3.2013 unter der Überschrift »Schlechter gehts nicht«, mit einem Satz: »Habe selten ein Buch nicht ausgelesen, aber das ist nicht mal in der Schulbibliothek gelandet, sondern im Altpapier. Schade um die Zeit!« Während Jardas durchaus korrekt beobachtet hat, dass der Roman keinem gängigen Muster folgt, sondern bereits in seiner Anlage unkonventionell ist, wird bei Mairer das extreme Geschmacksurteil nicht durch eine Begründung abgesichert.

Auffällig ist bei den zitierten Kundenbewertungen vor allem:

– Die geringe Zahl steht im umgekehrten Verhältnis zur Akzeptanz der Autorin im literarischen Feld. Die ersten beiden Bewertungen finden sich im Jahr nach der Erstveröffentlichung, bis zur nächsten und zum Zeitpunkt dieser Erhebung letzten Kundenbewertung dauert es sechs Jahre.

– Einem euphorischen Votum stehen zwei extreme Ablehnungen gegenüber, es gibt keine vermittelnde Bewertung, die positive *und* negative Aspekte nennen würde.

Alle drei Kundenbewertungen gehen von einer identifikatorischen Lektüre aus. Bock kann das Buch positiv einschätzen, weil er als Thema das Besiegen von Angst identifiziert und so eine Brücke zwischen der historischen Johanna, den Figuren des Romans und eigenen Gefühlen schlägt. Jardas wertet das Ungewöhnliche von Form und Sprache als Beleg des Misslingens und nimmt eine Zuordnung vor: es handele sich um ein »auf Intellektualität zielendes Abrakadabra«. Damit wird das Zielen auf Intellektualität als zentrale Voraussetzung für das Versagen des Textes benannt. Die Bewertung von Mairer verzichtet auf jede Begründung und bemüht sich um größtmögliche Drastik des Urteils (»Altpapier«).

Wenn man die Kundenbewertungen der anderen Bücher von Felicitas Hoppe ansieht, verstärkt sich der Eindruck noch, dass es zwischen vollständiger Zustimmung oder Ablehnung wenig Vermittelndes gibt. Zu ihrem 2012 veröffentlichten Roman *Hoppe* finden sich Überschriften von »Völlig überflüssig« bis »Einzigartig«.[25] Immerhin gibt es zu diesem Roman stolze 14 Kundenrezensionen. Grund hierfür dürfte der mehrfache Hinweis auf den Hoppe zuerkannten Georg-Büchner-Preis, also das mit dem Preis verbundene kulturelle Kapital bzw. die mit dem Preis verbundene öffentliche Steigerung der Aufmerksamkeit sein.

Das zweite Beispiel ist Dan Browns Roman *Sakrileg*, im Original mit dem Titel *The Da Vinci Code* 2003 und in der Übersetzung 2004 erschienen. Zu dem

---

25 Vgl. Kundenbewertungen Hoppe 2013.

Roman gibt es am 22. Mai 2013 um 15:45 Uhr exakt 981 Kundenbewertungen.[26] Wie bei einer so großen Zahl üblich, stellt Amazon mit der Bezeichnung »Die hilfreichsten Kundenrezensionen« solche Bewertungen voran, die für Käufer offenbar entscheidend waren und von Kunden entsprechend markiert wurden. In dem Fall von Evelyn Schulz, die unter dem Titel »also Eigentlich...« vom 22. 3. 2006 vier von fünf Sternen vergibt, waren es »68 von 80 Kunden«. Schulz schreibt:

> »Gerade die Wissensvermittlung handhabt Herr Brown recht geschickt, meines Er-achtens viel geschickter als beispielsweise Umberto Eco in ›Der Name der Rose‹, wo ich wirklich mehrfach -zig Seiten überblättert habe, weil ich wissen wollte, wie nun endlich die Handlung weitergeht... [...] Da es in dem Buch viel um das Anschauen im Sinne von ›Genauem-Betrachten‹ geht, empfiehlt es sich dringend, die behandelten Bilder, Gebäude etc. beim Lesen tatsächlich vor Augen zu haben. Am besten gelingt das mit dieser ILLUSTRIERTEN AUSGABE des Werkes, die auch ansonsten eine sehr schöne Ausgabe – schönes Format, edles Papier, rotes Lesebändchen – ist.«

Die Rezensentin schätzt die miteinander kombinierten Werte »Wissensver-mittlung« und »Spannung« am höchsten ein. Dagegen stellt Michael Althen in einem Artikel für die *Frankfurter Allgemeine Zeitung* vom 25. 03. 2008 fest:

> »Und auch wenn die Mona Lisa in Dan Browns Bestseller ›Da Vinci Code‹, zu deutsch ›Sakrileg‹, keine so große Rolle spielt, so geht es doch genau darum: wie der Blick des Reisenden konditioniert wird und wie Sehenswürdigkeiten durch den Roman ihre eigene Geschichte bekommen, für die allemal gilt, daß eine schöne Lüge besser ist als die bloße Wahrheit. Wer sich auf den Spuren des ›Da Vinci Code‹ durch Paris bewegt, wird dauernd darauf stoßen, daß Dan Brown sich die Wahrheit zurechtgebogen oder mutwillig verfälscht hat. Den Spaß am Buch mindert das aber natürlich nicht, und auf den Führungen bilden gerade die Hinweise auf Browns Irrtümer den größten Reiz.«[27]

Althen weist an Beispielen nach, dass Browns Roman weder geographisch oder historisch genau ist, und im Unterschied zu Evelyn Schulz bewertet er gerade den Verstoß gegen solche Genauigkeit als positiv, wohl weil es Elemente der Fiktionalisierung sind, auch wenn sich diese ungewollt vollzieht (»Irrtümer«). Althens Artikel gipfelt in folgender Pointe:

> »Auch Dan Brown ist offenbar eher durchgeeilt, als sich wirklich umzusehen, denn Da Vincis Felsengrotten-Madonna hängt keineswegs gegenüber der Mona Lisa im Salle des Etats, sondern an der linken Wand der Grande Galerie, und man darf gespannt sein, wie es Audrey Tautou im Film schafft, das zwei Meter hohe Bild von der Wand zu wuchten. Aber wer einmal begonnen hat, durch den Louvre zu gehen, wird Dan Brown ohnehin

---

26 Vgl. Kundenbewertungen Sakrileg 2013. Sofern nicht anders vermerkt, gilt dieser Nachweis für alle folgenden Zitate.
27 Althen 2008.

bald vergessen haben. Denn was ist schon ein clever ausgedachter Bestseller gegen den dort versammelten Reichtum.«[28]

Mit diesem ausgeführten Bildbereich wird Browns als Bestseller kategorisierter Roman als unbedeutend im Vergleich zu ›richtiger‹, kanonisierter Kunst eingeschätzt.

In den meisten von mir durchgesehenen Kundenbewertungen zu dem Roman auf Amazon.de sind die Werte Spannung und Information besonders wichtig. Thomas BTF gibt am 27.5.2004 ebenfalls vier Sterne, »54 von 66 Kunden« fanden seinen ausführlichen und klar gegliederten Text hilfreich. Unter dem Titel »Indiana Jones und der heilige Gral...« kommt er zu folgender »Gesamtbewertung«:

> »Dieser Thriller ist spannend, unterhaltsam, lehrreich und regt zum Nachdenken an. Trotz einiger Schwächen im Bereich der Glaubwürdigkeit und des Schreibstils bietet es einen großen Lesegenuss. Man sollte diesen Roman unbedingt lesen, aber keinesfalls zu ernst nehmen!!!«

Viele der Fünf-Sterne-Bewertungen sind außerordentlich kurz und für die Frage nach inhaltlichen Wertmaßstäben wenig bis gar nicht ergiebig. So schreibt beispielsweise am 21. Mai 2013 »Steffen Bremer (Güstrow)«: »Sehr gutes Buch. Sehr empfehlenswert. Liest sich sehr gut. Spannender Stoff. Schnelle und gut verpüackte Lieferung. [sic] Ich würde dort immer wieder bestellen.« Es ist daher nicht überraschend, dass eher ausführliche Texte als »besonders hilfreich« eingestuft werden.

Kurze Bewertungen wie die zuletzt zitierte machen deutlich: Es geht immer auch und zuallererst ums Verkaufen. Insofern geht hier die marktbeherrschende Stellung von Amazon eine Symbiose ein mit den Kundenbewertungen, die als ornamentaler Werbetext fungieren, auch wenn sie ihre Problematik offenbaren, sobald man sie auf ihre Argumentation hin prüft.

5   Die Grenze überquert und der Graben geschlossen?

Wenn man »Literaturkritik im Internet« eingibt, findet sich an 9. Stelle bei Google (nachgesehen am 23.5.2013) ein Artikel, der sich kritisch gegen die etablierte Feuilletonkritik wendet und eine Lanze für das eigene Schreiben im Internet bricht. Der Anstoß ist, wie angegeben wird, ein »Anfang 2009« veröffentlichtes Interview der *Basler Zeitung* mit der bekannten Literaturkritikerin Iris Radisch. Radischs Einschätzung, ihr seien »Internet-Kritiken nicht fundiert genug«, weil ihnen »die professionelle Basis von Wissen und Erfahrung« fehle

---

28 Ebd.

und sie »bloße Geschmacksurteile« seien, so dass sie für die etablierte Kritik, soweit erkennbar, auch keine Gefahr darstellen würden, hält eine sich Ada Mitsou nennende Internet-Kritikerin entgegen:

> »Das ist in diesem Fall natürlich die ganz persönliche Meinung von Frau Radisch, allerdings stelle ich in Frage, ob Internetkritiken in der heutigen Zeit wirklich einen so verhältnismäßig geringen Wert haben und der Vorwurf bezüglich mangelnder Qualität gerechtfertigt ist. [...] Das Lesen eines Buches, einer fiktiven Geschichte ist für mich untrennbar mit Emotionen verbunden. Ein Roman besteht nicht nur aus aneinandergereihten Wörtern, Satzkonstruktionen und guter Recherche. Diese Aspekte sind für mich nur die Mittel, die dazu dienen, das zu transportieren, was einen Roman ausmacht: Den Inhalt und dessen Wirkung auf den Leser.«[29]

Diese Apologie identifikatorischen Lesens dürfte weitgehend Konsens unter den eher vertriebsbezogenen (Kundenbewertungen) oder unter den auf Fanseiten und von Leserinnen und Lesern betriebenen Literaturforen veröffentlichten Beiträgen sein.

Die Kehrseite dieser als ›Demokratisierung‹ gepriesenen Entwicklung ist, wie von Iris Radisch vielleicht zu pointiert bemerkt, der Verlust an Professionalität, die durch »Wissen und Erfahrung« geschaffen wird. Was Ada Mitsou einfordert, hat Hans Robert Jauß bereits Ende der 1960er-Jahre differenziert ausgeführt und mit dem Begriff des »*Erwartungshorizonts*« auf eine griffige Formel gebracht.[30] Der Erwartungshorizont eines durch Schule und Universität sozialisierten Produzenten von Texten über fiktionale Literatur ist ein ganz anderer als der Erwartungshorizont eines im Internet Schreibenden, der sich vor allem Bücher wünscht, die sein Bedürfnis nach Spannung, Unterhaltung und emotionaler Stimulanz befriedigen.

Der Berührungspunkt von Jauß und Fiedler ist, dass sie beide in der Literatur eine gesellschaftsbildende, demokratisierende Kraft sehen. Wenn Jauß sich programmatisch eine Literatur wünscht, die »den begrenzten Spielraum des gesellschaftlichen Verhaltens auf neue Wünsche, Ansprüche und Ziele erweitert, und damit Wege zukünftiger Erfahrung eröffnet«,[31] dann ist das gerade nicht die Literatur, die von Kundenbewertungen und Beiträgen in Internetforen präferiert wird, sofern sie nicht, wie etwa die Rezensionszeitschrift *literaturkritik.de*,[32] in einem akademischen Kontext stehen.

Dabei gibt es durchaus Internetzeitschriften, die sich einem Qualitätsbegriff jenseits von Spannung und Unterhaltung verpflichtet fühlen.[33] Die skizzierten

---

29 Vgl. Mitsou 2011.
30 Vgl. Jauß 1970, S. 200.
31 Ebd., S. 202.
32 Vgl. Literaturkritik.de 2013.
33 Die Beobachtung des Literaturbetriebs aus akademischer Perspektive hat sich die Internetzeitschrift *literaturkritik.at* auf die Fahne geschrieben, deren Gründer und Mitheraus-

Tendenzen führen dennoch dazu, die »chiastische Struktur dieses Raums«
(Pierre Bourdieu) einzuebnen und dem »resignierten Desinteresse sehr vieler
Leser gegenüber komplizierten und undurchsichtigen Strukturen der Wirk-
lichkeit« (Peter Nusser) Rechnung zu tragen. Damit wird einerseits die seit der
Entstehung des literarischen Feldes kritisierte »Hierarchie« (Leslie Fiedler)
aufgehoben, dafür wird andererseits das von der Aufklärung bis zur Weimarer
Klassik formulierte Ziel der Relevanz von Literatur für eine ›ästhetische Erzie-
hung‹ (Friedrich Schiller) aufgegeben.

Ziel eines ›Volksdichters‹ dürfe es nicht nur sein, »*Popularität*« zu erlangen, er
müsse sich vor allem darum bemühen, den »Abstand« zwischen der weniger
gebildeten und der gebildeten Bevölkerung »durch die Größe seiner Kunst
aufzuheben«,[34] meinte Schiller in seiner literarhistorisch und wirkungsästhe-
tisch bedeutsamen Rezension *Über Bürgers Gedichte*, die im Jahr der Französischen Revolution 1789 erschien. Der Schriftsteller dürfe nicht nur das »Lei-
denschaftsbedürfnis« befriedigen, er müsse zum »Herrn« seiner »Affekte«
werden, um »durch das geübte Schönheitsgefühl den sittlichen Trieben eine
Nachhilfe« zu geben.[35] Dieses Pädagogik und Ästhetik verschmelzende, gerade
auch der Genieästhetik des Sturm & Drang verpflichtete Programm der Literatur scheint, wenn wir nach den angeführten Beispielen gehen, mittlerweile
weitgehend ausgedient zu haben.

6   Schlussbemerkungen

Das bis zu den politischen und technologischen Veränderungen in den 1990er-
Jahren immer noch weitgehend gültige Programm literarischer Wertung bildet
selbst im Literaturbetrieb keinen Konsens mehr, bei dem literaturinteressierten
Publikum sind die tradierten Wertmaßstäbe heute so gut wie unbekannt. Dies ist
auch eine Folge des Prozesses der Ökonomisierung von Gesellschaft *und* Literaturbetrieb. Immer stärker konzentriert sich der Erfolg von Literatur auf einige
wenige Bestseller, fokussiert sich, mit Bourdieu gesprochen, auch der Buchmarkt auf ökonomische Profite anstelle von symbolischen und kulturellen.[36] Um
von anderen Produkten unterscheidbar zu bleiben und eine besondere ›geistige‹
Qualität verbürgen zu können, trat zunächst in der Ausbildung des literarischen

---

geber der Verf. dieser Zeilen ist; vgl. Literaturkritik.at 2013. Es gibt andere, noch weit
sichtbarere Unternehmungen, etwa das »Kulturmagazin« *Perlentaucher*, vgl. Perlentaucher
2014, oder den *Umblätterer* mit dem ironischen Untertitel »In der Halbwelt des Feuilletons«,
vgl. Der Umblätterer 2014.

34 Schiller 1993, S. 973.
35 Vgl. ebd., S. 974.
36 Vgl. Bourdieu 2001, S. 227 ff. – Zur skizzierten Tendenz vgl. etwa Busse 2013.

Feldes, wie sie im Anschluss an Bourdieu geschildert wurde, an die Stelle der Massenproduktion die Verknappung durch Erhöhung der Zugangsvoraussetzungen. Solche Zugangsvoraussetzungen gibt es heute kaum noch oder sie lassen sich nicht aufrechterhalten.

Das literarische Feld hat sich immer mehr, in Richtung der Ununterscheidbarkeit, dem ökonomischen angepasst. Entsprechend ist auch innerhalb der etablierten Literaturkritik der Ruf nach mehr Unterhaltung gewachsen,[37] hat sich der von Fiedler identifizierte breite, eine Hierarchie etablierende Graben zwar geschlossen, aber ein neuer aufgetan. Die akademische Ausbildung beispielsweise scheint immer weiter von der Lebens- und Lesewirklichkeit abgekoppelt. Wenn ich in Einführungskursen an der Universität (wie im Sommersemester 2013 in zwei Kursen geschehen) nach Namen wie Elfriede Jelinek (Nobelpreis für Literatur 2004) oder Felicitas Hoppe (Georg-Büchner-Preis 2012) frage, gibt es von rund 90 Studierenden niemand, die oder der auch nur den Namen Hoppes kennt und drei, die Jelineks Namen entweder gehört oder auch etwas von ihr gelesen haben – und zwar in der Schule. (Die Relevanz von Lehrplänen für diese Entwicklung wäre ein eigenes Thema.) Auch Fragen nach, nicht nur wegen ihrer Literatur berühmten, Autoren wie Wolf Biermann, Christa Wolf oder Martin Walser ergeben kein anderes Bild. Kanonische Autoren wie Thomas Mann werden höchstens dem Namen nach gekannt. Viele absolvieren die Universität mit einem Germanistik-Abschluss, ohne Werke wie Thomas Manns Roman *Die Buddenbrooks. Verfall einer Familie* je gelesen zu haben. Wenn es um Lektürekenntnis geht, ist Länge ein wichtiges Kriterium – von Franz Kafka kennen zumindest einige die eine oder andere Erzählung. Bei Fragen nach dem Leseverhalten in der Freizeit werden die aktuellen Bestseller genannt, passend zum Verkaufstrend 2012/13 etwa die *Shades of Grey*-Serie von E. L. James. Soweit die Ergebnisse einer persönlichen und nicht-repräsentativen Stichprobe, deren Repräsentativität angesichts ähnlicher Erfahrungen in Einführungskursen vieler Jahre an verschiedenen Universitäten freilich vermutet werden kann. Das Leseverhalten nicht nur der Studierenden bedürfte aber dringend empirischer Untersuchungen, um valide Daten zu gewinnen.

Ob sich andere Wertmaßstäbe gegenüber den nun weit in den Vordergrund gerückten von Spannung, Unterhaltung und emotionaler Bewegung werden halten können, lässt sich nicht vorhersagen. Leben bedeutet Veränderung, eine Gesellschaft und ihre Kultur bleiben nie gleich. Ob die skizzierten Veränderungen nun positiv sind oder nicht, hängt in Zeiten der ›flüchtigen Moderne‹ (Zygmunt Bauman)[38] weitgehend von der Wahrnehmung des oder der Einzelnen bzw. einzelner Gruppen ab und ob einmal möglich sein wird, was Jauß als

---

37 Vgl. Neuhaus 2012.
38 Vgl. Bauman 2003. Der originale Titel lautet *Liquid Modernity*, also ›flüssige Moderne‹.

Wunsch formulierte: die gesellschaftliche Relevanz von Literatur in einem post-aufklärerischen Verständnis, das bleibt abzuwarten.

Literatur

Althen, Michael: ›Frankreich – Paris. Dan Brown: *Sakrileg*. Im Reich der schönen Lügen‹, in: *Frankfurter Allgemeine Zeitung* vom 25.03.2008, zitiert nach: http://www.faz.net/ aktuell/feuilleton/buecher/romanatlas/frankreich-paris-dan-brown-sakrileg-1409582. html [22.5.2013].

Amazon, verfügbar unter: http://www.amazon.de/gp/help/customer/display.html?no deId=200108020 [22.5.2013].

Anz, Thomas (Hg.): Es geht nicht um Christa Wolf. Der Literaturstreit im vereinigten Deutschland. Erw. Neuausg. Frankfurt am Main 1995.

Anz, Thomas: ›Kontinuitäten und Veränderungen der Literaturkritik in Zeiten des Internets: Fünf Thesen und einige Bedenken‹, in: Giacomuzzi, Renate / Neuhaus, Stefan / Zintzen, Christiane (Hg.): *Digitale Literaturvermittlung. Praxis – Forschung – Archivierung*. Innsbruck u. a. 2010, S. 48–59.

Bauman, Zygmunt: Flüchtige Moderne. Aus dem Engl. von Reinhard Kreissl. Frankfurt am Main 2003.

Bloom, Harold: The Western Canon. The Book and School of the Ages. New York 1994.

Bourdieu, Pierre: Die Regeln der Kunst. Genese und Struktur des literarischen Feldes. Übersetzt von Bernd Schwibs und Achim Russer. Frankfurt am Main 2001.

Busse, Caspar: ›Bertelsmann-Wachstum mit *50 Shades of Grey*: Fessel-Sex sells‹, in: *Süddeutsche.de* v. 26.3.2013, verfügbar unter: http://www.sueddeutsche.de/wirtschaft/ bertelsmann-wachstum-mit-shades-of-grey-fessel-sex-sells-1.1633818 [23.5.2013].

Der Umblätterer. In der Halbwelt des Feuilletons, verfügbar unter: http://www.um blaetterer.de [7.2.2014].

Deutscher Buchpreis, verfügbar unter: http://www.deutscher-buchpreis.de/de/591346 [17.5.2013].

Engelien, Marco: ›Betrug im Internet. Vorsicht: Gefälschte Kundenbewertungen in Online-Shops!‹, in: *ComputerBild* vom 21.5.2012, verfügbar unter: http://www.compu terbild.de/artikel/cb-Aktuell-Internet-gefaelschte-Bewertungen-Online-Shops-74746 04.html [22.5.2013].

Fiedler, Leslie A.: ›Überquert die Grenze, schließt den Graben! (1969)‹, in: Wittstock, Uwe (Hg.): *Roman oder Leben. Postmoderne in der Literatur*. Leipzig 1994, S. 14–39.

Franck, Georg: Ökonomie der Aufmerksamkeit. Ein Entwurf. München 2007.

Freise, Matthias / Stockinger, Claudia (Hg.): Wertung und Kanon. Heidelberg 2010.

Freund, Wieland: ›Literaturkritik im Internet‹, in: *Die Welt* vom 31.1.2009, verfügbar unter: http://www.welt.de/welt_print/article3123232/Literaturkritik-im-Internet.html [23.5.2013].

Heydebrand, Renate von (Hg.): Kanon – Macht – Kultur. Theoretische, historische und soziale Aspekte ästhetischer Kanonbildungen. Stuttgart 1998.

Heydebrand, Renate von / Winko, Simone: Einführung in die Wertung von Literatur. Systematik – Geschichte – Legitimation. Paderborn u. a. 1996.

Jauß, Hans Robert: ›Literaturgeschichte als Provokation der Literaturwissenschaft‹, in: Ders.: *Literaturgeschichte als Provokation*. Frankfurt am Main 1970, S. 144–207.

Klein, Michael: ›Die Renaissance der Literaturkritik in den 1960er Jahren‹, in: Giacomuzzi, Renate / Neuhaus, Stefan / Zintzen, Christiane (Hg.): *Digitale Literaturvermittlung. Praxis – Forschung – Archivierung.* Innsbruck u. a. 2010, S. 25–35.

Kundenbewertungen Hoppe, verfügbar unter: http://www.amazon.de/Hoppe-Roman-Fe licitas/dp/310032451X/ref=sr_1_1?s=books&ie=UTF8&qid=1369232071&sr=1-1& keywords=hoppe+hoppe [22.5.2013].

Kundenbewertungen Johanna, verfügbar unter: http://www.amazon.de/Johanna-Roman-Felicitas-Hoppe/dp/3596167434/ref=sr_1_1?ie=UTF8&qid=1369227577&sr=8-1& keywords=hoppe+johanna [22.5.2013].

Kundenbewertungen Sakrileg, verfügbar unter: http://www.amazon.de/Sakrileg-Dan-Brown/dp/3785721528/ref=sr_1_1?s=books&ie=UTF8&qid=1369229556&sr=1-1 &keywords=dan+brown+sakrileg [22.5.2013].

Literaturkritik.de, verfügbar unter: http://literaturkritik.de [23.5.2013].

Mitsou, Ada: Kritik an der Kritik: Werden Online-Rezensionen unterschätzt? In: Ada Mitsou liest… Bücher, Rezensionen und Empfehlungen. 25.3.2011, verfügbar unter: http://adamitsou.wordpress.com/2011/03/25/zeitung-vs-netz-werden-onlinekritiken-unterschatzt [23.5.2013].

Neuhaus, Stefan: Revision des literarischen Kanons. Göttingen 2002.

Neuhaus, Stefan: Literaturvermittlung. Konstanz 2009.

Neuhaus, Stefan: ›Von Emphatikern, Gnostikern, Zombies und Rettern: Zur aktuellen Situation der Literaturkritik in den Printmedien‹, in: Giacomuzzi, Renate / Neuhaus, Stefan / Zintzen, Christiane (Hg.): *Digitale Literaturvermittlung. Praxis – Forschung – Archivierung.* Innsbruck u. a. 2010, S. 36–47.

Neuhaus, Stefan: ›Das hybride Kritikersubjekt. Veränderungen in der Literaturkritik seit 1990‹, in: Eke, Norbert Otto / Elit, Stefan (Hg.): *Deutschsprachige Literatur(en) seit 1989.* Berlin 2012, S. 39–55.

Nolte, Kristina: Der Kampf um Aufmerksamkeit. Wie Medien, Wirtschaft und Politik um eine knappe Ressource ringen. Frankfurt am Main u. New York 2005.

Nusser, Peter: Trivialliteratur. Stuttgart 1991.

Perlentaucher, verfügbar unter: http://www.perlentaucher.de [7.2.2014].

Rippl, Gabriele / Winko, Simone (Hg.): Handbuch Kanon und Wertung. Theorien, Instanzen, Geschichte. Stuttgart u. Weimar 2013.

Schenda, Rudolf: Volk ohne Buch. Studien zur Sozialgeschichte der populären Lesestoffe 1770–1910. München 1977.

Schiller, Friedrich: Sämtliche Werke. Aufgrund der Originaldrucke hg. von Gerhard Fricke u. Herbert G. Göpfert. 5. Band: Erzählungen. Theoretische Schriften. 9., durchges. Aufl. Darmstadt 1993.

Winko, Simone: ›Literatur-Kanon als *invisible hand*-Phänomen‹, in: Arnold, Heinz Ludwig / Korte, Hermann (Hg.): *Literarische Kanonbildung.* München 2002, S. 9–24.

Wittstock, Uwe: Leselust. Wie unterhaltsam ist die neue deutsche Literatur? München 1995.

Stephan Stein

Laienliteraturkritik – Charakteristika und Funktionen von Laienrezensionen im Literaturbetrieb

1 Ausgangspunkte

1.1 Laienliteraturkritik als Teil der Internetliteraturkritik

Ohne Zweifel hat sich mit der massenhaften Verbreitung und Nutzung des Internets die Literaturkritik gewandelt: Es bieten sich neue Möglichkeiten der schnellen Verbreitung und Verfügbarkeit von Rezensionen, der Austausch zwischen den verschiedenen *Akteuren* im System *Literatur* wird erleichtert, die Literaturkritik sieht sich aufgrund der massenhaften Beteiligung des Lesepublikums am Diskurs über Literatur aber auch neuen Herausforderungen ausgesetzt:[1] Denn das Medium Internet fördert bekanntlich auch die Teilhabe mehr oder weniger professionell agierender Buchkäufer-Leser, die sich teils privat betriebener, teils kommerziell über Webseiten von Online-Händlern angebotener Rezensions-Plattformen bedienen, um in Form von Kunden- / Laienrezensionen an der öffentlichen Meinungsbildung teilzuhaben. Auf diese Form der Literaturkritik, die vor allem die etablierte professionelle Literaturkritik (in Zeitungen, speziellen Rezensionsorganen usw.) in Zugzwang bringt, konzentrieren sich die folgenden Überlegungen.

Da die Autoridentität bei Kundenrezensionen nicht offengelegt werden muss und da man sich als Leser von Kunden- / Laienrezensionen – im Unterschied zur Bekanntheit und zum Renommee medial bekannter Literaturkritiker (die man als regelmäßiger Konsument bestimmter Medien *kennt*) – oft kein Bild vom Erfahrungshintergrund und der Expertise des jeweiligen Kritikers machen kann, ist man letztlich auf die jeweilige Praxis des Rezensierens und das Maß der Kenntnis und Einhaltung rezensionstypischer Standards angewiesen, um zwischen eher professionell und eher laienhaft agierenden Kunden-Rezensenten unterscheiden zu können. Es ist also zunächst zu betonen, dass Kundenrezensionen nicht zwangsläufig auch Laienrezensionen sein müssen.

---

1 Vgl. zur Internetliteraturkritik Pfohlmann 2007, Anz 2010 und Schmitt-Maaß 2010.

Aus sprachwissenschaftlicher, insbesondere textsortenlinguistischer Sicht interessiert sich die Germanistik dabei zunächst für die Frage, ob es sich bei Laienrezensionen um eine (neue) Textsorte handelt und in welchen Textsorteneigenschaften sich die Laienliteraturkritik von der professionellen Literaturkritik unterscheidet.[2] Aus der hier in den Mittelpunkt gestellten allgemeineren Perspektive geht es um die Frage, welcher Stellenwert der Laienliteraturkritik im Handlungsfeld *Literatur und Literaturkritik* zukommen kann und soll.

1.2 Literaturkritik und Textsorte ›Rezension‹ aus systemtheoretischer Perspektive

Leitend ist zunächst die Frage, wie sich Buch-Rezensionen im System *Literatur* verorten lassen und welche Aufgaben sie übernehmen. Ausgangspunkt ist die Unterscheidung von drei zentralen Handlungsfeldern und ihnen zugehörenden Textsorten als gesellschaftlich etablierten Lösungswegen für die entsprechenden handlungsfeldbezogenen Aufgaben:[3]

HANDLUNGSFELD	(1) Herstellung und Veröffentlichung literarischer Produkte	(2) Vermarktung literarischer Produkte: Bekanntmachung und Werbung	(3) Auseinandersetzung mit literarischen Produkten: (publizistische) Literaturkritik
TEXTSORTEN	literarische Textsorten / Gattungen Autorenlesung …	Verlagsankündigung Klappentext / »Waschzettel« Werbeanzeige, Werbeprospekt Interview …	Rezension als Pressetextsorte Interview Autorenporträt Reportage Literatursendung und Literaturshow Online-Portale …

Übersicht: Handlungsfelder im literarischen Diskurs

---

2 Vgl. Vgl. dazu Stein 2008, S. 436–447, Petkova-Kessanlis 2011 und 2012, Bachmann-Stein / Stein 2014.
3 Vgl. Stein 2008, S. 445.

Für das gesamte Handlungsfeld bietet sich eine Modellierung aus systemtheoretischer Perspektive an,[4] nach der sich die Funktion und Leistung von Literaturkritik und professionellen Buch-Rezensionen – wie auch Rezensionen anderer Produkte des Kulturbetriebs – darauf erstrecken,

> »[...] über die in den Bereichen Kunst oder Wirtschaft entstandenen Texte/Produkte zu informieren, diese zu bewerten und damit zu selektieren, ihren didaktischen Wert einzuordnen, Kommunikationsanlässe zu bieten und damit einer bestimmten Öffentlichkeit/Teilöffentlichkeit zur Kenntnis zu bringen«[5].

Im System *Kunst* bzw. *Literatur* ist die journalistische Buchrezension als Teil der Literaturkritik also als kommunikative Praktik etabliert für Selektion, Orientierung und Komplexitätsreduktion. Systemtheoretisch zählen Rezensionen damit zu den Textsorten der »strukturellen Kopplung«,[6] da sie die Aufgabe übernehmen, zwischen Literatur und Leser zu vermitteln: Denn der »Literaturbetrieb funktioniert nur, wenn Leser auf Literatur aufmerksam gemacht und zu Einlassungen in den Literaturbetrieb veranlasst werden«[7]. Anders gesagt: Rezensionen stellen Beziehungen her zwischen den konstitutiven Teilen des Systems *Literatur* (Autor – Werk – Verlag – Leser / Rezipient).

1.3 Erwartungshorizont an Texte und Textsorten der Literaturkritik

Bilanziert man die umfangreiche germanistische Literatur zu Rezensionen, lässt sich folgender konsensueller Erwartungshorizont für die Textsorte festhalten:[8] Erfassen der Fiktionalität eines literarischen Werkes, Erschließung seines Sujets und seiner Poetologie, Einordnung in das Gesamtwerk des Autors und in literarische Strömungen, Vergleich mit anderen Autoren, Bestimmung der Spezifika der individuellen sprachlich-stilistischen Gestaltung, der Gattungsspezifika und der Gesamtwertung. Zentral ist, dass Rezensionen Bewertungen aussprechen und Beurteilungen vornehmen, die sich an bestimmten Werten oder Maßstäben orientieren, und dass sie die Rezipienten zur Bildung eines eigenen Urteils befähigen sollen. Voraussetzung dafür ist eine entsprechende Rezensionskompetenz. M. a. W.: Mit der Textsortenbezeichnung »Rezension« verbindet sich ein spezifischer Anspruch an die Bewertungspraxis und die Bewertungstransparenz. Denn Texte bzw. Textsorten zur Kritik von Produkten des Kulturbetriebs

---

4 Vgl. dazu Gansel 2011 und 2012.
5 Gansel 2012, S. 18.
6 Vgl. Gansel 2012, S. 22 und S. 24.
7 Ebd., S. 24.
8 Vgl. z. B. Anz 2007, S. 218 und Gansel 2012, S. 27.

»sind viel zu sehr an Rationalitätsstandards orientiert und viel zu sehr auf die argumentative Darlegung von Gründen verpflichtet, als daß sie sich in der Bekanntgabe
einer positiven oder negativen Bewertung erschöpfen und als ›evaluativ‹ bezeichnet
werden könnten. Wie man einen bestimmten Sachverhalt beurteilt und aus welchen
Gründen man zu dieser Beurteilung gelangt, ist [...] von weitaus größerer Relevanz als
die Frage, ob man ihn gut oder schlecht findet.«[9]

2 Laienliteraturkritik als kommunikative Praktik im System *Literatur*

2.1 Das Verhältnis von professioneller Literaturkritik und Laienliteraturkritik

Vor dem Hintergrund der zunehmenden Bedeutung des Online-Handels in den
letzten Jahren ist das hier zur Diskussion stehende Textsortenrepertoire durch
Kunden- / Laienrezensionen quantitativ und qualitativ verändert worden.[10]
Diese Entwicklung ist als funktionale Ausdifferenzierung des existierenden
Handlungsfeldes zu verstehen, da sich die Laienliteraturkritik in Gestalt der
Laienrezension nicht nur etabliert, sondern zugleich ein Forum geschaffen hat,
das eine Öffnung und Teilhabe für alle an Literatur Interessierten ermöglicht
und insofern eine Demokratisierung der im Handlungsfeld *Literatur* ablaufen-
den Kommunikationsprozesse bedeutet:[11]

> »Das Internet führt zu einer umfassenden Demokratisierung der Kritik, mit ihm wird
> die Laienkritik zu einem Massenphänomen und zu einer ernsthaften Alternative zur
> professionellen Kritik«[12].

Sieht man davon ab, dass hier der Eindruck entstehen könnte, die Literaturkritik
sei in Zeiten vor der massenhaften Verbreitung von Laienkritik undemokratisch
gewesen, muss man sich bewusst machen, dass man es bei der an Plattformen
von Online-Händlern wie Amazon.de gekoppelten Form der Laienkritik insofern mit einem sehr heterogenen Phänomen zu tun hat, als wie eingangs erwähnt
die Autorschaft oft nicht transparent ist, als die »Rezensionen« in ihrer Qualität
äußerst unterschiedlich ausfallen (und von völlig inhaltsleeren Kundgaben bis

---

9 Rolf 1993, S. 190.
10 Zugenommen hat damit auch der – schon seit der Etablierung der Textsorte ›Rezension‹
   verbreitete – Missbrauch durch beauftragte und bezahlte (positive) Buchbesprechungen und
   – in Zeiten des Online-Handels – Produktbewertungen aller Art. Schätzungen besagen, dass
   zwischen 20 und 30 Prozent aller Kundenbewertungen im Internet lanciert und gefälscht
   sind (vgl. z. B. »Manipulierte Online-Kommentare: Firmen zahlen für positive Produktbewertungen«, verfügbar unter: http://www.spiegel.de/wirtschaft/unternehmen/Amazon-
   und-co-produktbewertungen-im-internet-sind-kaeuflich-a-830655.htm [11.05.2014]).
11 Vgl. z. B. Löffler 1998, Pfohlmann 2007, S. 188 ff.
12 Pfohlmann 2007, S. 188.

hin zu dem oben erläuterten Erwartungshorizont ohne Weiteres entsprechenden Texten reichen) und als nicht auszuschließen ist, dass sich z. B. hinter den Amazon-Kunden und -Rezensenten professionelle Literaturkritiker, mitunter aber auch der zu besprechende Autor selbst oder vom Händler absatzfördernd instrumentalisierte Schreiber verbergen.

Dass die etablierte professionelle Literaturkritik der Laien-Konkurrenz alles andere als wohlgesinnt gegenübersteht, verdeutlichen zahlreiche Reaktionen sowohl von Seiten der Literaturwissenschaft als auch von Seiten der Publizistik, wenn nämlich die »Rezensierwut«[13] im Internet beklagt und als Folge der eigene Funktions- und Bedeutungsverlust befürchtet wird. Es überrascht daher nicht, dass sich die professionelle und die Laienliteraturkritik zurückhaltend bis ablehnend gegenüberstehen. Maßgeblich begründet wird diese Wahrnehmung aus Sicht der Laienkritik mit Elitarismus und vermeintlicher Abgehobenheit der feuilletonistischen Literaturkritik; dazu folgender Beleg (zu Saša Stanišić: »Vor dem Fest«):

(1) 10 von 24 Kunden fanden die folgende Rezension hilfreich
   ★ ☆ ☆ ☆ ☆ **Möchtegernweltliteratur, 4. April 2014**
   Von <u>Christina Winter</u> – Alle meine Rezensionen ansehen
      REAL NAME
   Rezension bezieht sich auf: Vor dem Fest: Roman (Gebundene Ausgabe)
   Ich höre nicht mehr auf die ganzen Kritiker im Literaturbetrieb, denn die haben offensichtlich keine Ahnung. Wenn jemand ernsthaft schreibt und behauptet, das sei Weltliteratur, dann kann ich mich nur wundern. Langeweile pur. Und sprachlich ist das überhaupt nicht mein Fall, es ist alles konstruiert und künstlich. Für mich ein nahezu unlesbarer Roman.

Aus Sicht der professionellen Literaturkritik werden die unzureichenden Qualitätsstandards der Laienrezensionspraxis moniert; in welcher Weise die Laienliteraturkritik und die dahinter stehenden Akteure abgewertet, z. T. auch diffamiert werden und dass ihnen der Status als »Literaturkritiker« abgesprochen wird, können exemplarisch einige Titel publizistischer Beiträge verdeutlichen, in denen sich die Autoren in den vergangenen Jahren mit dem Phänomen der »Rezensierwut« auseinandergesetzt haben:

– Die Furien des Verschwindens – Der Kritiker als aussterbende Spezies: Wie läßt sich sein Prestigeverfall aufhalten?[14]
– Die Kundenflüsterer[15]
– Anarchie im Feuilleton – Amazon-Rezensenten sind nur Leser. Doch ihre Macht wächst[16]

---

13 Ebd.
14 Löffler 1998.
15 Domsch 2003.
16 Weingarten 2005.

- Jeder spielt Reich-Ranicki – Im Internet schreiben Millionen von Laienkritikern. Kein Buch ist vor ihnen sicher. Ist das schlimm?[17]
- User-generated Nonsense[18]
- Das leise Donnern im Kanon[19]
- Geschmackssache – Selbstprofilierung im Internet durch Literaturkritik[20]

Und auch aus (text)linguistischer Sicht wird darauf aufmerksam gemacht, dass mit der Laien-Autorschaft Qualitätsverluste drohen: »Qualitätsprobleme zeigen sich in der Banalität und Oberflächlichkeit von Darstellungen, wenn professionell auszuführende Textsorten wie die Buchrezension von Laien produziert werden«[21] – stellvertretend dafür folgende als Kundenrezension (über Arno Geigers Roman »Alles über Sally«) veröffentlichte Mitteilung:

(2) ★ ★ ★ ★ ★ überragend, 8. November 2013
Von Jessica – Alle meine Rezensionen ansehen
Rezension bezieht sich auf: Alles über Sally : Roman (Taschenbuch)
Habe das Buch für meine Mama gekauft und sie war so begeistert, dass sie es an sämtliche Freunde verschenkt hat. Sie schwärmte geradezu von der tollen Sprache des Autors. Unbedingt lesen!!

Zu den Neuerungen gehört es allerdings auch, dass aus dem Kreis der Kunden-Leser durchaus Kritik an der Rezensionsflut geäußert wird, wie es z. B. in den Kommentaren zu einer Rezension des Amazon-»Hall of fame Rezensenten« Christian Döring (über den Roman »Sterben« von Karl Ove Knausgård) der Fall ist:

(3) Bin gerade zufällig auf Ihre Rezensionen gestoßen. Ich hab' da mal drei Fragen: Sie lesen jeden Tag mindestens ein Buch, wie machen Sie das? Das ist ja ein recht teures Hobby, haben Sie eine besondere Bezugsquelle? Soweit ich gesehen habe, bewerten Sie jedes Buch mit fünf Sternen; hatten Sie noch nie einen Fehlgriff? [...] (Kommentar von Rike S.)
(4) Ich glaube Sie missverstehen da etwas. Herr Döring liest die Bücher nicht, die er rezensiert. Er schreibt nur den Klappentext ab. Wenns hochkommt, sieht er sich noch das Inhaltsverzeichnis an oder liest ein paar Zeilen über den Autor. (Kommentar von Polystyrol)

---

17 Hugendick 2009.
18 Bendel 2009; hier heißt es u. a.: »Der Rezensentenmob, zu dem die Laien im Web immer wieder werden, durchbricht die Schranken«.
19 Traußneck 2010.
20 Schwalm 2010.
21 Gansel / Jürgens 2007, S. 137. Verwunderlich ist das nicht, wenn man z. B. einen Blick auf die Rezensionsrichtlinien von Amazon.de wirft; vgl. unter http://www.amazon.de/gp/community-help/customer-reviews-guidelines [11.05.2014]. Denn wie man sieht, werden mit solchen allgemein gehaltenen Gestaltungshinweisen grundlegende Kompetenzen, die für das Schreiben von Rezensionen üblicherweise vorauszusetzen sind, für Rezensionen von Käufern-Lesern nicht zwingend gefordert.

2.2   Kurzer Blick auf die Praxis des Laien-Rezensierens

Ich beschränke mich darauf, anhand einiger Beispiele auf typische Charakteristika hinzuweisen;[22] ich stütze mich dafür auf eine Auswahl von Kundenrezensionen bei Amazon.de zu ganz verschiedenen älteren und neueren Werken
aus unterschiedlichen literarischen Bereichen. Eine »typische« Laienrezension
(hier zu Arno Geigers Roman »Alles über Sally«) soll zunächst die übliche Rezensionspraxis verdeutlichen:

(5)   ★★★★☆ **Banale Beziehungsgeschichte, gut erzählt**, 2. Juli 2011
       Von <u>Kiepura</u> (Austria) – Alle meine Rezensionen ansehen
       Rezension bezieht sich auf: Alles über Sally (Gebundene Ausgabe)
       Dr. Alfred Fink, 57, Museumsdirektor, begeisterter Sammler orientalischer Kunst und
       unermüdlicher Schreiber von Tagebüchern, ist ein kreuzbraver, anständiger und
       langweiliger Ehemann, der von der Lebenslust seiner 52-jährigen Frau Sally
       überfordert ist (Madame Bovary, Anna Karenina, Effi Briest ' schaut's oba'). Sie
       lernen sich in Ägypten kennen, arbeiten in anständigen bürgerlichen Berufen,
       bekommen drei Kinder, alle wohlgeraten. Als im Haus der beiden eingebrochen wird,
       bekommt die schöne Fassade Risse: Alfred ist tief erschüttert über den Verlust seiner
       Tagebücher und versinkt in Trübsinn, und Sally sucht Trost und Erfüllung ihrer
       sexuellen Wünsche in den Armen von Erik, Alfreds bestem Freund. Erik seinerseits
       verliebt sich in eine elf Jahre jüngere blonde Russin und beendet die Affäre. Sally und
       Alfred nähern sich behutsam wieder an. Solche Geschichten wurden tausendfach
       geschrieben und scheinen keinen neuen Roman zu rechtfertigen. Der Autor, der mich
       mit der Familiensaga Es geht uns gut begeistert hat, schildert mit großem Feingefühl
       und Gespür das Seelenleben zweier Menschen, die auf der Suche nach der ganz
       großen romantischen Liebe und dem ultimativen Sex sind, sich aber immer wieder
       mit ihrer bürgerlichen Wirklichkeit abfinden nicht unfreiwillig, wie mir scheint. Das
       Ende ist offen, keiner weiß, wer denn nun der ›Sieger‹ ist, es gibt weder Mord noch
       Selbstmord noch andere Katastrophen, weil beide Protagonisten nicht zu Helden
       taugen. Eine an sich banale Geschichte, spannend, klug und kurzweilig erzählt. Nicht
       wirklich sensationell, aber immerhin lesenswert.

Wie man sieht, wird Rezensieren verstanden als (mehr oder weniger ausführliche) Wiedergabe 1. des Buchinhalts und 2. des subjektiven Rezeptionserlebens
als Grundlage für eine Leseempfehlung oder eine Lesewarnung. Beobachtbar
sind dabei als Textkomponenten bzw. Teilhandlungen
– das Bemühen um Selbstdarstellung (Verweis auf andere literarische Werke:
  »Solche Geschichten wurden tausendfach geschrieben und scheinen keinen
  neuen Roman zu rechtfertigen«),
– das Thematisieren des eigenen Leseerlebens (»[...] der mich mit der Fami-
  liensaga Es geht uns gut begeistert hat [...]«),
– das Bewerten im Hinblick auf den Inhalt (»[...] nicht unfreiwillig, wie mir

---

22 Ausführlich dazu Bachmann-Stein / Stein 2014, S. 89–107.

scheint«, »Eine an sich banale Geschichte [...]«) und die empfundene
Spannung (»[...] spannend, klug und kurzweilig erzählt«),
- das Beanspruchen von Meinungsführerschaft bzw. Geschmacksautorität
(»Der Autor, [...], schildert mit großem Feingefühl und Gespür [...]«, »Nicht
wirklich sensationell, aber immerhin lesenswert.«).

Dass wirkungspsychologische Kriterien die Laienrezensionspraxis maßgeblich
bestimmen und dadurch der Abwertung der Laienliteraturkritik Vorschub
leisten, zeigt sich dann besonders auffällig, wenn mit Verweis auf ältere Rezensionen mit ausführlicher Inhaltswiedergabe lediglich das eigene Leseerleben
als Bewertungsmaßstab gilt. Der Rezensionsleser findet daher oft – wie in den
Beispielen (6) und (7) – diametral entgegengesetzte Geschmacks- und Gefal-
lensurteile vor und kann sich so an Buchempfehlungen, die seinen eigenen
Vorlieben entsprechen, orientieren:

(6)   ★ ★ ★ ★ ★ Szenen einer Ehe, 29. April 2010
       Von <u>Krawalaudia »Krimifan«</u> (Wien) – Alle meine Rezensionen ansehen
       Rezension bezieht sich auf: Alles über Sally (Gebundene Ausgabe)
       Ich will hier keine weitere Inhaltsangabe schreiben, nur das Buch wirklich empfehlen.
       Es hat zwar stellenweise Längen, wird aber niemals langweilig. Diese Ehe ist so
       alltäglich und gerade durch die Alltäglichkeit besteht der hohe
       Wiedererkennungswert. Ein wunderbares ruhiges Buch über eine nicht ganz ruhige
       Ehe.

(7)   ★ ★ ☆ ☆ ☆ *gääääähn* (Sorry, Herr Geiger), 20. Mai 2012
       Von <u>loewenmama »loewenmama«</u> – Alle meine Rezensionen ansehen
       Rezension bezieht sich auf: Alles über Sally : Roman (Taschenbuch)
       Puuuuh.... schon lange habe ich mich nicht mehr so mit einem Buch gelangweilt.
       Auch wenn einige nette spitzfindige Formulierungen durchaus amüsant sind, helfen
       sie leider nicht über die Längen. Nachdem ich bis zur Hälfte durchgehalten habe, darf
       sich dieses Buch zu den wenigen gesellen, die ich nicht durchgelesen habe. Sorry, Herr
       Geiger, aber da gibt es doch genügend Bücher, die zum weiterlesen reizen. Ich habe
       gehört, auch von Ihnen ;O)
       Zwei Sterne, weil es natürlich literarisch betrachtet sehr gut geschrieben ist.

Wie Beispiel (7) zeigt, kommt es in Laienrezensionen u. U. zu Textmustermi-
schungen, wenn z. B. (vorübergehend) in den Duktus eines offenen Briefs gewechselt wird, um den Autor direkt anzusprechen und ihm ein unmittelbares
subjektives Leser-Feedback zu geben. Wesentlich aufschlussreicher ist jedoch,
dass die Bewertungskriterien expliziert werden, wenn zwar der Anspruch erhoben wird, die literarische Qualität beurteilen zu können (»[...] weil es natürlich literarisch betrachtet sehr gut geschrieben ist«), aber Kriterien des
subjektiven Erlebens der Vorzug gegeben wird (»[...] schon lange habe ich mich
nicht mehr so mit einem Buch gelangweilt«).

     Noch deutlicher scheinen sich die oben angesprochenen Qualitätsprobleme
zu bestätigen, wenn auch hochgelobte und ausgewiesene literarische Werke al-

lein aus der Perspektive des persönlichen Erlebens bewertet werden; stellvertretend als Beispiel folgende Negativbewertung von Günter Grass' Roman »Die Blechtrommel«:

(8) ★☆☆☆☆ **Was ist denn das?**, 12. März 2005
    Von L.M. Amarsch – Alle meine Rezensionen ansehen
    Rezension bezieht sich auf: Die Blechtrommel: Roman (Taschenbuch)
    Nee! Das soll das große Buch von Günter Grass (oder wollen wir Günter »Krass« sagen?) sein? Das Buch langweilt extrem, ich bin jedesmal eingeschlafen und habe mich gefreut, wieder ein Kapitel geschafft zu haben. So habe ich dann auch nur etwa achtzig Seiten gelesen. Es sind nicht nur die umständlichen Sätze. Es sind auch die vielen langweiligen Details, die völlig unwichtig sind, ich empfinde in diesem Buch weder Spannung noch Faszination des Besonderen. Es gibt keine Atmosphäre. Was interessieren mich die langatmigen Schilderungen über eine Frau, die mit einer Kartoffel herumhantiert? Was sollen diese ellenlangen Beschreibungen über Röcke? War der Lektor blind? Für mich völlig unverständlich, wie dafür ein Verlag gefunden werden konnte. Das Buch würde heute, wenn der Autor nicht diesen Rang hätte, höchstens als Demand-Titel laufen.

Es sind, bei aller Vorsicht vor einer Pauschalverurteilung, (die in Überzahl vorhandenen) Textexemplare dieser und ähnlicher Art, die den Nutzen der Laienliteraturkritik fragwürdig erscheinen lassen und die Ansprüche an die Rezensionspraxis nicht nur zu unterlaufen, sondern ganz aufzulösen scheinen.

3   Neuerungen demokratischer Literaturkritik

3.1   Merkmale von Laienrezensionen

Vor dem skizzierten Hintergrund lassen sich folgende Merkmale von Laienrezensionen festhalten: Die typische *Handlungsstruktur* umfasst eine fakultative Werk-Beschreibung und eine obligatorische Werk-Bewertung auf der Basis der eigenen Leseerfahrung und des persönlichen Leseerlebens, die als Begründung für eine implizit oder explizit ausgesprochene Leseempfehlung oder -warnung dient.[23] Als *Bewertungskriterien* dominieren wirkungspsychologische Faktoren (wie Nachvollziehbarkeit der Handlung, Glaubwürdigkeit und »Echtheit« der Figurencharakterisierung, Spannung und Unterhaltungswert, Sprache und stilistische Gestaltung, Originalität, Wirkungsintensität usw.). Es finden sich *Ausprägungen der Textvernetzung*, meist durch Bezugnahme auf andere Laienrezensionen, in seltenen Fällen auch durch Verweis auf die feuilletonistische

---

23 In dieser Hinsicht erfüllt die Rezensionspraxis des Massenlesepublikums die gleiche Funktion wie die prominenter Lese- / Buchtippgeber (vgl. dazu auch Stein 2008, S. 440 ff. für die Rezensionspraxis von Elke Heidenreich in der ehemaligen ZDF-Literatursendung *Lesen!*).

Literaturkritik. Unter Umständen erfolgt eine *Einordnung in werkübergreifende Zusammenhänge* durch Vergleich mit anderen Werken desselben Autors oder mit anderen literarischen Werken oder durch Verweise auf literarische Vorbilder und literarische Strömungen.

3.2 Konsequenzen für den Literaturbetrieb und für die Bezeichnung »Rezension«

Dadurch, dass die lesende Masse sich am feuilletonistischen Rezensionswesen vorbei ein eigenes, sich selbst regulierendes und offensichtlich auch selbst genügendes Rezensionsforum geschaffen hat, ergeben sich in verschiedener Hinsicht Konsequenzen:

– Der Kreis potenzieller Rezensenten weitet sich mit (vermeintlichen) Laien als *Akteuren* erheblich aus, da die Teilhabe grundsätzlich jedem Leser offensteht – unabhängig davon, ob man zum Rezensieren befähigt ist und die Ziele der etablierten Literaturkritik teilt. Ausschlaggebend und ausreichend ist der Wunsch nach (oftmals pseudonym bzw. anonym vorgetragener) Teilhabe am öffentlichen Austausch über die Wirkung eines literarischen Produkts.

– Die *Maßstäbe des Rezensierens* und die *Bewertungskriterien* verändern sich, wenn, wie oben erläutert, allein oder vorrangig aus der Perspektive des subjektiven Erlebens nach wirkungspsychologischen Maßstäben bewertet wird – selbst wenn der Anspruch erhoben wird, die literarische Qualität beurteilen zu können.

– Die *Funktion von Rezensionen* besteht in erster Linie darin, anderen Lesern durch Handlungen des Empfehlens oder Abratens Orientierung zu geben, u. U. in Verbindung mit einem an den Autor direkt adressierten Leser-Feedback.

– Das rezensierende Massenpublikum hat zugleich die *Kriterien für die Auswahl rezensionswürdiger Literatur* neu justiert und dem Rezensionswesen auch feuilletonferne Literatursparten und Genres zugeführt (wie Science-Fiction, Fantasy, Ratgeberliteratur wie Kochbücher usw.): Jegliche Art von Literatur wird wahrgenommen und behandelt wie ein Gebrauchsartikel.[24]

Fasst man all das zusammen, manifestiert sich in der Praxis des Laienrezensierens die Lust am öffentlichen und öffentlichkeitswirksamen Bewerten, die durch die entsprechenden Online-Plattformen wenn nicht nachhaltig gefördert, so doch zumindest ihren sichtbaren Ausdruck findet. Im Ergebnis erfahren die Textsortenbezeichnung »Rezension« und das Handlungsverb »rezensieren« auf

---

24 Vgl. dazu Stein 2015.

diese Weise eine erhebliche extensionale Erweiterung, zumal längst nicht nur Produkte des Kulturbetriebs »rezensiert« werden, sondern nahezu jeder Gebrauchsartikel zum rezensionswürdigen Gegenstand gemacht wird.[25]

3.3   Leistungen der Laienliteraturkritik für das System »Literatur«

Die Laienliteraturkritik übernimmt eine *spezielle Informationsselektion* im Hinblick auf die subjektive Lesewürdigkeit unter weitgehendem Verzicht auf theoretische Reflexion. Ihr kommt damit die Aufgabe und Funktion zu, auf dem unüberschaubar gewordenen Buchmarkt eine massentaugliche *Orientierung* zu erleichtern. Die Laienliteraturkritik befriedigt damit das gesellschaftliche Bedürfnis nach *Kommunikation über* – jedwede Art von – *Literatur.* Sie bezieht ihre Legitimation aus dem Anspruch auf freie Meinungsäußerung, ungeachtet der in diesem Handlungsfeld eigentlich geforderten Expertise. Aufgrund der medialen Verbreitung (Online-Dienste aller Art) bietet die Laienliteraturkritik die Möglichkeit dialognaher Kommunikationspraxis in Form virtueller Gespräche. Der dialogische Charakter schlägt sich in der Bewertung und / oder Kommentierung von Laienrezensionen (im Hinblick auf Nachvollziehbarkeit und Plausibilität, Nützlichkeit usw.) nieder, was wieder zum Anlass weiterer (u. U. Gegen-)Kommentierung werden kann. Die Kommentierung von (Amazon-)Kundenrezensionen durch andere Kunden entspringt insbesondere folgenden Motiven:

1. Zum einen manifestiert sich in Kommentaren anderer Kunden-Leser das Bedürfnis, Anerkennung für gelungene Kundenrezensionen zu zollen und Konvergenz zu bekunden, wie in den folgenden vier (von insgesamt 14) Kommentaren zu einer positiven Kundenrezension (von Doris Hoppe über Daniel Glattauers Roman »Gut gegen Nordwind«):

(9)   [...] auch ich kann dieser Rezision nur zustimmen (Kommentar von Julius596)
(10)   Hammer! Einfach eine tolle und gut gelungene Rezension. Kann ich nur jedem Satz beipflichten. Ich könnte nichts anderes schreiben. Toll – Toll – Toll!!!! (Kommentar von Renate Meyer)
(11)   Liebe Doris, diese Rezession hat fünf Sterne verdient! Ich gebe sechs! :-) Liebe Grüße, Mel.D. (Kommentar von Mel.D.)
(12)   Eine wahrhaft aus der Seele sprechende Rezension. [...] (Kommentar von G., Petra)

---

25 Man könnte an dieser Stelle abbrechen und 1. dafür plädieren, die Textsortenbezeichnung »Rezension« nicht unreflektiert zu verwenden, sondern auf judizierende Texte über kulturelle und wissenschaftliche Produkte zu beschränken, und 2. weiter dafür plädieren, die Kundgaben von Buchkäufern über ihre Leseerlebnisse mit einer treffenden und angemessenen Textsortenbezeichnung zu versehen (denkbar wären z. B. Erlebnis- / Rezeptionsbericht, Gefallens- / Missfallensbekundung oder manchmal auch einfach nur Lese- oder Kaufhinweis / -tipp). Das würde der systembezogenen Leistung des Laienrezensionswesens jedoch nicht gerecht.

2. Zum anderen werden die Kommentare aber auch genutzt, um Divergenz zum Ausdruck zu bringen: So werden Kompetenzstreitigkeiten ausgetragen und es wird Kritik an der Rezensionspraxis (z. B. Rezensionsstandards, Subjektivität der Beurteilung), aber auch an der sprachlichen Korrektheit geübt:

(13) 6 von 16 Kunden fanden die folgende Rezension hilfreich
     ★ ★ ★ ★ ★ **Sehr gut!**, 26. März 2014
     Von G. Lesen »lesegerdi«
     Rezension bezieht sich auf: Der Distelfink: Roman (Kindle Edition)
     Das Buch ist äußerst spannend und sehr gut geschrieben. Am Schluss war es eine Spur zu langatmig. Aber trotzdem: ein Meisterwerk wie alles von Donna Tartt.
(14) Liebe Lesegerdi, was Sie hier geschrieben haben, ist keine Rezension. Es ist leider ein Allgemeinplatz. (Kommentar von Herr CAE)
(15) Ich finde das nicht jeder die Inhaltsangabe des Buches hier niederschreiben muss. So würde sie nichts anders schreiben wie ihre Vorgänger. Jeder schreibt die Beschreibung der Geschichte, die ich nun schon auswendig kann. (Kommentar von Albert Einstein zum Kommentar von Herr CAE)
(16) @Einstein: Anscheinend haben Sie meinen Kommentar nicht verstanden. Es geht mir gar nicht darum, dass jeder den Inhalt erneut wiedergibt, und das ist auch nicht die Bedeutung einer Rezension (der Inhalt ist nur ein kleiner Teil davon), nein, es geht mir darum, dass hier mehr geschrieben wird, als ein, zwei launige Sätze, die nicht darauf schließen lassen, dass sich die Person tatsächlich vollumfänglichmit dem Werk auseinandergesetzt hat. Keinem hilft das weiter, was z. B. die »Gerdi« hier veröffentlicht hat. Meine Güte, es sind über 1000 Seiten anspruchsvoller Gegenwartsliteratur – da muss man doch sprachlich und rhetorisch etwas mehr draufhaben als »es ist sehr gut geschrieben«. Und ganz wichtig auch: Rechtschreibung. Auch Ihr Kommentar hier. Gleich im ersten Satz fehlt ein Komma, »das« und »dass« interessiert Sie anscheinend auch nicht, »wie« und »als« ist auch nicht so wichtig ... Verstehen Sie, was ich meine? (Replik von Herr CAE)

Auffällig ist auch, dass vor allem für negative Kundenrezensionen Begründungen und Rechtfertigungen eingefordert und dass Konflikte um die Meinungsführerschaft ausgetragen werden.[26] Hinzuweisen ist schließlich darauf, dass in den Kommentardiskursen durchaus Qualitätsprobleme der Kundenrezensionen moniert werden und dass der Nutzen professioneller Literaturkritik gewürdigt wird:

(17) 15 von 27 Kunden fanden die folgende Rezension hilfreich
     ★ ★ ☆ ☆ ☆ **Total verfehlter Titel**, 20. Juli 2011
     Von Rike S.
     Rezension bezieht sich auf: Sterben: Roman (Gebundene Ausgabe)
     [...] Das Buch lässt den Leser ziemlich ratlos zurück, deshalb kann ich leider nur 2 Sterne geben.

---

26 Als Beispiel sei hierfür auf die 88 Kommentare (Stichtag: 11.05.2014) umfassende Diskussion anlässlich einer sehr negativen Kundenrezension von Chilischote über Suzanne Collins Erfolgsroman »Die Tribute von Panem: Tödliche Spiele« verwiesen.

(18) Siehe letzter Satz der Rezension: »Das Buch lässt DEN LESER ziemlich ratlos
zurück« – da will sich einer vor seiner Subjektivität drücken, zieht sich auf ein
»man« zurück. Rezensionen mögen subjektiv sein, dennoch sind sie doch von
deutlich unterschiedlicher Erheblichkeit. Macht aber nichts, man merkt das ja am
sprachlichen Gestus, ob einer nur seinen Spontanreflex weiterreicht oder sich
Gedanken gemacht hat, die man diskutieren kann, weil sie sich bereits über das
Spontane und Subjektive erheben. Und das ist übrigens der Grund, warum es doch
ganz gut ist, dass es noch professionelle Rezensenten gibt: Weil sie Anregungen
geben, wie man über die Wurstigkeit eines »dit hat mia jetze aber nich so jefallen«
hinauskommen kann. Wenn man will. Man muss ja nicht. (Kommentar von Peter
Uehling)

Im Ergebnis kommt es – im Interesse von Erfahrungsaustausch, (gegenseitiger)
Bestätigung von Lesevorlieben und Leseabneigungen sowie der auf den »her-
meneutischen Nachvollzug«[27] beschränkten Einschätzung – zu einer Ausdiffe-
renzierung im Handlungsfeld der Literaturkritik. Der partielle oder völlige
Verzicht auf ein kritisch-reflektierendes Qualitätsurteil und die Freude der Leser
am wirkungspsychologisch motivierten Geschmacksurteil sowie ggf. an dessen
Bestätigung oder Ablehnung ist jedoch nicht nur kollektive »dilettierende
Liebhaberei«[28], sondern sie entspringt dem offenkundigen Bedürfnis nach
Orientierung: »Solche dem Servicegedanken verpflichteten Kundenkommen-
tare sind offenkundig für breite Publikumskreise tatsächlich ›hilfreicher‹ als die
differenzierte Qualitätskritik der großen Zeitungen«[29]. Laienliteraturkritik erfährt so zwar eine demokratische Rechtfertigung, doch es zeigen sich auch
Problemfelder.

4   Probleme, Auswüchse und Missbräuche

4.1   Perspektive: Textsortenpraxis

Im Blick auf die Textsortengestaltung lassen sich folgende Beobachtungen machen: Die Bewertungspraxis verschiebt sich zugunsten von Subjektivität und
Einseitigkeit der Bewertungskriterien in Richtung auf Dimensionen des persönlichen Erlebens (Gefallen / Missfallen als Motiv für Lob oder Kritik). In
Verbindung damit kommt es zu einer *Erosion der Textsortenkonventionen* und
zu einer *Extension der Textsortenbezeichnung*, da die Grenzen zwischen Re-

---

27 Schmitt-Maaß 2010, S. 90. Es scheint, als knüpften Laienrezensenten an dialogische Traditionen (früh)romantischer Literaturkritik (vgl. Anz 2010, S. 53) und an das romantische
   Salongespräch (vgl. Schmitt-Maaß 2010, S. 90) an. Das könnte auch die Konzentration auf
   Lesevorlieben, die subjektive Prägung der Werk- und Autorbewertung und den oft salopp-
   umgangssprachlichen Stil erklären.
28 Schmitt-Maaß 2010, S. 102.
29 Pfohlmann 2007, S. 190.

zension einerseits und Gefallenskundgabe und Literaturempfehlung / -tipp andererseits zu verwischen drohen. Ursächlich ist dafür die sehr heterogene, überwiegend jedoch – gemessen an den Standards der feuilletonistischen Buchrezension – defizitäre Rezensionskompetenz und das diffuse Textmusterwissen vor allem bei Gelegenheitsrezensenten und Rezensions-Novizen, deren Texte die oben erwähnten »Qualitätsprobleme« offenbaren. Indikatoren dafür finden sich in der Rezensionspraxis wie auch in Kommentaren insofern, als zum einen die Textsortenbezeichnung verwechselt (*Rezession*) oder entstellt wird (*Rezision, Rezesion, Resesion, Rezennsion, Rezenzion* u. a.) und zum anderen Äußerungen Unsicherheiten über die Textsortenkonventionen erkennen lassen. Solche Unsicherheiten zeigen sich vor allem im Hinblick auf die *Rezensionsqualität* insgesamt, die *sprachliche Gestaltung* (Korrektheitsanspruch), den *Rezensionsumfang* und die *Rezensionsdetailliertheit*, insbesondere mit der Forderung, nicht (in Anlehnung an engl. *to spoil* ›verderben, ruinieren‹) zu spoilern, d. h. wesentliche Handlungselemente und den Ausgang eines Geschehens vorwegzunehmen:

(19) Gute Rezension, wie ich finde, allerdings: Es wird zu viel verraten! Wer das Buch noch nicht gelesen hat, wird um die eine oder andere Überraschung gebracht. Eine Rezension soll einen Eindruck vom Buch verschaffen, nicht aber große Teile der Geschichte vorweg erzählen. (Kommentar von Christian D. zur Kundenrezension von Günter Nawe über Arno Geigers Roman »Alles über Sally«).

4.2   Perspektive: Kunden- / Laienrezensionswesen insgesamt

Bezogen auf das System der (Laien-)Literaturkritik lässt sich Folgendes festhalten:

Die Verwendung der Textsortenbezeichnung »Rezension« bringt eine semantische Aufwertung mit sich, von der die Laien-Rezensenten wie die Online-Händler gleichermaßen profitieren. Die Rezensionspraxis leidet jedoch u. U. unter Glaubwürdigkeitsproblemen, die z. T. durch mangelnde Transparenz und Anonymität der Autoridentität (»Real Name-Plakette« vs. Pseudonym) verursacht sind und die der Gefahr von Selbst-, Gefälligkeits- und Auftragsrezensionen Vorschub leisten (können).[30] Beobachtbar sind außerdem ausgeprägte Tendenzen zur Selbstprofilierung und -inszenierung, insbesondere wenn z. B. Massenrezensenten die Meinungsführerschaft beanspruchen und mit Nobili-

---

30 Vgl. z. B. die Meldung »Krimi-Autor rezensiert sich selbst« (Süddeutsche Zeitung Nr. 204, 04.09.2012, S. 14) über den britischen Krimiautor R J Ellory: »So bezeichnete der versteckte Ellory einen seiner Krimis als ›modernes Meisterwerk‹ und vergab dafür fünf Sterne. Krimis von konkurrierenden Autoren wurden mit Verrissen bedacht.«

tierungsetiketten (wie »Top 500/1000-Rezensent« u. a. bei Amazon.de) »ein funktionales Äquivalent zu dem sonst für Qualität und Glaubwürdigkeit bürgenden Renommee eines Kritikers oder eines Periodikums erzeugt [wird]«[31]. Laienrezensenten neigen aber u. U. dazu, die Grenzen zur Polemisierung zu überschreiten und imagebedrohende Sprechakte auszuführen (vor allem im Kommentardiskurs):

(20) [...] Haben Sie keine Angst, dass Glas kaputt zu machen? Wie können Sie sich über die Deutsch-Leistungen anderer Personen auslassen, wenn Sie selbst nicht in der Lage sind, zwischen Groß- und Kleinschreibung zu unterscheiden? Oder ist bei Ihnen lediglich die Shift-Taste kaputt? Dann hinterlassen Sie an dieser Stelle doch bitte Ihre Kontonummer. Ich bin mir sicher, dass wir genügend sammeln können, um Ihnen eine neue Tastatur zu kaufen. [...] (Kommentar von Neunmalklug zur Kundenrezension von Rainer Nikisch über »Hummeldumm: Das Roman« von Tommy Jaud)

Die Textsortenpraxis lässt es fraglich erscheinen, ob sich quantifizierende Bewertungssysteme (z. B. die Vergabe von Sternen bei Amazon.de) und Rezensenten-Ranglisten als wirksam erweisen und als Qualitätskontrollmechanismen eignen:

(21) 0 von 5 Kunden fanden die folgende Rezension hilfreich
★ ☆ ☆ ☆ ☆ **Alles über sally**, 2. März 2013
Von <u>Angelika GarreisAngelika Garreis, Stefan Rachow</u>
Rezension bezieht sich auf: Alles über Sally: Roman (Kindle Edition)
Sehr spannende und unterhaltsame Lektuere mit diverse Einblicke in Familien Geschichte und deren Angehörige sowie die Entwicklung der Ehe in Jahrzehnten
(22) Bei dieser positiven Rezension nur ein Stern??? (Kommentar von Magic Matthes)

Wie bei der Auseinandersetzung mit nonverbalen Bewertungsformen zeigt das System Selbstregulierungskräfte, wenn Laien-Rezensenten des Ideenklaus und des Plagiats bezichtigt werden:

(23) Wer den Artikel in der FAZ von Felicitas von Lovenberg gelesen hat, dürfte spüren, dass der Rezensent, aus öffentlichen Medien seine Rezensionen zusammenklaut, (übrigens nicht das erste Mal) es sind meisst öffentlich oft in Fernsehsendungen besprochene Bücher, die entsprechend oft in den Printmedien besprochen werden, natürlich kann man sich auch so als TOP-TEN-Rezensent profilieren, trotzdem ein wenig schade, wer also hier liest, sollte der Affinität zu Plagiaten des Rezensenten nicht mit Scheuklappen begegnen...leider oft nicht von ihm selbst verfasst..oder oft im Besten Fall ein wenig umgeschrieben...aber vielleicht klingen sie deswegen so gut...weil darin eben die Arbeit anderer spürbar ist. (Kommentar von A. Zanker zur Kundenrezension von Carl-heinrich Bock über Arno Geigers Roman »Alles über Sally«).[32]

---

31 Pfohlmann 2007, S. 189.
32 Der Vergleich der beiden Texte zeigt folgende Übereinstimmungen im Inhalt und z. T. auch in den Formulierungen:

Kundenrezensionen lassen sich strategisch nutzen zur Steigerung von Popularität und Verkaufszahlen, aber auch zur Verhinderung kommerziellen Erfolgs.[33] Im Zusammenhang damit ist eine Instrumentalisierung der Leser-Rezensionen als Marketinginstrument im Interesse der Absatzförderung durch die Online-Händler (»Zwang« zur Positivbewertung) nicht auszuschließen, d. h. die Käufer-Leser lassen sich – offenbar bereitwillig – vor den Verkaufskarren der Händler spannen.

5   Fazit

Sieht man von diesen Problemen usw. ab, bleibt folgendes Fazit:

1. Laienliteraturkritik erfüllt im System *Literatur* die Aufgabe, massentaugliche Kommunikation über (jedwede Art von) Literatur zu ermöglichen. Von daher ist sie zu begrüßen und ernst zu nehmen, problematisch ist jedoch die mediale Bindung an Plattformen der Online-Händler.
2. Problematisch erscheint das Favorisieren reflexionsarmer und reflexionsfreier Texte als Anpassung an die Bedürfnislage des Massen(?)-Lesepubli-

Felicitas von Lovenberg (FAZ) (05.02.2010)	Carl-heinrich Bock (Amazon.de) (10.02.2010)
Dann gibt es eine ausführliche, stakkatohaft geschriebene Sexszene zwischen Alfred und Sally, die – im Gegensatz zu Alfreds Thrombosestrumpf, den er wegen seiner Krampfadern trägt – sicher nicht in die Literaturgeschichte eingehen wird: [...]	Seine Krampfadern machen ihm Sorgen, deshalb trägt er über gefühlte weite Teile des Romans einen Stützstrumpf, der wahrscheinlich in die Literaturgeschichte eingehen wird.
Zu zeigen, was Paare zusammenhält, ist sehr viel schwieriger als zu erzählen, was sie trennt.	Alfred Capus hat einmal gesagt, er glaube, es wäre sehr viel schwieriger zu beschreiben was Paare zusammenhält, als zu erzählen was sie trennt, [...]
Aber Sally ist keine Verwandte von Emma Bovary, Anna Karenina oder Effi Briest.	Wenn man bedeutsame realistische Verführungsromane des 19. Jahrhunderts wie Gustave Flauberts »Madame Bovary«, Theodor Fontanes »Effi Briest« oder Tolstois »Anna Karenina« als Vergleich heranzieht, [...]

33 Vgl. z. B. die Nachricht »Book Reviews on Amazon Turn Into Online Battlefield« (Süddeutsche Zeitung / The New York Times International Weekly, 01.02.2013, S. 6): »Reviews on Amazon, [...], are becoming attack weapons, intended to sink new books as soon as they are published. In the biggest and most successful of these campaigns, a group of Michael Jackson fans used Facebook and Twitter to solicit negative reviews of a new biography of the singer. They bombarded Amazon with dozens of one-star reviews, and succeeded in getting several favorable notices erased.«

kums, so dass zu fragen ist, ob dadurch nicht eine zunehmende Verbreitung absatzstarker – und nur jenseits der feuilletonistischen Literaturkritik als rezensionswürdig erachteter – Mainstream-Literatur und damit einhergehend nicht in erster Linie eine Verschiebung des Meinungsmonopols in der Literaturkritik, sondern vielmehr ihres Gegenstands gefördert werden.

Literatur

Anz, Thomas: ›Kontinuitäten und Veränderungen der Literaturkritik in Zeiten des Internets: Fünf Thesen und einige Bedenken‹, in: Giacomuzzi, Renate / Neuhaus, Stefan / Zintzen, Christiane (Hg.): *Digitale Literaturvermittlung. Praxis – Forschung – Archivierung.* Innsbruck u. a. 2010, S. 48–59.

Anz, Thomas / Baasner, Rainer (Hg.): Literaturkritik. Geschichte – Theorie – Praxis. 4. Auflage. München 2007.

Bachmann-Stein, Andrea / Stein, Stephan: ›Demokratisierung der Literaturkritik im World Wide Web? Zum Wandel kommunikativer Praktiken am Beispiel von Laienrezensionen‹, in: Hauser, Stefan / Kleinberger, Ulla / Roth, Kersten Sven (Hg.): *Musterwandel – Stilwandel. Aktuelle Tendenzen der diachronen Text(sorten)linguistik.* Frankfurt am Main u. a. 2014, S. 81–120.

Bendel, Oliver: ›User-generated Nonsense. Literaturbesprechungen von Laien im Web 2.0‹, in: *Telepolis* 2009, verfügbar unter: http://www.heise.de/tp/artikel/30/30206/1.html [11.05.2014].

Domsch, Sebastian: ›Die Kundeflüsterer‹, in: *taz.de* 2003, verfügbar unter: http://www.taz.de/1/archiv/archiv/?dig=2003/12/27/a0205 [11.05.2014].

Gansel, Christina: ›Literaturkritik als Textsorte und systemspezifische Ausdifferenzierungen‹, in: *Mitteilungen des deutschen Germanistenverbandes* 2011/58.4, S. 358–372.

Gansel, Christina: ›Literaturkritiken. Ihre Funktion, Struktur und systemspezifischen Erwartbarkeiten‹, in: Skog-Södersved, Mariann / Parry, Christoph / Szurawitzki, Michael (Hg.): *Sprache und Kultur im Spiegel der Rezension. Ausgewählte Beiträge der GeFoText-Konferenz vom 29.9. bis 1.10.2010 in Vaasa.* Frankfurt am Main u. a. 2012, S. 15–35.

Gansel, Christina / Jürgens, Frank: Textlinguistik und Textgrammatik. Eine Einführung. 2. Auflage. Göttingen 2007.

Hugendick, David: ›Jeder spielt Reich-Ranicki. Im Internet schreiben Millionen von Laienkritikern. Kein Buch ist vor ihnen sicher. Ist das schlimm?‹, in: *Zeit online* 2009, verfügbar unter: http://www.zeit.de/2008/17/KA-Laienliteraturkritik [11.05.2014].

Löffler, Sigrid: ›Die Furien des Verschwindens. Der Kritiker als aussterbende Spezies: Wie läßt sich sein Prestigeverfall aufhalten?‹, in: *Zeit online* 1998, verfügbar unter: http://www.zeit.de/1999/01/Die_Furien_des_Verschwindens [11.05.2014].

Petkova-Kessanlis, Mikaela: ›Phraseologismen und ihre Funktionen in Laien-Buchrezensionen‹, in: Lenk, Hartmut E. H. / Stein, Stephan (Hg.): *Phraseologismen in Textsorten.* Hildesheim 2011, S. 109–131.

Petkova-Kessanlis, Mikaela: ›Die Textsorte *Laien-Buchrezension.*‹, in: Di Meola, Claudio /

Hornung, Antonie / Rega, Lorenza (Hg.): *Perspektiven Vier. Akten der 4. Tagung Deutsche Sprachwissenschaft in Italien, Rom, 4.-6.02.2010.* Frankfurt am Main u. a. 2012, S. 213–226.

Pfohlmann, Oliver: ›Literaturkritik in der Bundesrepublik‹, in: Anz, Thomas / Baasner, Rainer (Hg.): *Literaturkritik. Geschichte – Theorie – Praxis.* 4. Auflage. München 2007, S. 160–191.

Rolf, Eckard: Die Funktionen der Gebrauchstextsorten. Berlin 1993.

Schmitt-Maaß, Christoph: ›Gespräch oder Geschwätzigkeit? Salonkultur im World-WideWeb – Internet-Literaturkritik als Form der (Selbst-)Verständigung. Mit einem Seitenblick auf Friedrich Schleiermacher und Friedrich Schlegel‹, in: Grimm-Hamen, Sylvie / Willmann, Françoise (Hg.): *Die Kunst geht auch nach Brot! Wahrnehmung und Wertschätzung von Literatur.* Berlin 2010, S. 89–106.

Schwalm, Simone: ›Geschmackssache. Selbstprofilierung im Internet durch Literaturkritik‹, in: *literaturkritik.de* 2010/12, verfügbar unter: http://www.literaturkritik.de/public/rezension.php?rez_id=15100 [11.05.2014].

Stein, Stephan: ›Intermedialer Textsortenvergleich. Grundlagen, Methoden und exemplarische Analyse‹, in: Lüger, Heinz-Helmut / Lenk, Hartmut E. H. (Hg.): *Kontrastive Medienlinguistik.* Landau 2008, S. 425–450.

Stein, Stephan: ›Käuferurteile im WWW – Rezensionsvariante oder neue Textsorte?‹, in: Hauser, Stefan / Luginbühl, Martin (Hg.): *Hybridisierung und Ausdifferenzierung. Kontrastive Perspektiven linguistischer Medienanalyse.* Bern u. a. 2015, 57–83.

Traußneck, Matti: ›Das leise Donnern im Kanon. Beseitigt Literaturkritik im Internet Bildungsbarrieren bei der Lektüre von »Klassikern« der Literaturgeschichte?‹, in: *literaturkritik.de* 2010/12, verfügbar unter: http://www.literaturkritik.de/public/rezension.php?rez_id=15119&ausgabe=201012 [11.05.2014].

Weingarten, Susanne: ›Anarchie im Feuilleton. Amazon-Rezensenten sind nur Leser. Doch ihre Macht wächst.‹, in: *KulturSPIEGEL* 2005/9, S. 21–23, verfügbar unter: http://www.spiegel.de/spiegel/kulturspiegel/d-41595717.html [11.05.2014].

Andrea Bachmann-Stein

Zur Praxis des Bewertens in Laienrezensionen

1   Vorbemerkung

Rezensionen sprechen Bewertungen aus und nehmen Beurteilungen vor, die sich
an bestimmten Werten oder Maßstäben orientieren. Sie wollen bzw. sollen den
Rezipienten der Rezension die Bildung eines eigenen Urteils ermöglichen. Die
Rezension kann in der Linguistik – als Presse- bzw. Medien- wie auch als
Fachtextsorte – als recht gut erforscht angesehen werden. Konzentriert hat man
sich dabei vor allem auf das Textmuster, sprachliche Mittel und das rezensi-
onstypische Bewerten.[1] Laienrezensionen[2] dagegen haben bislang nur unter
bestimmten Aspekten Aufmerksamkeit gefunden: Die literaturwissenschaftliche Forschung hat sich bevorzugt mit Laienrezensionen im Kontext der Geschichte und Systematik der Literaturkritik insgesamt beschäftigt,[3] die (textsorten)linguistische Forschung hat die Gemeinsamkeiten und Unterschiede zur
professionellen Literaturkritik herausgearbeitet und ist der Frage nachgegangen, inwiefern es durch die Etablierung von Laienrezensionen zu (Ver-)Ände-
rungen kommunikativer Praktiken kommt.[4] Die hier verfolgte Fragestellung
setzt eigentlich eine detaillierte Beschreibung der Textsortenvariante ›Laienrezension‹ voraus. Zu diesem Zweck kann und muss auf die bisherige Forschung
verwiesen werden, insbesondere auf Bachmann-Stein / Stein, die die wesentli-

---

1 Vgl. zu journalistischen Rezensionen Dallmann 1979, Klauser 1992, Stegert 1993 und 2001,
   Gansel 2012; zu Rezensionen als wissenschaftliche Textsorte Zillig 1982, Wiegand 1983 und
   Heller 2011; zum Bewerten in Rezensionen Weber-Knapp 1994, Zhong 1995 und Köhler 1999.
2 Kundenrezensionen sind nicht zwangsläufig auch gleichzeitig Laienrezensionen, es können
   durchaus auch professionelle Literaturkritiker Rezensionen auf Amazon veröffentlichen. Ich
   gehe allerdings davon aus, dass die Mehrheit der Rezensionen von nicht-professionellen
   Literaturkritikern stammt. Dies zeigt sich vor allem daran, dass die Standards der professionellen Literaturkritik in der Regel nicht eingehalten werden. Vgl. dazu Bachmann-Stein /
   Stein 2014, S. 90 f.
3 Vgl. Pfohlmann 2007, Anz / Baasner 2007, Anz 2010, Schmitt-Maaß 2010.
4 Vgl. Stein 2008, Petkova-Kessanlis 2011 und 2012, Bachmann-Stein / Stein 2014, Stein in
   diesem Band.

chen Charakteristika und Funktionen der Laienrezensionen herausgearbeitet haben, und auf Stein.[5]

Im Folgenden konzentrieren sich die Ausführungen lediglich auf die Aspekte, die unmittelbar mit der Praxis des Bewertens zusammenhängen. Zunächst wird das Material kurz vorgestellt, danach wird gezeigt, wie die (Teil-)Handlungen INFORMIEREN und BEWERTEN realisiert werden. Anschließend werden die verschiedenen Bewertungshandlungen sowie die Bewertungskriterien näher beleuchtet.

2 Materialgrundlage

Der Analyse liegen insgesamt 206 Rezensionen aus Amazon.de zugrunde, die zu drei literarischen Werken mit unterschiedlichen Anspruchsniveaus verfasst wurden. Durch die unterschiedlichen literarischen Niveaus soll der Adressaten-/ Leserkreis möglichst wenig auf eine bestimmte (z. B. literarisch gebildete) Gruppe begrenzt werden. Ausgewählt wurden daher Rezensionen zu Thomas Manns »Der Zauberberg«, Wolfgang Herrndorfs »Sand«, das 2012 den Preis der Leipziger Buchmesse erhielt, und Sue Monk Kidds »Die Meerfrau«, das im englischen Sprachraum in die Kategorie ›chick lit romance‹ eingeordnet wird. Stichtag der Untersuchung war der 14. 09. 2013.

Die unterschiedlichen Anspruchsniveaus der Bücher schlagen sich sowohl in der Durchschnittslänge als auch in der Anzahl der Laienrezensionen nieder:[6]

	Σ Rezensionen	durchschnittliche Länge
Thomas Mann »Der Zauberberg«	110	196 Wörter
Wolfgang Herrndorf »Sand«	79	180 Wörter
Sue Monk Kidd »Die Meerfrau«	17	72 Wörter

---

5 Vgl. Bachmann-Stein / Stein 2014, S. 89 – 107, Stein in diesem Band.
6 Das ist kein absolut verallgemeinerbares Ergebnis, denn sobald ein Buch besondere mediale Aufmerksamkeit erfährt, nimmt zum einen die Anzahl an Laienrezensionen deutlich zu, zum anderen werden die Rezensionen auch (wieder) länger (vgl. dazu beispielsweise die Rezensionen zu »Shades Of Grey«: Am 14. 09. 2013 gab es 3551 Rezensionen bei Amazon.de, am 15. 08. 2014, nachdem der Trailer zum Kinofilm bereits einige Zeit online abrufbar war, bereits 4220 Rezensionen).

3 Die konstitutiven Handlungen der Laienrezension

Im Gegensatz zur professionellen Literaturkritik sind für die Laienrezension lediglich die (Teil-)Handlungen INFORMIEREN und BEWERTEN konstitutiv.[7] Auffällig ist, dass die fakultative Handlung INFORMIEREN in vielen Fällen gleichzeitig dazu dient, eine Bewertung abzugeben.

3.1 Die Teilhandlung INFORMIEREN

INFORMIEREN erscheint bei den Laienrezensionen in zwei Varianten: werk- und rezeptionsbezogenes Informieren. Beim werkbezogenen Informieren berichtet der Rezensent über den Inhalt des Werkes, über die Protagonisten oder (in der Regel chronologisch) über den Handlungsverlauf. Dass das werkbezogene Informieren lediglich einen fakultativen Bestandteil der Laienrezensionen darstellt,[8] lässt sich dadurch erklären, dass beim Vorliegen einer bestimmten Anzahl von Rezensionen die werkbezogenen, inhaltlichen Aspekte nicht mehr unbedingt thematisiert werden müssen.[9] So finden sich im Korpus auch nur in etwas mehr als einem Drittel der Rezensionen Inhaltsbeschreibungen, die in ihrer Ausführlichkeit allerdings stark variieren:[10]

(1) ★★★★☆ Liebe,Schuld und Sühne, 3. August 2007
Von <u>Corinne A.</u>
Rezension bezieht sich auf: Die Meerfrau: Roman (Gebundene Ausgabe)
Nach Jahren kehrt die Protagonistin Jessie auf die Insel ihrer Kindheit zurück. Der Grund ist barbarisch. Ihre Mutter hat sich absichtlich ihren eigenen Finger abgehakt. Niemand weiß, aus welchem Grund sie es getan hat. Alle befürchten, dass sie es bald wieder tun wird. Denn es gibt eine Legende, nach der eine Frau alle zehn Finger verloren hat, um eine alte Schuld zu tilgen.
Nach und nach entrollt sich vor Jessies Augen die Vergangenheit neu. Am Ende des Buches ist nichts mehr so wie es mal war. *Zumal Jessie selbst, die viele Jahre lang in einer harmonischen Ehe mit Hugh gelebt hat, sich leidenschaftlich in den Mönch Thomas verliebt...* »Die Meerfrau« von Sue Monk Kidd ist ein wunderschön zu lesender Roman, mit klarer Sprache geschrieben und warmherzig erzählt. Was ist Liebe? Wie gehe ich mit Schuld um. Dies sind die großen Themen des Romans. Empfehlenswert!

---

7 Vgl. Stegert 1993, S. 57 und Petkova-Kessanlis 2012, S. 217.
8 Vgl. Stein 2008, S. 444.
9 Vgl. Bachmann-Stein / Stein 2014, S. 95.
10 Die Rezensionen beziehen sich sowohl auf die Buch- als auch auf die Hörbuchausgaben, alle Textausschnitte sind original (mitsamt Fehlern) übernommen worden. Die Hervorhebungen der jeweils relevanten Passagen durch Kursivdruck stammen von mir.

(2) ★☆☆☆☆ **Frau Michelsen kann das nicht**, 12. April 2006
      Von **Ein Kunde**
      Rezension bezieht sich auf: Die Meerfrau (Audio CD)
      Die Meerfrau ist kein großartiger, aber ganz netter Roman. *Eine Frau in mittleren*
      Jahren auf der Suche nach selbst, trifft auf große Liebe und lüftet das Geheimnis um
      den Tod ihres Vaters. Ganz nett soweit. [...]

Das rezeptionsbezogene Informieren erfolgt, »indem der Rezensent sein eigenes
Erleben im Leseprozess thematisiert«,[11] dazu zählen die Dauer des Leseprozes-
ses, die Orte, an denen der Rezensent das Werk gelesen hat, sowie das Motiv für
die Lektürewahl.[12] Mit dem rezeptionsbezogenen Informieren ist oftmals auch
unmittelbar die Handlung des Bewertens verbunden:[13]

(3) ★★★☆☆ **Mann ohne Gedächtnis**, 28. April 2012
      Von Joroka (Darmstadt) – Alle meine Rezensionen ansehen
      TOP 500 REZENSENT VINE-PRODUKTTESTER
      Rezension bezieht sich auf: Sand. Roman (Gebundene Ausgabe)
      [...] *Die ersten Seiten haben mich ziemlich verwirrt, ich brauchte eine ganz Weile, bis*
      ich mich in das Buch eingelesen hatte. Irgendwann war ich dann gut im Fluss, vom
      Ausgang aber enttäuscht... Nicht, dass das Buch nicht streckenweise unterhaltsam zu
      lesen wäre, aber am Ende fiebert man über eine sehr lange Spanne einer Auflösung
      entgegen, die dann etwas undurchsichtig ausfällt. Konnte nicht so richtig warm mit
      dem Werk werden, obwohl ich den Stil von Herrndorf nicht schlecht finde. [...]

Wie man sieht, werden auch bereits durch das werk- und rezeptionsbezogene
Informieren Bewertungen vorgenommen. Dies kann eher implizit etwa durch
die Art der Beschreibung der Protagonisten (*die Protagonistin Jessie* vs. *Eine*
Frau in mittleren Jahren) oder durch die Ausführlichkeit der Inhaltsbeschrei-
bung, aber auch explizit durch die Thematisierung des eigenen Leseerlebens (*ich*
brauchte eine ganze Weile, ...) realisiert werden.

3.2   Die Teilhandlung BEWERTEN

BEWERTEN ist die obligatorische Handlung für Laienrezensionen, die einerseits sprachlich, andererseits graphisch über die Vergabe von Sternen erfolgt.

3.2.1 Bewerten mittels graphischer Mittel

In der Regel gibt die Sternvergabe die Quintessenz der Rezension wieder,[14] so
dass die graphische Realisierung eine zentrale Rolle bei der Bewertung ein-

---

11 Bachmann-Stein / Stein 2014, S. 95.
12 Vgl. ebd., S. 96 f.
13 Vgl. ebd., S. 97; Petkova-Kessanlis 2012, S. 219.
14 Es gibt jedoch auch immer wieder Ausnahmen, die zeigen, dass wohl nicht alle Rezensenten

nimmt. Wichtig ist die Sternvergabe darüber hinaus, weil der Leser zwar auf die Lektüre der Laienrezensionen verzichten kann, die graphische Bewertungsübersicht aber mit dem Aufrufen des gewünschten Produktes unmittelbar sichtbar wird. Der interessierte Leser muss dabei beachten, dass die Kriterien für die Sternvergabe nicht ausschließlich an die Bewertung der literarischen Qualität gebunden sind, häufig werden nicht werkspezifische Aspekte mit der Sternvergabe bewertet, wie das folgende Beispiel exemplarisch illustriert:

(4) ★★★☆☆ **Seite fehlt**, 23. September 2012
Von <u>Dr. Fortum Kretzer</u> (Neutraubling) – <u>Alle meine Rezensionen ansehen</u>
REAL NAME
Gegen den Roman ist nichts zu sagen, komplex und spannend. *Im Buch fehlt leider die Seite 289 (nicht bedruckt).* [...]

Die nichtsprachliche Bewertung mittels der zu vergebenden Sterne (von eins bis maximal fünf) verteilt sich wie folgt:

	5 Sterne	4 Sterne	3 Sterne	2 Sterne	1 Sterne
Thomas Mann »Der Zauberberg«	75	11	7	8	2
Wolfgang Herrndorf »Sand«	36	6	10	11	16
Sue Monk Kidd »Die Meerfrau«	5	4	2	2	4

Wie man sieht, werden auch Werke, denen unzweifelhaft eine hohe literarische Qualität zugesprochen wird, nicht uneingeschränkt positiv bewertet, was die Frage aufwirft, welche Bewertungsmaßstäbe von den Rezensenten bei ihrer Rezension zugrunde gelegt werden.[15]

3.2.2 Sprachliche Realisierung von Bewertung

Die verbalen Repräsentationsformen von Bewerten erstrecken sich auf unterschiedliche Dimensionen der Äußerungsgestalt[16] wie Morphologie (z.B. Superlativ: *die absurdesten Situationen*),[17] konnotierte Lexik (*Geniale Entspanntheit*), Phraseologismen (*der Leser so aber auch auf eine falsche Fährte geführt*), Partikeln (*ich wollte es nur mal anmerken*), Syntax[18] (z. B. Exklama-

---

die Stern-Vergabepraxis verstanden haben und nach einer durchaus positiven sprachlichen Bewertung nur einen Stern geben.
15 Vgl. dazu Kapitel 4.
16 Vgl. Sandig 2006, S. 256.
17 Angegeben ist jeweils ein Beispiel aus dem Korpus.
18 Das Bewertungspotenzial auf syntaktischer Ebene ist nicht besonders stark ausgeprägt. Die Bewertung ist durch den propositionalen Gehalt der Äußerung und die Illokution m.E. bereits vorgeprägt, kann aber syntaktisch (vor allem durch Exklamativsätze) verstärkt werden.

tivsätze: *Was für eine Scheiße!!!*), expressive Sprechakte (z. B. GRATULIEREN: *Herzlichen Glückwunsch zum Gewinn des Leipziger Literaturpreises*), Interpunktion (*Zauberhaft!!!*), die alle dazu dienen, positive und negative Bewertungen verschiedenen Grades auszudrücken.[19] Hinzu kommen noch Vergleiche und Metaphern, die oftmals eingesetzt werden, um das Leseerleben und die eigene Wahrnehmung zu veranschaulichen, und die so gleichzeitig das Bemühen verdeutlichen, eine »anspruchsvolle« Rezension zu verfassen:[20]

(5) ★★★★☆ **Ein Buch wie ein Gemälde, mit Liebe zum Detail**, 8. März 2006
Von <u>LoveLetter Magazin</u> – <u>Alle meine Rezensionen ansehen</u>
Rezension bezieht sich auf: <u>Die Meerfrau: Roman (Gebundene Ausgabe)</u>
[...] »*Die Meerfrau*« *ist ein Buch wie ein Gemälde*, das mit eher trüben Farben Melancholie und Einsamkeit ausstrahlt. Sprachlich anspruchsvoll, gespickt mit allegorischen Bezügen, wird man mitgenommen auf eine Reise in die Vergangenheit, um zu ergründen, warum die Figuren geworden sind, wie der Leser sie kennen lernt.
[...]

(6) ★★★★☆ **Ein Buch auch über die Zeit – für das man viel Zeit braucht**, 10. Juli 1999
Von **Ein Kunde**
Rezension bezieht sich auf: Der Zauberberg. (Broschiert)
[...] Der Stil von Mann erscheint mir *sehr schwergängig, wie sehr stark gesüßtes, orientalisches Gebäck – sehr lecker, aber schnell füllend und dann ein Krampf, wenn man sich mehr davon reinschiebt.* [...]

3.2.3 Bewertungshandlungen

Mit Bewertungshandlungen werden »Einstellungen zu den infragestehenden Sachverhalten«[21] verbalisiert, der Rezensent will damit seine Einstellung / Meinung über das rezensierte Werk an die Leser vermitteln. Charakteristisch für die Laienrezension ist, dass auf der Basis der Bewertungen eine direktive Sprachhandlung erfolgt, »die vor allem interaktiv und adressatenbezogen [ist], d. h. sie spricht direkt den Leser [...] an«[22]. Für die folgenden Ausführungen stütze ich

---

19 Vgl. auch Köhler 1999, S. 325. Da die Kriterien der Bewertungsskala von Lexemen von Köhler (ebd., S. 138–192) in »lexikalisch hochwertend, lexikalisch gemäßigt wertend, lexikalisch gemäßigt negativ wertend und lexikalisch sehr wertend« nicht objektiv nachvollziehbar zu sein scheinen, – weshalb zählt zu ›lexikalisch gemäßigt negativ‹ folgende Wortreihe: »belanglos, unbedeutend, ungut, zweite Klasse, unnütz, zweifelhaft, billig, schwach, schlecht, Quark« (ebd., S. 155), zu ›lexikalisch sehr negativ‹ wertend jedoch »kläglich, fatal, entsetzlich« (ebd., S. 168)? – differenziere ich im Folgenden lediglich in positiv und negativ wertende Lexeme.

20 Zur Profilierungs- und Selbstdarstellungsfunktion vgl. Bachmann-Stein / Stein 2014 und Stein in diesem Band.

21 Fiehler 1990, S. 36.

22 Zhong 1995, S. 51. Dass sich die Leser angesprochen fühlen, schlägt sich auch im diskursiven Potenzial der Laienrezension nieder, vgl. Bachmann-Stein / Stein 2014, S. 105 f.

mich auf die grundlegende Arbeit von Zhong[23] und unterscheide in diesem Zusammenhang bewertende Sprachhandlungstypen i. e. S., expressive Bewertungshandlungstypen und handlungsbezogene Bewertungshandlungstypen.[24] Das Differenzierungskriterium ist die jeweilige Intention des Textproduzenten.

a) Zu den bewertenden Sprachhandlungstypen i. e. S., die in den Laienrezensionen besonders häufig realisiert werden, zählen LOBEN, RÜHMEN, KRITISIEREN, DISQUALIFIZIEREN, VORWERFEN, KLAGEN. Bei diesen Bewertungshandlungen ist die Intention in erster Linie darin zu sehen, dass eine Bewertung ausgedrückt wird: »Der Rezensent will in jedem Fall, dass der Leser erfährt, wie er zum Bewertungsgegenstand steht.«[25]

Beim LOBEN teilt der Rezensent mit, dass der Bewertungsgegenstand seine Bewertungsmaßstäbe erfüllt,

(7) ★★★★★ **Zauberhaft...**, 15. Januar 2001
Von **Ein Kunde**
Rezension bezieht sich auf: Der Zauberberg. (Taschenbuch)
[...] Der Zauberberg ist ein *großartiges Stück Literatur*, es ist lang, aber nie langweilig. Dies liegt vor allem daran, daß *Mann es schnell schafft*, obwohl er doch immer wieder so betont von außen schreibt, *uns* in die dichte und morbide Stimmung des Zauberberges *einzuführen*. [...]

während er mit der Bewertungshandlung RÜHMEN verdeutlicht, dass er mit *allen* von ihm angewendeten Bewertungsmaßstäben – die bei Laienrezensenten oftmals nicht durchschaubar sind – in vollem Maße zufrieden ist.[26] Dies schlägt sich auf der sprachlichen Ebene darin nieder, dass bei RÜHMEN – neben den, wie auch bei LOBEN verwendeten, positiv konnotierten Lexemen, verstärkt positive Wertbegriffe, die oftmals auch Superlative beinhalten, eingesetzt werden:

(8) ★★★★★ **Bitte von den Coen-Brüdern verfilmen!**, 3. Februar 2013
Von **Joschi »Joschi«** (Offenbach-Hundheim) – Alle meine Rezensionen ansehen
Verifizierter Kauf (Was ist das?)
Rezension bezieht sich auf: Sand. Roman (Gebundene Ausgabe)
Großartigstes Buch das ich seit langem gelesen habe und meines Erachtens *noch einmal um Längen besser als der zu Recht gefeierte* »Tschick«. Drastisch, komplex, boshaft, tiefschwarz, *wundervoll geschrieben* und *saukomisch*, wäre als Film eine Mischung aus »Burn after Reading« und »Memento« und müsste meines Erachtens auch dringend als intelligenter Thriller oder (noch besser) HBO Serie verfilmt werden [...]

---

23 Zhong 1995.
24 Zhong 1995, S. 43 ff.
25 Ebd., S. 44.
26 Vgl. ebd., S. 45; zur fehlenden Beurteilungstransparenz vgl. Bachmann-Stein / Stein 2014, S. 103 f.

Die am häufigsten realisierte negative Bewertungshandlung ist KRITISIEREN. Die Intention des Rezensenten ist es zu verbalisieren, dass das besprochene Werk nicht seinen Bewertungsmaßstäben entspricht. Kritik wird geübt durch negative Lexeme (*Groschenroman*), die Einschränkung oder Verneinung positiver Wertbegriffe (*ermüdend konventionell*) oder durch rein negatives Bewerten (*holperig geschrieben*):

(9)   ★☆☆☆☆ **Enttäuschend**, 23. November 2006
      Von <u>H., Gabriele.</u>
      Rezension bezieht sich auf: Die Meerfrau: Roman (Gebundene Ausgabe)
      [...] Ich finde es *holperig geschrieben, die Story ist zum Gähnen* und auch der *Stil ist eher ermüdend konventionell,* teilweise hatte ich *den Eindruck dass sich der Roman auf dem Niveau eines Groschenromans bewegt.* [...]

Wenn der Rezensent die Bewertungshandlung DISQUALIFIZIEREN durchführt, dann spricht er dem Buch als Ganzem seinen Status als Buch bzw. als Element einer bestimmten Gattung (z. B. Roman) ab.[27]

(10) ★☆☆☆☆ **Wortgauklerei**, 19. April 2013
      Von **Bertram Schaier**
      Rezension bezieht sich auf: Sand. Roman (Gebundene Ausgabe)
      Das Buch ist eine *reine Wortgauklerei*. Für mich *ohne Wert. Dümmliches Geschreibe.* Wer es positiv beschreibt, denkt wohl es sei etwas Wichtiges und traut sich nicht zu sagen, dass er *das Geschreibsel* nicht verstanden hat. – Schade um die Zeit.

Bei VORWERFEN gibt der Rezensent bei Laienrezensionen dem Autor explizit Hinweise, dass zumindest einzelne Bewertungsmaßstäbe, die er zugrunde gelegt hat, nicht erfüllt worden sind. »Typischer Indikator [...] ist die Formel *A hätte x-en sollen/müssen.*«[28]

(11) ★☆☆☆☆ **Das beste an diesem Buch ist sein Schutzumschlag**, 28. Juli 2012
      Von **El Carnero »El Carnero«**
      Rezension bezieht sich auf: Sand. (Kindle Edition)
      [...] Ich will mich hier nicht weiter *über die handwerklichen Mängel auslassen, die Herrndorf in »Sand« immer wieder unterlaufen.* Ich hätte ja auch gern darüber hinwegsehen, wenn mich das Buch wenigstens sonst inhaltlich überzeugen könnte. Doch davon kann an keiner Stelle die Rede sein!

Wie auch bei den anderen negativen Bewertungshandlungen ist der Rezensent bei KLAGEN der Ansicht, dass das Buch oder ein bestimmter Aspekt des Buchs seinen Bewertungsmaßstab nicht erfüllt, allerdings steht nun hier, im Unterschied zu den anderen negativen Bewertungshandlungen, die emotionale Komponente des Leseerlebens im Mittelpunkt und wird explizit realisiert:

---

27 Vgl. Zhong 1995, S. 47 f.
28 Ebd., S. 48, Hervorhebung im Original.

(12) ★★☆☆☆ **alles und nichts,** 11. Februar 2013
    Von **C. Bernhart »gretalilli«**
    Rezension bezieht sich auf: Sand. Roman (Gebundene Ausgabe)
    [...] Ich habe das Buch auf S. 328 abgebrochen. Ich brauchte schon eine Weile, um in
    das Geschehen reinzukommen. Mit der Entdeckung von Carl, dem Mann ohne
    Gedächtnis, hatte ich dann endlich eine Identifikationsfigur. *Wie der Autor jedoch*
    weiter mit Carl verfährt, gleicht der Mentalität meiner Oma, die – Gott hab sie selig –
    mit Leidenschaft Hühner geschlachtet und sie dem »Freßgott« geopfert hat.
    So gut das geschrieben ist, so arrogant der todkranke Autor, so nutzlos und sinnlos der
    Text. Ich kann mich im Prinzip nur über mich selbst ärgern, weil ich dieses
    Vexierspiel, diese ins Nichts führende Scharade überhaupt verfolgt habe.

b) Die expressiven Bewertungshandlungstypen ERLEICHTERUNG AUSDRÜ-
CKEN und BEDAUERN bilden ein Gegensatzpaar, das sich zum einen dadurch
auszeichnet, dass die Bewertung ausschließlich mit dem Ausdruck des psychi-
schen Zustands des Rezensenten verbalisiert wird, und das zum anderen dadurch gekennzeichnet ist, dass grundsätzlich eine bewertende Sprachhandlung
vorausgeht, die jeweils die gegenteilige Wertung enthält: So geht dem BEDAU-
ERN ein positives Bewerten voraus, dem ERLEICHTERUNG AUSDRÜCKEN ein
negatives.[29] ERLEICHTERUNG AUSDRÜCKEN ist in meinem Korpus deutlich
unterrepräsentiert, ganz im Gegensatz zu BEDAUERN, das als typische Bewertungshandlung für die Laienrezensionen angenommen werden kann. Während
in professionellen Rezensionen das »BEDAUERN stets nach einer Reihe positiver Bewertungshandlungen ausgedrückt [wird]«,[30] orientieren sich die Laien-
rezensenten wohl eher an der Alltagskommunikation als am Textmuster »Rezension«, denn in den Laienrezensionen wird BEDAUERN häufig am Ende
realisiert, um abschließend nochmals die als negativ erachteten Sachverhalte
pointiert zu bewerten:

(13) ★★☆☆☆ **Die Meerfrau,** 26. September 2010
    Von **Scarlett**
    Rezension bezieht sich auf: Die Meerfrau: Roman (Das Besondere Taschenbuch)
    (Taschenbuch)
    Die Bewertung der Elle, dass es hart wäre, »dieses Buch aus der Hand legen zu
    müssen, für so profane Dinge wie Essen und Schlafen« lässt mich nur erahnen, *mit*
    wie wenig die Elle-Leser zufrieden zu stellen sind.
    Die *Geschichte ist simpel, der Sprachstil teilweise holprig* (vielleicht liegt das an der
    Übersetzung?), *die psychologischen Versuche nach Hausfrauenart.* Es ist mir
    peinlich, dass ich das Buch verschenkt habe, ohne es vorher selbst gelesen zu haben.
    Es ist schade um die Zeit, die mir für ein besseres Buch verloren ging.

---

29 Vgl. ebd., S. 49 ff.
30 Ebd.; S. 50.

c) Den handlungsbezogenen Bewertungshandlungstypen EMPFEHLEN, AB-
RATEN und WARNEN liegt die Intention des Rezensenten zugrunde, den Re-
zensions-Leser bzw. den Autor zu einer bestimmten Handlung zu bewegen.
Insofern steht bei diesem Bewertungshandlungstyp die interaktive und adres-
satenbezogene Funktion im Vordergrund, denn »[w]enn der Rezensent dem
Leser ein Buch empfiehlt, so nimmt er an, daß der Leser das Buch noch nicht
gelesen hat, und hofft, daß er durch EMPFEHLEN diese Situation ändern
kann«[31]. Handlungsbezogene Bewertungshandlungstypen – ob positiver oder
negativer Art – haben eine gemeinsame Ausgangsbedingung: Sie setzen eine
positive oder negative Bewertung voraus, die explizit oder implizit realisiert sein
kann. Bei impliziter Realisierung wird durch ein das Buch positiv wertendes
Lexem zugleich die Bewertungshandlung vollzogen:

(14) ★★★★★ **tolles buch**, 22. August 2012
      Von **D. Joachim Genth »Alisseos«**
      Verifizierter Kauf (Was ist das?)
      Rezension bezieht sich auf: Sand. Roman (Gebundene Ausgabe)
      schöne Sprache, spannende Konstruktionen, *ein äußerst lesenswertes Buch.* Kann
      sein, daß manche Konsumenten dies anders empfinden. Für mich und alle, denen
      wir dieses Buch geliehen haben, gab es nur Begeisterung

Die texttypischen Handlungsaufforderungen EMPFEHLEN und ABRATEN[32]
werden sowohl explizit als auch implizit realisiert und häufig textinitial (z. B. in
Überschriften) oder textfinal positioniert. Petkova-Kessanlis stellt für ihr Material fest, dass – wie auch in folgendem Beispiel – die Handlung EMPFEHLEN
»typischerweise am Ende des Textes realisiert [wird]«[33].

(15) ★★★★★ LITERARISCHE AGENTENSTORYPARODIE, 14. Juli 2013
      Von **olschweski-bi**
      Rezension bezieht sich auf: Sand (Taschenbuch)
      [...] Insbesondere sprachlich ist die Lektüre ein wahrer Genuß. WOLFGANG
      HERRNDORF sprüht nur so vor pointierten und bravourösen Formulierungen.
      SAND ist *eine uneingeschränkt empfehlenswerte Lektüre.*

Das Gleiche gilt für ABRATEN, das »genau das Gegenteil von EMPFEHLEN
[bildet]«[34] und den potenziellen Käufer als Adressaten der Rezension deutlich
erkennbar macht (*man (frau)*):

---

31 Ebd., S. 40.
32 Vgl. Petkova-Kessanlis 2012, S. 221.
33 Ebd., S. 222.
34 Zhong 1995, S. 56.

(16) ★★☆☆☆ **Langweilig**, 10. Juni 2010
Von **R. Sondermann**
Rezension bezieht sich auf: Die Meerfrau (Taschenbuch)
Vorhersehbare Selbstfindungsgeschichte mit stereotypischen Charakteren
(durchgeknallte Mutter, verständnisvoller Ehemann, die Hauptfigur
selbstverständlich künstlerisch begabt…). Die Story teilweise unlogisch, aber
immerhin nett geschrieben. *Muss man (frau) nicht gelesen haben.*

Zwar wird in Laienrezensionen auch die Bewertungshandlung WARNEN realisiert, sie tritt im Vergleich zu anderen negativen Bewertungshandlungen jedoch
deutlich seltener auf. Wird aber gewarnt, dann wird meist auch gleichzeitig
abgeraten und im vorangegangenen Textabschnitt ist bereits deutlich Kritik
geübt worden:

(17) ★☆☆☆☆ **Total versandet,** 20. Mai 2012
Von **Ernst Kaiser**
Rezension bezieht sich auf: Sand. Roman (Gebundene Ausgabe)
[…] Das Werk »SAND« hat Herrndorf total verhunzt, es ist gar keines. Für
Interessierte: In einem Alfa Romeo Spider können nicht 4 Personen sitzen, es ist ein
knapp geschnittener Roadster mit 2 Sitzen. Und Daimler-Benz hat kein Werk in
Düsseldorf und wird dort auch nie eines haben. Und die glänzende, rätselhafte,
polnische(!) Maschine ist eine Espressomaschine. Um dieses vollkommen
unerhebliche Geheimnis zu lüften, braucht es knappe 400 Seiten.
Spart Zeit, lest was anderes! Ab in die Papiertonne!
(18) ★★★★★ **Herrendorf schreibt so erbarmungslos dass es einen mit seinen
Protagonisten erbarmt,** 11. April 2012
Von **Franz-Xaver Federhen** »**Franz-Xaver Federhen**«
Rezension bezieht sich auf: Sand. Roman (Gebundene Ausgabe)
[…] Wer etwas für Happy Ends übrig hat, oder noch präziser: *Wer das Happy End
braucht, sollte Wolfgang Herrendorfs, Sand auf keinen Fall lesen. Er wäre bitter
enttäuscht.* […]

Die Erwartung, dass in Laienrezensionen überproportional häufig handlungsbezogene Bewertungshandlungstypen explizit verbalisiert werden, trifft auf die
Rezensionen im Korpus nicht zu. Es werden zwar handlungsbezogene Bewertungshandlungen vollzogen, aber doch in der Mehrzahl der Fälle implizit durch
die Gesamtbewertung ausgedrückt, explizite Handlungsaufforderungen sind in
den Rezensionen zu Thomas Manns »Der Zauberberg« lediglich zu 20 %, in
Wolfgang Herrndorfs »Sand« zu 25 % und in Sue Mon Kidds »Die Meerfrau« zu
21 % realisiert.

Dass die handlungsbezogenen Bewertungshandlungen zu einem überwiegenden Teil implizit realisiert sind, ist m. E. durch zwei Merkmale der Laienrezension erklärbar: Zum einen wird durch die Bewertung mittels der Sterne bereits eine Empfehlung bzw. ein Abraten / eine Warnung graphisch visualisiert, zum anderen sind individuelle erlebensbezogene Bewertungskriterien dominant, so dass der individuelle Leseprozess in den Mittelpunkt der Rezension rückt, mit dessen Schilderung gleichsam die Bewertung – zumindest aus Sicht des Rezensenten – unmittelbar nachvollzogen werden kann und infolgedessen ein Explizitmachen unnötig erscheint. Welche Kriterien für die Rezensenten im Zuge ihrer Bewertungshandlungen von Bedeutung sind, wird im Folgenden gezeigt.

4   Bewertungskriterien

Das wichtigste Kriterium des Bewertens in Laienrezensionen ist das »subjektive Erleben«[35]. Als Bewertungsmaßstab dienen dem Rezensenten dabei seine persönlichen »Lektürevorlieben, -erwartungen und -erfahrungen«, so dass die »individuelle[n] Bewertungsaspekte« dominieren.[36] Nachgeordnet, aber ebenfalls auf individuellem Leseerleben basierend, werden auch werkbezogene Bewertungskriterien thematisiert.[37] Am Beispiel der beiden folgenden Rezensionen illustriere ich abschließend noch kurz die typischen Bewertungskriterien:

(19) ★☆☆☆☆ **Ein mißglücktes Spiel mit Klischees...**, 15. Mai 2009
      Von <u>GutWein – Alle meine Rezensionen ansehen</u>
      Rezension bezieht sich auf: Die Meerfrau (Taschenbuch)
      ..und Versatzstücken
      Nach der »Bienenhüterin« war diese Lektüre eine sehr große Enttäuschung!
      Ich kam mir teilweise vor, wie in einem schlechten Film! Rosarote Schaumwolken,
      Gewabber, dazwischen aber auch ein paar durchaus ernsthafte und wirklich schöne
      Passagen. Vieles passt aber nicht zusammen.
      Insgesamt eine sehr unglaubwürdige Geschichte mit großen Mängeln!
(20) ★☆☆☆☆ **Sand,** 20. April 2012
      Von **sigrid**
      Rezension bezieht sich auf: Sand. Roman (Gebundene Ausgabe)
      Dieses Buch musste ich für meinen Literaturkreis lesen – nur deshalb habe ich es
      ausgelesen. In diesem Kreis (existiert seit 10 Jahren) beurteilen wir Bücher oft sehr
      unterschiedlich ‚aber hier waren wir uns einig‚ dieses Buch muss man nicht lesen !
      Es war nicht spannend, es war nicht witzig, es war nicht informativ, es war nicht
      unterhaltend, es war nur verworren. Schade, Tschik hat hingegen alle begeistert.

---

35 Stein 2008, S. 442.
36 Bachmann-Stein / Stein 2014, S. 98.
37 Ausführlich dazu Bachmann-Stein / Stein 2014, S. 98 – 105.

Die individuellen / erlebensbezogenen Bewertungsaspekte umfassen
- das eigene Leseerleben und die damit verbundenen Emotionen (*Ich kam mir teilweise vor, wie in einem schlechten Film!*)
- die Nachvollziehbarkeit der Handlung (*Insgesamt eine sehr unglaubwürdige Geschichte mit großen Mängeln!*)
- die Glaubwürdigkeit und »Echtheit« der Protagonisten (*Vieles passt aber nicht zusammen*).

Zwar werden auch werkbezogene Aspekte bei der Bewertung berücksichtigt, aber auch hier sind wirkungspsychologische Aspekte dominant:
- Verweis auf andere Autoren oder andere Werke (Nach der »Bienenhüterin« war diese Lektüre eine sehr große Enttäuschung!; Schade, Tschik hat hingegen alle begeistert.)
- Spannung (Es war nicht spannend,...)
- Stil (Rosarote Schwaumwolken, Gewabber, ...; es war nur verworren)
- Konzeption & Originalität (Es war nicht spannend, es war nicht witzig, es war nicht informativ, es war nicht unterhaltend, es war nur verworren).

Emotionale Komponenten spielen dabei eine zentrale Rolle, weil die Aufgaben der Bewertung in Interaktionsvorgängen zum Teil auf emotionaler Ebene gelöst werden.[38] Für Laienrezensionen gilt dabei, dass die Gefallenskundgabe deutlich expliziert wird und das eigene Empfinden das wichtigste Kriterium für die Rezensenten ist.

5   Fazit

Laienrezensionen orientieren sich nicht an literaturkritischen Standards, leitend für die Rezensionsweise sind vielmehr auf das individuelle Leseerleben bezogene wirkungspsychologische Kriterien. Die hier vorgestellten Typen von Bewertungshandlungen fußen somit auf der eigenen Leseerfahrung und dem Leseerleben des Rezensenten, werkbezogene Kriterien spielen nur eine marginale Rolle. Die durch den Leseprozess ausgelösten Emotionen und die daraus resultierenden Bewertungen dienen dann einer explizit oder implizit gegebenen Leseempfehlung bzw. -warnung.

---

38 Vgl. Fiehler 1990, S. 33.

Literatur

Anz, Thomas: ›Kontinuitäten und Veränderungen der Literaturkritik in Zeiten des Internets: Fünf Thesen und einige Bedenken‹, in: Giacomuzzi, Renate / Neuhaus, Stefan / Zintzen, Christiane (Hg.): *Digitale Literaturvermittlung. Praxis – Forschung – Archivierung.* Innsbruck u. a. 2010, S. 48–59.

Anz, Thomas / Baasner, Rainer (Hg.): Literaturkritik. Geschichte – Theorie – Praxis. 4. Auflage. München 2007.

Bachmann-Stein, Andrea / Stein, Stephan: ›Demokratisierung der Literaturkritik im World Wide Web? Zum Wandel kommunikativer Praktiken am Beispiel von Laienrezensionen‹, in: Hauser, Stefan / Kleinberger, Ulla / Roth, Kersten Sven (Hg.): *Musterwandel – Stilwandel. Aktuelle Tendenzen der diachronen Text(sorten)linguistik.* Frankfurt am Main u. a. 2014, S. 81–120.

Dallmann, Sabine (1979): ›Die Rezension. Zur Charakterisierung von Texttyp, Darstellungsart und Stil‹, in: Fleischer, Wolfgang (Hg.): *Sprachnormen, Stil und Sprachkultur.* Berlin 1979, S. 58–97.

Fiehler, Reinhard: Kommunikation und Emotion. Theoretische und empirische Untersuchungen zur Rolle von Emotion in der verbalen Interaktion. Berlin 1990.

Gansel, Christina: ›Literaturkritiken. Ihre Funktion, Struktur und systemspezifischen Erwartbarkeiten‹, in: Skog-Södersved, Mariann / Parry, Christoph / Szurawitzki, Michael (Hg.): *Sprache und Kultur im Spiegel der Rezension. Ausgewählte Beiträge der GeFoText-Konferenz vom 29.9. bis 1.10.2010 in Vaasa.* Frankfurt am Main u. a. 2012, S. 15–35.

Heller, Dorothee: ›Wissenschaftliche und popularisierende Rezensionen. Eine Paralleltextanalyse‹, in: Knorr, Dagmar / Nardi, Antonella (Hg.): *Fremdsprachliche Kompetenz entwickeln.* Frankfurt am Main u. a. 2011, S. 135–154.

Klauser, Rita: Die Fachsprache der Literaturkritik. Dargestellt an den Textsorten Essay und Rezension. Frankfurt am Main u. a. 1992.

Köhler, Michaela: Wertung in der Literaturkritik. Bewertungskriterien und sprachliche Ausdrucksmöglichkeiten des Bewertens in journalistischen Rezensionen zeitgenössischer Literatur. Würzburg 1999.

Petkova-Kessanlis, Mikaela: ›Phraseologismen und ihre Funktionen in Laien-Buchrezensionen‹, in: Lenk, Hartmut E. H. / Stein, Stephan (Hg.): *Phraseologismen in Textsorten.* Hildesheim 2011, S. 109–131.

Petkova-Kessanlis, Mikaela: ›Die Textsorte *Laien-Buchrezension.*‹, in: Di Meola, Claudio / Hornung, Antonie / Rega, Lorenza (Hg.): *Perspektiven Vier. Akten der 4. Tagung Deutsche Sprachwissenschaft in Italien, Rom, 4.-6.02.2010.* Frankfurt am Main u. a. 2012, 213–226.

Pfohlmann, Oliver: ›Literaturkritik in der Bundesrepublik‹, in: Anz, Thomas / Baasner, Rainer (Hg.): *Literaturkritik. Geschichte – Theorie – Praxis.* 4. Auflage. München 2007, S. 160–191.

Sandig, Barbara: Textstilistik des Deutschen. 2., völlig neu bearbeitete und erweiterte Auflage. Berlin 2006.

Schmitt-Maaß, Christoph: ›Gespräch oder Geschwätzigkeit? Salonkultur im WorldWideWeb – Internet-Literaturkritik als Form der (Selbst-)Verständigung. Mit einem

Seitenblick auf Friedrich Schleiermacher und Friedrich Schlegel‹, in: Grimm-Hamen, Sylvie / Willmann, Françoise (Hg.): *Die Kunst geht auch nach Brot! Wahrnehmung und Wertschätzung von Literatur.* Berlin 2010, S. 89 – 106.

Stegert, Gernot: Filme rezensieren in Presse, Radio und Fernsehen. München 1993.

Stegert, Gernot: ›Kommunikative Funktionen der Zeitungsrezensionen‹, in: Leonhard, Joachim-Felix / Ludwig, Hans-Werner / Schwarze, Dietrich et al. (Hg.): *Medienwissenschaft. Ein Handbuch zur Entwicklung der Medien und Kommunikationsformen.* 2. Teilband. Berlin 2001, S. 1725 – 1729.

Stein, Stephan: ›Intermedialer Textsortenvergleich. Grundlagen, Methoden und exemplarische Analyse‹, in: Lüger, Heinz-Helmut / Lenk, Hartmut E. H. (Hg.): *Kontrastive Medienlinguistik.* Landau 2008, S. 425 – 450.

Weber-Knapp, Regine: ›Bewertungen in literarischen Zeitungsrezensionen‹, in: Moilanen, Markku / Tiittula, Liisa (Hg.): *Überredung in der Presse. Texte, Strategien, Analysen.* Berlin 1994, S. 149 – 160.

Wiegand, Herbert-Ernst: ›Nachdenken über wissenschaftliche Rezensionen. Anregungen zur linguistischen Erforschung einer wenig erforschten Textsorte‹, in: Deutsche Sprache 11, 1983, S. 122 – 137.

Zhong, Lianmin: Bewerten in literarischen Rezensionen. Linguistische Untersuchungen zu Bewertungshandlungstypen, Buchframe, Bewertungsmaßstäben und bewertenden Textstrukturen. Frankfurt am Main u. a. 1995.

Zillig, Werner (1982): ›Textsorte »Rezension«‹, in: Detering, Klaus / Schmidt-Radefeldt, Jürgen / Sucharowski, Wolfgang (Hg.): *Sprache erkennen und verstehen. Akten des 16. Linguistischen Kolloquiums, Kiel 1981. Band 2.* Tübingen 1982, S. 197 – 208.

Thomas Ernst

›User Generated Content‹ und der Leser-Autor als ›Prosumer‹. Potenziale und Probleme der Literaturkritik in Sozialen Medien

1 Vorbemerkungen

Die Geschichte der Literaturkritik ist auch eine der »Kritik der Kritik« bzw. der »Kritik der Literaturkritik«, die selbst bereits zum Topos geworden ist.[1] Bedeutsam ist dieses selbstreflexive Moment der Literaturkritik vor allem, weil es auch die gesellschaftliche Relevanz der Literaturkritik und letztlich die Relevanz von Kritik in der Gesellschaft selbst verhandelt. In diesem Diskurs nehmen Walter Boehlichs bekannte Worte von 1968 aus seinem *Autodafé* eine besondere Position ein. Er bewertet die etablierte Literaturkritik der Printmedien als ›tot‹ und ›Scheinautorität‹, im Gegensatz dazu fordert er als Utopie eine neue und eher pragmatische Kritik der Leser selbst, die zugleich die Demokratie und die Aufklärung der Gesellschaft fördern werde.[2]

Knapp ein halbes Jahrhundert später könnte man seine Forderung einer lebendigen, pragmatischen und demokratischeren Literaturkritik in den vielfältigen Formen der Online-Literaturkritik verwirklicht sehen. Doch bezeichnenderweise wird die Kritik der Literaturkritik in den Printmedien, die sie früher gegen sich selbst richtete, gerade vor allem gegen die neuen ›Leser-Autoren‹ der Online-Literaturkritik ins Feld geführt: Diese ›Laienkritik‹ sei gerade kein Zeichen für eine Verbesserung und Belebung der Literaturkritik, sondern vielmehr ihr eigentlicher Tod, der bekämpft oder zumindest problematisiert werden müsse. Die Kritik der Laien-Literaturkritik schlägt einerseits aus ganz materiellen Gründen hohe Wellen, da sich die Verlage noch immer schwertun, erfolgreiche Geschäftsmodelle für die digitale Medienwelt zu entwickeln, weshalb viele Redaktionen verkleinert wurden und in manchen Bereichen ein Zeitungssterben eingesetzt hat. Zu dessen Milderung denkt beispielsweise Jürgen Habermas über die Notwendigkeit einer staatlichen »Subventionierung von Zeitungen und Zeitschriften« nach, schließlich könne sich »keine Demokratie

---

1 Vgl. u. a. Albrecht 2001, S. 85–97; Neuhaus 2004, S. 83–106; sowie Schwencke 1973.
2 Vgl. Boehlich 2011, S. 55, 58.

ein Marktversagen auf diesem Sektor leisten«[3]. Habermas' Intervention in diese Debatte zeigt andererseits, dass es auch um die Bewahrung einer bewährten Struktur der demokratischen Öffentlichkeit geht, in der zwischen Experten vs. Laien, Journalisten vs. Lesern und Profis vs. Amateuren klar unterschieden werden kann, während die digitalen Öffentlichkeiten »sich aus den kollaborativen (Inter-)Aktionen ihrer Mitglieder bilden« und in ihnen »nicht länger kategorisch zwischen der Rolle der Autoren und der Rolle der Leser unterschieden wird«[4].

Es ist allerdings eine wichtige Aufgabe der germanistischen Literaturwissenschaft in Zeiten eines digitalen Wandels, die verschiedenen Erscheinungsweisen der Literaturkritik in Print- und in digitalen Medien differenziert und kritisch zu analysieren.[5] Die von der printmedialen Literaturkritik selbst konstruierten binären Matrizen wie Print-Medien vs. Online-Medien, die mit der Dichotomie ›professionelle Literaturkritik‹ vs. ›Laienkritik‹ sowie der impliziten Bewertung ›besonders wertvoll‹ vs. ›wertlos‹ korrespondieren, versperren den Blick auf viele interessante Transformationen der Literaturkritik im digitalen Wandel. Für die Literaturwissenschaft ist es daher einerseits notwendig, neue Gegenstände zu erschließen und somit ihre Perspektiven zu erweitern, sowie zweitens in diesem Prozess auch ihre eigenen Kategorien und Wissensbestände in einem selbstreflexiven Prozess zu prüfen und ggf. zu modifizieren oder zu erweitern.

Dieser Aufgabe stellt sich der vorliegende Beitrag in drei Schritten: Zunächst wird die konstruierte Dichotomie einer ›wertvollen Print-‹ vs. einer ›wertlosen Online-Literaturkritik‹ durch die Print-Literaturkritik an verschiedenen Beispielen kurz dargestellt, dabei soll gezeigt werden, dass sich sowohl der Print- als auch der Online-Literaturkritik – unter den jeweils verschiedenen medialen Voraussetzungen – Probleme und Potenziale zuweisen lassen.[6] In einem zweiten Schritt wird der dadurch begründeten Notwendigkeit entsprochen, die Transformation der Literaturkritik im digitalen Wandel sowie ihre neuen Formen differenziert zu analysieren, indem verschiedene Formen der Online-Literaturkritik voneinander unterschieden werden.[7] Dabei wird erstmals auch der

---

3 Habermas 2010.
4 Münker 2009, S. 129 f.
5 Vgl. zur Online-Literaturkritik auch den Beitrag von Stefan Neuhaus in diesem Band: »Leeres, auf Intellektualität zielendes Abrakadabra«: Veränderungen von Literaturkritik und -rezeption im 21. Jahrhundert.
6 Der Beitrag versteht sich eher als eine Arbeit an Kategorien als an konkreten Textanalysen, weshalb hier die Darstellung und Reflexion des literaturkritischen und -wissenschaftlichen Diskurses über die Literaturkritik im Vordergrund steht und konkrete literaturkritische Beiträge kaum oder nur kursorisch analysiert werden.
7 Die Veröffentlichung dieses Beitrags in einem gedruckten Buch behindert leider das schnelle Aufrufen der aufgeführten Linkverweise auf Webseiten. Es wäre jedoch sinnvoll, wenngleich

Bereich des *User Generated Content* in *Sozialen Medien* innerhalb des Diskurses verortet und somit der literaturwissenschaftliche Spezialdiskurs über die On-line-Literaturkritik erweitert. Dazu zählen zwar einerseits auch Soziale Medien wie die Leserplattformen des Online-Buchhandels, die bereits von der Litera-turwissenschaft kritisch reflektiert wurden, vor allem aber bislang vernachläs-sigte Formate wie Wikis, der Mikroblogging-Dienst Twitter und Crowdfunding- und -sourcing-Plattformen. Diese Formate heben die Unterscheidung zwischen Experte vs. Laie sowie Autor vs. Leser kategorisch auf und transformieren somit die demokratische Öffentlichkeit selbst. In einem dritten Schritt und einer Auseinandersetzung mit dieser Entwicklung sollen daher die Begriffe *User Ge-nerated Content* und die Figur des *Prosumers*, die in medien- und kommuni-kationswissenschaftlichen Arbeiten über den Journalismus bereits eine zentrale Rolle spielen, auch für literaturwissenschaftliche Analysen fruchtbar gemacht werden und das begriffliche Instrumentarium entsprechend erweitern. Die begriffshistorische und kritische Reflexion dieser beiden Kategorien wird zudem aus einer medientheoretischen Perspektive begründen, weshalb nur ein spezifischer Teil der Online-Literaturkritik in Sozialen Medien Boehlichs Utopie einer demokratischeren, offeneren Literaturkritik erfüllt.

2 Jenseits der Dichotomie von ›wertvoller Print-‹ und ›wertloser Online-Literaturkritik‹: Potenziale und Probleme der Literaturkritik im digitalen Wandel

Schon 1996, also bevor die heutige Relevanz der Online-Literaturkritik offen-sichtlich wurde, haben Renate von Heydebrand und Simone Winko in ihrer programmatischen *Einführung in die Wertung von Literatur* zwischen vier Rollen im System der Literatur unterschieden: Dazu zählen einerseits die – professionellen – Rollen der Vermittler (Verleger, Lektoren, Kulturredakteure, Bibliothekare, Zensoren), Verarbeiter (Kritiker, Literaturdidaktiker, Literatur-wissenschaftler) und Autoren sowie andererseits die – laienhaften – ›Normal-leser‹, wobei von Heydebrand und Winko von der Grundannahme ausgehen, dass die jeweilige Rolle auch die genutzten Bewertungsnormen bestimmt.[8] Am Beispiel von Goethes *Wilhelm Meisters Lehrjahre* differenzieren sie die ›pro-fessionelle Wertung‹, die ›Laienwertung‹ und die ›Autorenwertung‹ des Romans, wobei sie als professionelle Wertung jene Wertung kategorisieren, die »im Rahmen der öffentlichen Institution Literaturkritik« und von »Autoren und

---

nun medial umständlich, zumindest einige der benannten Webadressen zu konsultieren, um die Thesen dieses Beitrags plausibilisieren zu können.

8 Vgl. von Heydebrand / Winko 1996, S. 94–105.

andere[n] aktive[n] Teilnehmer[n] am literarischen Leben« verfasst wird sowie eine Wertung vornimmt, die »den vom Werk als strukturierter Ganzheit intendierten Werten gerecht zu werden sucht«. Im Gegensatz dazu trage eine Laienwertung »ohne Rücksicht auf die Textintention eigene Bedürfnisse und Wertvorstellungen an das Werk heran oder in es hinein«[9].

Nun könnte man durch die Differenzierung verschiedener Autorenrollen, Funktionen, Gattungen oder Bewertungsmaßstäbe der Literaturkritik zu einer einschränkenden Bestimmung des Begriffs kommen, die beispielsweise die selektierende Gate-Keeper-Funktion, die Position des Kritikers innerhalb des Literaturbetriebs oder einen spezifischen Zugriff auf den Gegenstand fokussiert. In der Vergangenheit wurde die Bestimmung des Begriffs aber relativ breit gehalten, so hat beispielsweise Thomas Anz eine einschlägige und eher weite Definition vorgelegt: Literaturkritik sei »heute in der deutschsprachigen Kultur meist die informierende, interpretierende und wertende Auseinandersetzung mit vorrangig neu erschienener Literatur und zeitgenössischen Autoren in den Massenmedien«[10].

Wenn man diese breite Bestimmung der Literaturkritik auf die Print-Literaturkritik appliziert, geraten zwangsläufig qualitativ sehr unterschiedliche Beispiele in den Blick. Die Anstrengungen der Literaturwissenschaft, die Geschichte, Funktionen, Bewertungsmaßstäbe, Gattungen und Kritikerrollen der Literaturkritik zu differenzieren, haben zugleich auch eine literaturwissenschaftliche Kritik der Kritik hervorgebracht (die teilweise auch von Autoren unterstützt wird). In den letzten Jahren werden – zumindest in Teilen – der Print-Literaturkritik vor allem drei strukturelle Qualitätsprobleme zugeschrieben: Erstens führe ihre »PR-Funktion« und ihre Nähe zur Werbung, die »zur Eigenheit medienabhängiger und marktwirtschaftlich integrierter Literaturkritik gehört«,[11] in verschiedenen Fällen zu einer problematischen Verquickung, wenn beispielsweise »die vorgelieferten Verlagsinformationen aus Prospekten oder Klappentexten [übernommen werden], wie es nicht nur in Regionalzeitungen häufige Praxis ist«[12]. Der zweite Vorwurf ist damit eng verwandt: Die professionelle Literaturkritik interessiere sich vorrangig für marktgängige Literatur, sprachkritische oder experimentelle Texte – jenseits von z.B. Reinhard Jirgl – würden in den großen Feuilletons ignoriert.[13] Drittens werde der selbst for-

---

9 Von Heydebrand / Winko 1996, S. 186.
10 Anz 2004, S. 194.
11 Albrecht 2001, S. 40.
12 Anz 2004, S. 207.
13 Sebastian Kiefer konstatiert in einem Stück über die *Schöne Neue Kritikerwelt* beispielsweise: »Heute wird ein Stück Literatur meist vorgestellt mit einigen Stichworten zur Biographie des Autors, dann folgt ein Satz vom Typus: ›In dem Buch geht es um eine Frau, die...‹ [...]. Wer das Nachdenken über Kunst solchem vorästhetischen Geplänkel vorzieht, hat

mulierte Anspruch der Kritiker, Beiträge auf Basis eines breiten Wissens und gut reflektierter Lektüren zu verfassen, im hektischen Redaktionsalltag nur bedingt eingelöst, vielmehr verberge sich hinter ihren Beiträgen oft nur die »Rationalisierung spontaner und intuitiver Reaktionen, deren tiefere Gründe auch ihnen selbst oft verborgen sein mögen«[14].

Es wäre nun notwendig, diese drei Zuschreibungen an einem Korpus repräsentativ ausgewählter Literaturkritiken zu untersuchen – dabei würden sich sehr wohl zahlreiche Texte finden, die dem Ideal einer gelehrten und aufklärerischen Literaturkritik nahe kommen.[15] Zwei prominente Beispiele aus den gehobenen Feuilletons können allerdings exemplarisch belegen, dass einzelne Print-Kritiken auch von der Literaturkritik selbst als problematisch bewertet werden. 2012 bezeichnete Georg Diez in seiner *Imperium*-Rezension im *Spiegel* Christian Kracht als einen »Türsteher der rechten Gedanken« und als ein Beispiel für »totalitäres Denken«,[16] begründete diese weitreichende These jedoch vor allem mit einem Briefwechsel Krachts, der an anderer Stelle veröffentlicht worden war und allgemein als ein unzureichender Beleg bewertet wurde.[17] Daneben wäre die 2010 geführte Auseinandersetzung um den Roman *Axolotl Roadkill* der jungen Autorin Helene Hegemann zu nennen, der zuerst von den Feuilletons hochgelobt und später – ausgelöst durch einen Blogger – als Plagiat diffamiert wurde.[18] Jürgen Kaube hat in der folgenden Debatte selbstreflexiv gefragt, ob »das Kulturestablishment« sich hier nicht nur »so ein Wunderkind vorstellt und einer solchen Phantasie eventuell sogar ein tatsächliches Kind zum Opfer bringt«[19]. Mit dieser selbstreflexiven Haltung blieb er jedoch eine Ausnahme – ein anderer

---

nunmehr ein ausgesprochen übersichtliches, orientierendes Kriterium an der Hand.« (Vgl. Kiefer 2006, S. 166) Kiefer entwickelt im Folgenden eine Theorie, in der er die Analyse der »Literaturkunstwelt« einerseits einer Form der Literaturkritik andererseits gegenüber stellt, die Texte nur »als kulturelles Dokument« behandelt (ebd., S. 167).

14 Von Heydebrand 1990, S. 386. Damit gepaart geht der alte Vorwurf, dass die Urteile der Kritik vor allem auf die Person des Autors bezogen würden. Joachim Zelter hat dies im Nachwort seiner »Literaturnovelle« *Einen Blick werfen* explizit formuliert: »Der Lebenslauf ist immer öfter der eigentliche Roman, der Autor immer mehr das eigentliche Kunstwerk. […] Wenn […] überhaupt ein Tod stattfindet, dann ist es der *Tod des literarischen Textes*.« (Zelter 2013, S. 104 f.)

15 Vgl. auch die anderen Beiträge dieses Bandes, die genauere Analysen von Literaturkritiken vornehmen. Eine Analyse der Laienrezensionen wird in den Beiträgen von Andrea Bachmann-Stein und Stephan Stein zu diesem Band vollzogen.

16 Diez 2012, S. 104.

17 Siehe zu dieser Affäre auch den Beitrag von Jan Süselbeck zu diesem Band: *Verschwinden die Verrisse aus der Literaturkritik? Zum Status polemischer Wertungsformen im Feuilleton.*

18 Vgl. zu den problematischen ersten Rezensionen, die sowohl die expliziten inhaltlichen Hinweise auf das intertextuelle Verfahren als auch die popliterarischen Anspielungen im Text selbst übersahen: Ernst 2014.

19 Kaube 10. 2. 2010.

selbstkritischer Text der Print-Literaturkritik musste sogar unter dem Pseudonym Axel Lottel erscheinen.[20]

Die Auseinandersetzung um die (Fehl-)Einschätzungen dieses Romans durch die Print-Literaturkritik ist zugleich ein guter Beleg für die Qualität und zunehmend wichtige Rolle einzelner Formate der Online-Literaturkritik. Am 5. Februar 2010 veröffentlicht der Blogger Deef Pirmasens auf seinem Weblog *Die Gefühlskonserve. Deef Pirmasens as seen in real life* das Posting *Axolotl Roadkill: Alles nur geklaut?*, das strukturell einer üblichen Buchrezension entspricht: Er fasst den Inhalt zusammen, lobt den Stil der jungen Autorin, zitiert einige enthusiastische Besprechungen aus den Print-Feuilletons – und arbeitet dann heraus, dass sich Hegemann an einigen entscheidenden Stellen ihres Textes unmarkiert an Texten des Bloggers Airen bedient hat. Dabei schöpft er – gemeinsam mit einigen der 382 Kommentierenden seines Postings, die teilweise weitere Fundstücke beitragen – aus einem anderen kulturellen Wissensarchiv als die Vertreter der etablierten Feuilletons, die intertextuelle Bezüge auf exponierte Weblogs oder auf die Liedtexte einer UK-Postpunk-Band, die ausgerechnet *Archive* heißt, in ihren Besprechungen nicht aufgerufen haben.

Pirmasens' Posting lässt sich als ein gutes Beispiel werten, dass ein privates Weblog heute – ganz im Sinne von Boehlich – eine autonome, demokratische und alternative Form der Literaturkritik anbieten kann, in die professionelle Print-Literaturkritik hineinstrahlt und erfolgreich deren Wertungsmaßstäbe und sogar Wissensbestände hinterfragt. Hier fungiert es allerdings eher als Gate-Watcher denn als Gate-Keeper.[21]

Die dichotomische Konstruktion einer ›hochwertigen Profi-Print-‹ und einer ›minderwertigen Online-Laien-Literaturkritik‹ zieht sich jedoch von den 1990er-Jahren bis in die Gegenwart. Sigrid Löffler sah schon 1998 in der *Zeit* einen »Marketing-Journalismus mit seinem Service-Angebot« aufsteigen, wobei die von ihr summierten Merkmale – nummerische Indizes wie »Verkaufsrekorde, Einspielergebnisse, Top-ten-Listen, Einschaltquoten, Besucherhöchstzahlen«[22] – bereits vor dem Online-Journalismus wirksam waren, wenn man an Phänomene wie die *Spiegel*-Bestsellerliste, Buchmessen-Events oder TV-Sendungen wie *Das literarische Quartett* denkt.

In Literaturkritik und -wissenschaft wird die ›Laien-Online-Literaturkritik‹ oft pauschal als wertlos diffamiert. Manche Kommentatoren machen sich lustig

---

20 Lottel 12.2.2010.
21 Christian Katzenbach schreibt Weblogs eine solche Funktion des Gatewatching zu (siehe Katzenbach 2008, S. 117–120). Im Widerspruch dazu steht die Analyse von Barbara Basting, die *Das Ende der Kritik, wie wir sie kannten*, konstatiert, und eine »Zukunft der [professionellen] Kritik [...] als Meta- und Strukturkritik« (Basting 2013, S. 59) vorhersagt.
22 Löffler 30.12.1998.

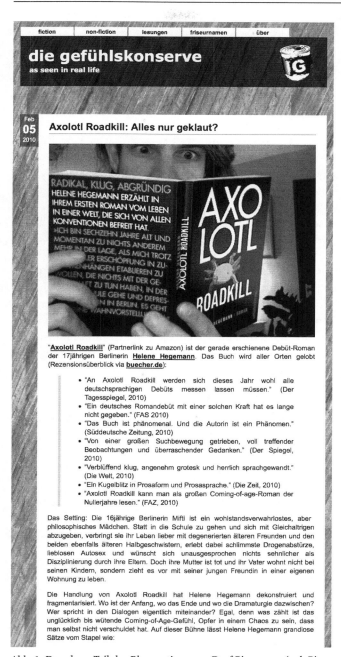

Abb. 1: Der obere Teil des Blogpostings von Deef Pirmasens (vgl. Pirmasens 2010).

über den »User-generated Nonsense«[23] und listen besonders absurde Leserbewertungen von literarischen Klassikern auf.[24] Diese relativ einseitige Abgrenzung findet sich auch in den wenigen literaturwissenschaftlichen Aufsätzen, die sich der Online-Literaturkritik widmen. Oliver Pfohlmann konstatiert eine Nähe »vieler Beiträge zur Textsorte des Klappentexts«, sie seien zudem »[s]elten orthographie- oder grammatikfest«[25]; Karin S. Wozonig hebt in der Laienkritik u. a. die »Pseudomündlichkeit«, eine »Häufigkeit von Plagiaten« und das Phänomen »sich selbst rezensierende[r] Autoren«[26] hervor; Barbara Basting bezeichnet es als »Unfreiheit«, »seine Zeit zu verlieren im von Nutzern erzeugten (user-generated) Inhalt(sdickicht) der Blogs und Kundenrezensionen« oder »über Google oder andere Suchmaschinen eine zunehmend verengte, durch Nutzerprofile gefilterte Auswahl von Informationen zu bekommen«[27].

Nur am Rande weisen die Aufsätze darauf hin, dass es auch einzelne Beispiele einer gelungenen Laien-Online-Kritik gebe.[28] Wesentlich differenzierter argumentiert Thomas Anz in seinen Thesen zur Literaturkritik in Zeiten des Internets, indem er fünf Vorteile der Online-Literaturkritik benennt: Das Internet erhöhe 1) die Nachhaltigkeit und 2) Verbreitung der Literaturkritik, sie führe ihr 3) viele neue Kritiker und Adressatengruppen zu, weite 4) ihre Gegenstandsbereiche aus und intensiviere 5) ihre dialogischen und populären Traditionen.[29] Zugleich jedoch benennt er auch drei Bedenken, die wir allesamt schon aus der Kritik der Print-Literaturkritik kennen: Erstens ihre fehlende Unabhängigkeit von den ökonomischen Interessen des Buchhandels (die sich in den Leserkritiken auf Seiten des Online-Buchhandels noch verstärke), zweitens ihre problematische Finanzierung (die in Online-Medien noch problematischer sei als bereits in Print-Medien) sowie drittens ihre fehlende Glaubwürdigkeit und Qualität (hier thematisiert Anz vor allem die Anonymität mancher Online-Kritiker).[30]

Allerdings macht sich auch Anz keines der großen Schlagwörter der Online-Enthusiasten – wie Demokratisierung, Partizipation, Interaktivität, Unabgeschlossenheit – zu eigen. Zudem geht er nicht darauf ein, dass die fehlenden Geschäftsmodelle der Online-Literaturkritik gleichzeitig eine positive Seite haben: Im Regelfall sind die Texte im Sinne des Open Access frei verfügbar (das

---

23 Brendel 05.2009.
24 Simon 4.1.2013.
25 Pfohlmann 2004, S. 187 f.
26 Wozonig 2013, S. 65, 56, 53.
27 Basting 2013, S. 61.
28 Vgl. Pfohlmann 2004, S. 189, sowie Wozonig 2013, S. 65. Es gibt auch einzelne Beispiele einer differenzierten Perspektive im Print-Feuilleton, vgl. u. a. Hugendick 17.4.2008.
29 Vgl. Anz 2010, S. 49–53.
30 Vgl. Anz 2010, S. 54–59.

entspricht der von ihm benannten Eigenschaft der Nachhaltigkeit), die finanzielle Unabhängigkeit und die Anonymität mancher Kritiker ermöglichen zudem ein neutrales Gatewatching.

Dieser kursorische Überblick mag gezeigt haben, dass sich eben nicht dichotomisch eine wertvolle professionelle Print-Literaturkritik einerseits einer wertlosen Laien-Online-Literaturkritik gegenüber stellen lässt, sondern dass einzelne Texte und Formate genauer analysiert werden müssen. Auf diesem Weg ist die Literaturwissenschaft bislang, wie ebenfalls gezeigt wurde, eher langsam vorangekommen, obwohl beispielsweise schon 2001 Beat Mazenauer ein »[U]mdenken« eingefordert hat: Man müsse die Online-Literaturkritik nicht mehr nur als eine der »Buchstabensprache« verstehen, sondern sich bewusst machen, dass sie »aus binären Codes generier[t]« und fundamental intermedial ausgerichtet ist. Während die dargestellten Forschungsbeiträge vor allem analysieren, wie sich die bekannten Gattungen der Literaturkritik, insbesondere die (Kurz-)Rezension, im Internet qualitativ gestalten, müsse man eher fragen:»Wie ist ein Programmcode zu bewerten, wie eine offene Struktur zu referieren?«[31] Hierzu müssen aber überhaupt erst einmal die Formate der Online-Literaturkritik bestimmt werden, auf die diese Fragen zu applizieren wären – und zwar jenseits der bislang zumeist referierten Amazon-Leserkritiken und privater Weblogs.

3 Formate der Online-Literaturkritik. Die notwendige Erweiterung der Forschungsperspektive um Soziale Medien und ›User Generated Content‹

Die literaturwissenschaftliche Auseinandersetzung mit der Literaturkritik hat die Online-Literaturkritik zwar früh thematisiert, allerdings aus einer bis heute recht eingeschränkten und skeptischen Perspektive. So findet sich beispielsweise in Bodo Plachtas Grundlagenwerk zur Literaturkritik nur der Verweis auf Seiten wie Literaturkritik.de und Perlentaucher.[32] Stefan Neuhaus unterscheidet in seinem Lehrbuch zur *Literaturvermittlung* vier Felder der Online-Literaturkritik: Erstens *Lesetipps* wie amazon.de, zweitens *Rezensionsforen* wie literaturkritik.de oder IASL-online, drittens *Rechercheseiten* wie das Innsbrucker Zeitungsarchiv sowie viertens eine *Presseschau* wie den Perlentaucher – wobei

---

31 Mazenauer 2001, S. 195.
32 Vgl. Plachta 2008, S. 99–103. Die ab hier exemplarisch gelisteten Online-Angebote werden nicht noch einmal separat verzeichnet, da sie über die üblichen Suchmaschinen leicht zu finden sind.

diese Bezeichnungen noch immer stark an Formate der Printmedien angelehnt sind.[33]

Es ist dringend notwendig, diese Perspektive zu erweitern. Dabei wäre zunächst Oliver Pfohlmann zu folgen, der bereits 2004 grundsätzlich zwischen den Online-Angeboten des Print-Journalismus einerseits und »Formen einer genuinen Internet-Literaturkritik«[34] andererseits unterschied, zu denen er *Rezensionsforen* wie literaturcafe.de sowie die *Laienkritiken bei Online-Buchhändlern* wie Amazon zählt. Zwar wäre diese Unterscheidung grundsätzlich beizubehalten, allerdings der Bereich der ›genuinen Online-Literaturkritik‹ in doppelter Weise zu splitten: einerseits in (teilweise auch professionelle) redaktionelle und individuelle Formen der Online-Literaturkritik, andererseits in (vor allem Laien-)Online-Literaturkritiken, die als User Generated Content in der Form einer Many-to-Many-Kommunikation in Sozialen Medien veröffentlicht werden. Kathrin Passig sieht in diesen neuen medialen Kommunikationsverhältnissen die eigentliche Differenz zum Print-Journalismus, denn die »Grenze verläuft nicht zwischen Offline- und Netzkultur, zwischen analog und digital oder zwischen Journalisten und Bloggern, sondern zwischen Durchsage und Dialog«[35].

Insgesamt können aktuell neun Formate der Online-Literaturkritik unterschieden werden, die in je spezifischer Weise entweder an ihren Kontinuitäten zur Print-Literaturkritik oder aber an ihren interaktiven und intermedialen Qualitäten, entweder an ihrer klassischen oder aber besonders kurzen Form, entweder an ihrer besonderen Eigenständigkeit und Originalität oder aber an ihrer spezifischen Bearbeitung oder Verlinkung anderer Texte gemessen werden müssen.

Formate der Online-Literaturkritik
Online-Präsenzen der Print-Literaturkritik
1. Online-Präsenzen von Print-Zeitungen und -Magazinen
2. Online-Präsenzen akademischer Rezensionsorgane
Redaktionelle und individuelle Formen der Online-Literaturkritik
3. Online-Zeitschriften (mit starker Interaktivität)
4. Online-Newsaggregatoren
5. (Private) Weblogs
Online-Literaturkritik als User Generated Content in Sozialen Medien
6. Social Media-Plattformen des Online-Buchhandels
7. Social Media
8. Wikis und kollaborative Plattformen
9. Crowdfunding- und -sourcing-Plattformen

---

33 Vgl. Neuhaus 2009, S. 205 f.
34 Pfohlmann 2004, S. 187.
35 Passig 2013, S. 72.

Zunächst sind die *Online-Präsenzen von Print-Zeitungen und -Magazinen* wie FAZ.net oder SPIEGEL ONLINE sowie die *Online-Präsenzen akademischer Rezensionsorgane* wie literaturkritik.de oder IASL online zu nennen, die tendenziell noch einer klassischen Struktur mit Experten als Sendern vs. Leser als Empfängern entsprechen. Die Kontinuitäten zwischen Schreib- und Präsentationsweisen in Print-Organen einerseits und auf den Online-Portalen andererseits sind groß, die Verfasser verdienen im Regelfall als professionelle Literaturkritiker oder -wissenschaftler ihr Geld. Die Nähe der hier gelisteten Seiten zum Print-Journalismus schlägt sich sowohl in der starken Übertragung literaturkritischer Gattungen in die Online-Kritik nieder (teilweise werden Print-Texte einfach online verfügbar gemacht) als auch in einer nur eingeschränkten Interaktivität, so ist die Kommentarerweiterung im FAZ.net umständlich, IASL online verzichtet völlig auf die Möglichkeit zum Kommentar, literaturkritik.de bietet interaktive Elemente nur in seinem wenig genutzten separaten Online-Forum Kulturjournal an.

Auf einer zweiten Ebene sind die redaktionellen und individuellen Formen der Online-Literaturkritik anzusiedeln, die die technischen Möglichkeiten des Internet interaktiv und intermedial intensiv nutzen. Hierzu zählen *reine Online-Zeitschriften, die auch Bücher oder literarische Phänomene besprechen*, wie die Berliner Gazette, sowie *Online-Newsaggregatoren* wie der Perlentaucher, oder seit Mitte der 2000er-Jahre auch *(private) Weblogs*, die im besten Fall Boehlichs Forderung einer demokratischen Aneignung der Veröffentlichungsmittel erfolgreich umsetzen. Das Blogposting von Deef Pirmasens zu *Axolotl Roadkill* mag exemplarisch für die Relevanz stehen, die literaturkritische Weblogs heute entwickeln können. Christiane Zintzen betreibt das Blog in|ad|ae|qu|at, in dem experimentelle Literatur besprochen wird, die von der Print-Literaturkritik nur unzureichend beachtet wird. Wolfgang Tischers literaturcafe.de ist ein Beispiel für ein populäres literaturkritisches Weblog.

Auf einer dritten Ebene lassen sich Formate der *Online-Literaturkritik als User Generated Content in Sozialen Medien* rubrizieren, in denen die Many-to-Many-Kommunikation das konstitutive Prinzip ist. Zentral ist bei dieser Kategorie, dass die literaturkritischen Inhalte von Nutzern generiert und auf der Online-Plattform eines (meist kommerziellen) Anbieters veröffentlicht werden, wobei alle Beiträge auf ihre interaktive Verbindung und Kommentierung angelegt sind. Dazu zählen erstens die *Leserkritik-Plattformen des Online-Buchhandels*, die am Beispiel von Amazon oft als repräsentativ für die qualitativ mangelhafte und kommerzielle Laien-Online-Literaturkritik herangezogen werden. Wesentlich interessanter, bislang allerdings literaturwissenschaftlich als Formate der Literaturkritik nicht erfasst, sind *Social-Media-Plattformen* wie Facebook und Twitter, wobei sich hier das ungelöste Problem auftut, ab wann ein Text überhaupt als Literaturkritik bezeichnet werden kann.

Insbesondere der Mikroblogging-Dienst Twitter mit seiner Begrenzung der Postings auf max. 140 Zeichen gibt eine enorme Kürze vor. Zugleich ermöglicht Twitter seinen Nutzern jedoch, diese Kurztexte (Tweets) mit Suchbegriffen (Hashtags) zu versehen, sodass der Leser Tweets nach unterschiedlichen Hashtags listen lassen und somit auf Knopfdruck eigene Textcollagen zu bestimmten Themen kompilieren kann. Mehrere Tweets verbinden sich dann, wenn man beispielsweise einen Suchbegriff wie ›Kehlmann‹ eingibt, zu literaturkritischen Kollaborativtexten, die in sich widersprüchlich sein, aber zugleich eine ganze Debatte repräsentieren können.

Drittens fallen unter die Online-Literaturkritik in Sozialen Medien auch *Wikis*, also kollaborativ betriebene Wissensseiten, die exemplarisch für den aktuellen Stand der von einer ›Schwarmintelligenz‹ produzierten Inhalte stehen können. Sowohl zahlreiche Beiträge mit literaturkritischen Elementen im bekanntesten Wiki, der Wikipedia, als auch die wertenden Texte und Foren auf kollaborativen Plagiatsdokumentationen wie GuttenPlag oder VroniPlag können hier genannt werden, wobei diese Plag-Plattformen sich nur aus einer eingeschränkten Perspektive mit den Werken beschäftigen. Wikis werden oft dafür kritisiert, dass sie zumeist anonyme Formen der Autorschaft zulassen. Dies ist jedoch ein fundamentales Prinzip, das dem Selbstverständnis der Print-Literaturkritiker diametral entgegen steht: Hier wird die Bedeutung von Beiträgen gerade nicht über den Autornamen legitimiert, sondern – so die idealisierte Vorstellung – transparent und prozessual von der ›Crowd‹ geprüft, verworfen oder verbessert, und auf diese kollaborative Weise zu einer guten Qualität gebracht. Bei den Plagiatsfällen von u. a. Karl-Theodor zu Guttenberg, Margarita Mathiopoulos und Annette Schavan hat die textkritische Arbeit der – gerade auch anonymen – Wiki-Mitarbeiter wichtige Vorarbeiten für die jeweiligen Aberkennungsverfahren geleistet, die in den entsprechenden Universitäten bislang nicht angestoßen worden waren oder aber – im Fall von Mathiopoulos – bis dahin noch nicht erfolgreich waren.

Relativ jung sind im deutschsprachigen Raum *Crowdfunding- und -sourcing-Plattformen* wie *Startnext*. Hier wird vielleicht am radikalsten mit der bisherigen Praxis der Print-Literaturkritik, fertig gestellte und statische Texte von Autoren durch Experten (und teilweise Leser) bewerten zu lassen, gebrochen, indem die Leser (und Experten) bereits zu Beginn in die Schreibprozesse eingebunden werden: die potenziellen Leser finanzieren das Buch (Crowdfunding, ähnlich der Subskription), aber ermöglichen sich damit ggf. auch, aktiv am Schreibprozess teilzunehmen und das Buch noch vor Erscheinen öffentlich zu kritisieren und zu verbessern (Crowdsourcing), wobei dieser Prozess wiederum im Buch selbst abgebildet wird. Das Projekt *Eine neue Version ist verfügbar* von Dirk von Gehlen war ein solcher erster Versuch, allerdings wäre zu diskutieren, inwiefern die – teilweise nur in der in diesem Fall 350köpfigen Crowd öffentlich ge-

Abb. 2: Literaturkritische und -informative Fragmente im Mikroblogging-Dienst Twitter: Hier prallen kurze Positionierungen zum Autor Daniel Kehlmann (Suchbegriff war »Kehlmann«) in der Zeit von 18.–20. September 2013 aufeinander, die von Leo Fischer (damals Chefredakteur des Satiremagazins *Titanic*), dem *Radio Vatikan*, dem Feuilleton der *Frankfurter Allgemeinen Zeitung*, der Twitter-Userin *@annigogo* und der *Buchjunkie*-Bloggerin Grete stammen. (Bilddatei bearbeitet, um eine bessere Auflösung zu erzielen, T.E.)

machte – Kritik der jeweiligen Versionen überhaupt noch als Literaturkritik zu
bezeichnen wäre und nicht eher als eine Art (semi-)öffentliches Kollaborativ-
lektorat. Kathrin Passig hat dieses dialogische Verhältnis von Autoren und Lesern bereits in der Textproduktionsphase zwar als größeren Arbeitsaufwand
bezeichnet, allerdings erhielten Autoren auf diese Weise einen besseren Auf-
schluss über ihre Leserschaft und hilfreiche Hinweise, wobei die größere
Transparenz des Schreibens ihre Autorität relativiere.[36]

Abb. 3: Das Crowdfunding-Projekt *Eine neue Version ist verfügbar* von Dirk von Gehlen wurde
mit 14.182 € von 350 Supportern unterstützt, die als Community den Schreibprozess begleiten
und die jeweiligen Versionen kritisieren konnten. (Bilddatei bearbeitet, um eine bessere Auflösung zu erzielen, T.E.)

---

36 Vgl. Passig 2013, S. 71–83.

4   Eine bessere Literatur durch Partizipation? Literaturkritik als ›User Generated Content‹ und der ›Prosumer‹ als Autor

Im literaturwissenschaftlichen Spezialdiskurs ist die Kategorie des *User Generated Content* und ein Verständnis von Autoren-Lesern bzw. Laien-Kritikern als *Prosumern* bislang nicht produktiv gemacht worden. Beide Kategorien sollen daher abschließend und kritisch aus einer medientheoretischen Perspektive reflektiert werden.

Auf Basis von juristischen, kommunikations-, medien- und wirtschaftswissenschaftlichen Arbeiten entwickelt Christian Alexander Bauer eine umfassende Definition des *User-Generated Content:* Dieser

> »bezeichnet die Gesamtheit aller von Internetnutzern bewusst erzeugten wahrnehmbaren elektronischen Medieninhalte, die von diesen unmittelbar und unabhängig von einer vorherigen redaktionellen Auswahl über das Internet der Öffentlichkeit zugänglich gemacht werden, sofern es sich hierbei nicht um professionell erstellte und zu gewerblichen Zwecken veröffentlichte Inhalte handelt«[37].

Bauer teilt den User Generated Content in Text-, Bild-, Audio- und Video-Beiträge auf, wobei er nutzergenerierte Text-Beiträge in Webforen, Blogs, Nutzer-Artikeln, Wikis und auf privaten Webseiten unterscheidet – textliche Beiträge in intermedialen Formaten wären hier noch zu ergänzen. Der aktive Produzent von User Generated Content wird auch als *Prosumer* bezeichnet – ein Kompositum aus Produzent und Konsument. Der Begriff entstammt dem Management- und Konsum-Diskurs, in dem Marshall McLuhan und Barrington Nevitt bereits 1972 die Differenzierung von Produzenten und Konsumenten in Frage stellen und konstatieren: »At electric speeds the consumer becomes producer as the public becomes participant role player.«[38]

In seinem programmatischen Buch *The Third Wave* setzt sich Alvin Toffler 1980 mit der postindustriellen Gesellschaft auseinander. Darin beschreibt er auch *The Rise of the Prosumer* als Teil einer kommenden ›Do-It-Yourself‹-Kultur,[39] in der der produzierende Konsument in der Lage sei, den Markt zu transformieren:

---

37   Bauer 2011, S. 26.
38   Das gesamte Zitat lautet: »Until now mangement [sic!] studies have involuntarily supported the ›diehards‹ and have been concerned with improvement of performance in servicing the physical needs of essentially nineteenth-century producers and consumers. At electric speeds the consumer becomes producer as the public becomes participant role player. At the same time, the old ›hardware‹ is etherealized by means of ›design‹ or ›software‹.« (McLuhan / Nevitt 1972, S. 4.)
39   Toffler 1980, S. 286–290.

»The market is neither capitalist nor socialist. It is a direct, inescapable consequence of the divorce of producer from consumer. Wherever this divorce occurs the market arises. And wherever the gap between consumer and producer narrows, the entire function, role, and power of the market is brought into question. The rise of prosuming today, therefore, begins to change the role of the market in our lives.«[40]

Toffler beschreibt folglich futurologisch den revolutionären Übergang von einem »heroic age of market-building« zu einer »›trans-market‹ civilization«,[41] die insbesondere auf der Basis elektronischer Medien ›fantastische neue wissenschaftliche Erkenntnisse‹ und »[w]orks of art on a hitherto unimagined scale«[42] entwickeln werde. Deutlich pragmatischer konstatiert Philip Kotler dann 1986 im Anschluss an Toffler, dass digitale Medien den Prosumer zum Leben erwecken würden, denn – so Kotler – »[m]odern computers will permit people to participate more actively in designing the products they want«[43]. Auch hier wird die Vorstellung einer Produkt-Einbahnstraße von Experten bzw. Anbietern zu Laien bzw. Konsumenten ersetzt durch einen Kreisverkehr, in dem – idealisiert gedacht – alle gemeinsam Produkte entwickeln.

Die Figur des Prosumers und die Herstellung von User Generated Content sind somit ambivalent: Auf der einen Seite wird dem Prosumer ein kreatives, produktives Potenzial zugeschrieben, das durch Partizipation gesellschaftliche Hierarchien und ökonomische Machtstrukturen aufbricht; auf der anderen Seite ist die Figur des Prosumers immer schon eingebunden in marktwirtschaftliche Strukturen, in denen individuelle Identitäten durch das Konsumverhalten und den Lifestyle bestimmt werden – ein ebenso reduziertes wie problematisches Menschenbild. Die Frage wäre daher, wie die partizipativen, kritischen Potenziale des Prosumers gestärkt und seine Einbindung in bereits bestehende Marktstrukturen gelöst werden könnten. Tofflers Vision besteht gerade nicht darin, dass die neue Macht der Prosumer bei der öffentlichen Bewertung bestehender Produkte endet, sondern dass sie an deren Gestaltung partizipieren. Tapscott und Williams haben diesen Gedanken unter dem Begriff *Wikinomics* gefasst und wenden sich ebenfalls gegen den »company-centric view of co-creation«. Im Gegensatz dazu lautet »the new prosumer-centric paradigm, customers want a genuine role in designing the products of the future. It's just that they will do it on their own terms, in their own networks, and for their own ends.«[44]

Aus dieser Perspektive könnte der User Generated Content auf den Social-Media-Plattformen des kommerziellen Online-Buchhandels schon aufgrund

---

40 Ebd., S. 293.
41 Ebd., S. 304.
42 Ebd., S. 305.
43 Kotler 1986, S. 26.
44 Tapscott / Williams 2006, S. 149.

seiner medialen Grundsituation als ein Bruch mit der ursprünglichen Vision des Prosumers und als Ausdruck eines reduzierten Subjektbegriffs beschrieben werden. Der Nutzer ist hier kein freier Marktteilnehmer, der eigene Produkte entwickelt, vielmehr handelt es sich, so Thomas Wegmann, »bei den sogenannten Kundenrezensionen um Nutzerwertungen in engem Zusammenhang mit Kaufentscheidungen, um Warentests, die nicht von ungefähr auf einer Plattform erscheinen, wo man mit wenigen Mausklicks das besprochene Produkt auch erwerben kann«[45]. Anders sieht dies allerdings aus bei den Crowdfunding-Communities, die im Idealfall gemeinsam ein noch zu entwickelndes Produkt finanzieren und dieses Produkt gemeinsam produzieren, wie beim Projekt *Eine neue Version ist verfügbar*, in Sozialen Medien oder in Wikis, in denen die interaktive und kollaborative Produktion literaturkritischen Wissens teilweise bereits im Schreibprozess selbst ansetzt, allerdings Formate nutzt, die der Print-Literaturkritik noch unbekannt sind und bislang noch nicht einmal als Literaturkritik kategorisiert worden sind.

Wenn man diese neue Dimension der Literaturkritik wissenschaftlich untersucht und nach den Funktionen, Bewertungsmaßstäben, Rollen, Gattungen und Schreibweisen der Kritiken und ihrer Autoren fragt, müssen zwangsläufig neue Kategorien und Begriffe genutzt werden. Es ist beispielsweise unabdingbar, literaturkritische Crowds in Sozialen Medien mit Hilfe von Netzwerkanalysen zu untersuchen, wie sie in den Digital Humanities genutzt werden. Zugleich bleibt eine Kritik der ökonomisierten Textverwertung und der medialen Ausgangssituation in Sozialen Medien dringend geboten. Beispielsweise produzieren Kritiker derzeit massenhaft Textfragmente für die börsennotierten Unternehmen *Facebook* und *Twitter*, wofür sie im Regelfall nicht oder kaum entlohnt werden. Auch ist der individuelle Webspace auf fremden Servern äußerst unsicher und fremdbestimmt, während selbst gehostete Weblogs die eigene Verfügungsgewalt über die Daten ermöglichen. Die Literaturkritik in den Sozialen Medien ist jedenfalls alles andere als tot, in welchem Maße sie auch gut ist, wird noch näher zu prüfen sein.

Literatur

Albrecht, Wolfgang: Literaturkritik. Stuttgart / Weimar 2001.

Anz, Thomas: ›Theorien und Analysen zur Literaturkritik und zur Wertung‹, in: Ders. / Baasner, Rainer (Hg.): *Literaturkritik. Geschichte, Theorie, Praxis*. München 2004, S. 194–219.

Anz, Thomas: ›Kontinuitäten und Veränderungen der Literaturkritik in Zeiten des In-

---

45 Wegmann 2012, S. 284.

ternets: Fünf Thesen und einige Bedenken‹, in: Giacomuzzi, Renate / Neuhaus, Stefan / Zintzen, Christiane (Hg.): *Digitale Literaturvermittlung. Praxis – Forschung – Archivierung.* Innsbruck / Wien / Bozen 2010, S. 48–59.

Basting, Barbara: ›Das Ende der Kritik, wie wir sie kannten‹, in: Theisohn, Philipp / Weder, Christine (Hg.): *Literaturbetrieb. Zur Poetik einer Produktionsgemeinschaft.* München 2013, S. 49–62.

Bauer, Christian Alexander: User Generated Content. Urheberrechtliche Zulässigkeit nutzergenerierter Medieninhalte. Berlin / Heidelberg: Springer 2011.

Boehlich, Walter: ›Autodafé‹, in: Ders.: *Die Antwort ist das Unglück der Frage. Ausgewählte Schriften.* Hg. von Helmut Peitsch und Helen Thein. Mit einem Vorwort von Klaus Reichert. Frankfurt am Main 2011, S. 55–58.

Ernst, Thomas: ›Pop vs. Plagiarism. Popliterary Intertextuality, Staged Authorship and the Disappearance of Originality in Helene Hegemann‹, in: McCarthy, Margaret (Hg.): *German Pop Literature: Contemporary Perspectives.* Berlin 2014 (im Erscheinen).

Heydebrand, Renate von: ›Einführung [in das Kapitel »Literaturkritisches Werten«]‹, in: Barner, Wilfried (Hg.): *Literaturkritik – Anspruch und Wirklichkeit. DFG-Symposion 1989.* Stuttgart 1990, S. 383–390.

Heydebrand, Renate von / Winko, Simone: Einführung in die Wertung von Literatur. Systematik – Geschichte – Legitimation. Paderborn / München / Wien / Zürich 1996.

Katzenbach, Christian: Weblogs und ihre Öffentlichkeiten. Motive und Strukturen der Kommunikation im Web 2.0. München 2008.

Kiefer, Sebastian: Was kann Literatur? Graz / Wien 2006.

Kotler, Philip: ›Prosumers. A New Type of Consumer‹, in: *The Futurist. A Journal of Forecasts, Trends and Ideas about the Future* 9/10 (1986), S. 2–28.

Mazenauer, Beat: ›Die Literaturkritik sucht das Weite. Die Diversifizierung einer Spezies durch das Internet‹, in: *Quarto. Zeitschrift des Schweizerischen Literaturarchivs.* Heft 15/16 (2001), S. 192–195.

McLuhan, Marshall / Nevitt, Barrington: Take Today. The Executive as Dropout. New York 1972.

Münker, Stefan: Emergenz digitaler Öffentlichkeiten. Die Sozialen Medien im Web 2.0. Frankfurt am Main 2009.

Neuhaus, Stefan: Literaturkritik. Eine Einführung. Göttingen 2004.

Neuhaus, Stefan: Literaturvermittlung. Wien 2009.

Passig, Kathrin: Standardsituationen der Technologiekritik. Berlin 2013.

Pfohlmann, Oliver: ›Die Literaturkritik in der Bundesrepublik‹, in: Anz, Thomas / Baasner, Rainer (Hg.): *Literaturkritik. Geschichte – Theorie – Praxis.* München 2004, S. 160–mm 191.

Plachta, Bodo: Literaturbetrieb. Paderborn 2008.

Schwencke, Olaf: Kritik der Literaturkritik. Stuttgart u. a. 1973.

Tapscott, Don / Williams, Anthony D.: Wikinomics. How Mass Collaboration Changes Everything. New York 2006.

Toffler, Alvin: The Third Wave. London u. a. 1980, S. 286–290.

Wegmann, Thomas: ›Warentest und Selbstmanagement. Literaturkritik im Web 2.0. als Teil bürgerlicher Wissens- und Beurteilungskulturen‹, in: Beilein, Matthias / Stockinger, Claudia / Winko, Simone (Hg.): *Kanon, Wertung, Vermittlung.* Boston / Berlin 2012, S. 279–291.

Winko, Simone: ›Textbewertung‹, in: Thomas Anz (Hg.): *Handbuch Literaturwissenschaft. Band 2. Methoden und Theorien.* Stuttgart 2007, S. 233 – 266.

Wozonig, Karin S.: ›Literaturkritik im Medienwechsel‹, in: Grond-Rigler, Christine / Straub, Wolfgang (Hg.): *Literatur und Digitalisierung.* Berlin / Boston 2013, S. 43 – 68.

Zelter, Joachim: ›Tod des Autors. Nachwort‹, in: Ders.: *Einen Blick werfen. Literaturnovelle.* Tübingen 2013, S. 104 – 105.

Quellen

Brendel, Oliver: ›User-generated Nonsense. Literaturbesprechungen von Laien im Web 2.0‹, in: *Telepolis*, 10. 5. 2009, verfügbar unter: http://www.heise.de/tp/artikel/30/30206/1.html?zanpid=181394 7749931320320 [5. 10. 2014].

Diez, Georg: ›Die Methode Kracht‹, in: *Der Spiegel*, Heft 7 (2012), 13. 2. 2012, S. 100 – 104.

Habermas, Jürgen: ›»Keine Demokratie kann sich das leisten«. Medien, Märkte und Konsumenten: Der Philosoph Jürgen Habermas, 77, sorgt sich um die Zukunft der seriösen Zeitung. Ein Essay‹, in: *Süddeutsche Zeitung*, 19. 5. 2010, verfügbar unter: http://www.sueddeutsche.de/kultur/juergen-habermas-keine-demokratie-kann-sich-das-leisten-1.892340 [5. 10. 2014].

Hugendick, David: ›Netzkultur: Jeder spielt Reich-Ranicki. Im Internet schreiben Millionen von Laienkritikern. Kein Buch ist vor ihnen sicher. Ist das schlimm?‹, in: *Die Zeit*, 17. 4. 2008, verfügbar unter: http://www.zeit.de/2008/17/KA-Laienliteraturkritik [5. 10. 2014].

Kaube, Jürgen: ›Germany's Next Autoren-Topmodel. Plagiatsfall Helene Hegemann‹, in: *Frankfurter Allgemeine Zeitung*, 10. 2. 2010, verfügbar unter: http://www.faz.net/aktuell/feuilleton/buecher/plagiatsfall-helene-hegemann-germany-s-next-autoren-topmodel-1943229.html [5. 10. 2014].

Löffler, Sigrid: ›Die Furien des Verschwindens. Der Kritiker als aussterbende Spezies: Wie läßt sich sein Prestigeverfall aufhalten?‹, in: *Die Zeit*, Nummer 1, 30. 12. 1998, S. 37, verfügbar unter: http://www.zeit.de/1999/01/Die_Furien_des_Verschwindens [5. 10. 2014].

Lottel, Axel: ›Gebt ihr den Preis!‹, in: *Frankfurter Rundschau*, 12. 2. 2010.

Pirmasens, Deef: ›Axolotl Roadkill: Alles nur geklaut?‹, in: *die gefühlskonserve - deef pirmasens as seen in real life*, 5. 2. 2010, verfügbar unter: http://www.gefuehlskonserve.de/axolotl-roadkill-alles-nur-geklaut-05022010.html [5. 10. 2014].

Simon, Anne-Catherine: ›Kritik im Netz: ›Laszive Bibel‹, ›labernder‹ Goethe. Dass jeder öffentlich über Bücher befinden kann, ist schön – und oft lustig. Freude, Frust, Jubel und Wut werden in Leserforen deponiert. Was Internetuser über Klassiker wie ›Werther‹ oder ›Emma Bovary‹ schreiben‹, in: *DiePresse.com*, 4. 1. 2013, verfügbar unter: http://diepresse.com/home/kultur/literatur/1329208/Kritik-im-Netz_Laszive-Bibel-labernder-Goethe [5. 10. 2014].

Oliver Ruf

Kunst der Kritik.
Ästhetisches Schreiben zwischen postmoderner Theorie und digitalen Medien

»Die Kunst der Poesie von der unkünstlerischen Aeußerung poetischer Anlagen gänzlich zu scheiden, neben der Begeisterung auch dem besonnensten Verstande seinen Antheil an jedem Kunstwerk zu vindiciren; in allem Einzelnen das Ganze und in allen Aeußeren das Innere erblicken zu lehren, den Wahn zu widerlegen, als ob, wenn in dem wahren künstlerischen Sinne des Wortes der Stoff gegeben ist, die Form noch etwas willkürliches seyn könnte, die todten Schulbegriffe in lebendige Anschauungen zu verwandeln, und von jedem kleineren Kunstgebiete aus auf das größere und endlich auf das was die Kunst an und für die menschliche Natur ist, hinzuweisen; das sind die Zwecke, denen hier Alles dient.«
Friedrich Schleiermacher, *Charakteristiken und Kritiken von A. W. Schlegel und F. Schlegel* (1801)

Der Kritik wird im romantischen Verständnis ein intimes Verhältnis zur Kunst zugesprochen;[1] sie wird spätestens zu Beginn des 20. Jahrhunderts als eigene Gattung neben der traditionellen Gattungstriade postuliert.[2] Neu konstituiert und realisiert wird sie im weiteren – großen – historischen Verlauf angesichts des Aufkommens und dann der Dominanz digitaler Medien.[3] Kann die Kritik in diesem medialen Kontext noch immer einen solchen ästhetischen Standpunkt aufrechterhalten oder werden ihr neue, überraschende oder erwartbare Zuschreibungen zugesprochen? Es ist insbesondere die Veränderung des Schreibens – in einem kulturtechnischen Sinn –, die zu einer Transformation kritischer Erscheinungen führt. Der Beitrag versucht, diesen Zusammenhang auszudeuten, vor allem aber einen Einblick in seine Begriffs- und Theoriegeschichte zu geben, indem die Grundtendenzen einer ›ästhetischen Kritik‹ als ›Genealogie‹ skizziert werden.[4] Entsprechende Positionen postmoderner respektive dekonstruktivistischer und poststrukturalistischer Provenienz kommen ausführlich zur Sprache, um im Anschluss sowohl das so genannte ›digitale Schreiben‹ zu

---

1 Vgl. etwa Kerschbaumer 2004 sowie bspw. auch Urban 2004.
2 Vgl. etwa Kerschbaumer 2003.
3 Vgl. etwa Anz 2010. Siehe dazu außerdem auch Bucheli 2013 sowie Weidermann 2013.
4 Vgl. etwa Stingelin / Giuriato / Zanetti 2005 a; dies. 2005 b.

erklären als auch dieses mit den Mustern ästhetisch-kritischer Erscheinungen zu konfrontieren. In einem Szenarium laufen die Hinweise am Ende auf ein noch zu entwerfendes Modell zu, das ästhetisches Schreiben für die ›ästhetische Kritik‹ in digitalen Medien erstmals postuliert. Es handelt sich daher beim vorliegenden Beitrag weniger um die Analyse von Beispielen ›digitaler Kritik‹ als vielmehr um die Vorbereitung eines mithin begrifflich-historisch wie medienarchäologisch fundierten Entwurfs wenn nicht zukünftiger, dann zumindest doch *zukunfts-trächtiger* Kritik-Kunst.

1   ›Ästhetische Kritik‹ und Dekonstruktion

Zur Begriffsbestimmung ›ästhetischer Kritik‹ reicht es nicht aus, Kritik im frühromantischen Sinn allein als einseitige Betonung der Problematisierung von Verstehensleistung oder Relativierung eigener Urteile aufzufassen und in das Modell einer Kritikkunstlehre einzutragen.[5] Entscheidend ist vielmehr, worauf die frühromantische gedankliche Vernichtungsleistung der Kritik sich richtet. Wenn der Begriff ›ästhetischer Kritik‹ vor der Folie seiner auf die Theoreme der Frühromantik zulaufenden begrifflichen Genese sich im Prozess gedanklicher Vernichtung zuspitzt, erweist sich ein interner Bezug des Kritikbegriffs zu solchen unter dem Titel ›Dekonstruktion‹ versammelten und vor allem von Jacques Derrida sowie Paul de Man geprägten philosophischen Konzeptionen.[6] D. h. es stellt sich die Frage, inwiefern der Begriff ›ästhetischer Kritik‹ eine Einsicht enthält, die sich in den Kontext des Problems einrücken lässt, das »durch das Verhältnis der Dekonstruktion zur Dimension ästhetischer Erfahrung und Darstellung bezeichnet wird«[7].

Eine zentrale These der Dekonstruktion besagt, dass die Idealität, die ein Diskurs realisieren muss, um sinnvoll zu sein, in Diskursen aufgrund ihres differentiellen Spiels strukturell unverwirklichbar ist: Sie ist »zum Unendlichen hin unendlich verschoben«[8]. Es ist auch dieser unendliche Aufschub der »zugleich unverwirklichbaren wie unverzichtbaren Idealität des Sinns«,[9] den Derrida als *différance* bezeichnet: als die »Differenz zwischen Idealität und Nicht-

---

5 Siehe dazu wiederum Kerschbaumer 2003.
6 Zur Beobachtung, dass sich gegen Ende des 20. Jahrhunderts solche Kritiker, die sich in einer wie auch immer gearteten (früh)romantischen Tradition sehen, auch offen von dekonstruk-tivistischen Überlegungen beeinflusst sind, siehe etwa Thomason 2006, S. 315. Siehe außer-dem auch Man 1987, S. 87.
7 Menke-Eggers 1990, S. 351.
8 Derrida 1979, S. 160.
9 Menke-Eggers 1990, S. 352.

Idealität«,[10] die sich *in* jedem sinnhaften Diskurs, ihn von *innen* her zersetzend, öffne.[11] Die Bedeutung der Kritik im Horizont der Dekonstruktion beginnt sich von seiner Einbindung in das dekonstruktive Spiel vor allem sprachlicher Differenzen zu klären;[12] bei Derrida ist etwa die Auffassung zu finden, »der ästhetische Prozeß leiste eine Subversion von Bedeutungen«[13]. Dieser ist zugleich der Einsatzpunkt eines Kritik-Begriffs, der sich selbst ausdrücklich als ›dekonstruktiv‹ versteht und der durch Paul de Mans Essay *The Rhetoric of Blindness: Jacques Derrida's Reading of Rousseau* markiert ist. De Man erläutert darin »die Logik des literaturkritischen Diskurses in seinem Verhältnis der Artikulation zum Prozeß ästhetischer Erfahrung bzw. ›literarischer Lektüre‹«[14]: Vornehmlich literaturkritische Texte gewinnen nach de Man eine Einsicht in die spezifische Logik der ästhetischen Texte nur, indem sie ihre Aussagen einer negativen Bewegung unterwerfen, die sich in ihrem Gehalt nicht selbst wieder aussagen lasse.[15] Das literarische Spiel von gleichwohl theoretischen Texten unterläuft deren eigene Bedeutung, wenn sie sich als – textuell spielerische – Analyse gegenläufiger Möglichkeitsbedingungen von Bedeutung auffassen lässt.[16] »Dekonstruktion«, schreibt de Man, »ist nichts, was wir dem Text hinzu [fügen]« – Derrida würde sagen: was in einer Lektüre ›produziert‹ wird –, »sondern sie ist es, die den Text allererst konstituiert«[17].

De Mans Konzept einer Dekonstruktion in und durch den literarischen Text selbst setzt einen speziellen Begriff von Literatur bzw. eine »Theorie der ›Literarizität‹« voraus, die beide zentralen Überzeugungen des Konzepts der »›Ästhetizität‹« entgegengesetzt sind; Literarizität ist »nicht bestimmt durch das vertrauende Wissen um die Einbildung der Bedeutung in das sinnlich erfahrbare Material«, sondern durch das »negative Wissen« um das »autonome Potential der Sprache«, das ihre Bedeutungen »unablässig unterläuft, statt sie verkörpernd zu fundieren«: »Das erfahrend vollzogene Spiel der literarischen Sprache, *ohne* das Bedeutungen sich nicht bilden können, ist zugleich so verfasst, daß sie sich *in* ihm nicht bilden können.«[18]

Der Sinn des Umgangs mit ästhetischen Werken wie einem literarischen Text besteht so verstanden darin, den Möglichkeitsraum literarischer ›Interpretation‹ interpretativ zu durchmessen,[19] eine Interpretation von ›Interpretation‹[20] zu

---

10 Derrida 1979, S. 159.
11 Vgl. ebd., S. 352.
12 Siehe dazu auch Derrida 1972, S. 395.
13 Ebd., S. 354.
14 Ebd., S. 355.
15 Vgl. Menke-Eggers 1990, S. 355.
16 Vgl. Derrida 1974, S. 280 f., mit Man 1989, S. 217.
17 Man 1988 a, S. 48.
18 Menke-Eggers 1990, S. 356 f.
19 Vgl. Man 1983, S. xi.

sichern. Wahrheitsanspruch und Legitimität der Interpretation liegen nach de
Man darin, die kognitiven Strukturen des interpretatorischen Prozesses[21] und
dadurch zugleich die Natur des genuin kritischen Diskurses zu klären,[22] der
einen ersten Text, d. i. das literarische Werk, betrifft. Es lässt sich eine bedeutsame Frage für den Begriff von Literatur bei de Man ausmachen, die den Begriff
›ästhetischer Kritik‹ erhellt: Es ist diejenige nach einer immanenten Erkenntnis
der Literatur, die sich für ihn ausschließlich im Modus des Lesens vollzieht.
Kritik, der sekundäre Text, ist für de Man eine Metapher für diesen Modus, der
allerdings nie jemals überprüft oder verifiziert werden kann.[23] Wenn aber das
Lesen der kontrollierenden Beobachtung nicht zugänglich sein soll, wie kann
dann die Kritik vom Vorwurf der Beliebigkeit befreit werden? »Was sichert die
Autorität einer Lektüre?«[24] In de Mans Logik kann dies nur der erste Text, das
(literarische) Kunstwerk selbst sein.[25]

Der Status des literarischen Werks erschließt sich »weder eindeutig auf der
Seite einer phänomenologischen Gegenständlichkeit noch andererseits nur als
reines Konstrukt eines lesenden Subjekts«: »[D]as Werk existiert im Modus der
(schriftlich fixierten) Lektüre, und steht sowohl für das, was gelesen wird, als
auch für den Lesevorgang selbst.«[26] Wie aber kann der Zusammenhang zwischen
Vollzug und Reflexion, zwischen Werk- und Rezeptionsästhetik gedacht werden? Eine Antwort ist nur möglich, falls »Aussagen über das Literarische, über
die Literatur als Literatur«[27] gemacht werden. Eine Begriffsbestimmung ›ästhetischer Kritik‹ muss sich demnach der Problematik einer expliziten Definition des Literarischen stellen, gerade weil dessen theoretische Bestimmung auf
die Behauptung perspektiviert ist, diese sei durch eine immanente Verbindung
mit dem künstlerischen, literarischen Werk gekennzeichnet. Ausgangspunkt
kann die Einheit der Differenz von einem ersten und einem sekundären Text
sein.

Das Problem führt zu einer Stelle in de Mans Überlegungen, an der er, und im
Anschluss an ihn Derrida, die immanent dekonstruktive Bewegung literarischer
Texte und ihrer Lektüre als einen selbstreflexiven Spiegel-Effekt begründet.[28] In
dieser Selbstreflexivität[29] literarischer Texte werden die strukturelle Verfasstheit
von Texten und die ›tiefste‹ Einsicht in diese Struktur miteinander verbunden:

---

20 Siehe dazu auch Schmidt 1983, S. 71.
21 Vgl. Man 1971, S. 135.
22 Vgl. ebd., S. 289.
23 Vgl. Man 1983, S. xi.
24 Ellrich / Wegmann 1990, S. 472.
25 Vgl. Man 1971, S. 109.
26 Ellrich / Wegmann 1990, S. 472.
27 Ebd.
28 Vgl. Man 1971, S. 17, sowie auch Derrida 1980, S. 211.
29 Siehe dazu auch Gasché 1979 sowie auch Gearhart 1983.

Literarische Texte tauchen alle Bedeutungen, die sie hervorbringen und die in einer Lektüre verstehend erfasst werden sollen, »wieder in den Prozeß ihrer Bildung durch sprachliche Mittel ein, der diese Bedeutungen, als ihr Resultat, zugleich unendlich übersteigt«[30]. Dies zu artikulieren ist die literaturkritische Rede, die de Man meint, wenn er die »eigentümliche Gegenläufigkeit«[31] von ›Einsicht‹ und ›Blindheit‹ beschreibt.[32] Kurz gesagt: Kritik – im Verständnis der Dekonstruktion – entspringt einer negativen, vernichtenden Lektürebewegung; sie bringt den produktiven Lektüreprozess einer sich lesend vollzogenen literarischen Selbstreflexion zum Ausdruck,[33] in dem die Spannung zwischen dem ausgemessen wird, was ein literarischer Text »predigt«, und dem, was er »praktiziert«, zwischen seiner »Bedeutung« und seinen »sprachlichen Mustern«, seinem »Spiel der Sprache«, seinen ›Strategien‹.[34] Kritik demonstriert ein dekonstruktivistisches ›Lesen‹, das in den Texten das aufweist, was diese ›*weg*schreiben‹.[35]

Ein solches produktives Moment der Kritik mittels des Spreizschrittes zwischen ästhetischer ›Predigt‹ und ›Praxis‹ konnotiert Aussagen, deren Aufgaben in dreierlei Hinsicht diversifiziert werden können: Sie bestehen (1.) darin, »Erfahrungen mit Kunstwerken auszudrücken oder zu ihnen anzuleiten«; (2.) dienen sie dazu, die ästhetischen Gegenstände festzustellen und (3.) erproben sie den an Kunstwerken gewonnenen »ästhetischen Blick an Phänomenen, die der Welt dieses Textes nicht zugehören«: Sie verlängern die »Linien eines ästhetischen Erfahrungsprozesses«[36] über die Grenzen des Kunstwerkes (vor allem eines literarischen Textes) hinaus. Die Kritik ist so mehr als nur der Ausdruck einer immanent-ästhetischen Dekonstruktion und ihrer Erfahrung, wenn sie sich auf Elemente nicht-ästhetischer Wirklichkeit ausweitet, auf die sie in einem Kunstwerk wie einem Text und seiner Lektüre nicht bezogen ist. Sie »verlängert die dekonstruktive Bewegung des ästhetischen Werkes in Felder, die außerhalb seiner Grenzen liegen«[37].

Die Kritik »steht zur ästhetischen Erfahrung nicht nur im Verhältnis der vertiefenden – intensiven – Erschließung, sondern auch dem der ausgedehnten – extensiven – Erprobung ihres Vollzugs«[38]. Für den literarischen Text heißt dies, ihn nicht nur als »ein sich drehendes Kaleidoskop« zu betrachten, auf dessen

---

30 Menke-Eggers 1990, S. 357.
31 Ebd.
32 Vgl. Man 1971, S. 103.
33 Vgl. Menke-Eggers 1990, S. 358.
34 Man 1988 a, S. 45, 57; Man 1988 b, S. 70, 82.
35 Vgl. Menke 1990.
36 Menke-Eggers 1990, S. 363.
37 Ebd.
38 Ebd., S. 364.

divergierende Positionen sie hinweist, sondern ihn auch als »ein Prisma« zu verwenden, »durch das sie auf die nicht-literarische Wirklichkeit blickt«,[39] in der sie, wie Roland Barthes schreibt, die Aufgabe habe, »die Welt so zu sehen, wie sie sich durch ein literarisches Bewusstsein hindurch bildet«, »periodisch die Aktualität als das Material eines geheimen Werkes zu betrachten«, »sich an dem ungewissen und dunklen Augenblick zu situieren, wo der Bericht von einem realen Ereignis vom literarischen Sinn ergriffen wird«[40]. Vor der Folie dieser Aufgabenstellung wird verständlich, wie der Begriff ›ästhetischer Kritik‹ die Funktion erfüllen kann, die gedankliche Vernichtungsleistung im ästhetischen Vollzugsgeschehen zu gewährleisten.

2   Zur Genealogie ›ästhetischer Kritik‹

Dieser Vollzug ist das, worauf Roland Barthes zielt, wenn er »jeglichen aktiven Umgang mit einem literarischen Werk, jedes Auffinden und Aussprechen seiner Bedeutungen also, der Kritik«[41] zuweist;[42] die Kritik entschlüssele die Bedeutungen, entdecke ihre Terme, vor allem den verborgenen Term, das Bedeutete;[43] die Kritik behandele jedoch nicht die Bedeutungen, sondern bringe sie hervor: »Sie verleiht der reinen lesenden Rede eine Sprache und der mythischen Sprache, aus der das Werk besteht [...], eine Rede (unter anderen).«[44] Sie konkretisiert auf neue Weise den »mythischen Bestand«, der dem Kunstwerk eingeschrieben ist: »Ihr Ertrag ist die Neuformulierung dieses Bestandes, und um ihn zu gewinnen, muß der kritische Diskurs mit dem Text zwar ›richtig‹, d. h. unter Ausleuchtung seiner sprachlichen Struktur, umgehen, er muss jedoch durchaus nicht die einzige Wahrheit formulieren, die dem Text abzuheben ist.«[45] Barthes schreibt:

> »Die Beziehung der Kritik zum Werk ist die einer Bedeutung zu einer Form. Der Kritiker kann nicht den Anspruch erheben, das Werk zu ›übersetzen‹, insbesondere nicht in größere Klarheit, denn nichts ist klarer als das Werk. Was er tun kann, ist eine bestimmte Bedeutung ›zeugen‹, indem er sie von einer Form, die das Werk ist, ableitet. [...] Der Kritiker verdoppelt die Bedeutungen, er läßt über der ersten Sprache des Werkes eine zweite Sprache schweben, das heißt ein Netz aus Zeichen. Es handelt sich im Grunde um eine Art Anamorphose, die natürlich, da einerseits das Werk sich nie für

---

39 Ebd.
40 Barthes 2006 a, S. 131.
41 Lämmert 1990, S. 133.
42 Siehe dazu Barthes 2006 b, S. 221.
43 Vgl. Barthes 2006 a, S. 83.
44 Ebd., S. 121.
45 Lämmert 1990, S. 133 f.

eine reine Widerspiegelung eignet [...] und andererseits die Anamorphose selbst eine kontrollierte Umwandlung ist, optischen Notwendigkeiten unterliegt: das, was es widerspiegelt, muß es umwandeln [...].«[46]

An anderer Stelle heißt es, die Kritik sei etwas anderes, als im Namen ›wahrer‹ Prinzipien richtig zu sprechen; Gesetze der literarischen Schöpfung, wenn sie denn existieren, könnten auch für den Kritiker gelten und so müsse jede Kritik in ihrem Diskurs einen implizierten Diskurs über sich selbst entfalten: Jede Kritik sei Kritik des Werkes und Kritiker ihrer selbst.[47] Der Gegenstand der Kritik ist mithin für Barthes nicht »die Welt«, von der »der Schriftsteller« spricht, er ist der Diskurs, und zwar der Diskurs eines anderen: »[D]ie Kritik ist der Diskurs über einen Diskurs.«[48] Die Leistung der Kritik ist nach Barthes nicht die prozessuale Ausbildung jener Urteilsqualität, welche die ›traditionelle‹ Kritik noch vertritt; die ›wirkliche‹ Kritik »an den Institutionen und Schreibweisen« besteht nicht darin, zu urteilen, »sondern darin, sie zu *unterscheiden*, sie voneinander zu *trennen*, sie zu *verdoppeln*«[49].

Dadurch wird der Schreibweise[50] eine doppelte Funktion eingeprägt. Die doppelte Bestimmung der Schreibweise in eine poetische und eine kritische Qualität »wird ausgetauscht und verschmilzt in eine«; durch eine »ergänzende Bewegung«[51] wird der Kritiker zum Schriftsteller: »Es kommt [auch hier] zu einer Verschmelzung von literarischer und kritischer Sprache, die [ja] auf frühromantische Traditionslinien zurückblicken kann.«[52] Als Akt des Schreibens und der Schreibweise ist die Kritik ästhetische Fusion: Sie transgrediert, wie es Barthes ins Bild setzt, den »verbrauchten Mythos« vom »erhabenen Schöpfer und dem bescheidenen Diener«, der ihr nun nicht mehr anhaftet, indem bei dieser ›Durchquerung der Schreibweise‹ die Vereinigung von Schriftsteller und Kritiker »angesichts ein und desselben Objektes, der Sprache, und in ein und derselben Arbeitsbedingung«[53] anwesend ist. Man kann (mit Barthes) sagen, dass »der Kritiker einem Objekt gegenüber tritt, das nicht das Werk, sondern seine eigene Redeweise ist«, und indem er diese zu der des Schriftstellers bzw. des Künstlers hinzufügt, macht er aus dem Objekt, »um sich in ihm auszudrücken«, »nicht das Prädikat seiner eigenen Person«, sondern

---

46 Vgl. Barthes 2006 b, S. 221.
47 Vgl. ebd., S. 119.
48 Ebd., S. 120.
49 Ebd., S. 186.
50 Siehe dazu ebd., S. 15–69, bes. S. 15–21.
51 Ebd., S. 209.
52 Brune 2003, S. 111.
53 Barthes 2006 b, S. 210.

»reproduziert das Zeichen der Werke selbst«, so dass Kritik und Werke gleichsam »ihre Stimmen vereinen«[54].

Wenn man, wie Barthes, davon ausgeht, dass sich Kritik im Akt des Schreibens und der Schreibweise ästhetisch realisiert, dann existiert Kritik auch nur im Akt des Schreibens und der Schreibweise. Was heißt aber kritisches Schreiben in diesem Fall? Barthes antwortet auf diese Frage, indem er ausführt, auch wenn man den Kritiker als einen Leser definiere, der schreibe, bedeute dies, dass ein solcher Leser auf seinem Weg einem »furchterregenden Vermittler« begegne: »der Schreibweise«; und schreiben heiße hier, »auf eine bestimmte Weise die Welt (das Buch) [zu] zerspalten und wieder zusammen[zu]setzen«[55]. Barthes führt aus:

> »Man braucht nicht erst etwas von sich selbst hinzufügen, um einen Text zu ›deformieren‹, es genügt ihn zu zitieren, das heißt, ihn zu zerschneiden: unverzüglich entsteht ein neues Intelligibles. Dieses Intelligible mag akzeptiert werden oder nicht, es ist darum nicht minder konstituiert. Der Kritiker [...] tradiert [...] eine Materie der Vergangenheit [...], und andererseits verteilt er die Elemente des Werkes neu und verleiht ihm so eine bestimmte Verständlichkeit [...].«[56]

Kritik als ›Zerschneidung‹ eines Kunstwerkes zu bestimmen, heißt, sie als Erfassen einer Neuverteilung (der zerschnittenen Elemente) zu betrachten. Ein solches Erfassen als Neuverteilung kann auch die Differenzierung oder Kontamination eines Kunstwerkes genannt werden. Indem die Kritik die Aporien eines Kunstwerkes markiert, teilt sie (sich), sie trennt, differenziert (sich), bricht; ästhetische Kritik bedeutet so Teilung durch Trennung.[57] Der Begriff ›ästhetischer Kritik‹ meint so, die Möglichkeit des zerschneidenden und neu zu verteilenden Erfassens eines Kunstwerkes zu exponieren.

Der Begriff ›ästhetischer Kritik‹ bezeichnet so das Grundgesetz des prozessualen Verfahrens einer Kunstwerkermöglichung und Kunstwerkdurchdringung, einer radikalen Reflexion im Medium des Kunstwerks hin zu dessen gedanklicher Vernichtung, bezeichnet selbst eine ›Super-Kunst‹, aus deren Modus des selbstreflexiven Spiegel-Effekts das Zerschneiden und neu Zusammensetzen einzelner Kunstwerkelemente entsteht. Es handelt sich hier, mit Foucault gesprochen, darum, »die Erscheinungsbedingungen einer Singularität in vielfältigen bestimmenden Elementen ausfindig zu machen und sie nicht als deren Produkt, sondern als deren Effekt erscheinen zu lassen«[58]. Dabei geht diese Genealogie

---

54 Ebd., S. 225 f.
55 Ebd., S. 229.
56 Ebd., S. 229 f.
57 Vgl. Kruschkova 2007, S. 152.
58 Foucault 1992, S. 37.

»nicht als Schließung vor, weil das Netz der Beziehungen, die eine Singularität als Effekt einsichtig machen sollen, nicht eine einzige Ebene bildet. Es handelt sich um Beziehungen, die sich immer wieder voneinander loshaken. Die Logik der Interaktionen, die sich zwischen Individuen abspielen, kann einerseits die Regeln, die Besonderheit und die singulären Effekte eines bestimmten Niveaus wahren und doch zugleich mit den anderen Elementen eines anderen Interaktionsniveaus zusammenspielen – dergestalt, daß keine dieser Interaktionen als vorrangig oder absolut totalisierend erscheint. Jede kann in ein Spiel eintreten, das über sie hinausgeht; und umgekehrt kann sich jede, wie lokal beschränkt sie auch sein mag, auf eine andere auswirken, zu der sie gehört oder von der sie umgeben wird. Es handelt sich also, schematisch ausgedrückt, um eine immerwährende Beweglichkeit, um eine wesenhafte Zerbrechlichkeit: um eine Verstrickung zwischen Prozesserhaltung und Prozeßumformung.«[59]

Das Motiv, die ›Gestalt eines Arguments‹ zur Wertbestimmung der Kunstleistung zu betonen, kann jedoch nicht so verstanden werden, Kritik lediglich auf die Bemängelung eines verbesserungswürdigen Zustandes oder kreativen Entwurfs alternativer Optionen zu reduzieren – denn dann regrediert sie oberflächlich auf die Thematisierung von Kunst als Gegenstand von Kritik. Sie kann vielmehr in ihrer Autonomie nur dadurch bewahrt werden, dass sie selbst »in die Materie hinein«[60] geht, mithin Strategien und Taktiken wählt, eigene Verfahren und Vollzüge bedenkt und gestaltet, und es ist dieses ›Hineingehen‹ in die Materie (des Kunstwerkes), das *ästhetische Gestaltung* heißt.

Zieht man ein Resümee aus meiner Diskussion des Begriffs ›ästhetischer Kritik‹, lässt sich feststellen, dass sich gezeigt hat, wie Kritik als Kunstwerk entsteht, indem diese in jenes ›hineingeht‹. Kritik »reißt«, wie sich äquivalent zu Deleuze formulieren ließe, das Kunstwerk aus seinen »gewohnten Bahnen heraus« und lässt es »*delirieren*«[61]. Kritik bedeutet aber immer auch »*gleichzeitig Dissoziation wie Assoziation*«: »Sie unterscheidet, trennt und distanziert sich; und sie verbindet, setzt in Beziehung, stellt Zusammenhänge her« – »[s]ie ist, anders gesagt, eine Dissoziation aus der Assoziation und eine Assoziation aus der Dissoziation«[62]. Die Kontur des Begriffs ›ästhetischer Kritik‹ erlaubt, ihre Strukturformel anzugeben: Sie beschreibt ästhetische Erfahrung als Kritik *am* und zugleich *als* Kunstwerk; sie ist die Subversion der in ihr gleichsam versuchten Geburt des Künstlers aus dem Geiste der Kritik. Diese programmatische Formulierung ›ästhetischer Kritik‹, die ihre Potenziale schärfen sollte,[63] hat sich als Konsequenz aus einer bestimmten Lesart von Positionen der französischen Philosophie des 20. Jahrhunderts ergeben. Wie immer man die Bedeutung einer

---

59 Ebd., S. 38 f. Zur Diskussion einer insbes. genealogischen Kritik siehe etwa Visker 1991; Saar 2007, bes. S. 293–346.
60 Huber et al. 2007 a, S. 9.
61 Deleuze 2000, S. 9.
62 Jaeggi / Wesche 2009, S. 8.
63 Vgl. Draxler 2007, S. 121.

Kritik als Kunstform veranschlagen mag, bedeutsam ist auch die Wahrnehmung, dass dies als Voraussetzung eine relativ hoch entwickelte ›Kultur‹ der Kritik prägt wie kennzeichnet. Für die Aufgabe des Kritikers in und nach der »partikularisierten Welt der Moderne« gilt es daher, »mit seinen Sprechweisen nicht nur auf den Zustand der Gegenwart zu reagieren, sondern auch auf das bereits entfernte Ideal zu verweisen«[64]. Gegenübergestellt sieht er sich hier mit einem ›Ort‹ der Kritik, der zwangsläufig auf die Bedingungen und Möglichkeiten seiner medientechnischen respektive medientechnologischen Umgebung reagieren sollte. Anders gesagt: ›Ästhetische Kritik‹ trifft *heute* zwingend auf Digitalität bzw. auf ein Schreiben, welches das Prädikat ›digital‹ zugesprochen erhält.

3   Was *ist* ›digitales Schreiben‹?

Das ›digitale Schreiben‹ ist ein an Maschinen angebundenes Schreiben in einem kulturellen Kontext, der im Zeichen elektronischer und technologischer Entwicklungen steht: »Eine neue Ökonomie des Schreibens, ein neues Zusammenspiel von technischen Geräten und den Weisen, mit ihnen umzugehen, beginnt sich auszubreiten.«[65] Was bedeuten nun aber diese sich ausbreitenden Weisen? Sie scheinen sich auf eine historische Tendenz anzuwenden, deren Wert als Anwendung im Verlauf der Zeitläufte der Technologie des Schreibens (unter anderem von der Papyrusrolle der Antike, dem Kodex der Spätantike und des Mittelalters und dem gedruckten Buch von der Renaissance bis heute) sich verschiedenen technologischen Unterordnungen zugeordnet hat: zur Wachs- und Steintafel in der antiken Welt, zu vergänglichen wie monumentalen Schreibarten im europäischen Mittelalter, zum Manuskript, zum Holztafeldruck, zur Schreibmaschine, zu Diktiergeräten; das digitale Schreiben führt diese den historischen Technologien untergeordneten Verfahren weiter, es setzt sie konsequent fort – und bricht gleichzeitig radikal mit ihnen.[66] Erkennbar ist, dass die Computertechnologie bestimmte Weisen des Schreibens und damit einhergehend auch *unsere* Kultur in einer stärkeren oder schwächeren Ausprägung beeinflusst, und zwar: dass es für diese *etwas* vereinfacht. Eine solche

---

64 Kerschbaumer 2003, S. 254.
65 Bolter 1997, S. 318.
66 Vgl. ebd., S. 318 f., bes. S. 319: »Historisch hat sich jede Ökonomie des Schreibens in Zusammenhang mit bestimmten Genres und Stilen definiert. Die Papyrusrolle war mit der antiken Rhetorik und Historiographie verbunden; der Kodex mit der mittelalterlichen Enzyklopädie, marginalen Anmerkungen, Glossarien und illustrierten religiösen Texten; die Drucktechnik schließlich mit der Novelle und der Zeitung. Diese Genres und Stile drücken unterschiedliche kulturelle Einstellungen bezüglich der Organisation von menschlichem Wissen und Erfahrung aus. Technologien des Schreibens waren durchgängig bedeutsam für die abendländischen Ideen des Wissens und der Subjektivität.«

Vereinfachung des Schreibens (beispielsweise die leichtere Veränderung von Texten mit einer auf Hardware beruhenden Software, die Speicherung und Archivierung von Texten, deren schnelle und beinahe grenzenlose Veröffentlichung und so weiter) fußt auf einer für dieses Schreiben grundlegenden Voraussetzung: auf dem Hypertext im Medium des Internets, der an Computer basierte Technologie und überdies an die von dieser konstruierten virtuellen Welt anschließt:

>»Mit welchem Begriff auch immer man den Lese- und Schreibplatz benennen will, man sollte sich die eigentliche Technik, die man verwendet, wenn mit Hypertexten gearbeitet (und gespielt) wird, nicht als freistehende Maschine vorstellen, die dem heutigen PC verwandt ist. Stattdessen muss das ›Objekt, das man als Hypertext liest‹, als Eingang, als magische Schwelle zu einem Dokuversum verstanden werden. Denn es stellt das Instrument des einzelnen Lesers und Schreibers dar, mit dem dieser an der Welt der miteinander vernetzten Hypermedia-Dokumente teilhat und mit denen er seinerseits vernetzt wird.«[67]

Der Begriff der ›Hypertextualität‹ wird definierbar als ein »signifikantes Merkmal des elektronischen Schreibens im und aus dem Internet«, als »eine Fähigkeit, einzelne Elemente in arbiträren Strukturen miteinander zu verbinden, sie zu verlinken und den Leser leicht von einem zum anderen Element zu führen«: »Im Internet wird der Hypertext durch das Verbindungsprotokoll des World Wide Web realisiert. [...] In gewisser Weise ist das Web die Erfüllung des Versprechens des Hypertexts.«[68] Dieses Zitat führt zu der aufschlussreichen Frage: Was ist der Hypertext beziehungsweise konkreter: Was sind seine spezifischen Qualitäten? Bekanntlich werden darunter die Eigenschaften der Veränderbarkeit und (auch hier) der Interaktivität angeführt; der Hypertext offenbart sich als eine »Sammlung miteinander verbundener Elemente«, wobei diese Verbindungen hergestellt werden mittels »Links«, die eine »Reihe möglicher Lektüren« markieren, die ihrerseits »durch eine Interaktion zwischen dem Leser und der verlinkten Struktur« realisiert werden; reagiert werden kann dadurch offensichtlich auf »Bedürfnisse jedes einzelnen Lesers und jeder neuen Lektüre«, und dies durch ein Klicken auf unterstrichene Wörter oder Teile einer Grafik (›anchor links‹) als Aktivierung des Weges, der auf eine andere ›Seite‹ des Internets leitet: »So wird der Text in einem Umsetzungsprozeß zwischen dem Leser und dem oder den (abwesenden) Autor/en, welche die entsprechenden Links in den Text eingebaut haben, erst hergestellt.«[69]

Diese Aussage knüpft an die Entwicklung neuer Schreibformate an, die Hypertextualität als immanente (technologisch hergestellte) Seinsweise anerkennt

---

67 Landow 2005, S. 159.
68 Bolter 1997, S. 323.
69 Ebd., S. 324.

und diese daher immer schon berücksichtigt, vor allem indem die Positionen von Leser und Autor eine Verschiebung erfahren: Verschoben wird (1.) die »Natur des Textes« und »das Verhältnis des Autors zu seinem Werk«; letzterer verliert in gewisser Art die Kontrolle über den Text, da die Reihenfolge der Lektüre durch die Wahl verschiedener Links bis zu einem gewissen Grad unabhängig bestimmt werden kann; sein Urheberrecht wird in Frage gestellt und: anerkannt wird die »beziehungsreiche Verflechtung von Texten«: »Ein Text ist mit anderen verbunden derart, daß sich sein Sinn erst aus der Verbindung vollständig erschließt«; »[j]eder Text wird durch ein Netz von ausdrücklichen oder unterschwelligen Interaktionen bestimmt«[70].

Verschoben wird (2.) zudem die solitäre Präsentation von geschriebenen Texten im digitalen Medium, denn textuelle Dokumente erhalten nun zunehmend »multimediale Elemente« bei Seite; gleichwohl wird allerdings das Internet noch immer als ein »Raum der Schrift artikuliert«[71]: Wir schreiben E-Mails, SMS- und WhatsApp-Texte, Blog-Einträge, facebook-Postings, Instagram-Kommentare, URL-Eingaben, google-Suchen und so weiter und werden ostinat mit Grafiken, Animationen, digitalisierten Videos et cetera konfrontiert beziehungsweise setzen wir diese bei unserem derart erfolgenden Schreiben konsequent ein. Eine solche ostinate Konfrontation und konsequente Einsetzung stimmt mit alten Notwendigkeiten überein: »Um schreiben zu können«, so Vilém Flusser, »benötigen wir« (vornehmlich) die Faktoren »Oberfläche«, »Werkzeug«, »Zeichen«, »Konvention«, »Regeln«, »System«, »durch das System der Sprache bezeichnetes System«, »schreibende Botschaft« und »Schreiben«[72]. Dass mit dem Design digitaler Medien die *Oberfläche* in auffälliger Weise neu privilegiert ist, ist angesichts von Computerbildschirmen, Touch Screens und weiteren / ähnlichen Eingabemöglichkeiten von geschriebenem Text evident; dass *Zeichen* (»Buchstaben«), *Konventionen* (»Bedeutung der Buchstaben«), *Regeln* (»Orthographie«), *System* (»Grammatik«), *durch das System der Sprache bezeichnetes System* (»semantische Kenntnis der Sprache«) und *zu schreibende Botschaft* (»Ideen«) sich ändern oder geändert werden,[73] ist – abseits von *neuen Gewohnheiten der stilistischen Formulierung*[74] – weniger prominent als der vermeintliche Austausch oder sogar Wegfall des *Schreibwerkzeugs*.

Interessant sind die Weisen dieses Schreibens, also nochmals: Texte leichter oder einfacher als beim Buchdruck oder beim handschriftlichen Manuskript mit

---

70 Ebd., S. 329 f.
71 Ebd., S. 330, 335.
72 Flusser 2012, S. 261 f.
73 Vgl. ebd., S. 262.
74 Hierfür zu nennen wäre etwa die Ignorierung grammatikalischer Konventionen wie die Groß- und Kleischreibung oder die Kommasetzung, die Einführung neuer Abkürzungen und Bezeichnungen oder die Verwendung eines tendenziell eher mündlichen Sprachgebrauchs.

einem Textverarbeitungsprogramm *in* Computern verändern zu können oder *mit* Hypertexten zu arbeiten, die einen Textabschnitt, ein Bild oder eine andere digitalisierte Erscheinung in einem Raum namens Internet verlinken.[75] Interessant ist ebenso die Infragestellung oder Destruktion respektive die Umkehrung von Autorschaftspositionen oder -figurationen bei einem – hypertextuellen – Schreiben. Am Interessantesten ist für den vorliegenden Kontext jedoch jene Form, die viel einfacher[76] ist und dem gegenübersteht, was meine theoretischen Ausführungen formuliert haben: der Frage, inwiefern das ›digitale Schreiben‹ die ›ästhetische Kritik‹ *beeinflussend* transformiert.

Ein solche Transformation muss gemeinsam mit einer Vielzahl anderer Vorgänge in einem bestimmten Rahmen stattfinden, für den der Begriff der ›Szene‹ eine wesentliche Bedeutung entfaltet und die naturgemäß eines technischen Schreibwerkzeugs bedarf. Nun kann man sich *in* einer Szene ebenso befinden wie *auf* einer Szene; doch hauptsächlich die letztgenannte Möglichkeit ist in wiederum postmodernen ›Schulen‹ der Schreibforschung beziehungsweise Schreibwissenschaft aufgegriffen worden, um dem Phänomen des Schreibens auf die Schliche zu kommen; dieses Konzept ist hilfreich, um die Rolle der ›ästhetischen Kritik‹ *im* ›digitalen Schreiben‹ auszudeuten: Der Begriff der Szene ist zunächst von Derrida in seinem zunächst als Vortrag gehaltenen Text *Freud et la scène de l'écriture*[77], von Rodolphe Gasché in seiner *Moby Dick*-Lektüre mit dem Titel *The Scene of Writing*[78] und schließlich von Rüdiger Campe im Begriff der ›Schreibszene‹ verarbeitet worden.[79] Dieser hat methodisch die Möglichkeit eröffnet, die heterogenen Beteiligungen am Schreiben als eine nicht selbstevidente Rahmung zu befragen, in der verschiedene Momente, Auftritte und natürlich auch Realisierungen respektive Ausführungen des Schreibens in eine Beziehung zueinander treten, eine Konstellation bilden, für die Körper und Techniken verfolgt werden: »›Die Schreibszene‹ kann einen Vorgang bezeichnen, in dem Körper sprachlich signiert werden oder Gerätschaften am Sinn, zu dem sie sich instrumental verhalten, mitwirken – es geht dann um die Arbeit der Zivilisation oder den Effekt von Techniken.«[80]

Es gehört »zu den Implikationen dieses Begriffs«, dass »das Schreiben als ein mehr oder weniger stabiles Beziehungsgefüge umrissen wird« und dass »die Spuren des skriptualen Ereignisses mit Blick auf die zur Geltung gebrachten Umstände der Produktion jeweils historisch und philologisch im Einzelfall

---

75 Siehe dazu auch Sandbothe 1997.
76 Der Begriff der ›einfachen Formen‹ wurde bekanntermaßen 1929 eingeführt, worunter im Allgemeinen ›einfach gebaute‹ (literarische) Kunstformen gefasst werden (vgl. Jolles 1999).
77 Vgl. Derrida 1972, S. 302–350.
78 Vgl. Gasché 1977.
79 Vgl. Campe 2012.
80 Ebd., S. 270.

untersucht werden müssen«[81]. Wie die ›Genealogie des Schreibens‹ sehr genau zeigt, wird Schreiben wenn auch nicht allein, dann doch immer primär dort zum Thema, wo Widerstände, Haken, Hindernisse: Probleme im Produktionsprozess sozusagen auf eine Bühne treten.[82] Demzufolge können diese in medientechnischen Umbruchphasen gewissermaßen abgelagert und mit neuen Schreibwerkzeugen neu ›geboren‹ werden,[83] »und zwar ohne dass deswegen die Kausalitäten dieser Widerstände und mithin die Kausalitäten des Schreibaktes schon eindeutig festgelegt worden wären«, die sich aber »auf allen Ebenen der Schreibpraxis einstellen«[84] können. Daraus ist die bei Campe zu findende Differenzierung zwischen ›Schreibszene‹ und ›Schreib-Szene‹ zu gewinnen:

> »Es ist diese Rahmung, die sich während der Literaturgeschichte des Schreibens unablässig verändert. [...] Im Anschluß an die – bei diesem nur implizit getroffene – Unterscheidung von Campe verstehen wir im folgenden unter ›Schreibszene‹ die historisch und individuell von Autorin und Autor zu Autorin und Autor veränderliche Konstellation des Schreibens, die sich innerhalb des von der Sprache (Semantik des Schreibens), der Instrumentalität (Technologie des Schreibens) und der Geste (Körperlichkeit des Schreibens) gemeinsam gebildeten Rahmens abspielt, ohne daß sich diese Faktoren als Gegen- oder Widerstand problematisch würden; wo sich dieses Ensemble in seiner Heterogenität und Nicht-Stabilität an sich selbst aufzuhalten beginnt, thematisiert, problematisiert und reflektiert, sprechen wir von ›Schreib-Szene‹. Die Singularität jeder einzelnen ›Schreibszene‹ entspringt der Prozessualität des Schreibens, die (es) zur (Auto-)Reflexion anhält (ohne daß es sich gerade in seiner Heterogenität und Nicht-Stabilität gänzlich transparent werden könnte). Hier wie dort versuchen die Begriffe der ›Schreibszene‹ wie der ›Schreib-Szene‹ jeweils ein (literatur-, medientechnik- und kultur-)historisches und ein systematisches Moment in einem integrativen Modell des Schreibens zusammenzufassen.«[85]

Die Szene der digital geschriebenen bzw. digital zu schreibenden ›ästhetischen Kritik‹ ist die Situation einer historischen Szene, für die Semantik, Technologie und Körperlichkeit des Schreibens einen Zusammenfall erleben. Eine Erklärung lautet:

> »Das ›Material‹, mit dem [...] Computer arbeiten, ist ein immaterieller Code – letztlich Mathematik, mit dem man alles überhaupt und alles mit vertretbarem Aufwand Berechenbare errechnen kann. Computer sind daher ontologisch relativ wenig fixierte Maschinen. Sie benötigen einen Prozess der *Rahmung*, um überhaupt etwas Bestimmtes zu sein. Historisch wurden Computer erst in dem Maße Medien, wie sie ältere

---

81 Giuriato 2012, S. 305 f.
82 Vgl. Stingelin 2004, S. 11.
83 Siehe dazu Stingelin 2003.
84 Giuriato 2012, S. 306.
85 Stingelin 2004, S. 15.

Medien *verschoben wiederholten* [...]. Dieser Prozess bringt die ›Neuen Medien‹ hervor.«[86]

Eine Übertragung oder besser: Übersetzung der Vorstellungen der Schreib-Szene auf die Szene ›ästhetischer Kritik‹ in digitalen Medien als in diesem Sinne medienkulturwissenschaftliche oder besser: medienkulturwissenschaftlich übersetzbare Szene macht es denkbar, innerhalb der so genannten Epoche der ›Neuen‹ Medien das digitale Schreiben als Symptom, als Ausdruck ihres Wesens zu verstehen. Ihre Semantik (der digitale Code, die entworfene Software), ihre Technologie (die digitale Hardware beziehungsweise privilegiert: die berührungssensitiven Displays) und ihre Körperlichkeit (z. B. die ›Hand‹ *am* Schreibwerkzeug, die Semantik und Technologie berührt) konstituieren dieses Wesen, das auf den ersten Blick nicht mehr in einer Weise zu existieren scheint, auf die die theoretische Entwicklung des Begriffs ›ästhetischer Kritik‹ zugelaufen ist.

4   Medienkonvergenz – Mediologie – Medienkunst

Gibt es sie überhaupt (bereits): ›ästhetische Kritik‹ in digitalen Medien? Damit *nicht* gemeint sein können digitalisierte Erscheinungen ›ästhetischer Kritik‹ wie die lediglich online reproduzierte Fassung eines kritischen Textes, der (*als* Kunst) den in den Theorie-Teilen dieses Beitrags dargestellten Vorstellungen genügt.[87] Gemeint sein müssen damit vielmehr eigene, neue, digital arbeitende Formen oder Formate, die *ein* digitales Medium zum Zweck ›ästhetischer Kritik‹ aufgreifen, mit ihm arbeiten, es nutzen, um eine *Kunst der Kritik* zu etablieren, die so der »Kommunikationstechnologie« einer Gegenwartskultur genügt, deren Präsenz beinah alle Lebensbereiche durchdringt:

> »Mit neuer Kommunikationstechnologie hat es eine seltsame Bewandtnis: Sie spricht auf fantastische Weise unsere Adaptivität an. Nach nur kurzer Zeit kommt sie einem wie natürlich vor. Auch die Erinnerung an die Zeit davor wird irreal. Wie haben es Leute damals ausgehalten, auf Briefe zu warten? Was haben wir gemacht, als wir noch nicht jederzeit erreichbar waren? Kommunikationstechnologie greift tief in den Alltag ein, sie verändert, wie wir miteinander umgehen und was wir für vorstellbar halten.«[88]

Hierbei muss die *gedankliche Vernichtungsleistung im ästhetischen Vollzugsgeschehen* gewährleistet bleiben, nicht ohne die Szene(n) – und explizierten Zuweisungen – des ›digitalen Schreibens‹ zu konstituieren. Ein solches Kritik-

---

86 Schröter 2013, S. 95.
87 Darunter fallen entsprechend weder online verfügbare Kritiken aus dem Feuilleton überregionaler Tages- und Wochenzeitungen noch z. B. literaturkritische Onlineportale.
88 Leistert / Röhle 2011, S. 7.

Modell gibt es (noch) nicht; zum Abschluss vorgeschlagen werden können allerdings notwendige Implikationen. Nimmt man dazu das Postulat der Ästhetisierung kritischer Produktivität und der damit korrelierenden Kritik-Strategien (etwa im Sinne der ›Zerschneidung‹ des Kritisierten), so ist mit ihm auch die Struktur seines möglichen Szenariums in digitalen Medien angesprochen, die der Fluchtpunkt für die Frage nach der Ausdeutung ›digitalen Schreibens‹ war. Wenn Kritik dann in digitaler Form als deutlich *ästhetisch* erscheinen soll, so ist das Kriterium dafür immer ein in dieser Form grundsätzlich künstlerisch bleibender Kern. D. h. es kann auch hier keine Kritik geben, die ohne Kunstgehalt wäre. Dessen Feststellung kann dabei immer nur daran gemessen werden, ob Kritik und Kritisiertes einander *ähneln*, eine Forderung, die sich als eingelöst erweist, wenn man einander auf einer Augenhöhe begegnet, wenn man das *ganze* Gegenüber im Auge behält. Dann doch wiederum frühromantisch gesagt:

> »Freilich hat es viele gegeben, die sich für Kritiker ausgaben und weitläufige Kunstbeurteilungen schrieben und die doch hiezu nicht imstande waren. Das sind besonders diejenigen, die vorzugsweise oder gar ausschließend auf die sogenannte Korrektheit gehen. Man kann diesem Worte zwar einen gültigeren Sinn unterlegen; sie meinen aber damit eine Vollkommenheit der einzelnen Teile des Kunstwerks, und zwar bis in die kleinsten hinein, die ohne Beziehung auf das Ganze stattfinden soll. Man könnte dies die atomistische Kritik nennen (nach Analogie der atomistischen Physik), indem sie ein Kunstwerk wie ein Mosaik, wie eine mühsame Zusammenfügung toter Partikelchen betrachtet, da doch jedes, welches den Namen verdient, organischer Natur ist, worin das Einzelne nur vermittelst des Ganzen existiert.«[89]

So hat die Frage, was ›ästhetische Kritik‹ in digitalen Medien *bedeutet*, ihr Maß in der diesen inhärenten zu verstehenden Ganzheit, und dabei ist sie immer auch an den die Ganzheit erschließenden Medienmöglichkeiten orientiert: an der Hypertextualität wie am World Wide Web, an der Multimedialität wie am ›digitalen Schreiben‹. D. h., dass sich die Frage nach dem Wesen oder der Beschaffenheit dieser Kritik mit der Feststellung einzelner Anhaltspunkte nicht begnügen darf und dass bei all dem ästhetisch-kritisches Verhalten seinerseits zum Gegenstand *gänzlich* digital-medialen Verhaltens, vor allem der so genannten ›Konvergenz‹, werden muss – allein digital zu schreiben, um ›ästhetische Kritik‹ auszuüben, wird diesem Anspruch nicht gerecht.[90] Diese These ist gleichbedeutend mit der ihrer *Mediologie* im Sinne Debrays[91] (und geht damit im Übrigen über postmoderne Ansätze, explizit jene der Dekonstruktion und des Poststrukturalismus, hinaus),[92] d. h.:

---

89 Schlegel 1956, S. 626 f.
90 Siehe dazu etwa auch Dombois 2012.
91 Vgl. Debray 2003.
92 Vgl. Hartmann 2003, S. 17.

»Es geht dabei nicht um konkrete einzelne Medien, sondern um die grundsätzlichen Zusammenhänge von symbolischen Produktionen und Medientechnologien. Das entsprechende System einer medialen Apparatur, die kulturelle Inhalte neu und anders strukturiert, hebt die Leistungen einzelner Medien in einem Zusammenspiel der Informationskreisläufe auf. ›Kultur‹ wird tatsächlich nicht mehr zu diskutieren sein, ohne technische Realitäten, wie die Logik von Datenstrukturen, die Funktion von Programmen, das Design von Interfaces, die Emergenz von Informationsordnungen, das Handeln von Agententechnologie, die Architektur der Vernetzung usw. auf derselben Ebene anzusprechen. Und ›Theorie‹, die ihre Zeit erfassen will, soll hermeneutische Kriterien von Verstehbarkeit durchaus zugunsten informationswissenschaftlicher Kriterien und damit des je grundlegenden ›Modus, Spuren zu erfassen, zu archivieren und zirkulieren zu lassen‹ [...] erweitern.«[93]

Ästhetisches Schreiben in digitalen Medien mit dem Ziel der Kritik hat demnach die technologischen Möglichkeiten seiner medialen Umgebung zu berücksichtigen und in den Zusammenhang eines medienkonvergenten Kritik-Projektes zu stellen. Die Aufgabe einer Kritik der Zukunft bzw. einer zukünftigen Kritik, die ihre ästhetische Tradition ernst nimmt und vor den Gebrauchsweisen ›neuer‹ Medien nicht die Augen verschließt, ist zu entdecken. Auch im Hinblick auf sie ist das Anliegen einer »historischen Mediologie« zentral:

»Zu berücksichtigen ist dabei zum ersten das ganze Spektrum materieller Typen (Schriftstücke, Druckwerke, Objekte [...] etc.) und medialer Konstellationen (Texte, Bilder, Diagramme, Karten etc.). Zum zweiten das ganze Inventar der Formen, die zwischen einzelnen Text- oder Bildelementen multiple Beziehungen stiften: syntagmatische wie paradigmatische, semantische wie klangliche oder graphische. Zum dritten die ganze Reichweite sowohl medialer Selbstbeschreibungen wie medialer Selbstüberschreitungen, die beide zusammen die epistemische wie performative Dimension des Medialen ausmachen. Beispielsweise in Texten: eine Beschreibung von Objekten, Malereien und Räumen, von Gegebenheiten des Erzählens, Dichtens, Schreibens, Singens oder allgemein Kommunizierens; eine Thematisierung der Formen, Intentionen und Funktionen von Texten, zum Beispiel des Verhältnisses von Vers und Prosa; eine Potenzierung durch Reflexion der (Grenzen der) Schrift in der Schrift. In Bildern: ein Spiel mit Nischen, Fenstern, Türen und Rahmen, Gemälden, Karten und Spiegeln, Bildern, Materialien und Spolien, eine Spannung von Sichtbarem und Unsichtbarem, von äußeren und inneren, realen und mentalen Formen.«[94]

Das gilt nicht nur für die ›ästhetische Kritik‹ als Erscheinung, sondern auch für eine zu verstehende Sache, die nach der Zukunft des Schreibens oder sogar grundlegender: derjenigen unserer Kulturtechniken schlechthin fragt.[95] Auch im Hinblick auf sie ist das mediologische Anliegen, in dem sich die ›ästhetische Kritik‹ in einem größeren Zusammenhang zeigen könnte, sinnvoll. Hier liegt das

---

93 Ebd., S. 12 f.
94 Kiening 2007, o. S.
95 Siehe dazu auch – unabhängig der Frage der Kritik – Ruf 2014a. Vgl. außerdem Ruf 2014b.

Zukunftsmoment *dieser* Kritik, deren Mediengeste[96] zu durchschauen und zu
klären ist, um zu verstehen, was von ihren Produktionsweisen und Darstellungen zu bewahren und ggf. weiter zu reformulieren ist. Eine Reflexion dieser Art
ist naturgemäß medientheoretisch; sie vergisst aber auch nicht die Medienpraktiken der Kunst: Sie ist eine *Medienkunst der Kritik*.

Literatur

Anz, Thomas: ›Kontinuitäten und Veränderungen der Literaturkritik in Zeiten des Internets: Fünf Thesen und einige Bedenken‹, in: Neuhaus, Stefan / Giacomuzzi, Renate / Zintzen, Christiane (Hg.): *Digitale Literaturvermittlung. Praxis, Forschung und Archivierung*. Innsbruck 2010, S. 48–59.

Barner, Wilfried (Hg.): Literaturkritik – Anspruch und Wirklichkeit. DFG-Symposium 1989. Stuttgart 1990.

Barthes, Roland: Am Nullpunkt der Literatur – Literatur oder Geschichte – Kritik und Wahrheit. Aus dem Frz. v. Helmut Scheffel. Mit einem Vorwort v. dems. zu »Kritik und Wahrheit«. Frankfurt am Main 2006.

Barthes, Roland a: ›Literatur oder Geschichte‹, in: Barthes 2006, S. 73–170.

Barthes, Roland b: ›Kritik und Wahrheit‹, in: Barthes 2006, S. 171–231.

Bolter, Jay D.: ›Das Internet in der Geschichte der Technologien des Schreibens‹. Aus dem Engl. v. Stefan Münker, in: Münker / Roesler 1997, S. 37–55.

Brune, Carlo: Roland Barthes. Literatursemiologie und literarisches Schreiben. Würzburg 2003.

Bucheli, Roman: ›Ein Leben nach dem Papier. Literaturkritik unter Duck‹, in: *Neue Zürcher Zeitung Online* 11.05.2013.

Campe, Rüdiger: ›Die Schreibszene, Schreiben‹, in: Zanetti 2012, S. 269–282.

Debray, Régis: Einleitung in die Mediologie. Bern 2003.

Deleuze, Gilles: Kritik und Klinik. Aus dem Franz. v. Joseph Vogl. Frankfurt am Main 2000.

Derrida, Jacques: Die Schrift und die Differenz. Aus dem Frz. v. Rodolphe Gasché u. Ulrich Köppen. Frankfurt am Main 1972.

Derrida, Jacques: Grammatologie. Aus dem Frz. v. Hans-Jörg Rheinberger u. Hanns Zischler. Frankfurt am Main 1974.

Derrida, Jacques: Die Stimme und das Phänomen. Aus dem Frz. v. Hans-Dieter Gondek. Frankfurt am Main 1979.

Derrida, Jacques: ›The Law of Genre‹, in: *Glyph* 1980/7, S. 202–229.

Dombois, Florian: ›Was man nicht aufschreiben kann. Reflektionen zum Wechselverhältnis von Kunst und Forschung‹, in: Füssel, Stephan (Hg.): *Medienkonvergenz – transdisziplinär*. Berlin / New York 2012, S. 149–156.

Draxler, Helmut: Gefährliche Substanzen. Zum Verhältnis von Kritik und Kunst. Berlin 2007.

---

96 Vgl. Ruf 2014a, S. 17–22.

Ellrich, Lutz / Wegmann, Nikolaus: ›Theorie als Verteidigung der Literatur? Eine Fallge-schichte: Paul de Man‹, in: *DVjs* 1990/3, S. 467–513.

Flusser, Vilém: ›Die Geste des Schreibens‹, in: Zanetti 2012, S. 261–268.

Foucault, Michel: Was ist Kritik? Berlin 1992.

Gasché, Rodolphe: ›The *Scene* of Writing: A Deferred Outset‹, in: *Glyph* 1977/1, S. 150–171.

Gasché, Rodolphe: ›Deconstruction as Criticism‹, in: *Glyph* 1979/6, S. 177–215.

Gearhart, Suzanne: ›Philosophy before Literature: Deconstruction, Historicity, and the Work of Paul de Man‹, in: *Diacritics* 1983/13, S. 63–81.

Giuriato, Davide: ›Maschinen-Schreiben‹, in: Zanetti 2012, S. 305–317.

Hartmann, Frank: Mediologie. Ansätze einer Medientheorie der Kulturwissenschaften. Wien 2003.

Huber, Jörg et al. (Hg.): Ästhetik der Kritik. Verdeckte Ermittlung. Zürich / Wien / New York 2007.

Huber, Jörg et al. a: ›Wenn die Kritik verdeckt ermittelt. Einleitende Überlegungen zu einer Ästhetik der Kritik‹, in: Huber et al. 2007, S. 7–20.

Jaeggi, Ralph / Wesche, Thilo: ›Einführung: Was ist Kritik?‹, in: dies. (Hg.): *Was ist Kritik?* Frankfurt am Main 2009, S. 7–20.

Jolles, André: Einfache Formen. Legende, Sage, Mythe, Rätsel, Spruch, Kasus, Memorabile, Märchen, Witz. 8. Aufl. Tübingen 1999.

Kerschbaumer, Sandra: ›Romantische Literaturkritik bei Heine, Hofmannsthal, Kerr und einigen Kritikern der Gegenwart‹, in: *Jahrbuch der deutschen Schillergesellschaft* 2003/47, S. 240–265.

Kerschbaumer, Sandra: ›Die Kunst der Literaturkritik. Theoretische Grundlagen und ihre Umsetzung in der Romantik‹, in: *Wirkendes Wort* 2004/2, S. 205–224.

Kiening, Christian: ›Wege zu einer historischen Mediologie‹, in: *SAGG* 2007/4, o. S.

Kruschkova, Krassimira: ›Das Aussetzen der Kritik‹, in: Huber et al. 2007, S. 149–157.

Lämmert, Eberhard: ›Literaturkritik – Praxis der Literaturwissenschaft?‹, in: Barner 1990, S. 129–139.

Landow, George P.: ›Der neu konfigurierte Text‹, in: Kammer, Stephan / Lüdeke, Roger (Hg.): *Texte zur Theorie des Textes*. Stuttgart 2005, S. 157–167.

Leistert, Oliver / Röhle, Theo: ›Identifizieren, Verbinden Verkaufen. Einleitendes zur Maschine Facebook, ihren Konsequenzen und den Beiträgen in diesem Band.‹, in: dies. (Hg.): *Generation Facebook. Über das Leben im Social Net*. Bielefeld 2011, S. 7–90.

Man, Paul de: Blindness and Insight: Essays in the Rhetoric of Contemporary Criticism. New York 1971.

Man, Paul de: Blindness and Insight: Essays in the Rhetoric of Contemporary Criticism. 2. Aufl. Minneapolis 1983.

Man, Paul de: ›Der Widerstand gegen die Theorie‹, in: Bohn, Volker (Hg.): *Romantik. Literatur und Philosophie. Internationale Beiträge zur Poetik*. Frankfurt am Main 1987, S. 80–106.

Man, Paul de: Allegorien des Lesens. Aus dem Amerik. v. Werner Hamacher u. Peter Krumme. Mit einer Einleitung v. Werner Hamacher. Frankfurt am Main 1988.

Man, Paul de a: ›Semiologie und Rhetorik‹, in: Man 1988, S. 31–51.

Man, Paul de b: ›Tropen (*Rilke*)‹, in: Man 1988, S. 52–90.

Man, Paul de: Critical Writings 1953–1978. Hg. v. Lindsay Waters. Minneapolis 1989.

Menke, Bettine: ›Dekonstruktion – Lektüre. Derrida literaturtheoretisch‹, in: Bogdal, Klaus-Michael (Hg.): *Neue Literaturtheorien. Eine Einführung.* Opladen 1990, S. 235 – 264.

Menke-Eggers, Christoph: ››Deconstruction and Criticism‹ – Zweideutigkeiten eines Programms‹, in: Barner 1990, S. 351 – 366.

Münker, Stefan / Roesler, Alexander (Hg.): Mythos Internet. Frankfurt am Main 1997.

Ruf, Oliver a: Wischen und Schreiben. Von Mediengesten zum digitalen Text. Berlin 2014.

Ruf, Oliver b: ›Wischen‹, in: Christians, Heiko / Bickenbach, Matthias / Wegmann, Nikolaus (Hg.): *Historisches Wörterbuch des Mediengebrauchs.* Wien / Köln / Weimar 2014, S. 641 – 652.

Saar, Martin: Genealogie als Kritik. Geschichte und Theorie des Subjekts nach Nietzsche und Foucault. Frankfurt am Main / New York 2007.

Sandbothe, Mike: ›Interaktivität – Hypertextualität – Transversalität. Eine medienphilosophische Analyse des Internet‹, in: Münker / Roesler 1997, S. 56 – 82.

Schlegel, August Wilhelm: ›Vorlesungen über schöne Literatur und Kunst‹, in: Mayer, Hans (Hg.): *Meisterwerke deutscher Literaturkritik.* Bd. I. 2. Aufl. Berlin 1956, S. 601 – 664.

Schmidt, Siegfried J.: ›Interpretation Today – Introductory Remarks‹, in: *Poetics* 1983/12, S. 71 – 81.

Schröter, Jens: ›Medienästhetik, Simulation und ›Neue Medien‹‹, in: *Zeitschrift für Medienwissenschaft* 2013/1, S. 88 – 100.

Stingelin, Martin: ›Vom Eigensinn der Schreibwerkzeuge‹, in: Fehr, Johannes / Grund, Walter (Hg.): *Schreiben am Netz. Literatur im digitalen Zeitalter.* Innsbruck 2003, S. 134 – 148.

Stingelin, Martin: ››Schreiben‹. Einleitung‹, in: ders. (Hg.): *»Mir ekelt vor diesem tintenkleksenden Säkulum«. Schreibszenen im Zeitalter der Manuskripte.* München 2004, S. 7 – 21.

Stingelin, Martin / Giuriato, Davide / Zanetti, Sandro a: ›Zur Genealogie des Schreibens‹, in: Schade, Sigrid / Sieber, Thomas / Tholen, Georg Christoph (Hg.): *SchnittStellen.* Basel 2005, S. 63 – 73.

Stingelin, Martin / Giuriato, Davide / Zanetti, Sandro b: ›Ein ›azentrisches, nicht hierarchisches und asignifikantes System ohne General‹. (Digitalisiertes) Schreiben von 1950 bis zur Gegenwart. Mit einem Zwischenfazit des Projekts *Zur Genealogie des Schreibens*‹, in: *editio* 2005/19, S. 202 – 206.

Thomason, Alex: ›Deconstruction‹, in: Waugh, Patricia (Hg.): *Literary Theory and Criticism. An Oxford Guide.* Oxford 2006, S. 298 – 318.

Urban, Astrid: Kunst der Kritik. Die Gattungsgeschichte der Rezension von der Spätaufklärung bis zur Romantik. Heidelberg 2004.

Visker, Rudi: Michel Foucault. Genealogie als Kritik. München 1991.

Weidermann, Volker: ›Wer steht hier am Abgrund? Die Literaturkritik muss sich vor dem Internet nicht fürchten. Sie muss nur wieder so modern werden, wie sie mal war.‹, in: *Frankfurter Allgemeine Sonntagszeitung Online* 30. 05. 2013.

Zanetti, Sandro (Hg.): Schreiben als Kulturtechnik. Grundlagentexte. Berlin 2012.

Carsten Gansel

Literaturkritik als Verstärker oder Filter für literarische ›Aufstörungen‹? Zur Theorie und Praxis von Literaturkritik in der DDR

1   Einleitung

Der II. Schriftstellerkongress in der DDR fand vom 4. bis 7. Juli 1950 statt und wurde durch Johannes R. Becher eröffnet. In seiner Einleitung bezog er sich auf Goethe und Schiller und vertrat die Auffassung, dass ein Schriftsteller »um so bedeutender [ist], je tiefer und umfassender er in seinen Werken die Probleme seines Zeitalters gestaltet«. Für Becher ging es nicht um die »Suche neuer For-men«, sondern um die Gestaltung des »geschichtlich Neuen«. Dabei markierte er die veränderte Stellung des Schriftstellers, die nicht vergleichbar mit jener Rolle sei, die Autoren in vergangenen Zeiten gehabt hätten. Anders als früher gehe es unter den veränderten Bedingungen darum, ein »Künder und Wegbereiter des Neuen zu sein und überall dort, wo es sich zeigt und hervortritt, ihm zu einem machtvollen Durchbruch zu verhelfen«. In Verbindung damit sah Becher den Widerspruch zwischen Geist und Macht in der DDR gelöst und die Kritik an den gesellschaftlichen Verhältnissen ersetzt durch ein »leidenschaftliches Ja«. »Wir sagen zur Deutschen Demokratischen Republik du«, so Becher, »wie sie auch zu uns du sagt. Wir sagen zu ihr ›du unser Staat‹, wie sie uns auch ›ihre Schrift-steller‹ nennt«.[1] Damit hatte Becher eine grundlegende Veränderung der ›Funktion‹ von Literatur beschrieben, die radikale Konsequenzen deshalb haben musste, weil sie es Autoren schwer machte, die ›wirkliche Wirklichkeit‹ in ihren Texten kritisch zu reflektieren. Um die erhofften großen Kunstwerke hervor-zubringen, sah Becher die Notwendigkeit, eine ›Literaturbewegung‹ in Gang zu bringen, weil ohne eine »breite Durchschnittsliteratur« keine reichhaltige Lite-ratur entstehen könne. Der Hinweis war insofern von Bedeutung, als Becher auf diese Weise eine Bresche für die sogenannte Unterhaltungsliteratur schlug und davor warnte, jeweils solche Texte durch »unsinnige Lobhudelei zu ›klassischen Größen‹« aufzublasen. Damit war auf die Bedeutung von Literaturkritik ver-

---

1 Becher, Johannes R.: Eröffnungsrede auf dem II. Deutschen Schriftsteller-Kongress, in: Gansel 2008a, S. 89–92, hier: S. 90. Siehe dazu ausführlich Gansel 2008b.

wiesen, der Becher eine maßgebliche Rolle bei der Ausgestaltung des literari-schen Lebens beimaß, weil sie die Interessen des Lesers im Auge haben müsse. Bedeutsam für die ›Funktionsbestimmung‹ von Literatur in der DDR und damit für jene Instanz, deren Aufgabe darin bestehen sollte, die entstehenden Texte kritisch zu reflektieren bzw. zu beobachten, waren dann vor allem die Kongressreden von Bodo Uhse und Kuba (Kurt Bartel). Uhse ging in seiner Grundsatzrede zu Beginn des zweiten Tages von den eingetretenen gesellschaftlichen Veränderungen aus und verpflichtete die Literatur zur »Parteinahme«. Anders als in der jüngeren Vergangenheit, die eine Phase der Auflösung, des Zerfalls, des Absterbens gewesen sei, bestehe die Aufgabe nunmehr darin, »das neue Leben zu formen«. Vor der Literatur stehe daher die Verpflichtung, den »neuen Tatsachen unseres Lebens Ausdruck« zu verleihen, und der Schriftsteller habe »schreibend zur Veränderung der Welt« beizutragen.[2] Mit Blick auf Traditionslinien und eine beginnende Kanonisierung schlug Uhse vor, dort anzuknüpfen, »wo sich die deutsche Literatur gegen die deutsche Misere erhob oder sie gar überwand, wo sie wahrhaft humanistische Züge trägt und also im tiefsten Sinne national und fortschrittlich ist«[3]. Ausgehend davon war Uhse bemüht, eine Art Bestandsaufnahme der in der SBZ/DDR neu entstandenen Literatur zu geben. Positiv sah er die Entwicklungen in der Lyrik mit Gedichten von Becher, Brecht, Kurt Bartel (Kuba), Fürnberg oder Hermlin. Anders sehe dies in der »schwerfälligeren Prosa« aus. Hier sei das »Wort vom Zurückbleiben« der Literatur hinter die gesellschaftlichen Entwicklungen mit Recht gefallen. Uhse begründete dieses Zurückbleiben wie folgt:

> »Das Leben auf den Feldern der Neubauernhöfe, in den volkseigenen Betrieben, in Planungsämtern und auf Maschinenausleihstationen, also die durch die Bodenreform, Umsiedlung, Enteignung wichtiger Industrieanlagen und ihre Überführungen in Volkseigentum hervorgerufenen Umwälzungen und ihr Echo im Bewusstsein unserer Menschen haben bisher, mit der Ausnahme einiger Versuche, keinerlei Gestaltung erfahren.«[4]

Entsprechend stellte Uhse die Forderung auf, mit Blick auf die Jugend, Bücher zu schreiben, »in denen sie ihr eigenes Leben« wiederfinden könne, und dies bedeute, von der »Wiederbesinnung nach dem Zusammenbruch« zu erzählen, vom »Überwinden des Hungers«, vom »zögernden Neubeginn« oder vom »zuversichtlicher werdenden Aufbau«[5]. Kurzum: Im Mittelpunkt der Literatur müsse der »arbeitende, tätige, produktive, schöpferische Mensch« stehen.[6] In

---

2 Ebd., S. 122.
3 Ebd. Die Aussagen zum Schriftstellerkongress basieren auf der Darstellung in Gansel 2008b.
4 Ebd., S. 124.
5 Ebd.
6 Ebd., S. 126.

der Prosa sah Uhse bereits erfolgreiche Ansätze einer Realisierung dieser Forderungen, etwa in Friedrich Wolfs »Bürgermeister Anna«, in Karl Grünbergs
Betriebsroman »Golden fließt der Stahl« oder in der kleinen Prosa mit Texten
jüngerer Autoren wie Lothar Kusche oder Peter Nell. Im Anschluss an Uhse ging
Kuba genauer auf die Nachwuchsförderung ein, benannte materielle Probleme
und warb dafür, junge Autoren nicht in diversen Funktionen zu verschleißen.
Kuba war es auch, der auf das Problem des Formalismus aufmerksam machte
und monierte, dass der Terminus inflationär und wenig reflektiert gebraucht
würde. Inzwischen sei die »letzte violette Kuh [...] nach dem Westen gegangen«[7].
Von daher sei von einem Formalismus, der »vom Abstrakten« herkomme, nicht
mehr allzu viel zu befürchten, wohl aber von einem Formalismus, der im Naturalismus seinen Grund habe. Amusische Menschen würden in diesem Sinne
beim Lesen eines Gedichtes oder einer Novelle wie auch beim Betrachten eines
Bildes notieren: »›Ja, das ist ein richtiger Baum, die Linde ist ganz natürlich, das
ist Realismus, das ist sozialistischer Realismus, das ist in Ordnung.‹« Gegen
einen solchen Formalismus, notierte Kuba unter starkem Beifall, würde man in
der DDR nichts tun, »den druckt man auf Plakate, der kann sich breit machen«[8].
Damit war auf die enger werdenden Möglichkeiten künstlerischer Gestaltung
hingewiesen wie auch auf die Grundfrage nach dem Realismus. In den nachfolgenden Diskussionsbeiträgen waren es vor allem Rudolf Leonhard, Anna
Seghers und der SED-Funktionär Stefan Heymann, die mit sehr unterschiedlichen Akzentuierungen auf das Problem des Formalismus eingingen. Leonhard
konstatierte begriffliche Unklarheiten und schlug unter Zustimmung im »Unterschied vom früheren Realismus« vor, unter »sozialistischem Realismus« »die
Darstellung der Wirklichkeit plus ihrer Bedingungen« zu verstehen.[9] Anna
Seghers versuchte in ihrem Statement zurückhaltend die Rolle von künstlerischen Experimenten zu legitimieren und warnte davor, immer sogleich mit der
Formel vom »sozialistischen Realismus« zu argumentieren.[10] Auch Heymann
votierte unter Berufung auf die Bildende Kunst für Geduld in künstlerischen
Fragen und polemisierte gegen vorschnelle Kritiken, weil es einfach nicht
möglich sei, beim ersten Anhieb die »endgültige, vollwertige Form« zu finden.[11]
In Hinblick auf den zunehmend gebrauchten Terminus »sozialistischer Realismus« sah er unter Bezug auf Maxim Gorki sein Kennzeichen darin, dass er
darauf abziele, »den Menschen so zu zeigen, wie er ist, wie er sein soll und wie er
sein wird«[12].

---

7 Ebd., S. 135.
8 Ebd.
9 Ebd., S. 152.
10 Ebd., S. 163.
11 Ebd., S. 175.
12 Ebd., S. 174.

Nach dem II. Schriftstellerkongress ging es zunehmend darum, die Struktur für einen Schriftstellerverband in der DDR zu schaffen. In Auswertung der Situation wurde die Arbeit der zentralen Leitung des DSV im Februar 1951 als völlig ungenügend bewertet. Eine solche Einschätzung entsprach durchaus auch der kritischen Selbstanalyse des geschäftsführenden Vorstandes, der nach und nach dazu kam, sein Selbstverständnis und Vorstellungen über eine entsprechende Verbandstruktur zu fixieren. Gleichwohl gab es durchaus erste Ergebnisse der Verbandsarbeit, auf die positiv verwiesen wurde. So hatte die »Arbeitsgemeinschaft Literaturkritik« getagt, und es entstand auf Vorschlag von Kuba die Idee, eine grundsätzliche Diskussion zu Fragen der Literaturkritik ins Leben zu rufen. Auch die »Kommission zur Förderung junger Autoren« war dabei, einen Lehrgang vorzubereiten. Einen Schritt weiter im Selbstverständnis gelangte man im Vorstand des Verbandes im Umfeld der Vorbereitungen für den III. Schriftstellerkongress, der bereits 1952 stattfinden sollte. In diesem Rahmen entstand der Entwurf einer Direktive über die »Bedeutung und Stellung des Deutschen Schriftstellerverbandes in der Öffentlichkeit«. Darin wurde die selbständige Verantwortung des DSV herausgehoben, der eben nicht »durch eine staatliche Verwaltungsstelle angeleitet werden kann«. Die Begründung für diesen Stellenwert des DSV erklärte sich aus der Tatsache, dass in seiner Leitung »die besten deutschen Autoren vereinigt [sind], deren Werk Weltberühmtheit erlangt hat und die durch Jahrzehnte ihre Feder im politischen Kampf geführt haben«[13]. Aus diesem Selbstverständnis ergab sich, dass der DSV seine »politische Anleitung« nur direkt von »der Partei« erhalten könne, während die »staatlichen Stellen« entsprechend ihrer Fachgebiete die literarische Produktion kontrollieren.[14] Mit anderen Worten: Die Leitungsgremien des DSV wollten sich unabhängig machen von möglichen staatlichen Reglementierungen und selbstbewusst nur mit jener Kraft verhandeln, die als die führende in der DDR galt, die SED. Der Entwurf markierte folgende Hauptaufgaben des DSV:

> »a) Die ideologische und fachliche Weiterbildung aller Schriftsteller und Verlagslektoren,
> b) die Sicherung der Arbeitsmöglichkeiten aller Schriftsteller und ihrer sozialen und rechtlichen Vertretung,
> c) das Auffinden, Fördern und Pflegen des Nachwuchses,
> d) die Verstärkung der aktiven Beziehungen der werktätigen Menschen zur Literatur.«[15]

---

13 Bedeutung und Stellung des Deutschen Schriftsteller-Verbandes in der Öffentlichkeit. (Entwurf-Direktive), in: SAdK, SV (alt), Sign. 040. Siehe Gansel 1996, S. 300.

14 Für die Belletristik wird als Kontrollinstanz das Amt für Literatur genannt, die Staatliche Kommission für Kunstangelegenheiten sei für die Dramatik zuständig, das Staatliche Filmkomitee für den Film und das Staatliche Rundfunkkomitee für den Funk (ebd.).

15 Ebd.

Erst mit dem III. Schriftstellerkongress 1952 erhielt der DSV seine Selbstän-
digkeit und führte nunmehr in Berlin »Unter den Linden 15« ein eigenes Büro.[16]
Das Präsidium bestand aus Anna Seghers (Präsidentin), Stefan Hermlin (1.
Vizepräsident), Hans Marchwitza (2. Vizepräsident) und Kuba (Generalsekre-
tär). Dennoch nahm es längere Zeit in Anspruch, bis der DSV seine faktische
Eigenständigkeit erlangte, eine eigene Verbandsstruktur mit entsprechenden
Mitarbeitern zur Verfügung hatte und legitimiert war, mit dem Partei- und
Staatsapparat von sich aus Verhandlungen zu führen.

Betrachtet man den DSV unter einem gruppensoziologischen Blickwinkel,
dann zeigt sich, dass der DSV in der Folgezeit gewissermaßen als Manifest- *und*
Service- bzw. Dienstleistungsgruppe in einem funktionierte. Das heißt, er war
darauf aus, »literarisch und ideologisch ›Schule zu machen‹« (Manifestgruppe),
und wollte gleichzeitig als »Organ individueller wie sozial-materieller Interes-
senwahrnehmung« wirken.[17] Von daher besaß der Schriftstellerverband in der
DDR eine Monopolstellung und war nicht zu vergleichen mit den entstehenden
Autorenverbänden und -gruppen in der Bundesrepublik Deutschland. Eine Art
Alleinvertretung konnte der DSV in der DDR allerdings nur deshalb einnehmen,
weil andere literarische Gruppenbildungen keine Rolle spielten, zurückgedrängt, ausgeschlossen und später verfolgt wurden. Insofern handelte es sich
beim DSV letztlich um eine Institution, deren symbolische Macht von der SED
geliehen war bzw. die er stellvertretend für sie ausübte.

2   Literaturkritik und Druckgenehmigungen – Erwin Strittmatters »Tinko« als Exempel

1954 erschien der Roman »Tinko« von Erwin Strittmatter, der insofern eine Art
Novum war, als er sich an Kinder und Erwachsene gleichermaßen wandte,[18]
mithin nach heutiger Diktion so etwas wie ein All-Age-Text war. Strittmatters
Roman wurde in der Literaturkritik bereits nach seinem Erscheinen vielfach
diskutiert.[19] Es hing dies auch damit zusammen, dass der Roman ausgesprochen

---

16 Auf dem Kongress wurden in den Vorstand gewählt: Abusch, Becher, Brecht, Bredel, Brezan,
    Claudius, Cwojdrak, Fühmann, Hermlin, Kuba, Leonhard, Lorbeer, Marchwitza, A. Müller,
    Nell, Renn, Seghers, K. Stern, W. Stranka, E. Strittmatter, Uhse, Victor, Wangenheim, Wa-
    terstradt, E. Weinert, Welk, Fr. Wolf, Zimmering, Zweig.
17 Kröll 1978, S. 43.
18 Zu Strittmatters »Tinko« siehe ausführlich Gansel 2012a, S. 69–86. Die nachfolgenden
    Aussagen basieren auf diesem Beitrag.
19 Siehe dazu u. a. die Beiträge von Wolf, Christa: Menschliche Konflikte in unserer Zeit, in:
    Neue deutsche Literatur, Heft 7/1955; Berger, Uwe: Geschichte eines Dorfjungen, in: Aufbau
    4/1955; Weise-Standfest, Hilde: Tinko, in: Die Buchbesprechung 21/1954.

umfassend in die Diskussion gebracht worden war. Bereits im Novemberheft 1953 der »Neuen Deutschen Literatur« (NDL) war ein erster Vorabdruck erschienen. Es folgten weitere Vorabdrucke in der renommierten Zeitschrift des Kulturbundes »Sonntag« sowie im »Neuen Deutschland«. Zudem wurde der gesamte Roman 1954 als Fortsetzung in der »Täglichen Rundschau« publiziert.[20] Und schließlich erschien »Tinko« im selben Jahr gewissermaßen parallel im Aufbau-Verlag sowie im Kinderbuchverlag, was durchaus einmal mehr einen Sonderfall darstellte. Aber worum geht es in dem Roman »Tinko«? Die erzählte Zeit reicht vom Herbst 1948 bis zum Sommer 1950. Die Handlung siedelt Strittmatter in einem ehemaligen Gutsdorf in der Niederlausitz an, das eine entsprechende soziale Struktur aufweist. Die Hauptfigur des Textes, der achtjährige Martin Kraske, den alle Tinko nennen, wächst bei seinen Großeltern auf. Seine Mutter ist bei einem Bombenangriff ums Leben gekommen und sein Vater befindet sich in russischer Kriegsgefangenschaft. Der Großvater, der als Maurer und Büdner gearbeitet hat, ist durch die Bodenreform zum Landbesitzer aufgestiegen und fühlt sich endlich den Altbauern zugehörig. Als Tinkos Vater aus der Gefangenschaft zurückkehrt, entsteht ein Konflikt zwischen Vater und Sohn, in den Tinko mit Notwendigkeit hineingerät. Der Vater setzt auf die Einführung neuer landwirtschaftlicher Methoden, mit denen er es in der Kriegsgefangenschaft in der Sowjetunion zu tun bekommen hat. Der Großvater, dessen autoritäres Verhalten die Familienmitglieder in unerträglicher Weise seinen Lebensprinzipien unterordnet, widersetzt sich Vorschlägen, Neues zu versuchen. Tinko bekennt sich schließlich zu seinem Vater, der Großvater stirbt und geht isoliert, unbelehrbar und verbittert tragisch zugrunde.

Bereits in den ersten Reaktionen auf den Roman war von Literaturkritikern vermutet worden, dass hier etwas Neues in die Literatur gekommen sei. »Mit diesem Buch erreicht unser Roman über Menschen unserer Zeit«, so Christa Wolf, »eine neue, qualitativ höhere Entwicklungsstufe, die man zukünftig bei der Beurteilung neuer Bücher nicht außer acht lassen kann«[21]. Trotz der positiven Gesamtwertung war es für Wolf, damals noch Mitarbeiterin des Schriftstellerverbandes, fraglich, ob es sich hier um ein Jugendbuch handle – es war dies eine Frage, die dann auch im weiteren Verlauf immer wieder aufgegriffen wurde. Zudem hatte sie die Art und Weise des Erzählens moniert und den »Standort des Erzählers als einen Bruch in der sonst so schönen Geschlossenheit des Romans« empfunden.[22] Strittmatter hat nämlich einen personalen Erzähler eingesetzt, der die Welt aus der kindlichen Sicht von Tinko erfasst, aber er ist dann im Text wiederholt über diese Figurenperspektive hinausgegangen, hat also den point of

20 Vgl. auch die Hinweise zu »Tinko«, in: Steinlein u. a. 2006, S. 143.
21 Wolf, Christa: Menschliche Konflikte in unserer Zeit. 1955 (Anmerkung 19), S. 140.
22 Ebd., S. 144.

view gewechselt. Was dann in der öffentlichen Debatte des Romans seit den 1950er-Jahren betont wurde, hatte bereits vor dem Erscheinen des »Tinko« im Verfahren zur Druckgenehmigung eine Rolle gespielt.

Nun muss bereits an dieser Stelle auf eine Besonderheit des Literatursystems DDR aufmerksam gemacht werden. Oliver Pfohlmann hat zutreffend darauf verwiesen, dass sich in der DDR »das System der Vorzensur und die institutionelle Literaturkritik nicht ohne weiteres trennen lassen, vielmehr die Grenzen durchlässig sind«[23]. Angesprochen ist damit das sogenannte Druckgenehmigungsverfahren, das bis 1989 existierte. Der Druckgenehmigung eines Textes war in der DDR ein aufwendiger Begutachtungsprozess vorgeschaltet, der dazu führte, dass gegebenenfalls bereits vor der Veröffentlichung ein Text in einem komplizierten Aushandlungsprozess zwischen Verlag bzw. Lektor und Autor entschärft bzw. entstört wurde. Im Falle von Strittmatters »Tinko« war in dem für die Druckgenehmigung maßgeblichen Außengutachten vom 02. Januar 1953 gefragt worden: »Ist dies ein Kinderbuch?« Der Gutachter machte in diesem Rahmen auf die Rolle der Ironie aufmerksam, die Kinder »nicht verstehen«, und hob hervor:

> »Der Autor empfand beim Schreiben höchstwahrscheinlich selbst den Widerspruch zwischen dem Wunsch für Kinder zu schreiben und der Anwendung von Stilmitteln, die in ihrer beißenden Ironie und dichterischen Ballung keineswegs der Ausdrucksweise eines Kindes entsprechen und ihm oft unverständlich bleiben müssen, denn dort, wo er sich besinnt, daß er für Kinder und vom Kinde aus schreiben muß, verfällt er in kindische, und kindliche Reden: ›So bin ich nicht in die Jungen Pioniere eingetreten worden.‹ An anderen Stellen spricht er gekünstelt wie ein belesener oder hochqualifizierter Erwachsener. S. 251: ›Der graue Nebel kriecht auch mir ins Herz, sie wollen mich von den Stätten meiner Jugend trennen‹.«[24]

Diese Kritik war durchaus bedenkenswert, wie auch der Hinweis, dass sich in der Figur des Tinko ein Widerspruch zeige. Freilich ging der Außengutachter in seiner Kritik noch weiter, er warf den Lektoren vor, »dass sie offensichtlich völlig unkritisch an die Beurteilung des Manuskriptes herangegangen sind«, und erhob Einwände gegen den Text, die in anderen Fällen eine Drucklegung des Manuskriptes verhindert hätten.[25] Zwar wurde »Tinko« im Gutachten einleitend noch als ein »bedeutsamer Beitrag zum Kampf um die Veränderung des Bewußtseins der Landbevölkerung« bewertet und betont, dass diese »Wandlung [...] im Zuge der Veränderung der ökonomischen Basis, der fortschreitenden Anwendung von Maschinen der Traktorenstation und der Entwicklung der ge-

---

23 Pfohlmann 2004, S. 148.
24 Stellungnahme zum Manuskript »Tinko« von Erwin Strittmatter. BArch, DR 1/5086a, Blatt 229.
25 Ebd., Blatt 231.

genseitigen Hilfe« erfolgt.[26] Diese positive Einschätzung lieferte dann aber den Ausgangspunkt für eine ausgesprochen kritische Sicht auf den Text:

> »Allerdings kommt viel zu schwach der subjektive Faktor, die aktive Rolle der Partei und anderer Organisationen zum Ausdruck. Die Bewußtseinsänderung erfolgt sozusagen passiv im Selbstlauf. Die Partei wird nicht als alles organisierende Kraft, als überall und ständig wirksames Kollektiv handelnd dargestellt, sondern abstrakt und blutleer. Die schwächsten Figuren im Roman sind daher auch die Parteimitglieder, vor allem der Heimkehrer und der Bürgermeister, Beide weichen vor Schwierigkeiten und sogar offener Feindtätigkeit zurück [...] So richtig bei Strittmatters Konzeption der Untergang des Einzelgängers, des Großvaters, dargestellt wurde, so fehlerhaft ist es, den eigentlichen Feind des Dorfes, den Kulaken, völlig ungeschoren zu lassen. Strittmatter versteht es ausgezeichnet, ihn in allen seinen Handlungen als Volksfeind und Agenten, als amoralisches Subjekt darzustellen, aber sowohl die Partei als auch der Bürgermeister als Vertreter unserer Staatsmacht bleiben allen feindlichen Handlungen dieses Mannes gegenüber passiv. Das entspricht weder unserer politischen Auffassung noch den Tatsachen.«[27]

Die umfassende Zitierung gibt einen Einblick in den damaligen Denkhorizont, die literarturkritischen Parameter wie die angesetzten literarischen Vereinbarungen zu Anfang der 1950er-Jahre. Offensichtlich wird, in welcher Weise eine Art Feindbilddenken existierte, dass demokratische Spielregeln nicht gelten ließ (»den eigentlichen Feind des Dorfes«, »Kulake«, »Volksfeind und Agent«) und vom Autor eines literarischen Textes eine Umsetzung dieser Position verlangte. Nun hat Strittmatter die Figuren zwar stark typisierend angelegt, aber die vom Gutachter geforderte »harte Vorgehensweise« gegen jene, die die anvisierte ›sozialistische Umgestaltung‹ auf dem Lande ablehnten, fand sich nicht. Tinkos Vater als Vertreter des Neuen agierte eher zurückhaltend und wurde daher als ›schwache Figur‹ bewertet. Dabei war gerade sein Verhalten in den entstehenden Konflikten von einer Position getragen, die den Widerpart ernstnahm und nicht mit brachialer Gewalt suchte, die eigene Auffassung durchzusetzen. Dies umso mehr, da es sich bei dem sogenannten ›Gegner‹ um den eigenen Vater handelte. Das Votum des Außengutachters hatte allerdings wenig Einfluss auf die weitere Drucklegung, selbst an den inkriminierten Stellen wurde – bis auf die Anspielung auf Hitler – nichts verändert. Strittmatter erhielt für den Roman 1955, also bereits ein Jahr nach Erscheinen, den Nationalpreis. Die vom Außengutachter vermisste »harte Vorgehensweise« im Roman zeigte sich allerdings wenig später in der Realität, nämlich beim Umgang mit Intellektuellen und Autoren in der DDR, und dieses Vorgehen reichte weit über das Literatursystem hinaus.

---

26 Ebd., Blatt 228.
27 Ebd., Blatt 228 f.

3   Störfall 1956

Johannes R. Becher hatte zu Beginn der 1950er-Jahre seine durchaus ehrlich gemeinte Vision einer Aufhebung des Widerspruchs zwischen Geist und Macht in der DDR formuliert. Bereits Mitte der 1950er-Jahre musste er erkennen, dass diese Hoffnung gescheitert war: Auf der Sitzung des Politbüros des ZK der SED vom 18. bis 20. 12. 1956 gab der Minister für Staatssicherheit, Erich Wollweber, unter Tagesordnungspunkt 3 einen »Zwischenbericht über die Tätigkeit des konterrevolutionären Zentrums Harich und andere«. Es ging darum, möglichst rasch zu einem Urteil über Harich, Janka und andere Intellektuelle aus dem Bereich Kultur zu kommen. Im Protokoll der Sitzung ist der Beschluss vermerkt, dass der »Prozeß [...] beschleunigt vorzubereiten [ist]«. »Die ganze Angelegenheit erhält der Generalstaatsanwalt Melsheimer zur weiteren Behandlung«,[28] so Wollweber. Wolfgang Harich war drei Wochen zuvor, am 29. November 1956, verhaftet worden. Der Schauprozess gegen ihn fand dann bereits im März 1957 statt; zehn Jahre Zuchthaus lautete das Urteil. Auch Gustav Just und Heinz Zöger, stellvertretender Chefredakteur der wichtigen Wochenzeitung »Sonntag«, Walter Janka, Leiter des Aufbau Verlags und der Autor Erich Loest wurden zu hohen Zuchthausstrafen verurteilt. Die Prozesse fanden in Zusammenhang mit der Niederschlagung der vermeintlichen Konterrevolution in Ungarn statt und waren der Beginn eines harten Kurses gegen Intellektuelle, Künstler und Schriftsteller in der DDR. Nach den Ereignissen von 1956/1957 geriet insbesondere das unter Leitung von Johannes R. Becher stehende Ministerium für Kultur unter starken politischen Druck. Auf der 32. Tagung des ZK der SED Anfang Juli 1957 – kurz vor dem Beginn des Prozesses gegen Walter Janka – gab es massive Angriffe gegen den Kulturbund, den »Sonntag«, die Zeitschrift »Neue deutsche Literatur« und den Deutschen Schriftstellerverband. Im Oktober 1957 wurde auf der 33. Tagung des ZK der SED die Zentrale Parteikontrollkommission beauftragt, die Schuldigen für die »Aufweichungserscheinungen« im Ministerium für Kultur zu finden. Der Bericht lag dem Politbüro des ZK der SED bereits am 7. Januar 1958 vor. In der Folge wurde Johannes R. Becher als Minister abberufen und pensioniert.[29] Im September 1958 nahm der Vorstand des Deutschen Schriftstellerverbandes den Bericht einer »Brigade zur Überprüfung des Deutschen Schriftstellerverbandes« an. Der Bericht stellte erneut heraus, dass »infolge der Ereignisse in Ungarn und Polen« zwar die »übergroße Mehrheit des Verbandes [...] fest zur Partei und zum Arbeiter-und-Bauern-Staat [stand]«, aber einige Schriftsteller geschwankt »und zum Teil revisionistische

---

28 Protokoll der Sitzung des Politbüros vom 18./19./20. Dezember 1956, in: SAPMO-BArch, J IV 2/2 – 519.

29 Siehe dazu ausführlich Gansel 1991, S. 13 – 47.

Ansichten verbreitet« hätten. Emotionslos hieß es: »Die konterrevolutionäre Gruppe Harich, Just, Janka u. a. wurde verhaftet und abgeurteilt, ebenso Loest und Antkowiak«[30]. Im weiteren wurde dann auf die besondere Rolle der Literaturkritik eingegangen und moniert, dass eine »ideologisch-künstlerische Diskussion neuer literarischer Werke im wesentlichen nur dann statt [fand], wenn gegen bestimmte Werke ernsthafte Beanstandungen von außerhalb vorgebracht wurden«. So habe man über Djacenkos »Herz und Asche« und über Mundstocks »Der Fall Konradi« diskutiert,[31] »nicht aber über ein feindliches Machwerk wie ›Die besonnte Mauer‹ von Jokostra.«[32] Gleichwohl sei – so der Bericht – ein »ideologischer Wandlungsprozeß in Gang gekommen«. Dazu beigetragen hätten auch Theoretische Konferenzen wie eine Tagung über »Kriegsliteratur«, eine Konferenz zu »Fragen der Literaturgestaltung des Neuen auf dem Lande« sowie eine »Konferenz zu Fragen der Literaturkritik«. Zu eben dieser Tagung notierte der Bericht folgende Einschätzung:

> »Auf der Konferenz zu Fragen der Literaturkritik (Frühjahr 1958), vom Bezirksverband Berlin einberufen, erfolgte im Referat eine Auseinandersetzung mit dem Revisionismus in der Literaturkritik. Die schädliche Wirkung von Kritiken in der Tagespresse und in periodischen Zeitschriften, welche die Dekadenzliteratur propagierten, wurde aufgedeckt. Die Bedeutung der Kritik für die Entwicklungen einer mit den Massen verbundenen sozialistischen Literatur wurde dargelegt.«[33]

Offensichtlich wird, welche maßgebliche Rolle man in der SED wie auch im Vorstand des Deutschen Schriftstellerverbandes der *Literaturkritik* bei der Propagierung einer als sozialistisch verstandenen Literatur beimaß. Ebenso klar zeichnet sich ab, an welchen Kriterien Literaturkritik sich zu orientieren hatte. Die Tendenz, *ideologische Markierungen* zum Ausgangspunkt der Bewertung von Kunstprozessen zu machen, wurde durch die Gründung der »Kommission Kultur« im Oktober 1958 noch verstärkt. Die Kommission zielte u. a. darauf ab, das »ideologische Bewußtsein« zu heben und »theoretische Probleme« zu klären. Bereits auf der zweiten Sitzung nahm die neu gegründete Kommission einen 39-seitigen Bericht über die literaturverbreitenden Institutionen an, in dem erneut eine »liberalistische Praxis« wie auch ein »Einbruch der bürgerlichen Ideologie« kritisiert wurde. Entsprechend hieß es:

> »Die richtige Forderung nach Vielfalt und Reichtum in der Literatur wurde in vielen literaturverbreitenden Institutionen in ihrem Wesen ins Gegenteil verkehrt. Damit wurde ein breiter Einbruch bürgerlicher Ideologie möglich. An unseren Universitäten, in unseren Verlagen und in der Literaturkritik wurde kein entschiedener Kampf gegen

---

30 Siehe die abgedruckten Dokumente in: Gansel 1996, S. 374.
31 Ebd.
32 Ebd., S. 375.
33 Ebd.

solche liberalistischen Erscheinungen geführt, wobei die sozialistische Literatur zugunsten der bürgerlichen zurückgedrängt wurde, durch falsche Proportionen in der thematischen Verlagsplanung, durch unzureichende Nachauflagenpolitik in bezug auf die sozialistischen Werke und durch ungenügende Propagierung der sozialistischen Literatur in Presse, Funk, Buchhandel usw.«[34]

Als besonders gefährlich wurde vermerkt, dass es »sogar zahlreiche Beispiele mangelnder politischer Wachsamkeit bei der Vergabe von Druckgenehmigungen« gab.

Der Bericht über die »literaturverbreitenden Institutionen« lässt folgende Schlussfolgerungen zu. **Erstens:** In systemtheoretischer Perspektive zeigt sich, dass auch in der DDR die innere Struktur des Handlungs- bzw. Sozialsystems Literatur – wie in der Bundesrepublik der 1950er-Jahre – durch die Handlungsrollen a) literarische Produktion (u. a. Autoren, Verleger), b) Vermittlung (u. a. Verleger, Lektoren, Kritiker, Universitäten), c) Rezeption/Verarbeitung (u. a. Leser, Kritiker) gekennzeichnet ist. Fragt man **zweitens** nach den in Anwendung gebrachten Kategorien literaturkritischer bzw. ästhetischer Wertung, dann zeigt sich Folgendes: Zumeist funktionierte eine vulgärmaterialistische Verknüpfung von Politik und Ästhetik. Als ausschlaggebend für die Bewertung erschien die aus dem Werk herausgefilterte politische Gesinnung des Autors, seine Weltanschauung und das, was der sich als marxistisch verstehende Kritiker auf der literarischen Darstellungsebene wiederzufinden meinte. Die skizzierten Vorgänge zeigen **drittens** einmal mehr – und das sei vorweggenommen –, wie in der DDR eine selbstreferentielle, autopoietische Organisation der Teilbereiche bzw. Systeme unter dem Primat der Politik be- bzw. verhindert wurde. Dies gilt auch für das Literatursystem und die Rolle von Literaturkritik.

4 Der »Neue Gegenstand« – Bindung von Ästhetik und Politik

Wie wichtig für die Bewertung von Kunstprozessen in der DDR die Bindung von Ästhetik und Politik gerade auch bei der Darstellung des sogenannten »Neuen Gegenstandes« geworden war, das zeigte eine Vorstandssitzung des Deutschen Schriftstellerverbandes, die zwei Monate nach der Bitterfelder Konferenz vom 11./12. Juni 1959 im Gästehaus der DDR-Regierung stattfand. Das Thema lautete: »Die Realität ist hart – was ist mit der harten Schreibweise?« Zunächst ging es hier mit der »harten Schreibweise« einmal mehr um jene Texte, die Mitte der 1950er-Jahre den Zweiten Weltkrieg, das Sterben und den Tod detailliert erfassten und dabei auf amerikanische Vorbilder wie Norman Mailer und Ernest

---

34 Abschlußbericht der Kommission zur Untersuchung der literaturverbreitenden Institutionen, in: SAPMO, BArch, Sign. IV/2/2026/Bd. 3, Blatt 42. Siehe dazu Gansel 1996, S. 199.

Hemingway zurückgriffen. Es ging also um literarische Darstellungen des Krieges, die minutiös die fatale Situation erfassten, in die jene gerieten, die um den Preis des eigenen Lebens zum Töten verdammt waren oder die den eigenen Tod vor Augen hatten. Die Texte stammten von jungen Autoren wie Harry Thürk, Egon Günther oder Hans Pfeiffer. Die Literaturkritik hatte diese Romane und Erzählungen bereits kurz nach Erscheinen als misslungene Versuche gewertet, den Krieg zu erfassen. Bezugnehmend auf die Formalismusdebatten der frühen 1950er-Jahre notierte Eva Strittmatter mit Blick auf die »harte Schreibweise«: »Wenn wir uns manches Mal [...] gefragt haben, wie sich eigentlich ›Dekadenz‹ in der Literatur ausweist – hier haben wir keinen Zweifel zu antworten: so beginnt sie zumindest, gewollt oder ungewollt.«[35] Diese Kritik wurde nun im Rahmen der Debatte auf Texte ausgeweitet, die versuchten, aktuelle Stoffe zu gestalten. Die Art und Weise, wie von jungen Autoren die Darstellung des sogenannten »Neuen Gegenstandes« angegangen wurde, führte – wie bei der Kriegsdarstellung – zu Aufstörungen im Handlungssystem Literatur.[36] Dabei bestand das Besondere darin, dass es zunächst gar nicht die Instanzen von Partei und Staatsapparat waren, die auf die literarischen Texte reagierten, sondern Autoren selbst, die noch dazu zu vergleichbaren Jahrgängen gehörten und im Schriftstellerverband in Leitungsgremien agierten. So brachte der Autor Gerhard Holtz-Baumert in seinem Statement jene Argumente auf den Punkt, die inzwischen bereits in der Literaturkritik Anwendung fanden:

>»Ich wollte sagen: Entweder ist ein Autor noch nicht im Stande, hat noch nicht eine solche weltanschauliche Basis, um seine Eindrücke richtig zu ordnen. Dann fällt er leicht dieser Methode, dieser naturalistischen, detailistischen, Mosaikmethode zum Opfer, mit allem, was da dran hängt. Oder er geht prinzipiell aus und sagt, ich schreib mal so'n Ding, in so ner Methode, so nem Stil. Dann müssen seine Helden, dann muß sein Buch so werden, wie hier. Es hängt nach meiner Auffassung beides eng zusammen. [...] Ich glaube die Diskussion um diese sogenannte harte Schreibweise, die ja klassifiziert worden ist als Naturalismus, besonders inspiriert von verschiedener dekadenter amerikanischer Literatur, ist in erster Linie keine literarische, stilistische Frage, darüber kann man immer reden, sondern sie ist in erster Linie [...] eine Frage des sozialistischen Bewußtseins, und da muß man, glaube ich, anfangen, und das muß man heben, und da muß man auch Wissen verlangen, über zum Beispiel die Kategorie der Widersprüche in der marxistischen Dialektik, die Kategorien des Zusammenhangs, des wechselseitigen Zusammenhangs. Wie werden Widersprüche bei uns gelöst, das ist auch eine Frage, mit der man glaube ich, das Problem lösen kann. Zuerst, glaube ich, also, geht es nicht um Stil, um die kurzen Sätze, sondern um die philosophischen

---

35 Strittmatter, Eva 1958, S. 126.
36 Es wird in diesem Rahmen darauf verzichtet, die ›Kategorie Störung‹ genauer zu bestimmen. Siehe dazu ausführlich verschiedene Beiträge des Verfassers wie zuletzt Gansel 2014a, 2014c, 2013.

Fragen und das sozialistische Bewußtsein, das es zu heben gilt. Das waren meine Eindrücke.«[37]

In dem Statement von Holtz-Baumert[38] fanden sich sämtliche jener Kampfmetaphern wieder, die bereits in der Diskussion um die »harte Schreibweise« eine Rolle gespielt hatten. Allerdings betraf Holtz-Baumerts Kritik ein Romanprojekt, das exakt dem entsprach, was eigentlich auf der I. Bitterfelder Konferenz gefordert worden war, und zwar die literarische Gestaltung von Arbeitsprozessen in Betrieben. Die Kritik auf der Vorstandssitzung traf den 29-jährigen Siegfried Pitschmann. Sein Manuskript stellte Ende der 1950er-Jahre eigentlich einen Vorgriff auf spätere Entwicklungen dar.[39] Pitschmann, damals gerade mit Brigitte Reimann verheiratet, hatte seinen Roman – durchaus ironisch – »Erziehung eines Helden« (1959) genannt. Die Story seines Textes war durchaus vergleichbar mit jener, die Reimann dann in ihrer Erzählung »Ankunft im Alltag« (1961) erfolgreich und kulturpolitisch sanktioniert umsetzte. Auch Pitschmanns Romanvorhaben führte in einen Betrieb. Im Zentrum stand ein junger Mann, den es nach einer gescheiterten Beziehung in die Produktion nach »Schwarze Pumpe« zog.[40] Dieser Protagonist, von Haus aus Musiker, geriet nun in eine gänzlich andere Welt, er stieß auf Produktionsarbeiter, die eigentlich schon dem Ideal des Neuen Menschen entsprechen sollten. Doch musste Pitschmanns Protagonist schnell erkennen, dass in der materiellen Produktion wenig von den idealischen Vorstellungen umgesetzt war. Um diese irritierenden Erfahrungen seines Protagonisten zu gestalten, hatte Pitschmann – ganz anders als Brigitte Reimann – nach einer spezifischen erzählerischen Vermittlung gesucht. Zwar gab es auch hier durchaus auktorial erzählte Teile, aber sukzessive kam es zu einem Wechsel ins personale Erzählen und über den inneren Monolog wurde die Innenwelt des Protagonisten kontinuierlich ausgeleuchtet. Bereits zu Beginn des Textes war der Protagonist im Betrieb mit schwerer körperlicher Arbeit konfrontiert. Dieser Umstand wird allerdings nicht von einem überschauenden Erzähler geschildert, sondern mittels eines inneren Monologs:

---

37 »Die Realität ist hart – was ist mit der harten Schreibweise?« Vorstandssitzung des Deutschen Schriftstellerverbandes vom 11./12. Juni 1959, in: AdK, Berlin, SV (Tonbandarchiv alt, ohne Sign.).

38 Gerhard Holtz-Baumert nannte sich zu diesem Zeitpunkt noch Gerhard Baumert.

39 Siehe dazu ausführlich bereits Gansel 2014b, S. 62–80.

40 Auf der Grundlage eines Ministerratsbeschlusses vom 23. Juni 1955 wurde noch im selben Jahr mit dem Aufbau eines Braunkohleveredlungskombinates begonnen. Bereits am 1. April 1958 kam es zur Gründung des VEB Kombinat »Schwarze Pumpe«. Am 30. April 1959 wurde der erste Dampfkessel in Betrieb genommen. Insbesondere die Städte Hoyerswerda und Spremberg waren an die Entwicklung des Kombinates gebunden, das zwischen 5.000 (1960) und 15.000 (1980) Beschäftigte hatte und eine ganze Region radikal veränderte. Zur Rolle von »Schwarze Pumpe« siehe auch die Tagebücher von Brigitte Reimann (Dies: Ich bedaure nichts. Tagebücher 1955–1963. Berlin 1997).

»Er dachte: Ihr habt mir gleich die richtige Beschäftigung aufgebrummt (Aber welche Aussicht, eines Tages als hochqualifizierter Karrenschieber über die Baustelle zu hetzen!) Ihr habt gedacht: da ist wieder mal so ein Neuer, so einer, der keine Ahnung hat, einer, dem wir die Hammelbeine schon langziehen werden, – das habt ihr euch doch so gedacht, nicht wahr. Aber bildet euch nicht ein, ich kneife, oder ich mache schlapp. Ich denke nicht daran, zu kneifen oder schlappzumachen.«[41]

Vergleichbar wie dann später in Erik Neutschs »Spur der Steine« (1964) wird der Protagonist schnell mit spezifischen Methoden der Brigade bekannt gemacht, die nichts mit der Arbeitsmoral des vielbeschworenen Neuen Menschen zu tun haben. Einer der »alten Hasen«, der Arbeiter Adam, führt die Hauptfigur in die gängigen Vereinbarungen des Schummelns ein. Einmal mehr kommt es zum Wechsel zwischen Nullfokalisierung und interner Fokalisierung bzw. einem Wechsel von auktorial zu personal. Schließlich setzt Pitschmann einen Erzähler ein, der mit dem Leser in einen Dialog zu treten sucht und ihn auf diese Weise auffordert, Ideal und Wirklichkeit zu vergleichen und die utopische Vision vom Neuen Menschen kritisch zu hinterfragen. Es waren zunächst die Darstellung der dem Ideal vom positiven Helden widersprechenden Verhaltensweisen, die im Vorstand des Deutschen Schriftstellerverbandes zur Kritik führten. Daher lud der Vorstand des Deutschen Schriftstellerverbandes Pitschmann für den 3. Juli 1959 zu einer Aussprache nach Berlin. Im Ergebnis wurde das Romanfragment als »nichtsozialistisch« disqualifiziert. Pitschmann fuhr zerstört nach Burg zurück und verübte einen Selbstmordversuch, das Manuskript legte er beiseite, ein Roman wurde daraus nie.

5   Junge Autorengeneration – Neue Erkundungsversuche von DDR-Wirklichkeit

Das von Pitschmann antizipierte Modell einer neuen Erkundung von DDR-Wirklichkeit drängte weiter nach literarischer Gestaltung. Nach dem Mauerbau vom August 1961 setzte vor allem die junge Autorengeneration auf mehr künstlerische Freiheiten und geriet in Widerspruch zu den bisherigen ›literarischen Vereinbarungen‹. Die Autoren und ihre Texte folgten – bei grundsätzlicher Anerkennung der gesellschaftlichen Verhältnisse in der DDR – einem Verständnis von Literatur, das auf Beobachtung, Reflexivität, Individualität und Wirklichkeitsnähe zielte, mithin der Systemlogik eines Literatursystems ent-

---

41 Pitschmann, Siegfried: Erziehung eines Helden. Nachlass Siegfried Pitschmann. Signatur 2. Literaturzentrum Neubrandenburg. Zitiert wird aus: »Etüde in Beton für die linke Hand« oder Neuling im Netz. Ein Auszug aus dem Romanfragment »Erziehung eines Helden« (1959), in: Agthe, Kai (Hrsg.): Schreiben und Erzählen. Siegfried Pitschmann. Weimar 2012, hier: S. 130.

sprach, das für moderne Gesellschaften gilt. Das Anliegen der Autoren, mit ihren Texten »teil[zu]haben an der Veränderung der Welt«,[42] war gebunden an die Anerkennung der »gesellschaftlichen Funktion« von Literatur und drückte sich in dem Bestreben aus, durch die Darstellung von Widersprüchen in die Gesellschaft »einzugreifen«. Und zunächst hatte es den Anschein, als ob sich die Rahmenbedingungen der literarischen Produktion verbessern würden. Wohl nur in diesem ausgesprochen kurzen Zeitfenster drängten SED-Führung, Intellektuelle wie auch Teile der Bevölkerung gemeinsam auf Reformen. Es gab ein Frauenkommuniquee (Dezember 1963), eine Jugendkommission wurde unter Leitung von Kurt Tuba eingerichtet, ein Rechtspflegeerlass verabschiedet, der auf Vorbeugung und Resozialisation orientierte, und die Arbeiter- und Bauerninspektion installiert, die sich mit der »Bekämpfung und Ausmerzung von Bürokratismus, Schönfärberei, Berichtsfälschungen, Vergeudung von gesellschaftlichem Eigentum und Amtsmißbrauch« auseinandersetzen sollte.[43] In diesem gesellschaftlichen Klima entstanden nunmehr Texte und Filme, die ihre Figuren dem Konflikt zwischen Ideal und Wirklichkeit aussetzten und sie in neuer Weise nach dem eigenen Ich suchen ließen. Dazu gehörten Romane wie Brigitte Reimanns »Die Geschwister« (1963), Erwin Strittmatters »Ole Bienkopp« (1963), Christa Wolfs »Der geteilte Himmel« (1963), Erik Neutschs »Spur der Steine« (1964), Hermann Kants »Die Aula« (1965) oder auch Werner Bräunigs »Rummelplatz«, der allerdings Fragment blieb. Vor allem die Verfilmung von Erik Neutschs »Die Spur der Steine« zeigte an, in welcher Weise es Hoffnungen auf erweiterte Spielräume und eine neue Lockerheit in der Kunst gab. Regisseur Frank Beyer hatte mit Bedacht die Hauptrolle des anarchischen Brigadiers Balla mit Manfred Krug besetzt. Da der Film noch in der Endproduktion war, geriet er nicht in die Angriffe auf dem 11. Plenum des ZK der SED im Dezember 1965. Das Verbot erfolgte 1966. Rückblickend kann eingeschätzt werden, dass ›konservativen Kräften‹ in der SED um Erich Honecker der zurückhaltende Reformkurs Ulbrichts zu weit ging, weil sie eine Erosion des Machtmonopols der SED befürchteten. Hinzu kam der Umstand, dass die von Ulbricht avisierten Wirtschaftsreformen nicht wie erhofft griffen. Aus diesem Grund war das 11. Plenum 1965 eigentlich als Tagung geplant, auf der es um Wirtschaftsfragen gehen sollte. Ab Mitte des Jahres wurden nun gezielt in der Tagespresse und in Informationen, die dem ZK der SED zugingen, Berichte lanciert, die anzeigten, dass sich unter dem Deckmantel von mehr Eigenverantwortung vermeintlich revisionistische Positionen unter der künstlerischen Intelligenz breitmachten und in der Jugend eine kritische Haltung gegenüber dem DDR-Sozialismus zunahm, gepaart mit Rowdytum, Skeptizismus und der

---

42 Wolf 2007, S. 5.
43 Siehe Engler 1999, S. 127.

Verherrlichung westeuropäischer Beatmusik. Zum exemplarischen Fall auf dem Plenum wurde Werner Bräunigs Romanmanuskript »Rummelplatz« (1965), von dem ein Vorabdruck in der NDL den Teilnehmern des Plenums vorlag.[44] Bräunig hatte in seinem Roman darauf verzichtet, einen auktorialen Erzähler mit weitreichenden Eingriffsmöglichkeiten zu installieren. Offensichtlich ist im Text der unmerkliche Wechsel zwischen auktorialem und personalem Erzählen, was dazu führt, dass die Handlungen der Protagonisten wie auch die entsprechenden Ereignisse auf der Ebene der ›histoire‹ nicht bewertet werden, mithin kritische Positionen im Text keine Korrektur erfahren.[45] Und genau dies wurde Bräunig zum Vorwurf gemacht. Er habe auf diese Weise eine vergleichbare Darstellung gewählt, wie dies als Tendenz in der modernen westeuropäischen Literatur, insbesondere in den USA, der Fall sei. Hier ziehe sich der Autor »immer mehr als souveräner Herrscher über den Stoff« zurück, was nichts anderes als Ausdruck seiner »Unfähigkeit« sei, »mit dem Stoff fertig zu werden«.

Offenkundig wird: Es war bei Bräunig – wie bei der »harten Schreibweise« und bei Pitschmann – vor allem die erzählerische Vermittlung, das »Wie« der literarischen Darstellung, die dazu führte, dass die Texte eine vernichtende Kritik erfuhren. Freilich – und das gilt es zu beachten – griffen bereits vor einer möglichen Veröffentlichung politische Instanzen in das Literatursystem ein und fixierten Parameter der Kritik. Dies unterstreicht erneut: Einen autonomen Status konnte daher weder die Handlungsrolle Produktion (also Autoren wie Verleger) noch die Literaturvermittlung (hier die Kritik) erreichen. Man kann es so auf den Punkt bringen: SED-Funktionäre, maßgebliche Literaturkritiker, aber auch jene Autoren, die im Schriftstellerverband eine Machtposition einnahmen, hatten in den 1950er/60er-Jahren eine sehr spezifische Vorstellung davon ausgebildet, welche Geschichten Literatur erzählen sollte und vor allem auf welche Weise dies zu geschehen hatte. Wenn die Figuren in Texten schon Verhaltensweisen zeigten, die dem Bild des Neuen Menschen widersprachen, dann konnte es gar nicht anders sein, als dass der Autor – so die Auffassung – eine Korrekturinstanz einsetzte. Genau dies aber war bei der »harten Schreibweise« und auch bei Pitschmann und Bräunig nicht der Fall. Eben darum wurden diese Texte zum Störfall, sie wurden kritisiert und vorab zensiert. Freilich kam es in dem Maße, wie ab Ende der 1960er-Jahre eine »ästhetische Emanzipation« einsetzte, zu Veränderungen im Literatursystem, die einmal mehr – und auch das kann als

---

44 Es sei hier darauf verzichtet, ausführlich auf den Text und seinen Inhalt einzugehen. Siehe dazu das Nachwort in der erst 2007 erfolgten Edition des Textes: Drescher, Angela: »Aber die Träume haben doch Namen«. Der Fall Werner Bräunig, in: Bräunig, Werner: Rummelplatz. Berlin 2007, S. 625–674.

45 Zu Bräunigs Roman, der vernichtenden Kritik auf dem 11. Plenum sowie den Aktivitäten des MfS siehe ausführlich Gansel 2014a, S. 46–57.

Spezifik der DDR-Literatur angesehen werden – von der Literatur selbst ausgingen.

6 Das Aktiv Literaturkritik zwischen 1964 und 1973 – Zwischen Öffnung und Abbremsung

Noch vor dem 11. Plenum 1965 in der Phase einer relativen Offenheit war im Schriftstellerverband die Literaturkritik als Vermittlungsinstanz stärker in den Fokus der Aufmerksamkeit geraten. Schon im August 1964 hatte man daher im Sekretariat des Vorstandes beschlossen, ein Aktiv Literaturkritik im Verband zu installieren und dieses Aktiv auch mit entsprechenden Planstellen abzusichern. Leiterin des Aktivs sollte Eva Strittmatter werden, die sich dazu auch bereits erklärt hatte. Die erste Arbeitstagung des Aktivs fand dann am 18. Januar 1965 statt. Anwesend waren: Eva Strittmatter, Eduard Zak, Dieter Schlenstedt, Annemarie Auer, Werner Ilberg, Marianne Schmidt und Joachim Scholz. Bewusst setzte man auf ein ausgewogenes Verhältnis von Literaturwissenschaftlern und -kritikern. Im Ergebnis der ersten Zusammenkunft entstand eine Art Arbeitsprogramm, das die zukünftigen Aufgaben festzuhalten suchte. Dabei zeigte sich, dass die Teilnehmer der Veranstaltung die Probleme, mit denen es Literaturkritik in der DDR zu tun bekam, sehr wohl erkannt hatten und darauf drangen, Behinderungen zu beseitigen. Als unhaltbar wurde zunächst die materielle Situation jener markiert, die hauptberufliche Kritiker waren. Entsprechend hieß es:

> »Ein ernsthafter Kritiker vermag von den derzeitigen Honoraren der Presse nicht zu leben. Er ist, zugespitzt ausgedrückt, ökonomisch gezwungen zu schludern. Literaturkritik ist heute vielfach noch Liebhaberei. Die Honorierung in der Bezirkspresse zeigt, wie gering man literaturkritische Arbeit einschätzt! Die NDL-Honorare sind ebenfalls viel zu gering.«[46]

Die Gruppe gelangte zu der zutreffenden Auffassung, dass die materielle Situation eine Unterschätzung der Literaturkritik belege und es Kritikern unmöglich sei, langfristige Arbeiten zu planen und die »Analyse literarischer Prozesse« in Angriff zu nehmen. Hier solle sich der Verband perspektivisch einschalten und die Aufträge auch finanziell absichern. Wichtiger als die materiellen Grenzen waren Hinweise darauf, dass die Ästhetiken der Autoren zunehmend in Widerspruch mit einer »normativen Ästhetik« gerieten. Dies steht in Widerspruch zur Geschichte der Dichtung, in der die »wichtigsten ästhetischen Äußerungen« von den »Kunstpraktikern« gekommen seien. Daher müsse

---

46 AdK, Schriftstellerverband der DDR, SV 795, Bd. 1, Blatt 145.

es nunmehr darum gehen, Autoren für »ästhetische Auseinandersetzungen« zu gewinnen. Noch wichtiger aber sei es, dass die Kritik mehr als bisher »Strukturfragen eines Kunstwerks« untersucht. Wenngleich nicht explizit formuliert, bedeutete dies eine Abkehr der Kritik von ihrer Konzentration auf den Inhalt eines Textes und seinen vermeintlichen politisch-ideologischen Gehalt. Mit Blick auf die Gegenwartsliteratur stellte das Aktiv eine für die damalige Situation nicht hoch genug zu bewertende Tendenz heraus, die auf eine »›Subjektivierung‹ des Kunstwerks« hinauslief. Entsprechend hieß es:

> »Die Kunst bezieht sich immer mehr darauf, eine eigene Erkenntnisform der Wirklichkeit zu sein. Dies zieht einiges nach sich. Z.B. erfolgt daraus auch notwendigerweise eine ›Subjektivierung‹ der Kritik, im Sinne eines Abgehens von normativen Maßstäben.«[47]

Dieser hier fast beiläufig formulierte Satz bedeutete den Versuch, zurückhaltend für eine moderne Kunstauffassung zu plädieren und die künstlerische Aneignungsweise davon zu befreien, einem simplen Widerspiegelungsmechanismus zu folgen. Dieses Bemühen, sukzessive neue Maximen der Kunstkritik zu etablieren und eine offene Diskussion auch in der Literaturkritik zu befördern, wurde letztlich durch das 11. Plenum 1965 gebremst und über Jahre zurückgeworfen. In einem mühsamen Prozess mussten das Aktiv wie auch die einzelnen Kritiker nach dem 11. Plenum erneut versuchen, den Rückfall in ein dogmatisches Literaturverständnis aufzufangen. Betrachtet man unter diesem Vorzeichen ein im September 1966 eingereichtes Papier von Annemarie Auer, das unter dem Titel »Anregungen zur Neugründung der Sektion Literaturkritik« stand und als Vorlage für eine Arbeitsbesprechung im DSV diente, dann zeigt sich allerdings, in welchem Maße hier hinter bereits existierende Positionen zurückgegangen wurde. Annemarie Auer, damals eine der profilierten Kritikerinnen, blieb in ihren Aussagen ausgesprochen vage und allgemein, von einer »Subjektivierung der Kritik« war nicht mehr die Rede. Statt dessen betonte sie rhetorisch, dass es von allen Seiten Klagen über die Literaturkritik gebe, der das vermeintliche »Zurückbleiben« aber nicht allein angelastet werden könne. Der Kritiker nämlich würde eine »vielseitige Mittlerstellung« einnehmen »zwischen literarischem Werk und Publikum, zwischen Schriftsteller und Publikum, zwischen Literaturproduzent und Literaturwissenschaft und schließlich sogar zwischen dem Schriftsteller selbst und seinem von ihm abgelösten Werk«[48]. Auf eine Vielzahl von Beziehungen träfen entsprechend eine »Vielzahl verschiedener Anforderungen«. Im weiteren Verlauf machte auch Auer zwar darauf aufmerksam, dass etwa Polemik ein »integrierender Bestandteil der Literaturkritik« sein

---

47 Ebd., Blatt 146.
48 Auer, Annemarie: Anregungen zur Neugründung der Sektion Literaturkritik (26.09.1966), in: AdK, Schriftstellerverband der DDR, SV 794, Blatt 84.

müsse, aber gleichzeitig war von einer »ideologischen Frontziehung« die Rede, die sich »kämpferisch in jeder einzelnen Kritik« verwirkliche.[49] Erneut wurde damit auf ideologisch-politische Momente der Kritik gesetzt, mithin gerade auf jene Parameter, die das Aktiv Anfang 1965 noch mit Verweis auf die »Subjektivierung« der Literatur gegen dogmatische Regeln aufzubrechen suchte. In der Folgezeit ging es einzelnen Mitgliedern des Aktivs Literaturkritik vor allem darum, die Auffassungen über Literatur, mithin den Literaturbegriff zu weiten, um von da aus der Literaturkritik einen größeren Spielraum zu verschaffen.

Dass es vor allem der Impulse durch die Autoren selbst bedurfte, um den gesetzten ideologischen Rahmen für die Kunstkritik zu sprengen, unterstrich dann schließlich der VII. Schriftstellerkongress in der DDR, der 1973 stattfand. Auf dem Kongress wurden erstmals in einer eigenen Sektion öffentlich Probleme der Literaturkritik verhandelt. Franz Fühmann als Autor lieferte eine Diskussionsgrundlage, die an den Kern der Widersprüche ging. Fühmann sah die Probleme der Literaturkritik letztlich im gesellschaftlich sanktionierten Literaturbegriff. »Der Hauptmangel im Gesamtsystem der Kritik«, so Fühmann, scheine darin zu bestehen, »an der Spezifik der Literatur vorbeizusehen«. Das »spezifische Element der Literatur« könne »durch keine andere Bewußseinskategorie ersetzt werden«. In der Folge stellt er heraus, wie unzureichend es sei, »den Inhalt eines Werkes nur von der Ideologie her zu bestimmen«. Wenn Literatur auf ihren »ideologischen Aspekt« reduziert würde, zumeist etwa auf die »Heldenwahl oder das Thema«, dann seien »seltsame Wertordnungen« die Folge. Dies zeige sich etwa, wenn man Sarah Kirschs »Zaubersprüchen« – für Fühmann ein »zauberhaftes Buch« – »Schwermütigkeit« vorwerfe und durch diese »Denunziation bereits die Kritik geleistet glaubt«[50]. Dieser Auffassung liege ein, so Fühmann, »merkwürdiger animistischer Glaube« zugrunde, dass nämlich Gleiches durch Gleiches verursacht werde: »Mut durch das Verspeisen eines Löwenherzes, Feigheit durchs Essen eines Hasenherzes, und also auch Schwermut im Leben durch Schwermut in der Literatur und Frohsinn in allen Lebenslagen durch Frohsinn in Büchern«[51]. In seiner Diskussionsgrundlage ging Fühmann gegen eben jene ideologisch überformten Kriterien von Literaturkritik an, die immer dann in Auseinandersetzungen gebraucht wurden, wenn darauf gezielt wurde, einen Autor bzw. seinen Text intern (also in der Begutachtung) oder öffentlich (bei Erscheinen des Textes) abzuwehren. Fühmann verwies auf die »gefährliche Formel«, dass das in der Literatur zur Darstellung Gekommene »nicht typisch« sei oder es sich nur um »eine Randerscheinung« handle. Statt dessen stellte er heraus, dass Maßstäbe für die literaturkritische

---

49 Ebd.
50 Fühmann 1973, S. 70 ff.
51 Ebd.

Bewertung »nur aus der Literatur selbst gewonnen werden [können]« und Literaturkritik »Gesellschaftskritik in sich ein[schließt]«[52]. Fühmanns Position war nichts Anderes als ein Plädoyer dafür, dass Literaturkritik das aufstörende Potential von Texten zu verstärken habe. Die Diskussionen auf dem VII. Schriftstellerkongress führten in der Folge dazu, dass die Spezifik der Literatur ernster genommen wurde und es sukzessive zu einer Veränderung des bis dahin von der Politik maßgeblich bestimmten Literaturbegriffs kam. Der Rechenschaftsbericht des Aktivs Literaturkritik für den Zeitraum 1973 bis 1977 deutet an, dass hinter bestimmte öffentlich markierte Positionen nicht mehr zurückgegangen werden konnte. Der Bericht, der die Handschrift des Leiters Klaus Jarmatz trägt, deutet die Veränderungen an, die sich in der Zwischenzeit vollzogen hatten:

> »Die auf dem VII. Kongreß betonte Forderung nach Maßstäben der Literaturkritik wurde mit großer Ernsthaftigkeit aufgegriffen. Die Literaturkritik hat diese Frage als Voraussetzung erkannt, den spezifischen Beitrag der Autoren zur gegenwärtigen Literaturentwicklung zu bestimmen, die künstlerische Originalität der literarischen Handschriften zu erfassen und fördernd in die Entwicklung von Literatur und Literaturkritik einzugreifen. Zugleich sieht sich die Literaturkritik einem anhaltenden Differenzierungsprozess in der gegenwärtigen Literaturentwicklung gegenüber, der die Vielfalt gesellschaftlicher Erscheinungen mit einer reichen Palette an Gestaltungsweisen zu erfassen versucht.«[53]

In dem Bericht wurde weiter betont, dass die Kritik vor der Aufgabe stand, sich ein »literaturkritisches Instrumentarium zu erarbeiten«. Kritisch vermerkte Jarmatz, dass das Instrumentarium nicht immer dem Wert eines literarischen Textes gerecht wurde, vor allem dann nicht, »wenn unhistorische Betrachtungsweisen von der Funktion der Literatur aus einem bestimmten Stand der gesellschaftlichen Entwicklung vorherrschten«[54]. Mit diesem Hinweis war nichts Anderes gemeint als eine Distanz gegenüber kritischen Urteilen, die Literatur immer noch auf positive Helden zu verpflichten suchte, Fragen der Form negierte und bevorzugt den Inhalt eines Textes nach ideologischen Maßgaben prüfte. Die dann in der NDL, in den Weimarer Beiträgen, in »Sinn und Form« wie auch im »Sonntag« in der Folgezeit publizierten Kritiken zu ausgewählten Texten wie auch die immer wieder geführten Debatten konnten zwar nicht den durch das System Politik vorgegebenen gesellschaftlichen Rahmen sprengen, allerdings hatten sie eine nicht zu unterschätzende Bedeutung: Im Handlungssystem Literatur setzten sich sukzessive Positionen durch, die die enge Bindung

---

52 Ebd., S. 80, 75.
53 Rechenschaftsbericht des Aktivs Literaturkritik für den Zeitraum 1973 bis 1977, in: AdK, Schriftstellerverband der DDR, SV 794, Blatt 27.
54 Ebd.

von Politik und Ästhetik kappten und Literatur in ihrer Spezifik wahrnahmen. In diesem Prozess kam es ab Mitte der 1970er-Jahre dazu, dass sich Autoren, Verleger, Lektoren, Kritiker, Literaturwissenschaftler im Bunde fühlten und gemeinsam versuchten, die politischen Vorgaben zu unterlaufen, beharrlich die »Grenzen des Sagbaren« zu erweitern und die Autonomie des Literatursystems zu stärken, später dann gar einzufordern.[55]

8 Erwin Strittmatters »Wundertäter« – Politische Vorkritik

Im Verlauf der 1970er- und 1980er-Jahre schaffte es die Literaturkritik also durchaus, sich von einseitigen politischen Vorgaben zu befreien und die in literarischen Texten markierten Widersprüche öffentlich zu markieren. Gleichwohl blieb bis zum Ende der DDR das Primat der Politik erhalten. Die letzte Entscheidung über die Druckgenehmigung lag eben nicht bei den Verlagen selbst. Und in den Fällen, da man im Parteiapparat eine breite Resonanz der Texte erwartete, wurde die Entscheidung über die Druckgenehmigung gar bis in höchste Führungsschichten verschoben. Exemplarisch für diese Delegierung von Verantwortung – diese zeigte sich dann in eklatanter Weise im Herbst des Jahres 1989 – waren die Auseinandersetzungen um Erwin Strittmatters »Wundertäter III«, der erst nach einem langen Aushandlungsprozess zwischen dem Autor und höchsten politischen Instanzen am 28. August 1979 die Druckgenehmigung erhielt.[56] Die Rekonstruktion dieses Spezialfalles einer Vor- bzw. Selbstzensur wie der Planung der nachfolgenden Kritik kann hier nur angedeutet werden. Das Tauziehen um den Roman reichte von April 1978 bis zum Erscheinen im Mai 1980. Strittmatter hatte nach mehrfachen persönlichen Gesprächen mit Kurt Hager, dem Leiter der Kulturabteilung des ZK der SED, letztlich doch am Manuskript Veränderungen vorgenommen. Hager hatte in einem Gedächtnisprotokoll das letzte Gespräch mit Strittmatter am 13. Juli 1979 wie folgt festgehalten:

> »Vor allen Dingen ging es um die sogenannte Risse-Geschichte, die sich von Seite 318 bis zum Schluß des Buches durchzieht und wie gekannt, die Folgen einer Vergewaltigung der Tochter Risses durch Sowjetsoldaten darstellt. Zum anderen ging es um eine bestimmte ironisierende Betrachtungs - und Darstellungsweise der Partei, vor allem

55 Die dem »Hinze-Kunze«-Roman von Volker Braun beigegebene Lesehilfe von Dieter Schlenstedt – ursprünglich das Außengutachten – war 1985 ein spätes Beispiel für die sich erweiternden Möglichkeiten in der Endphase der DDR. Dabei sollte nicht unterschlagen werden, in welch einem zermürbenden Prozess diese Handlungsspielräume von den im Literatursystem Agierenden erzwungen wurden.
56 Siehe dazu bereits Gansel 2012b, S. 173–208. Nachfolgend wird auf Aussagen des Verf. aus diesem Beitrag zurückgegriffen.

und nicht zulässige Bemerkungen über den Friedenkampf der Partei. Selbst bei äußerst weitherziger Einstellung könne man an diesen Seiten des Buches nicht vorbeigehen.«[57]

Da die Spielräume der SED bereits Ende der 1970er-Jahre enger geworden waren, wurden in der Abteilung Kultur des ZK der SED (Büro Hager) wie auch im Ministerium für Kultur mögliche Varianten für den Umgang mit dem Manuskript durchgespielt. Im Ergebnis lag mit dem 18. April 1979 eine vierseitige Konzeption mit »Überlegungen zum Erscheinen bzw. Nichterscheinen des Wt.« vor.[58] Bereits in der Prämisse des Papiers wurde die Bedeutsamkeit der Entscheidung über das Erteilen oder Verweigern der Druckgenehmigung in internationale (!) Kontexte gestellt:

> »Ausgehend von der Verantwortung, die eine Entscheidung über die Herausgabe des Wt. zum heutigen Zeitpunkt in der gegenwärtigen internationalen Situation bedeutet (sic), sind drei Varianten durchdacht worden:
> 1. Nichterscheinen
> 2. Erscheinen, begleitet von kritischen Rezensionen in ausgewählten Organen
> 3. Erscheinen bei totaler Ignorierung in der Öffentlichkeit und evtl. begrenzter Zahl
> Über diese Varianten müßte möglichst im April abschließend beraten und entschieden werden.«[59]

Der Fall um Erwin Strittmatters »Wundertäter III« zeigt also: Das Agieren von Autoren wie der staatlichen Instanzen in der DDR wurde Ende der 1970er-Jahre keineswegs mehr nur vom DDR-System selbst bestimmt, sondern zunehmend wirkte der Kommunikationsraum BRD als Verstärker für systemimmanente Aufstörungen oder als Korrektor bei dogmatischen Entscheidungen.

Mit der Erteilung der Druckgenehmigung war die Geschichte um den Roman allerdings keineswegs beendet. Vielmehr setzte eine neue Stufe der Auseinandersetzung mit dem »Wundertäter III« ein, die sich nunmehr auf Fragen der möglichen Wirkung in der DDR und den Umgang mit dem Text richtete. Da die Erstauflage im Plan für 1980 mit immerhin 60.000 Exemplaren ausgewiesen war, erschien es den Instanzen von Partei- und Staatsapparat dringlich, nunmehr die Rezeption des Textes literaturkritisch zu ›begleiten‹ und entsprechende Literaturkritiken in den wichtigsten Publikationsorganen zu planen. Wie weit höchste Instanzen von Partei und Staat gingen, um mögliche aufstörende Wirkungen des »Wundertäter« zu verhindern, lässt sich an einem persönlichen Schreiben ablesen, das Kurt Hager kurz vor der Auslieferung des »Wundertäter III« am

---

57 Hager, Kurt: Gedächtnisprotokoll über das Gespräch mit Genossen Strittmatter am 12.07. 1979. 13. Juli 1979, in: BArch, DY 30/IV B2/2.024/98 (Büro Hager), S. 1.
58 Abteilung Kultur: Überlegungen zum Erscheinen bzw. Nichterscheinen des Wt., 18.04.1980, in: BArch, DY 30/IV B2/2.024/98 (Büro Hager).
59 Ebd.

24. April 1980 an Erich Honecker schickte. Hager nahm dabei Bezug auf die Konzeption der Abteilung Kultur vom April 1979:

> »Lieber Erich
> Anbei einige Anmerkungen zu Strittmatters Buch. Bei der Lage der Dinge bleibt m. E. keine andere Wahl als in den sauren Apfel zu beißen, also <u>Variante 2</u> zu akzeptieren (›Erscheinen‹ begleitet von kritischen Rezensionen im ND, (unleserlich), NDL, Sonntag).
> Von der bereits dem Autor bekannten 1. Auflage von 60 Tausend Exemplaren wäre ein ›Abkauf‹ von 20 000 Exemplaren möglich ohne dass es auffallen würde. Weitere Maßnahmen zur unauffälligen Reduzierung der Wirkung des Buches halte ich für möglich. Ich bitte dich um Mitteilung ob Du mit diesem Vorgehen einverstanden bist. Kurt Hager.«[60]

Erich Honecker markierte mit dicker Unterstreichung die Variante 2 und notierte »Einverstanden E. Honecker 24.4.80«[61].

9   Abschluss

Was sich hier am Beispiel der Literaturkritik als Problem des Literatursystems DDR zeigt, ist verallgemeinerbar für die DDR-Gesellschaft und ihre Teilsysteme insgesamt: In dem Fall nämlich, da vom System – das können psychische Systeme ebenso wie gesellschaftliche Teilsysteme sein – etwas als Irritation bzw. Störung wahrgenommen wird, hat das System ganz im Sinne von Niklas Luhmann »die Möglichkeit, die Ursache der Irritation in sich selber zu finden und daraufhin zu lernen oder die Irritation der Umwelt zuzurechnen und sie daraufhin als ›Zufall‹ zu behandeln oder ihre Quelle in der Umwelt zu suchen und (auszunutzen oder) auszuschalten«[62]. Die hier nur angedeuteten literarischen Störfälle zeigen ein Systemdefizit der DDR insgesamt: Die Ursachen für Irritationen – egal in welchem Bereich – wurden nur in den seltensten Fällen »in sich selber« gesehen und Lernprozesse nicht in Gang gesetzt. Im Gegenteil: Die Texte wurden mit der von ihnen ausgelösten Irritation als nicht zum System gehörend ausgeschaltet. Der Kritik kam dabei – als Vorzensur wie öffentlicher Instanz – die Aufgabe zu, entstörend oder zerstörend zu wirken.

---

60 Hager, Kurt: Brief an Erich Honecker, 24. 04. 1980, in: BArch, DY/IV B2/2.024.
61 Ebd.
62 Luhmann 1998, Bd.1, S. 118.

Literatur

Engler, Wolfgang: Die Ostdeutschen. Kunde aus einem verlorenen Land. Berlin 1999.

Fühmann, Franz: ›Literatur und Kritik‹, in: Fühmann, Franz: Essays, Gespräche, Aufsätze 1964–1981. Rostock 1986, S. 67–81 (zuerst in Neue Deutsche Literatur, Heft 2/1974).

Gansel, Carsten: ›Johannes R. Becher zwischen Dichten und Funktionieren‹, in: Ders. (Hg.): Der gespaltene Dichter. Johannes R. Becher. Gedichte, Briefe, Dokumente. 1945–1958. Berlin / Weimar 1991, S. 13–47.

Gansel, Carsten: Parlament des Geistes? Literatur zwischen Hoffnung und Repression (1945–1961). Berlin 1996.

Gansel, Carsten (Hg.): Erinnerung als Aufgabe? Dokumentation des II. und III. Schriftstellerkongresses in der DDR 1950 und 1952. Göttingen 2008a.

Gansel, Carsten: ›Zur Vorgeschichte, Durchführung und den Folgen der Schriftstellerkongresse (1950 und 1952) in der DDR‹, in: Ders. (Hg.): Erinnerung als Aufgabe? Dokumentation des II. und III. Schriftstellerkongresses in der DDR 1950 und 1952. Göttingen 2008b, S. 1–61.

Gansel, Carsten: ›Erwin Strittmatters Tinko (1954) – Heimkehrerprobleme und die Große Hoffnung?‹, in: Gansel, Carsten / Braun, Matthias (Hg.): Es geht um Erwin Strittmatter oder Vom Streit um die Erinnerung. Göttingen 2012a, S. 69–87.

Gansel, Carsten: ›»weil es sich um sogenannte heiße Eisen handelt«– Erwin Strittmatters Wundertäter III (1980) oder Zur Geschichte einer Aufstörung‹, in: Gansel, Carsten / Braun, Matthias (Hg.): Es geht um Erwin Strittmatter oder Vom Streit um die Erinnerung. Göttingen 2012b, S. 173–208.

Gansel, Carsten: ›Zu Aspekten einer Bestimmung der Kategorie ›Störung‹ – Möglichkeiten der Anwendung für Analysen des Handlungs- und Symbolsystems Literatur‹, in: Gansel, Carsten / Ächtler, Norman (Hg.): Das ›Prinzip Störung‹ in den Geistes- und Sozialwissenschaften. Berlin / New York 2013, S. 31–56.

Gansel, Carsten: ›Störfall im Literatursystem DDR. Werner Bräunigs Roman Rummelplatz‹, in: Bogdal, Klaus-Michael (Hg.): Was bleibt? Erinnerung an die DDR-Literatur. Der Deutschunterricht, Heft 4/2014a, S. 46–57.

Gansel, Carsten: ›Störungen und Entstörungsversuche im Literatursystem DDR. DDR-Schriftstellerverband, »harte Schreibweise« und literarische Vorgriffe‹, in: Bülow, Ulrich von / Wolf, Sabine (Hg.): DDR-Literatur. Eine Archivexpedition. Berlin 2014b, S. 62–80.

Gansel, Carsten: ›Zur ›Kategorie Störung‹ in Kunst und Literatur – Theorie und Praxis‹, in: Ders. (Hg.): Störungen in Literatur und Medien. Mitteilungen des Deutschen Germanistenverbandes. Heft 4, Göttingen 2014c, S. 315–332.

Kröll, Friedhelm: ›Die Eigengruppe als Ort sozialer Identitätsbildung. Motive des Gruppenanschlusses bei Schriftstellern‹, in: Deutsche Vierteljahresschrift 52 (1978), S. 652–671.

Luhmann, Niklas: Die Gesellschaft der Gesellschaft. 2 Bde. 2. Auflage. Frankfurt am Main 1998.

Pfohlmann, Oliver: Literaturkritik in der DDR, in: Anz, Thomas / Baasner, Rainer (Hg.): Literaturkritik. Geschichte – Theorie – Praxis. München 2004, S. 144–159.

Strittmatter, Eva: ›tangenten‹, in: Neue Deutsche Literatur 6 (1958) 7, S. 124–130.

Steinlein, Rüdiger u. a. (Hg.): Handbuch zur Kinder- und Jugendliteratur. SBZ/DDR. Von 1945 bis 1990. Stuttgart 2006.

Wolf, Christa: ›Vorwort‹, in: Bräunig, Werner: *Rummelplatz*. Berlin 2007, S. 5 – 6.

David-Christopher Assmann

Skandal mit Ansage.
Norbert Gstreins Kalkül

1   Kränkungen

Als Norbert Gstrein im Juni 2010 im Literarischen Colloquium Berlin (LCB) seinen neuen, noch unveröffentlichten Roman *Die ganze Wahrheit* präsentiert, droht die Diskussion, an der neben Moderator Hubert Winkels auch Rainer Moritz und Kristina Maidt-Zinke teilnehmen, den Roman für »außerliterarische [...] Zweck[e]«[1] zu korrumpieren. Sind Moderatoren von Lesungen üblicherweise darum bemüht, »im Gespräch mit den Autoren dem Publikum das vorgestellte literarische Projekt auf seine ästhetische, literarische und gesellschaftliche Relevanz zu befragen«,[2] erliegen die literarischen Experten im LCB nämlich gleichsam einer »Bereitschaft zum doppelten Verständnis«[3]. Tatsächlich ist es Gstrein schließlich selbst, der sich genötigt sieht, in die Diskussion korrigierend einzugreifen und den Beteiligten durch einen für Lesungen typischen Blick »hinter den Rücken des Textes«[4] die Relevanz des Verhältnisses von ›Oberfläche‹ und ›unterliegender Bedeutung‹ zu erläutern.

> »›Dann müssen wir wohl doch darüber sprechen, worum es geht‹, sagt Norbert Gstrein irgendwann, nachdem die Sparringspartner seiner Buchvorstellung in der Reihe ›Studio LCB‹ etwa eine halbe Stunde lang um die Namen ›Suhrkamp‹ oder ›Ulla Berkéwicz‹ herumgeredet hatten wie um einen sehr, sehr heißen Brei, an dem sich keiner die Zunge verbrennen wollte. Sein neuer Roman, der ironisch-provokativ ›Die ganze Wahrheit‹ heißt, schildere eine ›Konstellation‹, die ›an eine Konstellation im Suhrkamp Verlag erinnert‹. Da habe es keinen Sinn, ›Versteck zu spielen‹ oder zu sagen: ›Das ist mir unterlaufen.‹«[5]

---

1 Rösch 2004, S. 7.
2 Böhm 2005, S. 205.
3 Rösch 2004, S. 7.
4 Bartmann 2004, S. 126.
5 Kämmerlings 2010.

Gemäß Richard Kämmerlings' Protokoll weist der Autor die von Winkels, Moritz und Maidt-Zinke mehr oder weniger implizit ausgegebene »Anleitung zum Fehllesen«[6] keineswegs zurück. Kraft auktorialer Legitimation manifestiert Gstrein vielmehr die latent vorhandenen Vermutungen, die das Kritikergespräch im LCB strukturieren. Den ›heißen Brei‹, um den es in der Gesprächsrunde geht, rührt *Die ganze Wahrheit* durch eine spezifische Figurenzeichnung und Handlungsanlage an. Der Roman stellt die zu »Ausflüge[n] ins Übernatürliche«[7] neigende Schriftstellerin und Verleger-Witwe Dagmar ins Zentrum, die nicht nur ihren Mann, den »Verleger Heinrich Glück« (179), immer wieder in die »Klatschspalten« (56) der »bunten Blätter[…]« (11) zieht. Nach dessen Tod baut sie zudem als selbsternannte »Verlegerin« (122) den in Wien ansässigen Verlag nach ihren Vorstellungen um und ›bereinigt‹ (vgl. 21) dabei ihre eigene Biographie sowie die ihres verstorbenen Mannes. Mit der so konturierten Beziehung einer schönen Schriftstellerin zu einem älteren Verleger thematisiert der Roman eine ›Konstellation‹, die, so die von Gstrein abgesegnete Annahme der Diskutanten im LCB, mit der Beziehung zwischen dem Ende 2002 verstorbenen Suhrkamp-Verleger Siegfried Unseld und dessen Frau Ulla Berkéwicz ihre Entsprechung in der realen Realität finde.

Indem Gstreins Kommentar vorgibt, in dieser Hinsicht für klare Verhältnisse zu sorgen, wirft seine auf die Romanrezeption zielende »Steuerungsstrategie […]«[8] gleichwohl ein weiteres, in feuilletonistischer Perspektive zu klärendes Problem auf: »Welches Kalkül steckt dahinter, wenn Norbert Gstrein sein Buch vorab als ›Prosa mit schwerem Wirklichkeitsgewicht‹ selbst in die Debatte bringt?«[9] Kämmerlings zufolge ist weniger bemerkenswert, dass Gstreins *ganze Wahrheit* ganz offensichtlich Realitätseffekte erzeugt, die der in Literaturbetriebsfragen informierte Leser auf die Unseld-Berkéwicz-Beziehung applizieren könne. Vor dem Hintergrund der Annahme, Autoren seien gewöhnlich eher darum bemüht, die Differenz zwischen realer und fiktionaler Realität zugunsten der Selbstprogrammierung des jeweiligen Kunstwerks hervorzuheben, sei vielmehr erstaunlich, dass Gstrein eben jene Lektüre, die die Literarizität seines Textes aufs Spiel setze, im Rahmen der Buchpräsentation offensiv vertrete. Gstreins *ganze Wahrheit* ist ganz offensichtlich, so Kämmerlings' Kurzformel, in einen »Skandal mit Ansage«[10] eingelassen.

Als *Die ganze Wahrheit* schließlich im August 2010 erscheint, interessiert sich das Feuilleton denn auch tatsächlich vor allem für das mit ihr verbundene und als letztlich empörend ausgewiesene auktoriale ›Kalkül‹. Unterstellt wird dabei,

---

6 Gstrein 2004, S. 52.
7 Gstrein 2010. Seitenzahlen daraus im Folgenden in runden Klammern im Text, hier S. 29.
8 Grimm 2008, S. 167.
9 Kämmerlings 2010.
10 Ebd.

letzteres sei Ausdruck eines gleich in mehreren Hinsichten gescheiterten Vorhabens. Erstens verstehen Teile der literaturkritischen Rezeption den Roman als die einer »narzisstischen Kränkung«[11] entsprungene »Vergangenheitsbewältigung im Diminutiv«[12]. *Die ganze Wahrheit* ist der erste Text Gstreins, der nicht bei Suhrkamp, sondern im Münchner Hanser-Verlag erscheint, so dass niemand, der mit den Verhältnissen im Suhrkamp-Verlag auch nur in Ansätzen vertraut sei, den Roman »anders denn als Schlüsselroman«[13] lesen könne. Gstrein gehe es demnach vor allem darum, mit Blick auf seinen ehemaligen Arbeitgeber »schmutzige Wäsche zu waschen«[14] – ein literarisch höchst fragwürdiges, da literaturbetrieblich motiviertes Unterfangen.

Zweitens spielt der Aspekt des ›Scheiterns‹ von Gstreins Vorhaben mit Blick auf die mit dem Roman verbundene Vermarktung eine Rolle. Die Beobachtung, dass den Text eine »höchst kuriose PR-Politik«[15] begleite, nutzt diese Lesart dazu, um im Modus auftrumpfenden Durchschauens das Misslingen der vom Autor vermeintlich intendierten Effekte zu konstatieren: »Taugt das alles zum ersehnten Herbstskandal? Wohl kaum.«[16] Abgesehen von den Meldungen zu Gstreins LCB-Auftritt und den üblichen Besprechungen differenziert sich um *Die ganze Wahrheit* denn auch keine literaturbetriebliche Debatte aus. Der Widerspruch zwischen der dem Autor von literaturkritischer Seite zugeschriebenen Intention, einen Skandal provozieren zu wollen, und der Vorhersage desselben während der LCB-Buchvorstellung erweist sich in dieser Perspektive als Ausdruck gescheiterter Marketingkalküle. Die als skandalisierend, weil boulevardesk-enthüllend schematisierte *ganze Wahrheit* wird auch in dieser Hinsicht als spezifischer Fall literaturbetrieblich beeinträchtigter Literatur gelesen, der von den sozialstrukturellen Rahmenbedingungen, die er thematisch aufgreife, in besonderem Maße selbst lebe – oder diesen umgekehrt zum Opfer falle: Eine alternative, gleichwohl im selben Akteursschema verortete Lesart vermutet nämlich, Gstrein seien die Folgen seiner »Berkéwicz-Pornografie«[17] gar nicht bewusst gewesen, ja die boulevardeske Bemerkung im Literarischen Colloquium sei ihm mehr oder weniger ungewollt unterlaufen; der ungeschickte Autor habe sich schlicht im öffentlichen Umgang mit seinem Text »verheddert«[18]. Gstrein erweist sich in dieser Perspektive gleichsam als Betriebsgeschädigter, wenn nicht einer gezielt gesteuerten literaturkritischen Kampagne,

---

11 Mischke 2010.
12 Heidegger 2010.
13 Kämmerlings 2010.
14 Encke 2010.
15 Krekeler 2010.
16 Moritz 2010.
17 Mischke 2010.
18 Bartels 2010.

so doch aber der maßgeblich massenmedial bestimmten Bedingungen seiner sozialstrukturellen Einbettung als literarischer Akteur.

Dass es im Folgenden nicht darum gehen kann, Licht in die skizzierten Zusammenhänge zu bringen und die ›Kalküle‹ einzelner Akteure oder Organisationen (Autor, Verlegerin, Verlage, Printmedien, Journalisten, LCB) zu klären, versteht sich eigentlich von selbst. Mögen Strategiezuschreibungen, wie sie von der Vermittlung der *ganzen Wahrheit* vorgenommen werden, auch die »höchste Stufe«[19] der Selbstreflexion feuilletonistischer Debatten bilden, immer handelt es sich bei ihnen um Kommunikationsformen, die den Status von (literaturkritischen) Selbstbeschreibungen des literarischen Systems haben.[20] Und dennoch: Mit Blick auf die sozialstrukturellen Rahmenbedingungen der *ganzen Wahrheit* kann die Literaturkritik Kontingenz nur schwer denken, ja sie versucht sich vor allem darin, den von ihr beobachteten Ereignisketten im Zusammenhang mit Gstreins Roman eine bestimmte Ordnung zu unterstellen. Der Verweis auf die damit verbundenen Absichten der unterschiedlichen Beteiligten greift jedoch zu kurz, da die diversen Beobachtungen zweiter Ordnung auf derart komplexe Weise ineinander spielen, dass prägnanter von einem »Emergenzphänomen«[21] zu sprechen ist. In dieser Perspektive hat literarische Kommunikation als System die literaturbetriebliche Relevanz und den literaturkritischen Wert der *ganzen Wahrheit* überhaupt erst erzeugt, für dessen Zustandekommen dann im Nachhinein ›kühl kalkulierende‹ Akteure oder ›Betriebsopfer‹ adressiert werden müssen.

Gstreins Auftritt im LCB lediglich im Schema ›Störung / Strategie‹ zu beschreiben, verfehlt eben genau dies. Gehen auch Teile der Forschung davon aus, literarische Skandale seien nur als solche Ereignisse zu fassen, in denen literarische Texte oder Autoren »wirklich unerwartet und unvorhersehbar zum großen medialen Streitfall«[22] werden, setzen sie voraus, zwischen ›echten‹ und lediglich ›inszenierten‹ Skandalen unterscheiden zu können.[23] Genau diese Unterscheidung ist jedoch in literarischer (literaturkritischer) Kommunikation strukturbildend – und kann auch nur dort jeweils kontingent beantwortet werden. Noch die auf literaturwissenschaftlicher Seite anzutreffende, mitunter durch eine merkwürdig triumphierende Entlarvungssemantik gerahmte Einsicht in die Strategien, ›wie man Skandale macht‹,[24] knüpft an eben diesem im literarischen System strukturbildenden Schema an.

Im Falle der *ganzen Wahrheit* ist es bereits ein flüchtiger Blick in die Bi-

---

19 Buck 2011, S. 122.
20 Siehe entsprechend auch Gansel 2011.
21 Frank 1998, S. 75.
22 Weninger 2004, S. 10.
23 Vgl. als prägnantes Anwendungsbeispiel für dieses Schema Moritz 2007.
24 Vgl. Neuhaus 2010.

bliographie des Autors, die andeutet, dass solcherart angelegte Forschungs-
programme letztlich fehlgehen. Denn tatsächlich steht die mehr oder weniger
ungefragte Selbstkommentierung im Literarischen Colloquium durchaus in
werkgeschichtlicher Kontinuität. Sowohl Gstreins 1999 erschienener Roman *Die
englischen Jahre* als auch *Das Handwerk des Tötens* von 2003 werden nicht nur
durch die üblichen Autoreninterviews flankiert. Gstrein veröffentlicht zudem
jeweils zeitnah Texte, die einen ungewöhnlich umfangreichen, auktorialen
Epitext zu den ihnen jeweils zugeordneten ›Haupttexten‹ bilden und im Zusammenspiel mit diesen je spezifisch die Unterscheidung zwischen Text und
Paratext aufbrechen.[25] Nicht zuletzt vor diesem poetologischen Hintergrund ist
es in literaturwissenschaftlicher Perspektive mithin vielversprechender, nach
eben jener literarisch-betrieblichen Form zu fragen, die *Die ganze Wahrheit* an
Gstreins kommentierenden »Text zum Text«[26] im LCB verfahrenstechnisch
koppelt. In den Blick gerät damit, so die nun zu skizzierende These, eine Literaturbetriebs-Szene, in der die sozialstrukturellen »Rahmenbedingungen literarischer Arbeit«[27] in Form von boulevardesk-feuilletonistischen Aufde-
ckungsgesten nicht nur im literarischen Text thematisiert, sondern mit dessen
Schreibverfahren gleichsam verkettet werden.[28] Es geht also nicht um die abschließende Klärung gescheiterter oder gelungener Strategien. Zu zeigen ist
vielmehr, dass deren (literaturkritische) Diskussion sich im Einzugsbereich der
Selbstprogrammierung von Gstreins Roman bewegt.

2   Korrekturen

Gekoppelt an Dagmars Buch über das Sterben Heinrich Glücks steht im Zentrum
der *ganzen Wahrheit* die vom Ich-Erzähler betriebene Desillusionierung des
Wahrheitsanspruchs der Verlegerin. Ist Dagmar durch die Semantik des Reli-
giös-Esoterisch-Kultischen bereits ohnehin mit subjektiv-irrationalen Vorstellungen von Wirklichkeitskonstruktionen konnotiert, strukturiert den Text eine
binäre Opposition, die zwischen der »innere[n] Wahrheit« (83) der Verleger-

---

25 Die Reden *Fakten, Fiktionen und Kitsch beim Schreiben über ein historisches Thema* und
   Über Wahrheit und Falschheit einer Tautologie setzen sich mit den *englischen Jahren* auseinander; *Wem gehört eine Geschichte?* stellt einen ausführlichen Kommentar zum *Handwerk des Tötens* dar. Auf die Spitze getrieben werden die Irritationen der Text-Paratext-
   Unterscheidung mit den *englischen Jahren* und dem *Selbstportrait einer Toten*.
26 Bartmann 2004, S. 126.
27 Zanetti, 2010, S. 27.
28 Dies in Anlehnung an Campe 1991, S. 761. Der vorliegende Artikel basiert auf Analysen, die
   ich an anderer Stelle ausführlicher präsentiert habe. Siehe Assmann 2014.

Witwe zum einen und der im Rahmen der fiktionalen Realität als »Wirklichkeit«
(255) markierten Realität zum anderen differenziert.

> »Ich hatte Dagmars Drang zur Bereinigung ihrer eigenen Biographie und der ihres
> Mannes nie verstanden und war jetzt bestürzt zu sehen, was alles in seinem Leben sie
> mit ihrer Aussortierung ungeschehen machen wollte. Ich konnte nur staunen über
> diese Unverfrorenheit und dieses Vermögen oder wie man es nennen will, diese
> Skrupellosigkeit, sich die Welt nach den eigenen Wünschen zurechtzuinterpretieren.«
> (21)

Mit der Qualifizierung von Dagmars Handeln als ›Bereinigung‹ und ›Aussor-
tieren‹ ist eine Beobachtungsdirektive des Ich-Erzählers angesprochen, die
zwischen einer realen Realität und einer inszenierten oder fiktionalen, jedenfalls
irgendwie ›zurechtinterpretierten‹ Realität differenziert. Mit dem Anspruch,
»das Andenken von Heinrich Glück vor ihr [Dagmar; DCA] in Schutz zu nehmen« (20), schreibt der Ich-Erzähler und Lektor sich nicht nur eine moralische
Überlegenheit gegenüber der Verleger-Witwe zu; er positioniert sich zudem
gleichsam an der Schnittstelle zwischen den Realitätskonstruktionen Dagmars
und den vermeintlich tatsächlichen Gegebenheiten. Anhand des so erzeugten
Gegensatzes behauptet der Ich-Erzähler, dass die von Dagmar »inszenierte[n]«
(118) Realitätsbilder einer »unsichtbaren Erfahrung« (141) entsprängen, mithin
gerade nicht auf eine reale Realität referierten. Das erklärte Movens des Erzählens ist vor diesem Hintergrund die Desillusionierung oder Entlarvung von
Dagmars »Glauben an die Wahrheit« (116) als bloße Illusion oder Inszenierung,
das heißt als Produkt ihrer subjektiven Perspektive. Über den gesamten Text
hinweg bemüht sich der Ich-Erzähler denn auch darum, die mit Dagmar kontinuierlich assoziierte »Wahrheit« (etwa 24, 45, 59, 117, 181, 207, 233 und öfter)
oder »Wirklichkeit« (etwa 30, 83 und öfter) als einen »faule[n] Zauber« (45)
herauszustellen, der lediglich auf ihrer »innere[n] Wahrheit« (30) beruhe.
Umgesetzt wird diese Desillusionierungsgeste syntaktisch meist durch die in
adversativer Funktion gebrauchte, nebenordnende Konjunktion ›aber‹ – nach
dem Modell »aber die Wahrheit ist doch« (59) – oder durch funktionale Äqui-
valente wie die Ausdrücke »in Wirklichkeit« (226), »nichts davon ist wahr« (156)
und »[i]n Wahrheit« (103).

Auf der anderen Seite vertritt Erzähler Wilfried mit Blick auf sein eigenes
Erzählprojekt den Anspruch, sich »nach bestem Wissen an die Tatsachen zu
halten« (17). Der Betonung, »keine literarischen Ambitionen« (17) zu hegen,
korrespondiert der Verzicht auf literarisch-künstlerische »Ausschmückungen«
(10), die die tatsächlichen Umstände nur verstellten. Dass *Die ganze Wahrheit*
das »Gegenprogramm« (258) des Ich-Erzählers, ein möglichst realistisches Erzählen zu verfolgen, durch eine Reihe von Realitätseffekten umsetzt, verdeutlicht
etwa eine längere Passage gegen Ende des Romans.

»Man wird hoffentlich verstehen, dass ich mir nicht den Kopf darüber zerbrach, ob ich schlecht über Dagmar redete, als ich wenige Tage später mit meinen Aufzeichnungen begann. Da ging es mir vor allem darum, mir selbst klarzumachen, was eigentlich geschehen war, und ich dachte nicht an eine spätere Veröffentlichung, dachte nicht an Dr. Mrak und seine Winkelzüge. Was ich aufschrieb, war, wie auch nicht, meine Sicht der Dinge, gesehen aus der Position dessen, dem Dagmar auf ihre Art mitgespielt hatte, was auch immer meine eigene Rolle dabei gewesen sein mochte. Ich wollte keine Kunstwelt schaffen, und erst seit ich angefangen habe, die Blätter zu ordnen, die größeren und kleineren Textinseln meiner Erinnerung zu einer Geschichte zu verbinden, erst seit ich mir vorstellen kann, dass es am Ende wohl ein Buch wird, und ich mir schon ausmale, dass es natürlich drei mal sechs Kapitel haben müsste, in perfekter Entsprechung von Inhalt und Form, oder aus Aberglauben lieber drei mal sieben, gebe ich mich auch anderen Fragen hin. Ich bin dann geneigt, noch einmal und noch einmal über die Bücher zu gehen, wie man so sagt, aber immer, wenn ich etwas streichen will, was Dagmar in besonders unvorteilhaftem Licht zeigt, oder etwas Entlastendes, etwas Gewinnendes oder womöglich auch nur zu ihren Gunsten Abrundendes oder Ergänzendes hinzufügen, habe ich im Ohr, wie sie mich fragt, ob sie mir die ganze Wahrheit über mich sagen solle, und sofort weiß ich, dass ich mir den Zwang nicht antun kann.« (289)

Mit Blick auf den Ehrgeiz, »an Dagmars Sicht der Dinge eine kleine Korrektur anzubringen« (299), ist diese Passage gleich in mehrfacher Hinsicht aufschlussreich, ja an ihr lässt sich exemplarisch verdeutlichen, dass Gstreins Roman dezidiert auf nahezu das vollständige Verfahrens-Tableau von »konstitutive[n] Rahmenbedingungen und stiltypologische[n] Eigenschaften moderner ›realistischer‹ Literatur«[29] zurückgreift. Als Einstieg fungiert eine unbestimmte, gleichwohl direkte Leseransprache (›man wird hoffentlich verstehen‹), die die für realistisches Erzählen typische Polyperspektivität über das demonstrative Zeigen, dass und wie erzählt wird, entwirft. Daran anschließend reflektiert der Ich-Erzähler über seine eigene Erzählhaltung, relativiert diese als seine Perspektive (›meine Sicht der Dinge‹, ›Textinseln meiner Erinnerung‹) und ermöglicht durchaus realistische Einblicke in eigene Bewusstseinsprozesse (›mir nicht den Kopf darüber zerbrach‹, ›mir klar zu machen‹). Die *histoire* der *ganzen Wahrheit* erhält dadurch und in Kombination mit der Anlage als Ich-Erzählung nicht zuletzt einen »simuliert-autobiografischen«[30] *discours*. Darüber hinaus wird in der zitierten Passage betont, dass sich das Erzählen an den Tatsachen orientiere (›Dinge‹, ›was eigentlich geschehen war‹) und sich gegen literarisch-künstlerische Verfälschungen der Realität richte (›keine Kunstwelt‹). Die Digression unterbricht den Text mithin nicht nur, sie transformiert diesen auch in ein Dokument der Problematik, die Geschichte von Dagmars Illusionierungs-

---

29 Link 2008, S. 12.
30 Ebd., S. 14.

projekt aus nur einer Perspektive – der des Erzählers – zuverlässig zu erzählen. Benennt der Ich-Erzähler zudem Zeugnisse seines eigenen Schreibens (›Aufzeichnungen‹), mündet die Passage denn auch in einer sich anschließenden Schreib-Szene (vgl. 290–291). Spätestens an dieser Stelle stellt sich mithin heraus, dass das Buch, das dem realen Leser vorliegt, eben jenes ist, von dem der Ich-Erzähler seit beinahe 300 Seiten erzählt, so dass die Passage schließlich den Akt des Hineinkopierens der *ganzen Wahrheit* in die fiktionale Realität expliziert und diese damit wiederum als realistische markiert.

Der literarische Realismus der *ganzen Wahrheit* erzeugt den Effekt von Realität also insbesondere durch ein Verfahren, das mit selbstreflexiven Mitteln darauf abzielt, Dagmars unrealistische Welt durch den Ich-Erzähler als illusionär zu entlarven. Denn im Umkehrschluss kann dem Resultat dieses Prozesses der narrativen Desillusionierung der »Status ›harter Realität‹«[31] zugeschrieben werden. Dagmars im letzten Drittel des Romans exzessiv eingestreuter Anspruch, die »ganze Wahrheit« (183, 186, 193, 197, 198, 258, 275, 284, 289 oder 300) über bestimmte Personen zu kennen und gegebenenfalls zu deren Ungunsten zu veröffentlichen (vgl. insbesondere 197), wird auf diese Weise nicht nur unterlaufen und als moralisch zweifelhaft ausgewiesen. Die Ironisierung des Ausdrucks durch seine paratextuelle Funktionalisierung nicht nur als Titel des Romans insgesamt, sondern auch des dritten Kapitels scheint gleichzeitig den Ich-Erzähler auf den ›festen Boden‹ der Realität zu stellen.[32]

Dass jedoch auch und gerade das Erzählen von den so genannten ›tatsächlichen‹ Gegebenheiten auf sprachlichen Konstruktionen beruht, Wilfried also die Unterscheidung zwischen Dagmars ›Wahrheit‹ und den Umständen, wie sie sich vermeintlich »in Wirklichkeit« (249) dargestellt haben, keineswegs so souverän kontrolliert, wie er dem Leser versucht glauben zu machen, auf eben diesen Umstand deutet bereits eine Formulierung hin, die sich bezeichnenderweise gegen Ende des zitierten Paradebeispiels für realistisches Erzählen findet. Die Parenthese ›wie man so sagt‹ stellt nämlich die Narration von den ›harten

---

31 Ebd., S. 12.
32 Zur Absicherung dieser Realitätseffekte dienen dem Text zudem das Respektieren historisch-zeitlicher (etwa bei der Klassifikation von Autoren, vgl. 124–126) und geographisch-räumlicher Gesetze (etwa Wien als Verlagsort, vgl. 9) sowie der wiederholte, im Modus journalistischer Realitätskonstruktionen gehaltene Verweis auf zitierfähige Dokumente – zum Beispiel auf Dagmars Manuskript (vgl. 274) –, in denen man »nur nachlesen muss, um sich ein Bild […] zu machen« (251). Hinzu kommen beglaubigende oder ergänzende Aussagen von unmittelbar beteiligten Akteuren (etwa von Verlagsmitarbeiterin Bella, vgl. 198), als Zitate markierte Abschnitte (etwa aus Klappentexten, vgl. 145), die durchgehende, mit Rechtsanwalt Dr. Mrak verbundene und durch diesen personifizierte Thematisierung »juristische[r] Spitzfindigkeiten« (299), die interdiskurstheoretisch als besonders realitätsnah gelten, sowie der kontingente, das heißt grundsätzlich offen und damit wiederum realistisch angelegte Rahmen von Anfang und Ende der *histoire*. Vgl. zu diesen Verfahrenselementen realistischen Erzählens allgemein Link 2008, S. 12–15.

Fakten‹, wie sie der Ich-Erzähler vollzieht, gerade nicht jenseits der im Text entfalteten »Gerüchteküche« (65), sondern weist jene als nicht weniger auf einem spezifischen »Jargon« (302) basierend aus. Genau betrachtet unterläuft mithin die Passage gleichsam selbst das Desillusionierungs-Programm, das sie sich vornimmt.

Muss Wilfried denn auch zugeben, dass die von ihm geschilderten Tatsachen »vielleicht ein wenig literarisch« (88) klingen oder andere Schilderungen »ganz und gar unwirklich erscheinen« (118), gerät er beim Nacherzählen einer Anekdote »ins Stocken [...], weil mir die reale Dagmar in die Quere kam und die Unterscheidung zwischen Faktischem und Fiktivem nicht mehr recht gelingen wollte« (140). Die damit angedeutete innerfiktionale Irritation der Unterscheidung zwischen Realität und Fiktion baut *Die ganze Wahrheit* konsequent als explizit markierte Unzuverlässigkeit des Ich-Erzählers aus. Dieser kann »nicht mehr mit Sicherheit sagen« (173), wie sich bestimmte Begebenheiten abgespielt haben, gesteht dem Leser gegenüber ein, eigentlich »keine Beweise« (177) zu haben, »weil mir entweder die Erinnerung fehlt oder ich meiner Erinnerung da, wo sie nicht fehlt, misstraue« (280), und gibt mit Bezug auf bestimmte Begebenheiten an, »tatsächlich alles vergessen« (282) zu haben.

Dem entspricht verfahrenstechnisch, dass *Die ganze Wahrheit* nicht nur Dagmar als Verdichtungspunkt der thematisierten literaturbetrieblichen Beziehungssysteme um den Verlag von Heinrich Glück konturiert, sondern auch und gerade den Ich-Erzähler selbst als einen solchen präsentiert. Denn dadurch, dass er durchgehend in der Perspektive Wilfrieds gehalten ist, realisiert der Roman auf innerfiktionaler Ebene eine Verschachtelung von Beobachtungen zweiter Ordnung, die sich als maßgebliche Bestandteile der thematisierten persönlichen Strukturen erweisen: Der Ich-Erzähler beobachtet Dagmar, wie diese insbesondere Verleger Glück, aber auch die anderen Verlags-Mitarbeiter beobachtet. Der dadurch betriebenen Rekonstruktion der Perspektive Dagmars, die im Zeichen des Desillusionierungsprozesses steht, korrespondiert der Anspruch des Ich-Erzählers, sich jenseits der von ihm beschriebenen sozialen Strukturen zu bewegen. Doch so wenig er sein Entlarvungsprojekt narrativ umsetzen kann, so wenig kann er sich Dagmars netzwerkförmigen Beziehungssystemen entziehen. Die narrativ-reflexive Emanzipation von der Verstrickung in die von Dagmar dominierten Beobachtungen zweiter Ordnung erzeugt im selben Akt deren Strukturen, ja nicht zuletzt sein Erzählen ist es, das dazu führt, dass sich der Ich-Erzähler auch selbst in ihnen verstrickt. Der Erzähler erweist sich mithin nicht als distanzierter oder unbeteiligter Beobachter, sondern ist im Gegenteil selbst in die von ihm beschriebenen persönlich-betrieblichen Beziehungen eingelassen, weist er doch etwa im Zusammenhang mit Glücks Tod explizit darauf hin, »dass ich herumtelefoniert hatte, damit wenigstens seine paar verbliebenen Freunde Bescheid wussten« (13). In dieser

Hinsicht schildert der Ich-Erzähler mithin weniger Dagmar oder Heinrich Glück. Im Fokus steht vielmehr die zwischen diesen und ihm selbst vorhandene ›Konstellation‹.

3   Kärntnerstraße

Dass *Die ganze Wahrheit* ihr durch Figurenkonstellation und Handlungsanlage provoziertes Abdriften in die feuilletonistisch seit den frühen 1990er-Jahren ausgiebig dokumentierte ›Suhrkamp-Seifenoper‹[33] in einen selbstreflexiven Rahmen einlässt und damit in dezidiert literarische Kontexte einbindet, kann im Falle Gstreins nicht überraschen. Die Marke des »gelernten Mathematiker[s] Gstrein«[34] steht für literarische Produkte, deren Literarizität insbesondere über die Zuschreibung von spezifisch konstruierter Selbstreflexivität erzeugt wird. Die literaturkritische Rezeption der *ganzen Wahrheit* hebt denn auch bei allen Unterschieden in der Bewertung zumindest eines hervor: das hochgradig reflektierte Erzählgerüst des Romans.[35] Dass der Text jenseits dieser unverblümt auf den Autor zurückgerechneten Schrumpfform literarischer Selbstreflexion und dennoch oder gerade deshalb Realitätseffekte erzeugt, hängt nun mit dem Umstand zusammen, dass *Die ganze Wahrheit* »als ein Ensemble nicht von Abbildern, sondern von Vor-Bildern für die Realität im Sinne von realer Praxis«[36] zu lesen ist. Mit anderen Worten, um der Verkettung der feuilletonistischen Rahmenbedingungen der *ganzen Wahrheit* mit der Literarisierung dieser Rahmenbedingungen den letzten Dreh zu geben, gilt es, die Verfahren von Gstreins Roman im Hinblick auf deren »realitätskonstitutiv[es]«[37] Potential jenseits des genannten Schlüsselverfahrens zu befragen.

Von entscheidender Relevanz ist in diesem Zusammenhang die Figur des Dr. Mrak »von der Kanzlei ›Mrak & Mrak‹ mit Büro in der Kärntnerstraße« (182). Der Ich-Erzähler bezieht sich nämlich wiederholt auf Mrak, um diesen als gleichsam pejorativ konnotierten idealen oder impliziten Leser auszuweisen. Die gleich zu Beginn des Textes eingeleitete Reflexion über die juristischen

---

33 Es lässt sich zeigen, dass es sich bei diesem Verfahren gerade nicht um einen Durchgriff auf eine wie auch immer gestaltete reale Realität handelt. Gstreins Roman greift zur Textorganisation vielmehr auf solche Schemata zurück, die der massenmedialen, im Besonderen feuilletonistischen Berichterstattung über Ulla Berkéwicz seit deren Heirat mit Siegfried Unseld entnommen sind. Diese Zusammenhänge müssen an dieser Stelle ebenso ausgeblendet bleiben wie die intertextuell-programmatischen Bezüge zu Ulla Berkéwiczs *Überlebnis*.

34 Drynda 2006, S. 244.

35 Siehe nur das Ergebnis der ansonsten ablehnenden Besprechung von Encke 2010.

36 Link 2008, S. 16.

37 Parr 2011, S. 27.

Folgen des eigenen Schreibens, ja der »Angst vor dem ehrenswerten Dr. Mrak und seiner Paragraphenreiterei« (12) wird den gesamten Text hindurch kontinuierlich und mitunter als direkte Leseransprache im Modus des Einschubs »für Dr. Mrak sei noch einmal ausdrücklich gesagt« (250) thematisiert.

> »Ich habe lange überlegt, ob ich die folgende Charakterisierung von Dr. Mrak stehen lassen soll oder nicht doch besser streichen, ihn mit keinen erkennbaren Eigenschaften ausstatten und lieber den Mann im Hintergrund sein lassen, der er ja tatsächlich auch war. Die Vorstellung, er liest dies und erkennt sich darin wieder oder erkennt sich nicht wieder und fühlt sich trotzdem gemeint, ist mir zuerst unangenehm gewesen, aber jetzt sage ich mir, was soll's, und empfinde sogar eine gewisse Freude daran, ihm einen Spiegel vorhalten zu können. Außerdem glaube ich, man muss wissen, mit wem man es zu tun hat, um sein Wirken ausreichend würdigen zu können, und vielleicht täusche ich mich nicht in der Hoffnung, dass er bei allem, was ich über ihn sage, Sportsmann genug ist, nicht auch noch in eigener Sache zu klagen.« (181 – 182)

Der deiktische Ausdruck *dies* markiert in dieser Passage das Überblenden der Lektüreposition des innerfiktional entworfenen und in der Figur des Rechtsanwalts konkretisierten Lesers mit derjenigen des Lesers der realen Realität. Das digressive Erzählen Wilfrieds unterläuft hier also keineswegs Referenzialisierungsversuche, sondern erzeugt geradezu überhaupt erst den Realitätseffekt durch die narrative Selbstreflexion. Besteht die Funktion der Passage dabei darin, einen »distanzierten, ›objektivierenden‹ Blick des Lesers auf den Applikationsmodus«[38] anzuregen, verbleibt die Applikation der fiktionalen auf die reale Realität gleichwohl in der Imagination des Ich-Erzählers hängen, so dass nicht sicher ist, ob die dem Rechtsanwalt unterstellte Lektürehaltung von diesem auch tatsächlich umgesetzt wird. Das in Aussicht gestellte Scheitern der Applikation Mraks kann also gerade nicht innerfiktional »zur gebrochenen Identifikation oder zur Gegen-Identifikation«[39] genutzt werden.

Dass die Applikation noch aussteht, bedeutet indes nicht, dass es keine solche gibt. Tatsächlich ist es die literaturkritische Rezeption, die eben jene Zusammenhänge herstellt, die sich als applizierte Elemente der in der *ganzen Wahrheit* fiktional entworfenen persönlich-betrieblichen Beziehungssysteme und wechselseitigen Beobachtungsverhältnisse erweisen. Dazu zählt etwa die mit dem ersten Satz von Gstreins Roman benannte Warnung, über die Hintergründe von Glücks Verlag besser nicht zu schreiben. So weiß etwa Elmar Krekeler in einem Artikel für die *Welt* die im Text unbestimmt belassenen Zuammenhänge für die reale Realität zu konkretisieren.

> »Dass die Verlegerin aufs Übelste sexualisiert würde in dem Roman, hieß es. Dass sich Gstreins Verleger Michael Krüger, selber Suhrkamp-Autor, bei Ulla Unseld schon vorab

---

38 Ebd.
39 Ebd.

entschuldigt habe. Der Umstand, dass Gstreins Urlesung parallel zur Urlesung von Christa Wolfs neuem (bei Suhrkamp erschienenem) Roman stattfand, gebar die Theorie, das sei Absicht, damit keiner der Suhrkamp Granden am Wannsee auftauchen könne.«[40]

So sehr dieser auf kommunikativem Hörensagen basierende Artikel die vom Roman bereits selbst thematisierten sozialstrukturellen Rahmenbedingungen literarischen Schreibens in die reale Vermittlung der *ganzen Wahrheit* trägt, so sehr setzen Krekeler und seine Kollegen, wenn auch im souveränen Gestus des Wissens um das selbstredend eigentlich Illegitime des Identifikationskurzschlusses, die in Aussicht gestellte Applikation um. Denn tatsächlich erweist sich Teilen des Feuilletons zufolge Gstreins Roman analog den Vermutungen um Wilfried und Dagmar als »eine ironisch abgefederte Liebeserklärung«[41]. Und so kann sich selbst die auftrumpfende Prognose, dass es keineswegs den von Gstrein »ersehnten Herbstskandal«[42] geben werde, da Berkéwicz ihm nicht den Gefallen tun werde, gegen den Roman zu klagen, nicht dem Einzugsbereich der Selbstprogrammierung der *ganzen Wahrheit* verweigern.[43]

> »Kein Grund zur Freude also für diejenigen, die Norbert Gstrein als Herbstsau durch das Literaturbetriebsdorf treiben wollten, und keine Arbeitsbeschaffungsmaßnahme für Verlagsjustiziare.«[44]

Als in literaturkritischer Perspektive verwerflich erweisen sich die Gstrein zugeschriebenen Kalküle insbesondere deshalb, weil skandalisierte Bücher unter Verdacht stehen, lediglich Aufmerksamkeit zu generieren und sich damit illegitim-heteronomen Interessen auszuliefern. Literaturskandale – verstanden als Ereignisse, die sich »in aufsehenerregender Weise als anstößig, tabuverletzend, unmoralisch, sittenwidrig, obszön, schändlich, unerhört, empörend, unverschämt oder schamlos«[45] erweisen – stellen demzufolge weniger das jeweils ›eigentliche‹ literarische Kunstwerk ins Zentrum; den an ihnen beteiligten Akteuren gehe es vielmehr um das vermeintlich bloß sekundäre ›Beiwerk‹.[46] Skandalstrategien erzeugten gerade deshalb eine Störung künstlerischer Autonomie, weil sie »nicht-kunstimmanente[...] Ereignis[se]«[47] profilierten, die keinen »ästhetischen Nutzen«[48] hätten.

Die ganze Wahrheit nutzt genau diese Vorstellung skandalbasierter Literatur

---

40 Krekeler 2010. Siehe analog Mischke 2010.
41 Widmann 2010.
42 Moritz 2010.
43 Vgl. Günter 2010.
44 Moritz 2010.
45 Art. *Skandal* 2007, S. 928.
46 Siehe Reichwein 2007.
47 Zimmermann 2000, S. 5.
48 Ebd.

als Basis für ihre Literaturbetriebs-Szene. So wie Wilfried in die als Literatur störend angenommenen persönlich-betrieblichen Beobachtungsverhältnisse eingelassen ist, so ist Gstrein und mit ihm die feuilletonistische Diskussion um vermeintlich oder tatsächlich gescheiterte PR-Strategien in eben solche unerhörten Konstellationen verortet, die zwar Selbstreflexion zulassen, aber eben gerade keine übergeordneten Beobachtungsperspektiven. In diesem spezifischen Sinne kann auch in literaturwissenschaftlicher Perspektive nicht die Erörterung von ›eigentlichen‹ Kalkülen der Skandalbeteiligten interessieren, sondern nur die Form der Literaturbetriebs-Szene – und die ist die eines durch Selbstreflexion erzeugten Realitätseffekts, wie er nicht zuletzt auch in der literaturkritischen Rezeption des Romans nachhaltig erzeugt wird. Gstreins skandalschematisierten Bemerkungen im LCB ebenso wie die anschließenden Besprechungen, die vorgeben, das vermeintlich oder tatsächlich auf Skandalisierung hin abzielende Kalkül des Autors zu durchschauen, stehen also unter den Formvorgaben der Selbstprogrammierung der *ganzen Wahrheit*. Denn das Verfahren sowohl des Textes als auch des anstößigen LCB-Auftritts ist die einer narrativen Selbstreflexion, die nicht im Zeichen der Absicherung der Fiktion gegenüber der Realität steht, sondern überhaupt erst deren wechselseitige Applikation provoziert – in diesem Falle also wieder einmal: literaturbetriebliches Gerede.

Literatur

Art. *Skandal*, in: Ueding, Gert (Hg.): *Historisches Wörterbuch der Rhetorik*. Mitbegründet von Walter Jens. In Verbindung mit Wilfried Barner u. a. Bd. 8. Tübingen 2007, S. 923 – 929.

Assmann, David-Christopher: Poetologien des Literaturbetriebs. Szenen bei Kirchhoff, Maier, Gstrein und Händler. Berlin u. Boston 2014.

Bartels, Gerrit: ›Besessen von der Causa Suhrkamp‹, in: *Die Zeit* vom 27. August 2010.

Bartmann, Christoph: ›Dicht am Dichter. Die Lesung als Ritual und Routine‹, in: Hill-Zenk, Anja / Sousa, Karin (Hg.): *To read or not to read. Von Leserinnen und Leseerfahrungen, Leseförderung und Lesemarketing, Leselust und Lesefrust*. München 2004, S. 120 – 129.

Böhm, Thomas: ›Lesung‹, in: Schütz, Erhard (Hg.): *Das BuchMarktBuch. Der Literaturbetrieb in Grundbegriffen*. Zusammen mit Silke Bittkow, David Oels, Stephan Porombka und Thomas Wegmann. Reinbek bei Hamburg 2005, S. 203 – 206.

Buck, Sabine: Literatur als moralfreier Raum? Zur zeitgenössischen Wertungspraxis deutschsprachiger Literaturkritik. Paderborn 2011.

Campe, Rüdiger: ›Die Schreibszene. Schreiben‹, in: Gumbrecht, Hans Ulrich / Pfeiffer, K. Ludwig (Hg.): *Paradoxien, Dissonanzen, Zusammenbrüche. Situationen offener Epistemologie*. Unter Mitarbeit von Irene Chytraeus-Auerbach u. a. Frankfurt am Main 1991, S. 759 – 772.

Drynda, Joanna: ›Der Krieg aus der geschichtlichen Ferne betrachtet. Norbert Gstreins Suche nach der richtigen Sprache‹, in: Gansel, Carsten / Zimniak, Pawel (Hg.): *Reden und Schweigen in der deutsch-sprachigen Literatur nach 1945. Fallstudien.* Dresden 2006, S. 234–245.

Encke, Julia: ›Denk nicht an Suhrkamp!‹, in: *Frankfurter Allgemeine Sonntagszeitung* vom 15. August 2010.

Frank, Dirk: ›Zwischen Deliteralisierung und Polykontextualität. Günter Grass' *Ein weites Feld* im Literaturbetrieb‹, in: Erb, Andreas (Hg.): *Baustelle Gegenwartsliteratur. Die neunziger Jahre. Unter Mitarbeit von Hannes Krauss und Jochen Vogt.* Opladen u. Wiesbaden 1998, S. 72–96.

Gansel, Christina: ›Literaturkritik als Textsorte und systemspezifische Ausdifferenzierungen‹, in: *Mitteilungen des Deutschen Germanistenverbandes* 2011/58.4, S. 358–371.

Grimm, Gunter E.: ›»Nichts ist widerlicher als eine sogenannte Dichterlesung‹. Deutsche Autorenlesungen zwischen Marketing und Selbstpräsentation‹, in: Grimm, Gunter E. / Schärf, Christian (Hg.): *Schriftsteller-Inszenierungen.* Bielefeld 2008, S. 141–167.

Gstrein, Norbert: Wem gehört eine Geschichte? Fakten, Fiktionen und ein Beweismittel gegen alle Wahrscheinlichkeit des wirklichen Lebens. Frankfurt am Main 2004.

Gstrein, Norbert: Die ganze Wahrheit. Roman. München 2010.

Günter, Joachim: ›Die fiktive Wahrheit‹, in: *Neue Zürcher Zeitung* vom 24. Juni 2010.

Heidegger, Gerald: ›Der Suhrkrampf: Roman sucht Skandal‹, in: *orf.at* vom 18. August 2010, verfügbar unter: http://news. orf.at/stories/2009415/2009345 [26.09.2011].

Kämmerlings, Richard: ›Die ganze Wahrheit über Suhrkamp‹, in: *Frankfurter Allgemeine Zeitung* vom 18. Juni 2010.

Krekeler, Elmar: ›Durch Suhrkamps Schlüsselloch‹, in: *Die Welt* vom 18. Juni 2010.

Link, Jürgen: ›»Wiederkehr des Realismus‹ – aber welches? Mit besonderem Bezug auf Jonathan Littell‹, in: *kultuRRevolution. zeitschrift für angewandte diskurstheorie* 2008/54, S. 6–21.

Mischke, Roland: ›Sex, Intrigen, Hexerei‹, in: *Sächsische Zeitung* vom 16. August 2010.

Moritz, Rainer: ›Wer treibt die Sau durchs Dorf? Literaturskandale als Marketinginstrument‹, in: Neuhaus, Stefan / Holzner, Johann (Hg.): *Literatur als Skandal. Fälle – Funktionen – Folgen. Mit drei Abbildungen.* Göttingen 2007, S. 54–62.

Moritz, Rainer: ›Trockener als Feuchtgebiete‹, in: *Die Welt* vom 20. Juni 2010.

Neuhaus, Stefan: ›Wie man Skandale macht. Akteure, Profiteure und Verlierer im Literaturbetrieb‹, in: Freise, Matthias / Stockinger, Claudia (Hg.): *Wertung und Kanon.* Heidelberg 2010, S. 29–41.

Parr, Rolf: ›Raabes Effekte des Realen‹, in: *Jahrbuch der Raabe-Gesellschaft* 2011, S. 21–38.

Reichwein, Marc: ›Diesseits und jenseits des Skandals. Literaturvermittlung als zunehmende Inszenierung von Paratexten‹, in: Neuhaus, Stefan / Holzner, Johann (Hg.): *Literatur als Skandal. Fälle – Funktionen – Folgen. Mit drei Abbildungen.* Göttingen 2007, S. 89–99.

Rösch, Gertrud Maria: Clavis Scientiae. Studien zum Verhältnis von Faktizität und Fiktionalität am Fall der Schlüsselliteratur. Tübingen 2004.

Weninger, Robert: Streitbare Literaten. Kontroversen und Eklats in der deutschen Literatur von Adorno bis Walser. München 2004.

Widmann, Arno: ›Ein Genre entsteht‹, in: *Frankfurter Rundschau* vom 13. August 2010.

Zanetti, Sandro: ›Welche Gegenwart? Welche Literatur? Welche Wissenschaft? Zum Verhältnis von Literaturwissenschaft und Gegenwartsliteratur‹, in: Brodowsky, Paul / Klupp, Thomas (Hg.): *Wie über Gegenwart sprechen? Überlegungen zu den Methoden einer Gegenwartsliteraturwissenschaft.* Frankfurt am Main u. a. 2010, S. 13 – 29.

Zimmermann, Peter: ›Die Kunst des Skandals‹, in: Zimmermann Peter / Schaschl, Sabine (Hg.): *Skandal: Kunst.* Wien / New York 2000, S. 3 – 14.

Jan Süselbeck

Verschwinden die Verrisse aus der Literaturkritik?
Zum Status polemischer Wertungsformen im Feuilleton

> Gern und oft beschuldigt man die Kritiker literarischer Morde. Doch sollte man sich hüten, für Mörder jene zu halten, zu deren Pflichten es gehört, Epidemien zu diagnostizieren und Totenscheine auszustellen.
>
> Marcel Reich-Ranicki

1 Praxeologische Perspektiven auf ein literaturkritisches Lamento

In einem 2013 erschienenen »TEXT + KRITIK«-Band zur »Zukunft der Literatur« schreibt Anja Johannsen, die Programmleiterin des Literarischen Zentrums Göttingen: »Wie stark sich die Bedingungen, unter denen Literatur grundsätzlich verfasst, verlegt, vermittelt, gekauft und gelesen wird, in den vergangenen zehn, fünfzehn Jahren verändert haben, ist kaum zu überschätzen.«[1] In ihrem »Plädoyer für eine praxeologische Gegenwartsliteraturwissenschaft« fordert die Autorin u. a. unter Berufung auf Schriften Michel Foucaults, Pierre Bourdieus, Simone Winkos und Claudia Stockingers sowie Stephan Porombkas, dass das Augenmerk künftig viel stärker als bislang auch auf die Einflüsse des gesamten Literaturbetriebs auf die Literaturproduktion gerichtet werden müsste:

> »Literaturbetrieb und Literatur selbst stehen in einem gegenseitigen Bedingungsverhältnis; institutionelle, mediale und sozioökonomische Veränderungen schlagen sich in der jeweils entstehenden Literatur nieder, und ebenso prägt die Literatur einer Zeit selbstredend die Verhältnisse mit. Die Literaturwissenschaften können nur gewinnen, wenn sie auf Instrumentarien zurückgreifen oder neue entwickeln, mit deren Hilfe diese Rückkopplungen präzise wahrgenommen werden können.«[2]

---

1 Johannsen 2013, S. 179.
2 Ebd., S. 182.

Auch den gegenwärtigen Wandlungen im Feuilleton und insbesondere im literaturkritischen Habitus kommt aus einer solchen praxeologischen Sicht große
Bedeutung zu. In seinem Vorwort zum dem zitierten Band stellt allerdings der
Herausgeber Hermann Korte fest, in den meisten Beiträgen seiner Publikation
käme »die Literaturkritik mit ihrer marktkontrollierenden Steuerungsfunktion
kaum noch vor«[3].

Derzeit wird allgemein beobachtet, dass die *Gatekeeper*-Funktion der Literaturkritik gegenüber anderen Formen der teils nonverbalen Bewertung von
und vor allem auch der Werbung für Literatur an Bedeutung eingebüßt habe. Der
u. a. für die »Welt« schreibende Literaturwissenschaftler Marc Reichwein stellt in
einem Beitrag fest, dass die ›Literaturbetriebskunde‹ nicht mehr an der »para-
textuellen Markenbildung« vorbeikomme, deren wiederkehrende »Frames« und
Berichterstattungsmuster zu erhellen seien. Reichwein kritisiert dabei das
Standardwerk der Literaturkritikforschung von Thomas Anz und Rainer Baasner[4] dafür, diesen Aspekt schlicht ignoriert zu haben, was allerdings beim Blick
in das gemeinte Buch leicht zu widerlegen ist, da dort das ambivalente Verhältnis
von Literaturkritik und Werbung sehr wohl angesprochen wird, ähnlich wie
übrigens auch in Wolfgang Albrechts grundlegendem Literaturkritik-Buch von
2001.[5] Inzwischen, so Reichwein in seinem erwähnten Beitrag, dominierten jedenfalls Verkaufscharts, Bestsellerlisten bzw. die Long- und Shortlists des
Deutschen Buchpreises derart die Buchmarktmoden, dass sich die Literaturkritik offensichtlich nur noch beratend, ja teils »servil«[6] im *Big Business* der
Literaturvermittlung bewege. Allerdings schränkt Reichwein diesen Befund
gleich darauf selbst wieder ein, indem er von der Literaturkritik einen praxeologischen Meta-Blick auf den Literaturbetrieb einfordert und offensichtlich auch
für praktikabel hält:

> »Nun sollte aber gerade die Rückkopplung der Literaturkritik an den Buchmarkt kein
> Anlass zu Kulturpessimismus sein. Im Gegenteil: Die Literaturkritik braucht sich
> weder eine Instrumentalisierung für den Markt (etwa in Form von ›Blurbs‹) noch eine
> fehlende Wirkung auf den Markt vorwerfen zu lassen (auch das ein beliebtes Argu-
> ment: Sie habe ja gar keinen Einfluss mehr auf den Buchabsatz). Vielleicht [...] erfüllt
> Literaturkritik ihre Rolle zukünftig ja genau dadurch, dass sie öfter als ›Meta- und
> Strukturkritik‹ auftritt. Literaturkritik soll und kann demnach weniger denn je ein aufs

---

3 Korte 2013, S. 12.
4 Anz / Baasner 2004.
5 Vgl. dazu etwa ebd., S. 197 und S. 204 ff. sowie Albrecht 2001, S. 13 f. und S. 40 f. Ein zudem
  um einen Vergleich zu den Wertungs-Funktionen der Literaturwissenschaft erweiterter
  Kriterienkatalog der Funktionen der Literaturkritik findet sich in dem Beitrag von Anz 2005,
  S. 32 – 38.
6 Reichwein 2013.

bloß Literarische fokussierte Konsumentenwegweiser sein. Vielmehr wird sie zukünftig noch viel mehr auf Literaturbetriebliches eingehen müssen.«[7]

Neuere Buchmarkt-Phänomene, die dabei kritisch beleuchtet werden sollten, sind leicht zu benennen: Eine forcierte Eventkultur von medial vielfach multiplizierten und kommentierten Literaturpreisen, Poetikvorlesungen, Open-Mike-Wettbewerben und Poetry-Slams, große Literaturfestivals mit vielen Lesungen und Podiumsdiskussionen, die wiederum über *Social-Media*-Foren wie *Facebook* oder *Twitter* mit ganz neuen Formen der Aufmerksamkeitserzeugung flankiert werden können, haben neue, rigide Ausleseprozesse in Gang gesetzt, die ihre Macht ganz unabhängig von der Literaturkritik entfalten. Fast hat man den Eindruck, als sei mittlerweile die Jury möglichst großer Literaturpreise und Wettbewerbe der *place to be* für die KritikerInnen: Nicht nur SchriftstellerInnen inszenieren sich über die Medien, sondern auch die ›Stars‹ des Feuilletons.

Daraus resultieren jedoch literaturbetriebliche Mechanismen, die der Unabhängigkeit des literaturkritischen Schreibens nicht eben zuträglich sind: Jeder kennt am Ende jeden, und man begrüßt sich ständig im Blitzlichtgewitter, bei irgendwelchen Sekt-Empfängen und zu hippen Anlässen wie dem sogenannten Bachmann-Wettbewerb in Klagenfurt, den Buchmessen in Leipzig und Frankfurt am Main, bei Mega-Events wie »lit.COLOGNE« oder dem »internationalen literaturfestival berlin« – wenn man denn zum *Inner Circle* des Betriebs gehört, der sich mit der medialen Aufmerksamkeit, die diese Gelegenheiten mit sich bringen, auch gerne schmückt. Christopher Schmidt bemerkte in der »Süddeutsche Zeitung« zu diesem Problem, im Leben treffe man sich »bekanntlich immer zweimal«, im »Literaturbetrieb aber mindestens zweimal pro Monat«[8].

Hinzu kommen interne Treffen der Szene, zu denen nur vergleichsweise wenige ausgewählte KritikerInnen Zutritt erhalten: Wer etwa bei der Frankfurter Buchmesse zum exquisiten Suhrkamp-Empfang im Unseld-Haus eingeladen wird, weiß nur zu gut, welche ›Auszeichnung‹ dies im Feld des Feuilletons der

---

7　Ebd. Auch Ruth Selhofer erörtert die aktuellen Aufgaben der Literaturkritik in einem neueren Aufsatz ausführlich und setzt sich dabei besonders intensiv mit der von Anz aufgestellten Liste dieser Funktionen – vgl. Anz / Baasner 2004, S. 195 f. – auseinander, in der die Werbungsfunktion »nicht einmal implizit« auftauche, »obwohl sie immerhin so wichtig ist, dass Anz auf sie noch einmal in seinem Schlussbeitrag besonders eingeht, hier allerdings vornehmlich unter dem ökonomischen Gesichtspunkt«. Anz glaube jedoch weder daran, dass die Literaturkritik »der Verlagswerbung dienstbar« sei, noch »dass es einen Zusammenhang zwischen der Auswahl der zu rezensierenden Bücher bzw. dem Inhalt der Besprechungen und den geschalteten Verlagsanzeigen in einer Zeitung oder Zeitschrift gibt«. Selhofer wirft dem Anz'schen Funktionskatalog aufgrund dieser und anderer Inkonsequenzen vor, dass er unvollständig sei und der Autor die Perspektivenabhängigkeit einer solchen Aufstellung nicht genügend berücksichtigt habe. Daher verwundere es nicht, dass »dem Beispiel von Anz nur wenige gefolgt sind«. Siehe Selhofer 2011, S. 176 und S. 184.

8　Schmidt 2013.

wichtigsten deutschsprachigen Zeitungen bedeutet – und er möchte gerne auch im Jahr darauf wieder dabei sein, um mit den anderen *Big Names* beim Wein zu fachsimpeln. Dies ist allerdings wenig wahrscheinlich, wenn er bis dahin alle ihm unterkommenden Suhrkamp-Romane radikal verreißen sollte. Um noch einmal den Artikel von Christopher Schmidt zu zitieren, der diese Klüngel-Bildung vor allem am Beispiel des heutigen Jury-Engagements der KritikerInnen monierte: Auf diese Weise werde »eine Elite des Mittelmaßes herangezüchtet«, und Mittelmaß sei »eben Konsens in der Blase des deutschen Literaturbetriebs«. Die KritikerInnen würden so zu »Rädchen im Getriebe des Protektionismus«, um ihre »Fähnlein in den lauen Wind des Geschmäcklerischen« zu hängen. So käme es, dass mittlerweile ein regelrechtes »Gute-Laune-Kartell« die Literatur-seiten der Zeitungen beherrsche: »Zu großen Teilen ist Kritik inzwischen zu einer bloßen Gehilfin der Einfühlung geworden, einer nur sensibleren Form der Verkaufsprosa.«[9]

Der Literaturwissenschaftler Stefan Neuhaus thematisiert in einem Beitrag zu »Strategien der Aufmerksamkeitserzeugung in der Literaturkritik« zudem die sogenannten Laienrezensionen im Internet, deren Konkurrenz die Deutungs-hoheit der etablierten Kritik in den Feuilletons in Frage gestellt habe. Unter Berufung auf Marc Reichwein (und abermals mit theoretischen Anleihen bei Pierre Bourdieu) konstatiert Neuhaus eine forcierte Ökonomie der Aufmerk-samkeitserzeugung durch Popularisierung.[10] In einem weiteren Beitrag zu den »Veränderungen der Literaturkritik seit 1990« meint der Autor sogar, das Feuilleton weise mittlerweile mittels Skandalisierungen »jede politische Ein-flussnahme durch Literatur« zurück, die es früher noch verteidigt habe. Statt-dessen sei »nach dem Ende des Sozialismus nur noch die Ideologie des freien Marktes«[11] geblieben.

Der mutmaßliche Bedeutungsverlust der Literaturkritik treibt jedoch nicht nur die Literaturwissenschaft, sondern auch AutorInnen und namhafte Jour-nalistInnen seit geraumer Zeit um.[12] Insbesondere die Befürchtung, der soge-nannte Qualitätsjournalismus drohe zu einem verlängerten Arm der *Public Relations* und der Verlagswerbung zu verkommen, führte in den letzten Jahren bereits zu verschiedentlichen Rufen nach dem guten, alten Verriss, dessen Verschwinden in solchen kulturkritischen Einwürfen bitter beklagt wurde. In

---

9 Ebd.
10 Vgl. Neuhaus 2011, S. 149 f.
11 Neuhaus 2012, S. 46.
12 Diese Warnungen gehören allesamt in den Diskurs der Klage über den Niedergang des »Qualitätsjournalismus« und der Print-Zeitungen allgemein, der seit einigen Jahren virulent ist. Da fiel ein vergleichsweise zuversichtlicher Beitrag wie der von Lothar Müller und Thomas Steinfeld von der »Süddeutschen Zeitung« fast schon aus der Rolle. Vgl. Müller / Steinfeld 2013, S. 1091–1103.

einem seltsam kulturkonservativ anmutenden Beitrag fragte etwa die Schriftstellerin Sibylle Lewitscharoff im Jahr 2010: »Warum sind die Kritiken bloß so
schlaff?« Lewitscharoff wollte in ihrem moralisierenden Artikel ein »geistiges
Reich der Wörter gegen Seichtheit, Vulgarität und Pornografie« verteidigt sehen.
Lewitscharoff bemängelte das »halb zynische, halb flotte Durcheinandermi-
schen von ›U‹ und ›E‹«, als argumentiere sie immer noch in dem zeitge-
schichtlichen Kontext der 1950er-Jahre. Damit nicht genug: Wirklich eine
scharfe Feder zu führen, werde heute dadurch erschwert, »dass die meisten von
uns in verweichter demokratischer Zeit aufgewachsen sind, in der so ziemlich
alles erlaubt ist, solange kein wirklicher Mord geschieht oder ein Kind verge-
waltigt wird. Wo alles erlaubt ist, wird auch so ziemlich alles gelobt«[13].

Ein Jahr später meldete sich Hubert Winkels in der Zeitung »Volltext« mit
einem weiteren Weckruf zu Wort, in dem er fragte: »Wann habe ich eigentlich
den letzten herzhaften Verriss gelesen, ernst und böse, komisch und maliziös, wo
die Sense ein sausendes Geräusch erzeugt und trotzdem alle Köpfe oben bleiben?
So ein krasses, echtes und ironisches, ja beides verbindende und trotzdem ge-
mein weh tuendes Ding? Einen Sturmlauf, einen Streit, der im Kopf geblieben
ist?« Selten sei das geworden. Es gebe tatsächlich »kaum noch Verrisse« und
»noch weniger Auseinandersetzung um einzelne Bücher«. Es sei »vielmehr so,
dass keiner mehr den Verriss braucht, weil keiner mehr an die moralische
Sendung der Literatur glaubt, weil keiner dem Gegenstand einen potentiellen
Wahrheitswert mehr unterstellen will«, so Winkels. »Sagt mir, was mir gut tut
und ich kaufe das, kaufe Euch das ab, kaufe Euch. Der Markt ersetzt den Raum
der öffentlichen Sinndebatte.«[14]

Ähnlich wie Winkels schien auch Roman Bucheli der Einschätzung von Stefan
Neuhaus Recht zu geben, als er im Mai 2013 in der »Neuen Zürcher Zeitung« mit
entwaffnender Offenheit feststellte:

> »Seit nach der Jahrtausendwende der Werbemarkt für Tageszeitungen richtiggehend
> zusammengebrochen ist, sind auch ein paar schöne Illusionen geschwunden. Mochte
> man bis dahin glauben, eine Zeitung werde nach dem Geschmack der Redaktion und
> dem Interesse der Leserinnen und Leser gemacht, so bleibt seither nur Ernüchterung:
> Redaktionen können, um es zugespitzt auszudrücken, genau jene Zeitung produzieren,
> die der Werbemarkt zulässt.«[15]

Volker Weidermann verfasste daraufhin eine belustigte, aber auch sichtlich
befremdete Entgegnung in der »Frankfurter Allgemeinen Zeitung«: »Diesen Satz
im Kulturteil einer Zeitung zu lesen, die auf eine so große, stolze, ruhmreiche
Geschichte zurückblickt wie die ›NZZ‹, ist wirklich beunruhigend. Bezie-

---

13 Lewitscharoff 2013.
14 Winkels 2011.
15 Bucheli 2013.

hungsweise: Wenn er stimmt, dann ist der Abgrund nicht nur nahe, sondern dann sind wir schon längst hineingestürzt.«[16]

Vergleichbare Hiobsbotschaften häufen sich also. Auch die Filmkritik ist offenbar nicht mehr das, was sie mal war. So bilanzierte Esther Buss 2013 in der »Jungle World«: »Theoretische Reflexion, subjektive Schreibweisen und der Blick auf Filme in ihrer Gesamtheit kommen in den Feuilletons kaum mehr vor, Filmkritik ist der Aktualität unterworfen, gewünscht wird der Gebrauchstext, das Gutachten, die Kaufempfehlung. Filmkritik ist flexible Medienarbeit.«[17]

Georg Seeßlen schrieb 2012 in der »taz« sogar, das komplette bürgerliche Feuilleton sei passé: »Aus einem ursprünglich zur Öffnung der Diskurse gedachten, lockeren und experimentellen Submedium ist ein geschlossenes selbstreferentielles und dogmatisches Instrument zum kulturpolitischen Mainstreaming geworden. Was im deutschen Feuilleton gelandet ist, ist so gut wie tot.«[18] Eine solche, fast schon resignative Kritik der Kritik wird zudem nicht nur in Deutschland geäußert. Um eine internationale Stimme zur Rolle der Neuen Medien im literaturkritischen Feld, also von *Social-Media-Foren* wie *Twitter*, zu zitieren: Im August 2012 meldete sich der New Yorker Publizist Jacob Silverman bei dem Online-Magazin *Slate.com* mit dem Artikel »Against Enthusiasm. The epidemic of niceness in online book culture« zu Wort.[19] Silverman stellt bei *Twitter* und in der sogenannten Blogosphäre eine verlogene Fan-Kultur der haltlosen Begeisterung selbst über ungelesene Bücher und eine Stimmung der allumfassenden Liebenswürdigkeit gegenüber allem und jedem fest, in der so etwas wie Dissens schlicht kaum noch vorkomme.[20] Silverman konstatiert in den Neuen Medien also eine Kommunikationsform, die Kurt Tucholsky bereits einmal als »Lobesversicherungsgesellschaft auf Gegenseitigkeit«[21] bezeichnete.

Darüber hinaus vermutet Silverman, auch professionelle Rezensenten würden angesichts der »atomization of literary journalism« und dem Problem, dafür bezahlt werden zu müssen, mittlerweile glauben, mehr Aufmerksamkeit und institutionelle Unterstützung bekommen zu können, wenn sie alles lobten, anstatt zu argumentieren und zu kritisieren. In dieser Online-Kultur beobachtet Silverman eine starke Personalisierung der Autorschaft: »As if mirroring the surrounding culture, biting criticism has become synonymous with offense;

---

16 Weidermann 2013.
17 Buss 2013.
18 Seeßlen 2013.
19 Silverman 2012.
20 Vgl. dazu auch Simanowski 2007, S. 247. Auch Simanowski problematisiert eine besondere Kommunikationsform im Internet, die auf der Favorisierung gemeinsam geteilter Interessen und einer schnellen »Angliederung an Gleichgesinnte« beruhe und somit eine »Gefahr für die demokratische Diskussionskultur« darstellen könne, da dadurch kritische Auseinandersetzungen mit anderen Standpunkten vermieden würden.
21 Tucholsky 1961, S. 967.

everything is personal«.[22] Stattdessen fordert Silverman eine literarische Kultur, die Dissens nicht länger als persönliche Beleidigung auffasst, sondern als intellektuellen Gewinn.

Ob es insgesamt tatsächlich schon so schlecht um das Feuilleton steht, bleibt jedoch zweifelhaft. Verschwinden die Verrisse wirklich aus der Literaturkritik? Welchen Status haben polemische Wertungsformen im heutigen Feuilleton, und inwiefern beeinflussen diese die Gegenwartsliteratur? Es ist klar, dass auch die Germanistik, die der Gegenwartsliteratur derzeit merklich mehr Interesse entgegenzubringen begonnen hat als noch vor wenigen Jahren, solche Prozesse nicht mehr einfach ignorieren kann. Auch Philipp Theisohn und Christine Weder prophezeien in ihrem 2013 erschienenen Band »Literaturbetrieb. Zur Poetik einer Produktionsgemeinschaft«, in der »Ausweitung des literaturkybernetischen Untersuchungshorizonts auf die ›Black Box‹ der sozialen Prozesse, aus denen die Textwelt hervorgeht«, liege »vermutlich eine der zentralen Aufgaben der kommenden Literaturwissenschaft«.[23]

2 Der Verriss in Geschichte und Gegenwart

»Verriss, wo bist Du?« So witzelte Marc Reichwein 2011 bei »Welt Online«, um am Ende seines launigen Kommentars zu den zitierten Artikeln von Lewitscharoff und Winkels zu betonen: »Ein echter Verriss kennt keine Toleranz und erlaubt auch keine Langeweile. Er unterhält sich selbst beim Vernichten. Und uns dazu.«[24] Doch wie denken KritikerInnen heute allgemein darüber?

Ebenfalls 2011 erschien eine Ausgabe der »Neuen Rundschau«, in der namhafte RezensentInnen mit Walter Benjamins berühmter »Technik des Kritikers in dreizehn Thesen« (1928) konfrontiert wurden und auf diese antworten sollten.[25] Die Ergebnisse waren erwartungsgemäß sehr unterschiedlich und bestätigten die referierten Befürchtungen der letzten Jahre nicht unbedingt. Auch wenn Ina Hartwig in Anspielung auf Benjamins erste These, die bekanntlich besagt, der Kritiker sei »Stratege im Literaturkampf«,[26] meinte, die »erfolgreichsten Strategen« seien »heute die Schwärmer«,[27] so gab es doch in der »Neuen Rundschau« auch eine Reihe von Wortmeldungen, die das Recht der Polemik, für das Benjamin Ende der 1920er-Jahre so vehement eintrat, ausdrücklich weiter hochhielten. So etwa Richard Kämmerlings von der »Literari-

---

22 Silverman 2012.
23 Theisohn / Weder 2013, S. 13.
24 Reichwein 2011.
25 Balmes 2011.
26 Benjamin 2011, S. 7.
27 Hartwig 2011, S. 17.

schen Welt«, der betonte, dass der »Verkaufsstratege« kein Literaturkritiker sei, dass das Marketing niemals der Kunst diene und eine »Vernichtung« eines Autors durch die Kritik »auch dem Vernichteten« dienen könne: »Er kann davor bewahrt werden, sein Leben an ein nicht ausreichendes Talent zu verschwenden«[28]. Auch Helmut Böttiger betonte als einer der derzeit angesagtesten Kritiker, dass Benjamins erste These »nicht so veraltet sei«, wie es zunächst scheine, nur der »Sound« der Zeit, in dem der Kritiker Stratege bleibe, habe sich eben geändert.[29]

Ganz unabhängig von diesen verschiedenen Standpunkten bleibt also die Frage, ob es überhaupt stimmt, dass die Rezensionsform des Verrisses so selten geworden ist. Gemeint ist damit eine polemische Auseinandersetzung mit einer Publikation, die laut Benjamin auch vor deren buchstäblicher Vernichtung nicht zurückschrecken dürfe. Im Gegenteil: Benjamins neunter These nach könne sogar nur derjenige kritisieren, der auch zu vernichten vermöge. Wie viele solcher Verrisse heute im Vergleich zu früheren Jahrzehnten in den Zeitungen und mittlerweile eben auch *online* und an teils vollkommen unabhängigen Publikationsorten erscheinen, dürfte nur durch aufwändige empirische Erhebungen zu klären sein, die hier nicht geleistet werden können. Fraglich wäre zudem, welche Portale in derartige Statistiken mit einbezogen werden müssten oder sollten – und vor allem auch, ab wann ein Artikel denn genau als ›vernichtender‹ Verriss zu bewerten sein sollte. Bekanntlich kann hier die Wahrnehmung bei dem Verrissenen, dem Autor des Verrisses, der publizierenden Redaktion, falls diese überhaupt noch existiert, und den verschiedenen Lesern mitunter beträchtlich differieren. Es kommt z. B. alltäglich vor, dass verrissene AutorInnen glauben, eine justiziable Verletzung ihrer Persönlichkeitsrechte vor sich zu haben und dem Autor bzw. der verantwortlichen Redaktion mit einer Klage drohen zu können, während ein solcher juristischer Schritt bei nüchterner Beurteilung keinerlei Aussicht auf Erfolg hätte.[30]

Von daher soll im Folgenden nur zweierlei unternommen werden: Zum einen muss geklärt werden, warum Verrisse auch heute im Feuilleton weiter wichtig bleiben, und zum anderen sollen anhand einiger weniger Beispiele aus der Literaturkritik der letzten Jahre Qualitäten und Probleme von lobenden und ablehnenden Rezensionen analysiert werden, um ihre Wirkungsweise zu erhellen. Gleicht man die zitierten Artikel Volker Weidermanns und anderer mit einem weiteren grundsätzlichen Statement ab, das Marcel Reich-Ranicki bereits 1970 verfasste, so scheint nach wie vor klar zu sein, dass gewisse Errungenschaften

---

28 Kämmerlings 2011, S. 22.
29 Böttiger 2011, S. 8.
30 Der Autor des vorliegenden Beitrags spricht hier aus langjähriger persönlicher Erfahrung sowohl als freier Autor als auch als Redaktionsleiter von *literaturkritik.de.*

oder auch Utopien unabhängiger Bewertungen von Werken und Akteuren im literarischen Feld weiter als Richtlinie zu gelten haben, will die Literaturkritik nicht tatsächlich bedeutungslos werden. »Für Literaturkritiken von Marcel Reich-Ranicki zum Beispiel ist das Internet überhaupt kein Problem«,[31] stellt Weidermann in seiner zitierten Antwort auf Roman Bucheli fest: Sie seien ganz einfach immer ein Vergnügen und fänden ganz von alleine ihre Leser.

In seinem einleitenden Essay zu seinem Buch »Lauter Verrisse« erläuterte Reich-Ranicki bereits vor Jahrzehnten, warum negative Kritiken so notwendig sind. Der Autor holt in seinem immer noch lesenswerten Aufsatz weit aus und diagnostiziert in Deutschland seit dem 18. Jahrhundert und der Entstehung der Literaturkritik bei Schriftstellern wie Gotthold Ephraim Lessing eine geradezu antikritische Tendenz, die er mit einer besonderen Untertanengesinnung und dem deutschen Obrigkeitsdenken erklärt.[32] Kritisieren und Werten werde in Deutschland seither kaum als Form des Unterscheidens, Analysierens oder Beurteilens verstanden, sondern mit pejorativem Unterton gerne mit dem Abwerten, Urteilen oder Verurteilen verwechselt:

> »Ein aus dem Absolutismus stammendes und nie überwundenes Vorurteil gegen das kritische Element, eine dumpfe, offenbar häufiger empfundene als artikulierte Abneigung, ein tiefverwurzeltes Mißtrauen und schließlich die ungetarnte und aggressive Feindschaft, der Haß gegen die Kritik – das ist jener allgemeine Hintergrund, vor dem sich seit über zweihundert Jahren die deutsche Literaturkritik zu behaupten versuchte, vor dem sie sich entwickelte oder nicht entwickelte.«[33]

Reich-Ranicki verweist nicht zuletzt auf das Verbot der Literaturkritik im Nationalsozialismus sowie eine bis weit in die Nachkriegszeit hinein virulente öffentliche Ablehnung der Kritik, um dagegen mit Theodor W. Adorno zu unterstreichen, dass eine Demokratie durch Kritik »geradezu definiert«[34] werde, weil jede Demokratie in ihrer Gewaltenteilung durch die gegenseitige Kritik dieser Gewalten die Willkür einschränke.

Hinzu kommt eine Beobachtung, die auch im Kontext der aktuellen Klagen über den angeblich so nahen Untergang der Kritik aufhorchen lässt: Auch Marcel Reich-Ranicki konstatiert bereits 1970, dass diese Beschwörung der Misere, des Tiefstands und eines erschreckenden Verfalls der Kritik bereits seit Lessings Zeiten ununterbrochen zu hören gewesen sei.[35] Allerdings lokalisiert Reich-Ranicki diese Larmoyanz in seinem Beitrag zunächst auf der Seite der Kritisierten, während es heute, wie gesehen, vor allem auch die Journalisten

---

31 Weidermann 2013
32 Vgl. Reich-Ranicki 1992a, S. 14.
33 Ebd., S. 16.
34 Ebd., S. 14 f.
35 Vgl. ebd., S. 20.

selbst sind, die Alarm schlagen. Eine mögliche Erklärung dafür ist, dass die apokalyptisch anmutenden Prophezeiungen eines definitiven Verschwindens der Kritik selbst nichts weiter als ein ökonomisch bedingter Versuch von AutorInnen etablierter, jedoch finanziell aufgrund sinkender Auflagen und Anzeigenerlöse zusehends in reale Bedrängnis geratener Printmedien sind,[36] doch noch einmal öffentliche Aufmerksamkeit zu erregen. Dabei würde es sich demnach um eine ähnliche Strategie wie etwa die Verkündung und Konstruktion von ganzen ›Generationen‹-Wechseln und angeblichen neuen Trends bzw. besonders tiefgreifenden Wandlungen im literarischen Feld handeln, die seit 1990 gleichermaßen zu einem Standard literaturkritischer Aufmerksamkeitserzeugung für die besprochenen AutorInnen und die analysierenden KritikerInnen geworden und immer wieder zu beobachten sind. Die selbstkritisch daherkommende Verkündung der eigenen Bedeutungslosigkeit und des definitiven Untergangs des Feuilletons wäre somit eine verdeckte Strategie des Selbstlobs mittels *Understatement.* Schließlich schreibt auch schon Reich-Ranicki, solange es die Kritik gebe, habe diese an sich selbst gezweifelt und sich eigens immer wieder in Frage gestellt: »Zufriedenheit mit den Leistungen der Zunft ist in diesem Gewerbe nicht bekannt, ja, deutsche Kritiker lieben es, an dem Ast zu sägen, auf dem sie sitzen; und das wenigstens spricht nicht gegen sie.«[37]

Reich-Ranicki spricht dem Verriss eine besondere *Symptomatisierungsfunktion* zu, eine jeweils möglichst genau zu begründende Form der Zeitkritik zu, mit der das *Extreme im Exemplarischen* erkundet werde.[38] Reich-Ranicki macht dabei, ähnlich wie später Simone Winko und Renate von Heydebrand in ihrer »Einführung in die Wertung von Literatur«,[39] auf die geistesgeschichtliche und gesellschaftliche Gebundenheit solcher Urteile aufmerksam, deren Heftigkeit im Rückblick oft erst durch die Rekonstruktion dieses soziokulturellen Hintergrunds verständlich werde.[40] Letztlich seien Verrisse in der Unbedingtheit ihrer Kritik, die bessere Literatur fordere, in solchen sich wandelnden historischen Kontexten jedoch immer Ausdruck eines positiven Strebens gewesen: »Was sie anstreben ist nichts anderes als eine aggressive Verteidigung der Literatur«,[41] so Reich-Ranicki. Dabei gerät in dem von ihm betrachteten kultu-

---

36 Vgl. dazu etwa Diez 2009.
37 Reich-Ranicki 1992a, S. 22. Zu den nicht abreißenden »Todeserklärungen der Rezensionspraxis« siehe u. a. auch Albrecht 2001, S. 5: Es sei offenkundig, dass die »Literaturkritik bislang, bis zum Jahr 2001, noch nie in sich selbst zusammengebrochen, noch nicht verschwunden und noch nicht erwiesenermaßen überflüssig geworden ist – wenngleich ihre Legitimationsprobleme fortbestehen«.
38 Vgl. Reich-Ranicki 1992a, S. 36.
39 Winko / Heydebrand 1996.
40 Vgl. Reich-Ranicki 1992a, S. 36.
41 Ebd., S. 37.

rellen Horizont seit der Aufklärung insbesondere ein gerne zitiertes Diktum Johann Wolfgang von Goethes in die Kritik:

> »Die von Goethe übernommene Alternative – hier die ›zerstörerische‹, da die ›produktive‹ Kritik – mutet daher also ebenso simpel wie auch demagogisch an: In vielen Fällen darf lediglich die ›zerstörende‹, die also, die sich gegen das Falsche und Schlechte wendet, den Anspruch erheben, als produktiv zu gelten. Denn wer das Fragwürdige und Minderwertige im Vorhandenen erkennt und es artikuliert, der verweist damit gewissermaßen automatisch auf das Fehlende und das Erwünschte, auf das Bessere.«[42]

Möglicherweise muss im Zeitalter von solchen *Netz-Communities*, die auf die kommunikative Konvention des demonstrativen Daumen-oben-Enthusiasmus setzen, um nirgends mehr anzuecken, auch wenn der Grund der allgemeinen Begeisterung fraglich erscheint, erneut an eine solche Ethik des Verrisses erinnert werden, wie sie Reich-Ranicki formuliert hat: Einem Kritiker, dem »der Vorwurf erspart bleibt, er sei anmaßend, und der auch nicht der schulmeisterlichen Attitüde«[43] bezichtigt werde, sei mit Skepsis zu begegnen. Mit dem Mut zur rücksichtslosen Deutlichkeit und Klarheit des literaturkritischen Werturteils, das Reich-Ranicki forderte, steht und fällt also auch im vielzitierten Zeitalter des Web 2.0 die Zukunft des Feuilletons.

Dies kann allerdings nicht ohne das notwendige literarhistorische und gegenstandsbezogene Wissen des Kritikers, seine notwendige Belesenheit, gelingen. Als anonymer »Kundenrezensent« bloße apodiktische »Meinungen« zu verkünden, wie es etwa *Amazon* aller Welt problemlos ermöglicht, ist keine große Kunst: »Schließlich dürfen die Kritiker nicht deshalb eine Meinung äußern, weil sie ein Amt verwalten«, so Reich-Ranicki, »vielmehr dürfen sie ein Amt verwalten, weil sie eine Meinung haben.« Und zwar eine kontrollierbare Meinung, insbesondere im Fall extremer Werturteile: »Wer kritisiert, hat natürlich auch die Pflicht, sich selbst der Kritik zu stellen.«[44]

Das bedeutet allerdings, dass es sich bei solchen Kritiken, wie Reich-Ranicki sie fordert, letztlich gar nicht mehr um bloße »Meinungen« handelt, die sich in ihrer betonten Subjektivität als kaschiertes Geschmacksurteil jeder Plausibilisierung entziehen, sondern um fundierte und begründete Werturteile.

---

42 Ebd.
43 Ebd., S. 40.
44 Ebd., S. 42.

3   Fallbeispiele aus der gegenwärtigen Verriss- und Lob-Praxis der Literaturkritik

Auch wenn es zweifelsohne ein gewisses Risiko bedeutet und Mut braucht, um sich persönlich mit einem fulminanten Verriss zu exponieren, geschieht dies allen Unkenrufen zum Trotz nach wie vor. Man kann dabei die Regel aufstellen: Wenn dieser Verriss auf einer – zumindest an neuralgischen Punkten der Argumentation – nachvollziehbaren Faktenlage beruht und zudem etwas kritisiert, was in der Vehemenz bisher noch nirgendwo sonst so ausdrücklich moniert worden ist, haben der Autor und sein Text gute Chancen, besondere Aufmerksamkeit zu erregen.

Thomas Anz hat in einem Handbuchbeitrag zu »Literaturkritik und Rezensionswesen in Deutschland« z. B. darauf hingewiesen, dass selbst im Bereich der Laienkritik unter den ca. 2.500 ›Kundenrezensionen‹ zu dem Mega-Erotikbestseller »Shades of Grey« von E. L. James ausgerechnet ein Verriss von den Usern per Klick-Voting als ›hilfreichste‹ Rezension eingestuft wurde. Anz verweist in seinem Artikel darauf, dass insbesondere Verrisse in der Aufmerksamkeitsökonomie des Buchhandels auch positive Effekte haben können, weswegen diese Einstufung einer negativen Kritik auf einer rein gewinnorientierten Konzernseite nicht unbedingt paradox sei.[45]

Diese Feststellung sollte uns allerdings nicht zu kulturpessimistischen Fehlschlüssen verleiten: Dass ein Verriss eines Buches durchaus dazu führen kann, dass diesem damit entgegen den Intentionen des Kritikers noch viel mehr Aufmerksamkeit verschafft werden kann, die wiederum den Verkauf des Bands ankurbelt, ist niemals und von niemandem genau berechen- oder vorhersehbar. Zumal der Verriss verschiedene Folgen haben kann, die nicht nur primär ökonomischer Natur sein müssen und langfristige Folgen für spätere Kanonisierungsprozesse haben können. Ein Verriss könnte also z. B. eine empfindliche Schädigung des symbolischen Kapitals von AutorInnen bewirken, die erst auf längere Sicht dazu führt, dass ihr Buch auch dann, wenn es unmittelbar nach dem Erscheinen zu einem Bestseller wurde, trotzdem schon bald wieder vergessen und deshalb auch gar nicht mehr aufgelegt wird. Aufgrund der ›Vorsortierungs‹-Funktion der Literaturkritik für die Literaturwissenschaft, die sich in den Folgejahren näher mit bestimmten Titeln befassen möchte oder eben auch nicht, könnte ein Verriss eines solchen Buches also in dem Fall, dass er dem literaturwissenschaftlichen Fachpublikum in der Rückschau besonders nachvollziehbar erscheint, eine nicht zu unterschätzende Bedeutung für einen

---

45 Vgl. Anz 2013, S. 148.

möglichen späteren Abbruch der Rezeption, also die Dekanonisierung eines Textes, haben.

Gleichzeitig geht es in der Literaturkritik nicht nur um die Aufmerksamkeit für ein kritisiertes Buch, sondern eben auch um das symbolische Kapital desjenigen Rezensenten, der verreißt. Schon Reich-Ranickis Ruhm als Literaturkritiker beruhte hauptsächlich auf seinen spektakulären Verrissen, und weniger auf seinen Lobreden, denen er nach seinem Buch »Lauter Verrisse« auch noch eine Sammlung widmete, die sich aber weit weniger gut verkaufte.[46] Gerade kompromisslose und unbestechliche Kritiker, die sich wohlbedacht und mit guten Gründen über ein bestimmtes Buch mit der vollen Härte der Polemik äußern, werden wahrgenommen und könnten nicht zuletzt zu Stichwortgebern für spätere literaturwissenschaftliche Untersuchungen avancieren.

Auch wenn der Begriff der Literaturkritik für die Rezension literarischer Texte reserviert ist, um die es im vorliegenden Beitrag primär geht, sei zur Erhellung der Wirkung ›vernichtender‹ Verrisse zunächst ein Beispiel einer Sachbuchkritik angeführt, das in jüngster Zeit für besondere Furore sorgte. Wie ein anderes, späteres Beispiel aus den Literaturkritiken zu Christian Krachts Roman »Imperium« noch zeigen wird, ist zudem die Verriss-Strategie, welche diese folgende Sachbuchkritik kultiviert, auch im Bereich der Belletristik-Rezensionen gängig und mindestens ebenso effektiv. Auch wenn es also im Einzelfall gilt, Literatur- und Sachbuchkritiken in ihren Verfahrensweisen genauer zu differenzieren, so handelt es sich beim folgenden Beispiel um eine Ausnahme, die aus Gründen der Anschaulichkeit gemacht werden soll.

Die Rede ist von einer geharnischten Kritik an Frank Schirrmachers Sachbuch »Ego. Das Spiel des Lebens«, die im März 2013 im »Merkur« erschien.[47] Der Autor Joachim Rohloff ist ein langjähriger, an der Sprachkritik von Karl Kraus und Hermann L. Gremliza geschulter (freier) Mitarbeiter der »Konkret« und Mitherausgeber der »Jungle World«, der jedoch seit Jahren nichts mehr geschrieben hatte. Sein plötzlicher Schirrmacher-Verriss an so prominenter Stelle, der dem kritisierten Buch massive sprachliche Schwächen und sachliche Fehler nachwies und dies mit allerlei genüsslichen polemischen Invektiven gegen die vernachlässigten Sorgfaltspflichten des Autors koppelte, war im Frühjahr 2013 sofort in aller Munde: Joachim Rohloff war als ein Publizist, der für Jahre vollkommen von der Bildfläche verschwunden war, mit einem einzigen, strategisch überraschend platzierten Verriss gleichsam über Nacht wieder ein bekannter Autor geworden.

Auch die Debatte um Christian Krachts Briefwechsel mit David Woodard und seinen Roman »Imperium« im Jahr 2012 liefert hier aussagekräftiges An-

---

46 Vgl. Reich-Ranicki 1992b.
47 Rohloff 2013.

schauungsmaterial. Die riesige Aufregung, die der »Spiegel«-Kritiker Georg Diez mit einem bei Lichte besehen überaus holperig geschriebenen, vor Stilblüten und schiefen Bildern nur so strotzenden Artikel auszulösen vermochte, einem Verriss also, der selbst schon wieder Thema einer geharnischten Sprachkritik wie der von Joachim Rohloff an Schirrmacher sein könnte, verblüffte. Diez trat mit seinem literaturkritischen Rundumschlag »Die Methode Kracht« am 13. Februar 2012, also wenige Tage vor dem offiziellen Erscheinungstermin von »Imperium«, eine große Debatte über vermeintlich »rechtes Gedankengut« bei Kracht los, die am Ende der Kontroverse im Feuilleton jedoch zu einer fast einhelligen Verurteilung von Diez als ›Rufmörder‹ des Autors führte (so jedenfalls der explizite Vorwurf von Christoph Schmidt in der »Süddeutschen Zeitung« vom 16.02.2012). An einer der zentralen Stellen seines Verrisses schreibt Diez über Krachts Roman:

> »Denn nach ein paar Seiten schon schleicht sich auch hier ein anderer Ton in die Geschichte, eine unangenehme, dunkle Melodie. Der Roman [Imperium] spielt ›ganz am Anfang des zwanzigsten Jahrhunderts‹, schreibt Kracht, ›welches ja bis zur knappen Hälfte seiner Laufzeit so aussah, als würde es das Jahrhundert der Deutschen werden, das Jahrhundert, in dem Deutschland seinen rechtmäßigen Ehren- und Vorsitzplatz an der Weltentischrunde einnehmen würde‹.
> Eine Spalte öffnet sich in diesem Satz. Unter der Oberfläche raunt es: Deutschlands rechtmäßiger ›Ehren- und Vorsitzplatz‹? Wer spricht da? Wer sagt, dass dieser Platz rechtmäßig sei? Wer denkt so? Durch den schönen Wellenschlag der Worte scheint etwas durch, das noch nicht zu fassen ist. Das ist die Methode Kracht.«[48]

Auch wenn die eklatante sprachliche Unsicherheit bei Diez befremdet, die unter anderem dazu führt, dass der Kritiker so blumige Bilder wie den *schönen Wellenschlag der Worte* benutzt und eine sich *öffnende Spalte* imaginiert, die ja gar keine *Oberfläche* haben kann, unter der es *raunt*, so stellt der »Spiegel«-Autor doch eine im Kern legitime Frage, die bislang einer genaueren narratologischen Analyse harrt: Wer genau spricht in Krachts Texten, wenn es um den Nationalsozialismus geht? Bis auf einige wenige weitere kritische Artikel über den Schweizer Autor, die im Gefolge von Diez' Intervention erschienen, warf sich jedoch der halbe Literaturbetrieb, AutorenkollegInnen bis hin zu Elfriede Jelinek, umgehend für Kracht in die Bresche und empörte sich in teils schrillen Tönen über Diez.[49]

Sprachliche Schwächen hatte aber auch eine der ersten Lobpreisungen, die über »Imperium« erschien und die in Zukunft wohl weit weniger in Erinnerung bleiben wird als die fulminante Kritik des »Spiegel«-Autors. Felicitas von Lovenberg publizierte am 10. Februar 2012 eine der ersten Rezensionen über

---

48 Diez 2012.
49 Vgl. zu dieser Kontroverse Süselbeck 2012.

Krachts Roman. Die verantwortliche Redakteurin für Literatur und literarisches Leben der »F.A.Z.« stieg unter anderem mit folgendem, gleichermaßen launigem wie blumigem Satz in ihre Besprechung ein:

> »Die Geschichte eines abenteuerlichen Herzens, die hier mit weit ausholendem, nah heranzoomendem angelsächsischem Klassikeratem erzählt wird, hat in mancher Hinsicht ein Jahrhundert auf dem Buckel; doch wie sie erzählt wird, das ist von einer schwerelosen Heiterkeit, die erst der neugierige, aber eben unbeteiligte Blick durch den Rückspiegel auf eine Massenkarambolage zulässt, wie sie das zwanzigste Jahrhundert darstellt.«[50]

Die Autorin geht in ihrem Artikel, wie man an dem Zitat schon ablesen kann, auch auf das Thema des Nationalsozialismus ein, das Diez im Kontext aller bisherigen wichtigen Publikationen Krachts und insbesondere des Briefwechsels mit dem dubiosen Künstler David Woodard problematisierte. Allerdings zitiert von Lovenberg, die die Verbrechen des »Dritten Reiches« also mit einer Massenkarambolage gleichsetzt, in ihrer Besprechung selbst eine der zentralen Passagen aus »Imperium«, in der auf äußerst feinsinnige und daher stilkritisch zu beleuchtende Weise auf Auschwitz angespielt wird, vollkommen bedenkenlos. Wie es dazu kommt, kann man leicht an von Lovenbergs Geschichtsbild ablesen, wie es sich in ihrer zitierten Wortwahl widerspiegelt: Wer die Judenvernichtung in einer Rezension nicht als zielgerichteten und geplanten Massenmord, sondern als bloßen Verkehrsunfall unter vielen anderen des 20. Jahrhunderts metaphorisiert, muss sich den Vorwurf gefallen lassen, offensichtlich gar nicht über das notwendige kritische Bewusstsein und die historische bzw. semantische Sensibilität für die Beurteilung manieristischer Ästhetisierungen dieses Themas zu verfügen, wie sie für Kracht typisch sind. Vor allem deshalb, weil die Autorin für jene heiklen Aspekte dieser spezifischen literarischen Darstellungsweise bei dem von ihr rezensierten Autor blind blieb, die wenig später in der Presse so breit diskutiert wurden, wird die lobende Kritik von Felicitas von Lovenberg wohl bald vergessen sein.

Mehr noch: Unter bestimmten Umständen können auch lobende Kritiken zu empfindlichen Rufschädigungen und Niederlagen im literaturkritischen Feld führen. Aufgrund ihres spezifischen Erregungseffekts wiederum können dagegen Verrisse *ad hoc* weit stärkere Aufmerksamkeit erzeugen, und zwar selbst dann, wenn sie sprachliche Mängel aufweisen, wie das Beispiel von Diez zeigt: Offensichtlich muss die sprachliche Form für die emotionale Wirkung solcher Texte nicht unbedingt prioritär sein. Wichtig ist eine pointierte Kritik, deren Wertungskriterien beim Publikum als unhintergehbar und dringlich anerkannt werden – wobei es dem Erregungseffekt keinen Abbruch tut, wenn selbst

---

50 Lovenberg 2012.

maßgebliche Teile dieses Publikums die Anwendung dieser negativen Bewertung auf das Objekt der Kritik für verfehlt halten. Wird einem Autor in einem Verriss also etwa »rechtes Gedankengut« vorgeworfen, so profitiert die Kritik ganz unabhängig davon, ob die Leser diese Bezichtigung im angesprochenen Fall für nachvollziehbar halten, von der weitgehenden journalistischen Anerkennung der übergeordneten ethischen Prämisse, in einer funktionierenden Demokratie dürfe eine solche Ideologie auch in literarischen Texten nicht propagiert werden. Da der genannte Vorwurf wohl immer noch als einer der schwerwiegendsten gilt, den man in der derzeitigen politischen Kultur Deutschlands erheben kann, auch wenn Rassismus und Antisemitismus in der Bevölkerung beileibe keine Minderheitenphänomene sind, muss er allein schon für sich genommen Aufsehen erregen. Umgekehrt aber hätte ein Verriss, der einen Autor bezichtigen würde, Texte zu verfassen, die nicht rechtsextrem genug seien, im heutigen Literaturbetrieb wohl auch immer noch dann keine Chance, überhaupt an entscheidender Stelle publiziert zu werden, wenn bereits beachtliche Teile des Publikums dieses Wertungskriterium insgeheim für nachvollziehbar halten sollten.

Festzuhalten ist, dass dagegen Diez bei allen angedeuteten Mängeln seines Verrisses einen wunden Punkt getroffen zu haben scheint, auch wenn er Krachts Roman (ungewollt) zu einer solchen Aufmerksamkeit verhalf, dass manche Insider sogar mutmaßten, es habe sich hier um ein abgekartetes Spiel zu Gunsten Krachts gehandelt. Diez benannte offensichtlich ein Unbehagen, das aufgrund von Krachts schillerndem Umgang mit Symbolen des »Dritten Reiches« schon seit längerer Zeit nicht nur bei ihm existierte, aber bislang nicht in einem so prominenten Medium wie »Spiegel Online« aufgegriffen wurde. Wären Diez' Vorwürfe gegen Kracht nicht auf diese Resonanz gestoßen, die bei vielen den diffusen Wunsch entstehen ließ, den durch Diez verbalisierten Verdacht von anderen Kritikern und SchriftstellerkollegInnen ein für allemal dementiert zu sehen, hätte die Kontroverse im Frühjahr 2012 in der Massivität gewiss überhaupt nicht entstehen können.

Gleichzeitig erlangte Diez mit seinem Verriss trotz aller Empörung vieler Kollegen und des Leserpublikums schlagartig große Bekanntheit. Nicht zuletzt profitierte allerdings, wie bereits angedeutet, auch der attackierte Autor Kracht stark von der zusätzlichen öffentlichen Aufmerksamkeit, zu der ihm Diez mit seiner Kritik verholfen hatte, und er erhielt, von der Debatte offensichtlich vollkommen unbeschadet, noch im selben Jahr mit dem Wilhelm-Raabe-Preis eine erste renommierte Auszeichnung des deutschen Literaturbetriebs. Abermals ist jedoch zu betonen, dass damit über die langfristigen Folgen der Intervention von Diez keinesfalls das letzte Wort gesprochen sein dürfte. Eine eingehendere literaturwissenschaftliche Auseinandersetzung mit dem vorher kaum erörterten Verdacht, den der »Spiegel«-Rezensent mit seinem Verriss auf die Tagesordnung setzte, steht jedenfalls bislang noch aus.

4   Miniatur einer Morphologie des modernen Verrisses

Abschließend kann man folgende Thesen zur Aufmerksamkeitsökonomie des Verrisses aufstellen, der, wie man sieht, keinesfalls komplett ausgestorben ist, wenn es auch kaum möglich sein dürfte, einen Autor und sein Buch mit einem solchen journalistischen Text so zu ›vernichten‹, wie es Walter Benjamin einst forderte. Bestimmte Formen von Verrissen haben in den letzten Jahren aber auch nicht nur auf eine bloße, platte Skandalisierung gezielt und damit den angeblichen Bedeutungsverlust der Literaturkritik oberflächlich kompensiert. Vielmehr haben sie wichtige Kontroversen angestoßen bzw. problematisch erscheinende *Hypes* zumindest in Frage zu stellen vermocht. Stets sprachen sie dabei ein kritisches Bewusstsein an, das zumindest bei Teilen des Publikums nach wie vor virulent sein muss: Können solche Verrisse doch nur auf der Grundlage eines gesellschaftlichen Konsenses über bestimmte *axiologische Werte*, wie sie Winko und von Heydebrand nennen, Anerkennung und Aufmerksamkeit finden.[51]

Mit Georg Franck und Pierre Bourdieu kann man weiter konstatieren, dass es seit dem 19. Jahrhundert eine komplexe Mischökonomie von finanziellem und symbolischem Kapital gibt, auf deren Märkten sich nicht nur Literaten, sondern eben auch Literaturkritiker und andere Mitglieder des Literaturbetriebs bewegen. Ab einem bestimmten Bekanntheitsgrad wird den Äußerungen solcher Akteure, die über große Aufmerksamkeit verfügen, *per se* besondere Bedeutung beigemessen. So fasst Georg Franck zusammen: »Es ist etwas anderes, wenn ein prominenter Kritiker sein Urteil spricht, als wenn irgendjemand urteilt – und zwar unabhängig von den Argumenten, die vorgebracht werden. Diejenigen, die bekannt dafür sind, dass sie reich an Beachtung sind, sprechen mit einem anderen Gewicht.«[52]

Damit wäre z.B. erklärbar, warum jemand wie Frank Schirrmacher, der ständig unsinnige und kulturpessimistische Bücher voller grammatikalischer

---

51 Der Begriff stammt aus dem Griechischen: »axios«, dt.: wert, würdig. Laut Winko und von Heydebrand handelt es sich dabei um übergeordnete Wertungsmaßstäben oder -prinzipien, die auf verschiedene Objekte (z.B. auf den Autor als Person, seine Absichten oder Fähigkeiten, auf literarische Texte oder ihre intendierte oder tatsächliche Wirkung auf den Leser) bzw. »attributiv« auf gewisse Eigenschaften dieser Objekte angewendet werden können. Die Autorinnen betonen, dass solche Wertungshandlungen »keineswegs immer bewußt« vollzogen werden. Siehe Winko / Heydebrand 1996, S. 40 f.

52 Franck 2009, S. 16.

und sachlicher Fehler schrieb, von seiner Warte als »F.A.Z.«-Herausgeber und
›Debattenmacher‹ aus mit jeder neuen Publikation so große Aufmerksamkeit
bekam. Zugleich können Verrisse dieser viel diskutierten Bücher wie der Joachim Rohloffs dazu führen, dass der Kritiker auf eine ›ketzerische‹ Weise an der
Aufmerksamkeitsökonomie, die das kritisierte Werk generiert, teilhat. Dies
wiederum kann allerdings nur gelingen, wenn der Verriss a) auf Anhieb
schlüssig wirkende Argumente und Textbelege vorweisen kann, b) noch dazu
pointiert geschrieben ist, wobei Stilblüten im Text offenbar für dessen unmit-
telbare Wirkung nicht einmal unbedingt negativ ins Gewicht fallen müssen, und
c) an einem Ort erscheint, der in der Medienökonomie auch angemessen
wahrgenommen wird und wie der »Merkur« ein gewisses symbolisches Kapital
vermittelt. Für alternative Publikationsorte im Internet wie Blogs oder Onlineportale gilt im Grunde das Gleiche: Hier hat sich eine neue Aufmerksamkeitsökonomie herausgebildet, in der es jedoch ebenfalls keinesfalls egal ist, *wer*
etwas äußert und *wo* er dies tut.

Auffällig sind u. a. in der Kracht-Debatte zwei Typen von Verrissen, die offensichtlich aufgrund gewisser axiologischer Grundannahmen in unserer Gesellschaft immer noch besonders effektvoll wirken: Einerseits der sprachkritische Ansatz nach Karl Kraus, wie er u. a. auch bei Rohloff vorliegt. Im Fall von
»Imperium« hat Gerhard Henschel eine solche ausführliche, beinahe ausschließlich auf sprachliche Fehler von Krachts Roman konzentrierte Rezension
in der Satirezeitschrift »Titanic« vorgelegt, die eine teils beachtliche polemische
Verve generiert und daher nicht zuletzt komisch wirkt.[53] Diese Form des Verrisses wird zur Zeit auffälligerweise vor allem unter Autoren des linken publizistischen Spektrums kultiviert, was insofern erstaunen mag, als die bloße Ka-
prizierung auf einen korrekten sprachlichen Ausdruck einem ausgesprochen
konservativen Habitus entspricht.

Andererseits aber ist die direkte Attacke eines Autors *ad hominem* mittels
eines ideologiekritischen Ansatzes, wie sie Georg Diez vorführte, trotz aller
Beschwörungen eines gegenwärtigen postideologischen Zeitalters offensichtlich
immer noch die effektivste Methode, um mit einem Verriss öffentliche Erregung
herzustellen. Anders als man annehmen könnte, werden solche Verriss-Strate-
gien, die z. B. auf die Erhebung des Antisemitismusvorwurfes zielen, längst nicht
nur in der linken Presse praktiziert, sondern sind, etwa auch bei Autoren wie
Henryk M. Broder, auch in einer Springer-Zeitung wie der »Welt« gängig.

Dies stellt jedoch die eingangs zitierte Annahme von Winkels und Neuhaus in
Frage, wonach die Literaturkritik heute größtenteils nur noch den Gesetzen des
freien Marktes folge. Offensichtlich spielen hier auch ganz andere axiologische
Werte nach wie vor eine bedeutende Rolle, wie vor allem die Kracht-Debatte

---

53 Henschel 2012, S. 57–59.

eindrucksvoll gezeigt hat. Unabhängig von einer eingehenderen Bewertung der unterschiedlichen literaturkritischen Konkurrenzen zwischen den hier exemplarisch herausgegriffenen Publikationsorganen bzw. AutorInnen wird man daher abschließend konstatieren können: Solange so etwas wie die genannten Kontroversen überhaupt entstehen kann und sich nicht alle LiteraturkritikerInnen wie lobbygeschädigte Analysten in einer Rating-Agentur verhalten, dürften auch die Verrisse nicht aus der Literaturkritik verschwunden sein.

Literatur

Albrecht, Wolfgang (Hg.): Literaturkritik. Stuttgart 2001.

Anz, Thomas: ›Literaturwissenschaft und Literaturkritik. Kooperation und Konkurrenz‹, in: Klein, Michael / Klettenhammer, Sieglinde (Hg.): *Literaturwissenschaft als kritische Wissenschaft*. Wien 2005, S. 29 – 42.

Anz, Thomas: Literaturkritik und Rezensionskultur in Deutschland. In: Rippl, Gabriele / Winko, Simone (Hg.): *Handbuch Kanon und Wertung. Theorie, Instanzen, Geschichte*. Stuttgart 2013, S. 146 – 153.

Anz, Thomas / Baasner, Rainer (Hg.): Literaturkritik. Geschichte – Theorie – Praxis. München 2004.

Balmes, Hans Jürgen u. a.: ›Thesen zur Literaturkritik‹, in: *Neue Rundschau* 2011/1.

Benjamin, Walter: ›Die Technik des Kritikers in dreizehn Thesen‹, in: *Neue Rundschau* 2011/1, S. 7.

Böttiger, Helmut: ›»Das Publikum« gibt es nicht‹, in: *Neue Rundschau* 2011/1, S. 8 f.

Bucheli, Roman: ›Literaturkritik unter Druck. Ein Leben nach dem Papier‹, in: *Neue Zürcher Zeitung* 11.05.2013, verfügbar unter: http://www.nzz.ch/aktuell/feuilleton/literatur/ein-leben-nach-dem-papier-1.18079214 [05.02.2015].

Buss, Esther: ›Das kurze Pullöverchen der Geschichte. Das Kino Arsenal in Berlin zeigt die 30 Lieblingsfilme der 2002 verstorbenen Kritikern Frieda Grafe‹, in: *Jungle World* 25.04.2013, verfügbar unter: http://jungle-world.com/artikel/2013/17/47597.html [05.02.2015].

Diez, Georg: ›Krise der Printmedien: Wieso die Zeitung in Existenznöten ist‹, in: *Spiegel Online* 07.05.2009, verfügbar unter: http://www.spiegel.de/kultur/gesellschaft/krise-der-printmedien-wieso-die-zeitung-in-existenznoeten-ist-a-623345.html [05.02.2015].

Diez, Georg: ›Die Methode Kracht‹, in: *Der Spiegel* 13.02.2012, verfügbar unter: http://www.spiegel.de/spiegel/print/d-83977254.html [05.02.2015].

Franck, Georg: ›Autonomie, Markt und Aufmerksamkeit. Zu den aktuellen Medialisierungsstrategien im Literatur- und Kulturbetrieb‹, in: Joch, Markus / Mix, York-Gothard / Wolf, Norbert Christian gemeinsam mit Birkner, Nina (Hg.): *Mediale Erregungen? Autonomie und Aufmerksamkeit im Literatur- und Kulturbetrieb der Gegenwart*. Tübingen 2009, S. 11 – 21.

Hartwig, Ina: [Ohne Titel], in: *Neue Rundschau* 2011/1, S. 17.

Henschel, Gerhard: ›Götterdämmerung der Handfläche. Über Christian Krachts Roman »Imperium«‹, in: *Titanic* 2012/04.

Johannsen, Anja: ›To pimp your mind sachwärts. Ein Plädoyer für eine praxeologische Gegenwartsliteraturwissenschaft‹, in: Korte, Hermann (Hg.): *Zukunft der Literatur. TEXT + KRITIK. Sonderband*. München 2013, S. 179–186.

Kämmerlings, Richard: [Ohne Titel], in: *Neue Rundschau* 2011/1. S. 22.

Korte, Hermann: ›Zum Sonderband »Zukunft der Literatur« im 50. Jahr von TEXT + KRITIK‹, in: Ders. (Hg.): *Zukunft der Literatur. TEXT + KRITIK. Sonderband*. München 2013, S. 5–17.

Lewitscharoff, Sibylle: ›Warum sind die Kritiken bloß so schlaff?‹, in: *Die Welt* 22.05.2010, verfügbar unter: http://www.welt.de/welt_print/kultur/literatur/article7739669/Warum-sind-die-Kritiken-bloss-so-schlaff.html [05.02.2015].

Lovenberg, Felicitas von: ›Ein kultischer Verehrer von Kokosnuss und Sonnenschein. Unser Mann im Pazifik: Christian Kracht hat mit »Imperium« einen lässigen Abenteuerroman über einen deutschen Romantiker geschrieben‹, in: *F.A.Z.* 10.02.2012, verfügbar unter: http://www.faz.net/aktuell/feuilleton/buecher/rezensionen/belletristik/christian-kracht-imperium-ein-kultischer-verehrer-von-kokosnuss-und-sonnenschein-11644821.html [05.02.2015].

Müller, Lothar / Steinfeld, Thomas: ›Die Zukunft der Zeitung‹, in: *Merkur. Deutsche Zeitung für europäisches Denken* 2013/775, S. 1091–1103, verfügbar unter: http://www.klett-cotta.de/media/14/mr_2013_12_1091-1103_Lothar_Mueller_Thomas_Steinfeld_Die_Zukunft_der_Zeitung.pdf [11.12.2013].

Neuhaus, Stefan: ›Strategien der Aufmerksamkeitserzeugung im Internet‹, in: Ders. / Ruf, Oliver (Hg.): *Perspektiven der Literaturvermittlung*. Innsbruck / Wien / Bozen 2011, S. 149–162.

Neuhaus, Stefan: ›Das hybride Kritikersubjekt. Veränderungen in der Literaturkritik seit 1990‹, in: *Deutschsprachige Literatur(en) seit 1989. Zeitschrift für deutsche Philologie* 2012/131, S. 39–55.

Reich-Ranicki, Marcel: ›Nicht nur in eigener Sache. Bemerkungen über Literaturkritik in Deutschland‹, in: Ders. (Hg.): *Lauter Verrisse*. München 1992a, S. 11–45.

Reich-Ranicki, Marcel (Hg.): Lauter Lobreden. München 1992b.

Reichwein, Marc: ›V wie Verriss‹, in: *Welt Online* 30.07.2011, verfügbar unter: http://www.welt.de/print/die_welt/kultur/article13516303/V-wie-Verriss.html [05.02.2015].

Reichwein, Marc: ›Wieviel Kritik braucht der Betrieb? Zur anhaltenden Konjunktur in literarischen, literaturkritischen und literaturwissenschaftlichen Texten‹, in: *literaturkritik.at* 23.06.2013, verfügbar unter: http://www.uibk.ac.at/literaturkritik/zeitschrift/1093407.html [05.02.2015].

Rohloff, Joachim: ›Sorgfaltspflichten. Wenn Frank Schirrmacher einen Bestseller schreibt‹, in: *Merkur. Deutsche Zeitschrift für europäisches Denken* 2013/766, verfügbar unter: http://www.merkur-blog.de/2013/02/sorgfaltspflichten-wenn-frank-schirrmacher-einen-bestseller-schreibt/ [05.02.2015].

Schmidt, Christopher: ›Das Kuschelkartell. Im um sich selbst kreisenden Literaturbetrieb führen Jasager und Gute-Laune-Kritiker das Wort – zum Nachteil von Lesern und Autoren. Ein Plädoyer für mehr Kampfgeist aus Anlass der Frankfurter Buchmesse‹, in: *Süddeutsche Zeitung* 05.10.2013.

Seeßlen, Georg: ›Warum sind Kulturseiten so borniert geworden? Schafft das Feuilleton ab!‹, in: *taz* 08.08.2013, verfügbar unter: http://www.taz.de/!99145/ [05.02.2015].

Selhofer, Ruth: ›Die neuere Literaturkritikforschung und die Aufgaben der Literaturkritik in Theorie und Praxis – Ein Beispiel für eine Forschungsfrage mit Problempotential‹, in: Neuhaus, Stefan / Ruf, Oliver (Hg.): *Perspektiven der Literaturvermittlung.* Innsbruck / Wien / Bozen 2011, S. 174–220.

Silverman, Jacob: ›Against Enthusiasm. The epidemic of niceness in online book culture‹, in: *Slate.com* 04.08.2012, verfügbar unter: http://www.slate.com/articles/arts/books/2012/08/writers_and_readers_on_twitter_and_tumblr_we_need_more_criticism_less_liking_.html [05.02.2015].

Simanowski, Roberto: ›Elektronische und digitale Medien‹, in: Anz, Thomas (Hg.): *Handbuch Literaturwissenschaft. Band 1: Gegenstände und Grundbegriffe.* Stuttgart / Weimar 2007, S. 244–249.

Süselbeck, Jan: ›Im Zeichen von Elisabeth Förster-Nietzsches Yerba-Mate-Tee. Ein Kommentar zur Debatte um Christian Krachts Roman »Imperium« und seinen »Briefwechsel« mit David Woodard‹, in: *literaturkritik.de* 2012/3, verfügbar unter: http://www.literaturkritik.de/public/rezension.php?rez_id=16430 [05.02.2015]

Theisohn, Philipp / Weder, Christine: ›Literatur als/statt Betrieb – Einleitung‹, in: Theisohn, Philipp / Weder, Christine. (Hg.): *Literaturbetrieb. Zur Poetik einer Produktionsgemeinschaft.* München 2013, S. 7–16.

Tucholsky, Kurt: ›Kritik als Berufsstörung‹, in: Ders: *Gesammelte Werke.* Hrsg. von Mary Gerold-Tucholsky und Fritz J. Raddatz. Band III 1929–1932. Reinbek bei Hamburg 1961, S. 964–967.

Weidermann, Volker: ›Wer steht hier am Abgrund? Die Literaturkritik muss sich vor dem Internet nicht fürchten. Sie muss nur wieder so modern werden, wie sie einmal war‹, in: *F.A.Z.* 30.05.2013, verfügbar unter: http://www.faz.net/aktuell/feuilleton/buecher/literaturkritik-im-netz-wer-steht-hier-am-abgrund-12194632.html [05.02.2015].

Winkels, Hubert: ›Den Autor umarmen. Was macht eigentlich die Literaturkritik?‹, in: *Volltext. Zeitung für Literatur* 13.07.2011, verfügbar unter: http://volltext.net/magazin/magazindetail/article/5311/ [05.02.2015].

Winko, Simone / Heydebrand, Renate von: Einführung in die Wertung von Literatur. Systematik – Geschichte – Legitimation. Paderborn / München / Wien / Zürich 1996.

Manuel Bauer

Ein unbekannter Klassiker der Literaturkritik?
Schleiermacher als Rezensent

1   Schleiermacher und die Geschichte der Literaturkritik

Im Zusammenhang mit Literaturkritik fällt der Name Friedrich Schleiermacher nicht eben häufig. Bei Schleiermacher denkt man nicht an einen berühmten Rezensenten oder einen einflussreichen Theoretiker der Kritik. Während er auf die Philosophie des 19. Jahrhunderts und vor allem auf die protestantische Theologie eine große Wirkung ausgeübt hat, wird er außerhalb der Fachgrenzen meist als Klassiker der Hermeneutik wahrgenommen. Das gilt in besonderer Weise für die Literaturwissenschaft.[1] Wenn Schleiermacher gelesen wird, dann vor allem seine Reden *Über die Religion,* der *Versuch einer Theorie des geselligen Betragens* als Ausdruck und theoretische Fundierung der romantischen Geselligkeit und Salonkultur und seine postum publizierten Vorlesungen zur Hermeneutik.

Obschon als man ihn als »Weggenossen der Frühromantik«[2] kennt, ist sein Beitrag zur Kunstkritik – eines der zentralen Felder der frühromantischen Bewegung – weitgehend unbekannt geblieben. In der Geschichtsschreibung der Literaturkritik hat Friedrich Schleiermacher keine erkennbaren Spuren hinterlassen. In René Welleks *Geschichte der Literaturkritik* etwa werden neben ausführlichen Darstellungen der kritischen Leistungen der Schlegel-Brüder auch Schelling, Novalis, Jean Paul sowie Wackenroder und Tieck vorgestellt. Zwar wird seine *Ästhetik* behandelt, als Rezensent bleibt Schleiermacher aber unbeachtet. In der von Peter Uwe Hohendahl herausgegebenen *Geschichte der deutschen Literaturkritik* kommt Schleiermachers Name überhaupt nicht vor. Er hat buchstäblich keinen Platz in der Geschichte der Literaturkritik.

Exemplarisch ist die signifikante Leerstelle in Rainer Baasners Überblick über die Literaturkritik der Romantik. Friedrich Schlegel, so heißt es dort, habe

---

1 Zu einem Überblick über die ältere germanistische Forschung zum frühromantischen Schleiermacher vgl. Nowak 1986, S. 11–40.
2 Nowak 2002, S. 507.

»in Diskussionen mit seinem Bruder August Wilhelm, Novalis und anderen einen speziellen Begriff von ›Kritik‹«[3] geprägt. Bei der Aufzählung von ›Kritikerpersönlichkeiten‹ der Zeit ist neben den Schlegel-Brüdern und ihren Ehefrauen summarisch von »anderen Frühromantikern«[4] die Rede. Schleiermacher ist einer dieser ›anderen‹; im Gegensatz zu Novalis, der nicht als Rezensent in Erscheinung trat, aber üblicherweise zu den Vertretern der frühromantischen Literaturkritik gezählt wird, bleibt der Rezensent Schleiermacher ohne namentliche Erwähnung. Nicht aus bösem Willen, sondern weil er schlichtweg nicht bekannt ist.

Auch in spezielleren Arbeiten zum *Athenaeum*, der von 1798 bis 1800 erscheinenden programmatischen Zeitschrift der Frühromantik, werden Schleiermachers Beiträge meist komplett unterschlagen.[5] Diese verbreitete Nichtbeachtung hat sicher auch damit zu tun, dass Schleiermacher der Ruf anhaftet, für Literatur nicht empfänglich gewesen zu sein.[6]Zudem sind häufig keine im engeren Sinne literarischen Texte Gegenstand seiner Rezensionen, sondern philosophische und wissenschaftliche Schriften. Allerdings ist damit noch nicht ausgemacht, dass die Auseinandersetzung mit nicht primär künstlerischen Texten nicht den Prinzipien der Kunstkritik folgen kann. Schleiermacher ist unter den Kritikern des *Athenaeums* derjenige, der die Kunstkritik am konsequentesten auf das Gebiet der Philosophie ausweitet.

Im Folgenden wird der frühromantische Rezensent Schleiermacher in drei Schritten vorgestellt. Zunächst anhand der Texte, die Schleiermacher zum *Athenaeum* beisteuerte, dann wird ausgeführt, wie sich Schleiermacher als Rezensent mit anderen frühromantischen Schriften auseinandersetzt. Schließlich werden Texte herangezogen, die, obschon immer noch in einem weiten Sinne frühromantisch, nach der *Athenaeums*-Phase entstanden und eine veränderte Poetik der Kritik befolgen.

2   Die Athenaeums-Rezensionen

Im Oktober 1797 entwirft Friedrich Schlegel in einem Brief an seinen Bruder den Plan für das Zeitschriftenprojekt *Athenaeum*. Obschon die Brüder ohne feste Mitarbeiter Herausgeber und Autoren in Personalunion sein sollten, macht Schlegel doch eine Ausnahme:

---

3 Baasner 2007, S. 52.
4 Ebd., S. 55 f.
5 Vgl. u. a. Schlagdenhauffen 1969/88; Blanchot 1987; Härtl 1989: Napierala 2007.
6 Vgl. exemplarisch Gundolf 1930, S. 161.

»Ich sagte zwar, *keine* RegelmäSSige *Mitarbeiter*, weil man doch nur für sich allein stehn kann. Doch mit der Ausnahme, daß wir *Meisterstücke der höhern Kritik und Polemik* aufspürten wo sie zu finden wären. – Ja auch überhaupt Alles, was sich durch *erhabne Frechheit* auszeichnete, und für alle andren Journale *zu gut* wäre.«[7]

Neben dem gemeinsamen Freund Hardenberg schlägt Friedrich dem Bruder einen anderen Beiträger vor. »Mein Freund Schleyermacher [...] hat einige kritische Sachen vor, die glaube ich meisterhaft ausfallen dürften«[8]. Schleiermacher war seit der Geburtsstunde des *Athenaeums* als Rezensent fest eingeplant. Ihm wurde zugetraut, alle Kriterien zu erfüllen, um ›meisterhafte Kritiken‹ zu verfassen, die sich durch eine ›erhabne Frechheit‹ auszeichnen. Dass Schleiermachers im *Athenaeum* erschienene Texte von den beiden Herausgebern gleichsam als ihre eigenen anerkannt wurden, zeigt die Konzeption der Zeitschrift. In der ›Vorerinnerung‹ heißt es: »Fremde Beyträge werden wir nur dann aufnehmen, wenn wir sie, wie unsre eignen, vertreten zu können glauben«[9].

Das zweite Stück des zweiten Bandes des *Athenaeums* enthält Schleiermachers Rezension von Immanuel Kants *Anthropologie in pragmatischer Hinsicht*, die ohne Nennung des Verfassers in der Sammelrubrik *Notizen* erscheint, pikanterweise direkt hinter Friedrich Schlegels Rezension von Schleiermachers *Über die Religion*, die ebenfalls nicht mit der Signatur ihres Verfassers aufwartet. Die Unterschiede von rezensiertem und rezensierendem Autor werden ebenso verwischt wie die zwischen den Rezensenten. Schleiermacher ist aufgehoben in einer symphilosophierenden und symkritisierenden Gemeinschaft von Gleichgesinnten. Er präsentiert sich als ironisch schreibender, respektloser Kritiker, der das Buch gründlich misslungen findet. Die vernichtende Rezension vollzieht allerdings eine Wende. Die bissige Kritik an Kants *Anthropologie* scheinbar negierend, führt Schleiermacher an, dass diese einem falschen Gesichtspunkt entsprungen sei:

»Man muß ja oft von der Voraussetzung ausgehn, daß ein Buch, welches wenig Werth hat, wenn man es für das nimmt, was es zu seyn vorgiebt, doch als das Gegentheil, oder als sonst etwas bedeutend seyn kann, und so scheint auch dieses vortreflich zu seyn, nicht als Anthropologie, sondern als Negation aller Anthropologie, als Behauptung und Beweis zugleich, daß so etwas nach der von Kant aufgestellten Idee durch ihn und bei seiner Denkungsart gar nicht möglich ist«[10].

---

7 ›F. Schlegel an A. W. Schlegel. Berlin, 31. Oktober 1797‹, in: Immerwahr 1985, S. 31.
8 Ebd.
9 Schlegel, August Wilhelm / Schlegel, Friedrich: ›Vorerinnerung‹, in: Sorg (Hg.) 1989, S. 12.
10 Schleiermacher, Friedrich: ›Rezension von Immanuel Kant: Anthropologie‹, in: Meckenstock (Hg.) 1984, S. 366.

Schleiermacher scheint mit diesem sperrigen Satz eine Rettung Kants unternehmen zu wollen. Der Rezensent setzt sich über den manifesten Text hinweg und nimmt an, dass der Autor mit seinem Buch nur zeigen wollte, dass das in diesem Buch Ausgeführte nicht möglich sein kann. Kants *Anthropologie* wird als groß angelegter performativer Widerspruch gelesen. Geist und Buchstabe des Textes treten auseinander und lassen durch ihre Nichtidentität erkennen, dass der Signifikantenebene nicht zu trauen ist. Ein solcher Vergleich von Geist und Buchstabe gilt Friedrich Schlegel als literarkritisches Verfahren *par excellence*. Bei Schlegel heißt es definitorisch: »κ[Kritik] ist eigentl[ich] nichts als Vergleichung des Geistes und d.[es] Buchstabens eines Werks, welches als 1/0 [Unendliches] als Absolutum und Individuum behandelt wird. – *Kritisiren* heißt einen Autor besser verstehn als er s.[ich] selbst verstanden hat.«[11] Nichts anderes vollzieht Schleiermachers Rezension. Sie vergleicht den manifesten Inhalt des Werks mit seinem (vom Rezensenten behaupteten) Geist und erhebt durch das implizierte Besserverstehen des Autors einen hermeneutischen Überbietungsanspruch.

Innerhalb des Textes sei eine »wechselseitige Zerstörung«[12] zu beobachten, die jedoch mit ironischer Geste als adäquate Umsetzung der Intention des Autors aufgefasst wird. Dieser habe alles, was dem Buch angelastet wird, absichtlich so angeordnet, um die Unmöglichkeit des Behaupteten zu zeigen. Kant wird unversehens zum modernen Sokrates, der den Leser bewusst in Paradoxien verwickelt, um schlussendlich zur ihm schon immer bekannten Auflösung zu gelangen. Schleiermachers Text performiert, was er behauptet. Demonstriert Kants *Anthropologie* nur die Unmöglichkeit ihrer Behauptungen, so gilt gleiches für deren Rezension. Dem Leser soll klar werden, dass die Ansicht, Kant habe den Widerspruch bewusst konstruiert, eine ironische Behauptung des Rezensenten ist. Das vermeintliche Lob verkehrt sich in bitteren Spott, indem es sich jener sokratischen Ironie bedient, die zuvor Kant unterstellt wurde. Die Rezension spricht nicht selbst ein deutliches Urteil über den in Rede stehenden Text aus. Sie will den Leser zu dem Reflexionsergebnis führen, dass Kants *Anthropologie* als misslungen zu gelten habe.

Der polemische und scharfzüngige Ton eignet auch Schleiermachers folgenden Beiträgen. Die Rezension von *Garve's letzten von ihm selbst herausgegebenen Schriften* ist eine bittere Abrechnung mit dem populären Aufklärungsphilosophen. Schleiermacher sieht bei Christian Garve ein einziges »unerschöpfliche[s] Chaos von Unphilosophie und Geistlosigkeit, wovon alle seine

11 Schlegel, Friedrich: ›Fragmente zur Litteratur und Poesie‹, in: Eichner (Hg.) 1981, S. 168 (Fr. 992).
12 Schleiermacher, Friedrich: ›Rezension von Immanuel Kant: Anthropologie‹, in: Meckenstock (Hg.) 1984, S. 368.

Schriften gleichsam nur Ausströmungen sind«[13]. Der Rezensent hält Garve schlichtweg nicht für einen ernstzunehmenden Denker. Indem er sich offen gegen Garve ausspricht, stellt er sich demonstrativ der so genannten Popularphilosophie und der Spätaufklärung entgegen und positioniert sich als Vertreter einer Generation junger, philosophisch avancierter Autoren, die sich gegen als veraltet empfundene Vertreter der Spätaufklärung auflehnt, um das Feld, das bislang von diesen dominiert wurde, fürderhin selbst zu besetzen.

Die Rezension von Johann Jakob Engels *Der Philosoph für die Welt* führt die in der Garve-Rezension begonnene Positionierung fort. Die Popularphilosophie der Aufklärung wird als unphilosophisch erachtet und attackiert.[14] Zudem erfüllt Schleiermacher auf dem Gebiet der Literaturkritik erstmals die Standards dessen, was Friedrich Schlegel ›Transzendentalpoesie‹ nennt: Der Text reflektiert sich selbst als Text und seine eigenen Maßstäbe und erhebt den Anspruch, selbst ein Kunstwerk zu sein. Die Tendenz zur Nivellierung des Unterschieds von Literatur und Literaturkritik ist eine Umsetzung von Schlegels Forderung, Poesie sei nur durch Poesie kritisierbar und ein Kunsturteil müsse selbst ein Kunstwerk sein.[15] Schleiermachers Rezension gibt sich als Teil eines Briefwechsels aus. Auch Engel verwendet in *Der Philosoph für die Welt* unter anderem die Textsorte des Briefs. Die sich am Gebrauch dieser Textsorte entzündende Kritik ist der Grund der formalen Gestaltung von Schleiermachers Text, die ersichtlich macht, dass bereits die *Form* der Rezension ein Kunsturteil impliziert. Originär frühromantisch ist das Ansinnen, die Mängel des rezensierten Textes nicht nur zu benennen, sondern durch die eigene Vorgehensweise aufzuzeigen, wie eine gelungene Umsetzung aussehen kann. Der Text führt vor, was er einfordert. Neben den hermeneutischen tritt ein poetischer Überbietungsanspruch. Damit wird veranschaulicht, dass und wie Schlegels Forderung der Identität von Kunsturteil und Kunstwerk umgesetzt werden kann.

Weitergeführt wird diese Schreibweise in der Rezension von Johann Gottlieb Fichtes *Die Bestimmung des Menschen*, die den gleichen literarischen Charakter aufweist, durch den sich Fichtes Text auszeichnet. Fichtes Schrift gliedert sich in eine Vorrede und drei Bücher. Das erste und das dritte Buch bedienen sich der Form des Monologs, das zweite Buch ist ein Dialog. Schleiermacher befolgt sowohl die Aufteilung in vier Abschnitte als auch deren jeweilige Form und führt inhaltlich die bei Fichte angelegte Reflexion fort. Durch diese Angleichung erwirbt sich die Rezension nach frühromantischen Maßstäben das Recht, das zur Diskussion stehende Buch zu kritisieren.

13　Schleiermacher, Friedrich: ›Garve's letzte noch von ihm selbst herausgegebene Schriften‹, in: Meckenstock (Hg.) 1988, S. 68.

14　Vgl. Schleiermacher, Friedrich: ›Rezension von Johann Jakob Engel: Der Philosoph für Welt, Band 3‹, in: Meckenstock (Hg.) 1988, S. 230.

15　Vgl. Schlegel, Friedrich: ›Lyceums-Fragmente‹, in: Eichner (Hg.) 1967, S. 162 (Fr. 117).

Die Angleichung führt zum Aufschub eines finiten Urteils. Der Rezensent fordert für seinen eigenen Text die gleichen Rezeptionsbedingungen wie für die *Bestimmung des Menschen* ein: »[E]s wäre auch nicht übel, wenn man – verhältnißmäßig – mit der hier aufgestellten Ansicht desselben [...] eben so verfahren wollte«[16]. Die Wiederholung von Fichtes Textstrategie bedingt, dass ein Text, der sich mit Schleiermachers Rezension beschäftigt, sich den Texten Fichtes und Schleiermachers angleichen müsste. Diese ideale Verweisungsstruktur kommt zu keinem Ende. So ist es nur folgerichtig, dass Schlegel in einem Brief an Schleiermacher genau diese Verweisungsstruktur betont. Über die Fichte-Rezension ließe sich vielleicht »wieder ein solcher Mono-Dia-Monolog schreiben«[17]. Da die Kette der *poetischen* Texte so nie durchbrochen würde, käme diese Verschiebung niemals zu einem Ende. Der kritische Text kann und will nicht mit einem fertigen und unveränderbaren Urteil aufwarten, da er nur ein Glied in der Kette einer potentiell unendlichen Verweisung darstellt.

Schlegel bekundet, »nie hab ich so etwas gesehn noch gehört, von philosophischer Recension nämlich«[18]. Schleiermachers Text erschien dem Vordenker der romantischen Kritik als völlig beispiellos. Schleiermacher war Schlegels Einschätzung zufolge keineswegs eine epigonale Erscheinung, sondern lieferte vor allem mit seiner Fichte-Rezension eigene Impulse. Er war als Beiträger zum *Athenaeum* maßgeblich am Erscheinungsbild der frühromantischen Literaturkritik beteiligt. Seine »Teufeleyen«,[19] wie die Autoren ihre respektlosen Buchbesprechungen bezeichneten, stehen an polemischer Schärfe denen anderer Beiträger in nichts nach. Die Rezensionen zeigen eine Entwicklung hin zu unkonventionellen, sich dem literarischen Gestus des besprochenen Textes anpassenden Formen, so dass die Texte zumeist selbst Kunstcharakter haben. Schleiermacher ist der radikalste Praktiker der poetischen Kritik.

3   Schleiermacher als Rezensent frühromantischer Texte

Von besonderem Interesse für die Positionierung Schleiermachers innerhalb der frühromantischen Kritik ist seine Auseinandersetzung mit Texten der Schlegels. Der wichtigste Beitrag Schleiermachers zur frühromantischen Kunstkritik sei hier nur kurz erwähnt, da es sich nicht um eine Rezension handelt: die *Ver-*

---

16 Schleiermacher, Friedrich: ›Rezension von Johann Gottlieb Fischte: Die Bestimmung des Menschen‹, in: Meckenstock (Hg.) 1988, S. 248.

17 ›Friedrich Schlegel und Dorothea Veit an Friedrich Schleiermacher. Jena, wohl Anfang August 1800‹, in: Arndt / Virmond (Hg.) 1994, S. 179.

18 Ebd.

19 ›August Wilhelm Schlegel an Friedrich Schleiermacher. Jena, 1. November 1799‹, in: Arndt / Virmond (Hg.) 1992, S. 228.

trauten Briefe über Friedrich Schlegels Lucinde.[20] Diese Schrift nimmt unter den literaturkritischen Texten der Frühromantik eine besondere Rolle ein, da sie das Postulat, Poesie dürfe nur vermittels Poesie kritisiert werden, am vehementesten umsetzt – Schleiermacher würdigt Schlegels skandalisierten Roman, indem er seinerseits eine Art Roman über *Lucinde* schreibt. Das kritische Programm der *Vertrauten Briefe* geht, wie aus der Fichte-Rezension bekannt, ausdrücklich mit dem »Aufschieben eines vollendeten Urtheils«[21] einher. Das ist nicht nur als zeitliche Verschiebung aufzufassen, da der Text seiner Form nach ein erneutes Kunsturteil erfordert. Im ersten Brief bekundet der Schreiber, er möchte die *Lucinde* »commentiren oder vielmehr sie wiederholen und nachsingen«[22]. Der Kommentar soll sich dem Text angleichen. Man solle »Nichts, was ein fertiges Urtheil wäre« in den Briefen suchen, sondern »nur Variationen über das große Thema der Lucinde«[23].

Neben dieser ausführlichen Auseinandersetzung veröffentlicht Schleiermacher auch eine anonyme Rezension, die engagierten Anteil an einer einseitig geführten literarkritischen Debatte nimmt und ein übel beleumdetes Buch differenzierter betrachten will. Einen derart skandalumwitterten Roman publizistisch zu verteidigen, ist ein heikles Unterfangen. Schleiermacher weist darauf im ersten Satz seiner Rezension hin, indem er die öffentliche Auseinandersetzung mit einer Hexenjagd vergleicht: »Wenn ehedem eine Unglückselige der schwarzen Kunst halber angeklagt wurde, war es höchst gefährlich, ihre Unschuld eher vindiciren zu wollen, als bis sie glücklich abgethan war. Von Büchern wird dies wohl immer gelten«[24]. Mittels einer Emotionalisierungsstrategie ersten Ranges stellt sich Schleiermacher gleichsam als Anwalt der wütenden Meute gegenüber. Das »Verfahren gegen dieses Buch« habe »eine schneidende Aehnlichkeit mit jenen Prozessen, wo es doch die Bosheit war, welche die Anklage bildete, und die fromme Einfalt, die das Urteil vollzog«[25]. Bei Bosheit und frommer Einfalt handele es sich indes um »Kräfte, die in der literarischen Welt gar nicht existieren sollten«[26]. Schleiermacher kritisiert, dass ein literarisches Werk mit außerliterarischen Maßstäben gemessen wird, vor allem aber mit solchen, die per se abzulehnen sind. Die Verteidigung gerät zur Anklage der Ankläger. Schleiermacher wirft der allgemeinen Verurteilung des Textes vor,

---

20 Ausführlicher in Bauer 2011, S. 258–274.
21 Schleiermacher, Friedrich: ›Vertraute Briefe über Friedrich Schlegels Lucinde‹, in: Meckenstock (Hg.) 1988, S. 144.
22 Ebd., S. 149.
23 Ebd., S. 144.
24 Schleiermacher, Friedrich: ›Rezension von Friedrich Schlegel: Lucinde‹, in: Meckenstock (Hg.) 1988, S. 219.
25 Ebd.
26 Ebd.

diesen nicht gelesen zu haben und ihn mutwillig missverstehen zu wollen. Die Rezension ist nicht zuletzt eine Selbstkritik des Literatur- und Rezensionsbetriebs.

Ohne unkritisch mit der formalen Gestaltung des für seine Zeit ausnehmend experimentellen Romans umzugehen, ist Schleiermacher doch bemüht, das Avantgardistische des Textes begreifbar zu machen. *Lucinde* weiche stofflich und formal von allem ab, was für wesentlich romanhaft gehalten werde.[27] Für sich selbst einen überlegenen hermeneutischen Standpunkt behauptend, wirft er den anderen Rezensenten Unverstand vor. Zugleich aber kritisiert er den Roman dafür, denjenigen Lesern, die nicht in der Lage seien, das Buch ganz zu verstehen, das Verständnis über Gebühr zu erschweren.[28] Ihm gelingt das Kunststück, zugleich den Roman als auch dessen Verurteilung zu kritisieren.

Der Text, dessen Unsittlichkeit der zeitgenössischen Auseinandersetzung ausgemacht scheint, wird von Schleiermacher durch das Thema ›Liebe‹ sogar als »religiös und moralisch«[29] begriffen, wodurch eine radikale semantische Umwertung der Debatte vollzogen wird. Der anonyme Rezensent nimmt es, ohne dass der Autor davon weiß, mit der gesamten kritischen Öffentlichkeit auf. Schlegel wird auch dadurch verteidigt, dass seine theoretischen Ansichten umgesetzt werden, ohne dass der Rezensent sich ausdrücklich auf diese beruft. Schleiermacher ist erkennbar von Schlegels Theorie der Kritik wie von dessen Romantheorie beeinflusst, tritt dabei aber nicht als bloßer Apologet eines inkriminierten Meisters auf, sondern wahrt sich einen kritischen Blick auf den Roman. Nicht mehr befolgt wird eines der zentralen Elemente von Schlegels Theorie der Kritik: Die Rezension verfolgt keinen Kunstanspruch, so dass sich der Textcharakter von Schleiermachers *Athenaeums*-Rezensionen und den *Vertrauten Briefen* unterscheidet.

Ein instruktives Dokument für Schleiermachers Rezeption der frühromantischen Kritik und die Selbstpositionierung seiner Rezensionstätigkeit ist die Besprechung der *Charakteristiken und Kritiken*, also der Sammlung der berühmtesten literarkritischen Texte von August Wilhelm und Friedrich Schlegel. Schleiermacher erhebt die Texte der Schlegel-Brüder zu Mustern der kritischen Kunst. Typisch für die Schlegel'sche Kritik sei, dass bei einzelnen Werken »nicht etwa nur der Inhalt mitgetheilt, sondern der Werth und Charakter bestimmt werde«[30]. Außerdem sieht Schleiermacher den »gemeinschaftliche[n] Charakter der Kritik« der Brüder in dem Bestreben, von Einzelphänomenen auszugehen und daraus allgemeinere kunst- und literaturtheoretische Betrachtungen an-

---

27 Vgl. ebd., S. 220.
28 Vgl. ebd., S. 222.
29 Ebd., S. 223.
30 Schleiermacher, Friedrich: ›Rezension von August Wilhelm und Friedrich Schlegel: Charakteristiken und Kritiken‹, in: Meckenstock (Hg.) 1988, S. 401.

zustellen, mithin »von jedem kleineren Kunstgebiete aus auf das größere und endlich auf das was die Kunst an und für die menschliche Natur ist, hinzuweisen«[31]. Als gelungenes kritisches Vorgehen gilt Schleiermacher eine vom jeweiligen Werk ausgehende Betrachtung, die sich jeglicher kunstrichterlichen Attitüde enthält, gleichermaßen einordnende wie weiterführende poetologische Überlegungen anstellt, die poetologischen Grundlagen aber nicht als vorfindlich und unveränderlich begreift. Der Rezensent Schleiermacher schließt sich also einer kritischen Haltung an, die Werke nicht an externen Maßstäben misst, sondern an deren eigenen, immanenten Idealen.

Neben emphatisches Lob treten allerdings etliche Einwände im Detail – kaum einer der versammelten Texte wird ungebrochen positiv bewertet. Hinzu kommen gravierende Vorbehalte im Allgemeinen. Diese Vorbehalte richten sich just gegen solche Aspekte, die für die moderne Rezeption der frühromantischen Kritik von erheblicher Bedeutung sind. Um Kritik adäquat auszuführen, müsse »die Schreibart« entsprechend beschaffen sein und »eine reine Klarheit und gediegene Tüchtigkeit«[32] aufweisen. Nun eigne den Texten der beiden Verfasser aber ein »gewisser nachtheiliger Einfluß ihrer aphoristischen Studien«[33]. Die ›witzigen Einfälle‹, die für die *Athenaeums-Fragmente* kennzeichnend sind, werden von Schleiermacher nicht goutiert, wenn sie in zusammenhängenden Texten vorkommen: »[A]llein Stellen größerer Abhandlungen auf dieselbe Art vorgetragen, müssen nothwendig fehlerhaft werden; es kann ohne Ungleichheiten im Ton, ohne Störungen in der Fortschreitung und ohne harte Uebergänge nicht abgehen«[34]. Schleiermacher pflegt eine Abneigung gegen das, was mittlerweile als ein Charakteristikum frühromantischer Kritik große Wertschätzung genießt: die ironische Schreibweise und die Brüche innerhalb eines Textes. Schleiermacher verlässt die kritische Marschroute der Schlegels, wenn er deren textuelle Eigenarten beschreibt. Es ist die Poetik des kritischen Textes, die dem Rezensenten Schleiermacher – obschon er ihr in seinen *Athenaeums*-Rezensionen selbst verpflichtet war – an der frühromantischen Kritik missfällt. Schleiermachers Flirt mit der Poetik der frühromantischen Kritik war ebenso heftig wie kurz. Das zeigen auch alle anderen Rezensionen, die Schleiermacher außerhalb des *Athenaeums* veröffentlichte.

---

31 Ebd., S. 407.
32 Ebd., S. 408.
33 Ebd.
34 Ebd.

4   Die Rezensionen nach der Athenaeums-Phase

Nach der *Athenaeums*-Phase platziert Schleiermacher Rezensionen in weitaus
konventionelleren Blättern, die nicht den avantgardistischen, von den Zeitge-
nossen als durchaus anmaßend empfundenen Anspruch des frühromantischen
Journals erheben, das mangels Publikumszuspruchs nach nur drei Jahrgängen
eingestellt werden muss. Die Schreibweise der Rezensionen passt sich dem
Publikationsort an. Exemplarisch ist die Besprechung von Friedrich Schillers
Macbeth-Bearbeitung. Schiller legt 1800 eine Übersetzung und Bearbeitung von
Shakespeares Tragödie für das Weimarer Hoftheater vor, in der er zahlreiche
Eingriffe und Umstellungen vornimmt. Die Buchausgabe wird von Schleier-
macher 1801 rezensiert. Der Zusammenhang ist in zweierlei Hinsicht bemerkenswert: Zum einen rezensiert ein mit den Schlegels assoziierter Autor ein
Buch von Schiller, der zu diesem Zeitpunkt längst einer der Lieblingsfeinde der
Frühromantiker ist. Zum anderen handelt es sich um eine Übersetzung und
dramaturgische Bearbeitung eines der größten Dramatiker überhaupt durch
einen der bedeutendsten zeitgenössischen Autoren. Schleiermachers Rezension
ist also Kritik einer poetischen Kritik, die Schiller an Shakespeare vornimmt. Es
wäre zu erwarten, dass hier Theorie und Praxis der poetischen Kritik oder der
›Diaskeuase‹, also der gleichermaßen philologischen wie poetischen Bearbeitung und Optimierung eines Textes, wie sie Schlegel im Anschluss an Friedrich
August Wolfs Homer-Untersuchungen faszinierten, durchgespielt werden. Die
Konstellation wäre ein willkommener Anlass für frühromanisches Theoretisie-
ren – oder doch zumindest Anlass für allerlei Polemik gegen Schiller. Doch wer
nun einen Text im Stil und im Ton der frühromantischen Kunstkritik oder die
Auslotung der theoretischen Implikationen einer solchen Bearbeitung erwartet,
wird enttäuscht. Wofür Schleiermacher die Schlegel-Brüder in seiner im gleichen Jahr entstandenen Rezension der *Charakteristiken und Kritiken* lobt,
nämlich ausgehend vom Einzelphänomen allgemeine theoretische Betrachtung
anzustellen, wird vom Rezensenten Schleiermacher selbst nicht ausgeführt.
Gerade dieses Ausbleiben lässt sich freilich als Positionierung und als Abkehr
von der frühromantischen Kritik begreifen.

Schleiermacher setzt sich ebenso kenntnisreich wie nüchtern-philologisch
mit dem Text auseinander. Das hat auch August Wilhelm Schlegel so gesehen.
»Die Beurteilung des Schiller'schen Macbeth hat uns viel Freude gemacht, sie ist
wahrlich eine respektable Probe Ihrer Philologie. Ich möchte sagen, um eine
starke Sensation zu machen, ist sie zu gründlich und zu philologisch«[35]. Von

---

35 ›August Wilhelm Schlegel an Friedrich Schleiermacher. Jena, 7. 9. 1801‹, in: Arndt / Virmond
    (Hg.) 1999, S. 192 f.

›Teufeleyen‹ und ›poetischer Kritik‹ ist eine Rezension, die für ihre philologische Gründlichkeit auf Kosten der ›starken Sensation‹ gelobt wird, weit entfernt.

An die Stelle von kunstkritischer Eleganz tritt philologische Gelehrsamkeit. Mit dieser Abkehr von der früheren Schreibweise geht ein anderes Selbstverständnis des Rezensenten einher – und eine veränderte Attraktivität der Texte. Die Rezensionen nach der *Athenaeums*-Phase folgen keiner erkennbaren Komposition mehr. Schleiermacher schreibt, obschon meist anonym, nicht mit ›erhabener Frechheit‹, sondern mit akademischer Gediegenheit. Die Theorie der Kritik oder die Poetik der Rezension werden dabei kaum mehr reflektiert. Mehrere Faktoren mögen für diese Veränderungen verantwortlich sein. Neben dem nach der Einstellung des *Athenaeums* einem anderen kritischen Selbstverständnis verpflichteten publizistischen Ort ist an Schleiermachers akademischen Werdegang, der dem Rezensenten ein anderes Auftreten nahelegt, ebenso zu denken ist wie an die Auflösung der zuvor sehr engen Bindung zu Friedrich Schlegel.[36]

Die Gegenstände, mit denen sich Schleiermacher als Rezensent auseinandersetzt, weisen eine beträchtliche Breite auf – ein Roman von Johann Jakob Engel, Lichtenbergs *Vermischte Schriften*, das *Historische Bilderbüchlein* des Aufklärungspädagogen Joachim Heinrich Campe, Werke der klassischen Philologie wie Friedrich Asts Monographie über Platons *Phaidros* oder philosophische Texte wie Schellings *Vorlesungen über die Methode des akademischen Studiums*. Der Rezensent ist ein Gelehrter, der sich an Gelehrte wendet. Durch seine vielfältige fachliche Ausrichtung als Philologe, systemtischer Philosoph und Theologe deckt er ein großes Spektrum ab, das im heutigen ausdifferenzierten Wissenschaftsbetrieb, allen kulturwissenschaftlichen Wendungen zum Trotz, in dieser Weise kaum mehr zu finden ist. Dadurch vollführt er ein kritisches Rollenspiel und füllt je nach Gegenstand genau die Rolle des Fachgelehrten derjenigen Disziplin aus, die gerade erforderlich ist.

Wenn er etwa Campes *Bilderbüchlein* rezensiert, nimmt er eine »Beurtheilung aus dem pädagogischen Gesichtspunkte«[37] vor. Er äußert sich kritisch über Campes Gebrauch der Parodie. Diese inhaltlich und formal begründete Kritik trägt er nüchtern und sachlich, wenn auch mit Tendenz zum Moralisieren vor. Im *Athenaeum*, so ist zu vermuten, wäre diese Kritik performativ umgesetzt worden, indem Schleiermacher Campes Text parodiert hätte, um solcherart zu demonstrieren, wie eine geglückte Parodie auszusehen habe. Stattdessen äußert er sich pädagogisch über mangelhafte Pädagogik. Die sachkritische Funktion ist

---

36 Zur Freundschaft zwischen Schlegel und Schleiermacher vgl. Arndt 2009, insbes. S. 3–9.
37 Schleiermacher, Friedrich: ›Rezension von Joachim Heinrich Campe: Historisches Bilderbüchlein oder die allgemeine Weltgeschichte in Bildern und Versen‹, in: Meckenstock (Hg.) 1988, S. 434.

dominant – explizit unterscheidet er zwischen einer Rezension, die von der Sache, und einer solchen, die vom Schriftsteller handele.[38] Der Überbietungs-anspruch, den Schleiermachers Rezensionen auf diese Weise noch immer er-heben, ist ausschließlich inhaltlich umgesetzt, nicht mehr formal mittels einer artifiziellen Gestaltung des rezensierenden Textes. Dafür setzt er sich mit den Gepflogenheiten des Rezensionswesens auf dem Feld der Pädagogik auseinan-der, insbesondere, wenn Bücher von Autoritäten wie eben Campe Gegenstand einer Rezension sind. Das »unbedingte Anpreisen und Annehmen alles dessen, was von einer verehrten Meisterhand kommt«, sei »in diesem Fache noch viel zu gewöhnlich«[39]. Daher sieht er es als eine »Pflicht [...], auf allen Schaden, der hieraus entstehen kann, besonders aufmerksam zu machen«[40]. Schleiermacher positioniert sich, indem er seine Rezension deutlich kritischer anlegt, als dies Usus sei. Ein Überbietungsanspruch wird nicht nur gegenüber dem rezensierten Buch erhoben, sondern vor allem gegenüber der kritischen Öffentlichkeit. Das steht in einem größeren Zusammenhang, da sich Schleiermacher einmal mehr, wie auch andere mit der Romantik verbundene Theoretiker, von der Spätauf-klärung abgrenzt. Angelehnt an Walter Benjamins berühmtes Diktum kann der Rezensent Schleiermacher als Stratege wenn nicht im ›Literaturkampf‹ – das Feld der Literatur allein entspricht nicht der Breite seiner Bemühungen –, so doch als Stratege im Positionierungskampf um diskursive Hoheitsansprüche bezeichnet werden.

Eine Unterhaltungsfunktion erfüllen seine Texte schwerlich, sie sind Ge-lehrtenrezensionen ohne poetischen Anspruch. Doch mit bloßer Informati-onsfunktion bescheidet sich Schleiermacher nicht. Er setzt dezidiert voraus, dass die besprochenen Werke dem Leser bekannt sind, weshalb der Rezensent »es nicht erst darauf anlegen [will], die Leser mit dem Inhalte bekannt zu ma-chen«[41]. Schleiermacher setzt voraus, dass der Leser der gleichen Bildungs-schicht entstammt wie der Rezensent und der rezensierte Autor und eine in-tensive inhaltliche Auseinandersetzung mit dem rezensierten Werk sucht. Ge-legentlich mischt Schleiermacher allgemeine Betrachtungen in seine detaillier-ten Auseinandersetzungen mit den rezensierten Werken, etwa dass er es bei gelehrten Rezensionen für anmaßend hält, dem Verfasser über die Kritik der jeweiligen Schrift hinaus »gute Lehren zu geben«[42]. Aus diesen versprengten

---

38 Vgl. ebd., S. 447 f.
39 Ebd., S. 447.
40 Ebd.
41 Schleiermacher, Friedrich: ›Rezension von Johann Jakob Engel: Herr Lorenz Stark‹, in: Meckenstock (Hg.) 1988, S. 451.
42 Schleiermacher, Friedrich: ›Rezension von Friedrich Ast: De Platonis Phaedro‹, in: Me-ckenstock (Hg.) 1988, S. 479.

Äußerungen aber ein kritisches Grundsatzprogramm oder eine Ethik des Rezensierens konstruieren zu wollen, würde zu weit gehen.

5   Ein unbekannter Klassiker?

Nach der Vorstellung eines unbeachteten frühromantischen Rezensenten muss
abschließend von der Frage gehandelt werden, die der Titel des Beitrags formuliert: Ist Schleiermacher ein unbekannter Klassiker der Literaturkritik?
   Sicher ist Schleiermacher in seiner Rolle als Rezensent nicht in einem
Atemzug mit Kritikern wie Lessing, Alfred Kerr oder Walter Benjamin zu nennen. Ein eigenes kritisches Programm hat Schleiermacher, auf anderen Feldern
einer der größten Theoretiker seiner Zeit, nicht entwickelt. Zwar hat er wiederholt Vorlesungen über ›Kritik‹ gehalten. Dabei handelt es sich aber um
Fragen der mit dem hermeneutischen Projekt verbundenen Textkritik.[43] Dennoch liegt seiner Rezensionstätigkeit phasenweise eine überaus anspruchsvolle
Theorie der Kritik zugrunde, die mit dem Namen Friedrich Schlegel verbunden
ist, der seinerseits als einer der größten Kritiker der Geschichte anerkannt ist.
Schleiermachers frühe Rezensionen sind die vehementeste Umsetzung dieses
wohl schillerndsten Programms der Geschichte der Literaturkritik. Als einer der
wichtigsten Beiträger der Gruppierung, deren Schaffen zu den unstrittigen
Höhepunkten der Kritik zählt, gebührt Schleiermacher der Status eines – in der
Tat unbekannten – Klassikers.
   Versteht man unter »Klassiker« Originalität und eine Orientierungsfunktion,
dann wird man Schleiermacher diesen Status wohl nicht zusprechen wollen,
zumal er als Kritiker nicht rezipiert wurde. Wenn aber als klassisch gelten soll,
dass ein theoretisches Programm und ein kritischer Anspruch sowie eine epo-
chentypische Entwicklung der Schreibweise in einer ganz spezifischen Ausprägung vorfindlich ist, die geradezu musterhaft zeigt, wie frühromantische
Kritik funktionierte und wie sie sich von avantgardistischen zu konventionelleren Formen entwickelte, dann ist Schleiermacher als Klassiker der Literaturkritik zu sehen.
   Welcher Auffassung man auch folgen möchte: Schleiermachers Rezensionstätigkeit ist ein blinder Fleck sowohl in der Schleiermacher-Forschung als auch
in der scheinbar so vollständigen Erforschung der frühromantischen Kritik und
damit in der Geschichtsschreibung der Literaturkritik im Allgemeinen. Es soll
nicht gewaltsam aus Schleiermacher ein Klassiker konstruiert werden, obwohl
der paradoxe Status eines unbekannten Klassikers den frühromantischen Kri-

---

43 Vgl. Schleiermacher, Friedrich: ›Über Begriff und Einteilung der philologischen Kritik‹, in:
    Rössler (Hg.) 2002; Schleiermacher 2012.

tikern gefallen hätte; wohl aber wollen diese Ausführungen dazu anregen, einen Unbekannten kennenzulernen und dadurch auch neue Perspektiven auf eine vermeintlich längst hinreichend bekannte, unstrittig als klassisch anerkannte kritische Formation einzunehmen.

Literatur

Arndt, Andreas / Virmond, Wolfgang (Hg.): Friedrich Schleiermacher: Kritische Gesamtausgabe. Fünfte Abteilung, Bd. 3. Briefwechsel 1799–1800 (Briefe 553–849). Berlin / New York 1992.

Arndt, Andreas / Virmond, Wolfgang (Hg.): Friedrich Schleiermacher: Kritische Gesamtausgabe. Fünfte Abteilung, Bd. 5. Briefwechsel 1801–1802 (Briefe 1005–1245). Berlin / New York 1999.

Arndt, Andreas / Virmond, Wolfgang (Hg.): Friedrich Schleiermacher: Kritische Gesamtausgabe. Fünfte Abteilung, Bd. 4. Briefwechsel 1800 (Briefe 850–1004). Berlin / New York 1994.

Arndt, Andreas: ›Eine literarische Ehe. Schleiermachers Wohngemeinschaft mit Friedrich Schlegel‹, in: Ders. (Hg.): *Wissenschaft und Geselligkeit. Friedrich Schleiermacher in Berlin. 1796–1802.* Berlin / New York 2009, S. 3–14.

Baasner, Rainer: ›Literaturkritik in der Zeit der Romantik‹, in: Anz, Thomas / Baasner, Rainer (Hg.): *Literaturkritik. Geschichte – Theorie – Praxis.* 4. Aufl. München 2007, S. 52–64.

Bauer, Manuel: Schlegel und Schleiermacher. Frühromantische Kunstkritik und Hermeneutik. Paderborn / München / Wien / Zürich 2011.

Blanchot, Maurice: ›Das Athenäum‹, in: Bohn, Volker (Hg.): *Romantik. Literatur und Philosophie.* Frankfurt am Main 1987, S. 107–120.

Gundolf, Friedrich: ›Schleiermacher‹, in: Ders.: *Romantiker.* Berlin-Wilmersdorf 1930, S. 141–275.

Härtl, Heinz: ›»Athenaeum«-Polemiken‹, in: Dahnke, Hans-Dietrich / Leistner, Bernd (Hg.): *Debatten und Kontroversen. Literarische Auseinandersetzungen in Deutschland am Ende des 18. Jahrhunderts.* Bd. 2. Berlin / Weimar 1989, S. 246–357.

Immerwahr, Raymond (Hg.): Kritische Friedrich-Schlegel-Ausgabe. Bd. XXIV. Briefe von und an Friedrich und Dorothea Schlegel. Die Periode des Athenäums. 25. Juli 1797–Ende August 1799. Paderborn / München / Wien / Zürich 1985.

Napierala, Mark: Archive der Kritik. Die Allgemeine Literatur-Zeitung und das Athenaeum. Heidelberg 2007.

Nowak, Kurt: Schleiermacher und die Frühromantik. Eine literaturgeschichtliche Studie zum romantischen Religionsverständnis und Menschenbild am Ende des 18. Jahrhunderts in Deutschland. Weimar 1986.

Nowak, Kurt: Schleiermacher. Leben, Werk, Wirkung. 2., unveränd. Aufl. Göttingen 2002.

Schlagdenhauffen, Alfred: ›Die Grundzüge des Athenaeum‹, in: *Zeitschrift für deutsche Philologie* 1969/88 (Sonderheft: ›Friedrich Schlegel und die Romantik‹), S. 19–41.

Schlegel, August Wilhelm / Schlegel, Friedrich: ›Vorerinnerung‹, in: Sorg, Bernhard (Hg.):

Athenaeum. Eine Zeitschrift von August Wilhelm und Friedrich Schlegel. Teil I. Dortmund 1989, S. 11 f.

Schlegel, Friedrich: ›Lyceums-Fragmente‹, in: Eichner, Hans (Hg.): *Kritische Friedrich-Schlegel-Ausgabe. Bd. II. Charakteristiken und Kritiken I (1796 – 1801).* München / Paderborn / Wien / Zürich 1967, S. 147 – 163.

Schlegel, Friedrich: ›Fragmente zur Litteratur und Poesie‹, in: Eichner, Hans (Hg.): *Kritische Friedrich-Schlegel-Ausgabe. Bd. XVI. Fragmente zur Poesie und Literatur. Erster Teil.* München / Paderborn / Wien / Zürich 1981, S. 83 – 190.

Schleiermacher, Friedrich: ›Rezension von Immanuel Kant: Anthropologie‹, in: Meckenstock, Günter (Hg.): *Kritische Gesamtausgabe. Erste Abteilung, Bd. 2. Schriften aus der Berliner Zeit 1796 – 1799.* Berlin / New York 1984, S. 363 – 369.

Schleiermacher, Friedrich: ›Garve's letzte noch von ihm selbst herausgegebene Schriften‹, in: Meckenstock, Günter (Hg.): *Kritische Gesamtausgabe. Erste Abteilung, Bd. 3. Schriften aus der Berliner Zeit 1800 – 1802.* Berlin, New York 1988, S. 63 – 72.

Schleiermacher, Friedrich: ›Vertraute Briefe über Friedrich Schlegels Lucinde‹, in: Meckenstock, Günter (Hg.): *Kritische Gesamtausgabe. Erste Abteilung, Bd. 3. Schriften aus der Berliner Zeit 1800 – 1802.* Berlin / New York 1988, S. 139 – 216.

Schleiermacher, Friedrich: ›Rezension von Friedrich Schlegel: Lucinde‹, in: Meckenstock, Günter (Hg.): *Kritische Gesamtausgabe. Erste Abteilung, Bd. 3. Schriften aus der Berliner Zeit 1800 – 1802.* Berlin / New York 1988, S. 217 – 223.

Schleiermacher, Friedrich: ›Rezension von Johann Jakob Engel: Der Philosoph für Welt, Band 3‹, in: Meckenstock, Günter (Hg.): *Kritische Gesamtausgabe. Erste Abteilung, Bd. 3. Schriften aus der Berliner Zeit 1800 – 1802.* Berlin / New York 1988, S. 225 – 234.

Schleiermacher, Friedrich: ›Rezension von Johann Gottlieb Fichte: Die Bestimmung des Menschen‹, in: Meckenstock, Günter (Hg.): *Kritische Gesamtausgabe. Erste Abteilung, Bd. 3. Schriften aus der Berliner Zeit 1800 – 1802.* Berlin / New York 1988, S. 235 – 248.

Schleiermacher, Friedrich: ›Rezension von August Wilhelm und Friedrich Schlegel: Charakteristiken und Kritiken‹, in: Meckenstock, Günter (Hg.): *Kritische Gesamtausgabe. Erste Abteilung, Bd. 3. Schriften aus der Berliner Zeit 1800 – 1802.* Berlin / New York 1988, S. 399 – 411.

Schleiermacher, Friedrich: ›Rezension von Joachim Heinrich Campe: Historisches Bilderbüchlein oder die allgemeine Weltgeschichte in Bildern und Versen‹, in: Meckenstock, Günter (Hg.): *Kritische Gesamtausgabe. Erste Abteilung, Bd. 3. Schriften aus der Berliner Zeit 1800 – 1802.* Berlin / New York 1988, S. 431 – 448.

Schleiermacher, Friedrich: ›Rezension von Johann Jakob Engel: Herr Lorenz Stark‹, in: Meckenstock, Günter (Hg.): *Kritische Gesamtausgabe. Erste Abteilung, Bd. 3. Schriften aus der Berliner Zeit 1800 – 1802.* Berlin / New York 1988, S. 449 – 465.

Schleiermacher, Friedrich: ›Rezension von Friedrich Ast: De Platonis Phaedro‹, in: Meckenstock, Günter (Hg.): *Kritische Gesamtausgabe. Erste Abteilung, Bd. 3. Schriften aus der Berliner Zeit 1800 – 1802.* Berlin / New York 1988, S. 467 – 481.

Schleiermacher, Friedrich: ›Über Begriff und Einteilung der philologischen Kritik‹, in: Rössler, Martin unter Mitwirkung v. Lars Emersleben (Hg.): *Kritische Gesamtausgabe. Erste Abteilung, Bd. 11. Akademievorträge.* Berlin / New York 2002, S. 643 – 656.

Schleiermacher, Friedrich: Vorlesungen zur Hermeneutik und Kritik. Kritische Gesamtausgabe. Zweite Abteilung, Bd. 4. Hg. v. Wolfgang Virmond unter Mitwirkung v. Hermann Patsch. Berlin / Boston 2012.

Norman Kasper

Das Drama (in) der Wertung.
Facetten von Tiecks Schiller-Kritik

Die Literaturgeschichtsschreibung des 19. Jahrhunderts hat für Tiecks Schiller-Kritik kein Verständnis. Hermann Hettner etwa verwahrt sich dagegen, Schillers *Braut von Messina* und *Wallenstein* »allein und ausschließlich für das tolle Spukwesen der späteren Schicksalstragödie verantwortlich« zu machen.

> »Tieck, welcher diese Anklage am häufigsten und am leidenschaftlichsten erhoben hat, hätte bedenken sollen, daß weder die Alten noch Schiller noch Calderon den leisesten Anlaß gaben zu jener plumpen Verwechselung der physischen Naturmächte mit den sittlichen Mächten, welche das Grundgebrechen der Müllner, Werner, und Houwald ist, daß vielmehr grade er selbst, lange vor *Wallenstein* und der *Braut von Messina*, in seinen mit Recht verschollenen Jugenddramen in diesem kindischen Unwesen vorangegangen.«[1]

Gemäß der wohl auch beim Verfertigen von Literaturgeschichte brauchbaren Maxime, Angriff sei die beste Verteidigung, wirft Hettner Tieck vor, Schiller für jene Probleme zur Rechenschaft ziehen zu wollen, für die sich Tieck eigentlich selbst als Urheber verantwortlich zeichnen müsse. Auch wenn man es dahingestellt sein lassen will, in welchem Maße Tiecks dramatische Arbeiten der späten 1780er- und frühen 1790er-Jahre tatsächlich als Vorläufer jenes naturmagischen Fatalismus gelten können, die Hettner Adolph Müller (1774–1829), Zacharias Werner (1768–1823) und Ernst von Houwald (1778–1845) zuschreibt, so rekapituliert er doch Tiecks Schiller-Kritik der 1820er-Jahre und 1830er-Jahre zweifelsohne richtig. – Jedoch bleibt er eine Erklärung für Tiecks ablehnende Haltung schuldig. Eine solche Erklärung soll an dieser Stelle gewissermaßen nachgereicht werden.

Das Feld, innerhalb dessen Tiecks Schiller-Kritik Konturen gewinnt, ist durch mindestens drei Diskurse (oder Autor-Rollen) strukturiert, die im Folgenden im Mittelpunkt stehen.[2] An *erster* Stelle möchte ich einen theatergeschichtlichen

---

1 Hettner 1961, S. 555 f.
2 Nicht berücksichtigt wird hier Tiecks frühe Schiller-Parodie im Puppenspiel *Der neue Don Carlos* (1807/08). – Vgl. dazu Scherer 2003, S. 425–431.

Fokus geltend machen (s. Kap. 1). Ab 1821 eng mit dem Dresdner Hoftheater verbunden, ab 1825 als Dramaturg engagiert,[3] müssen Tiecks Einlassungen zu Schiller sowohl vor der Folie seines bühnenpraktischen Engagements als auch seines Blicks auf die Schauspielgeschichte betrachtet werden. Hinzu kommt als *zweiter* Punkt Tiecks literaturgeschichtliche Sicht auf das 18. und frühe 19. Jahrhundert (s. Kap. 2). Diese bildet gleichsam das dramengeschichtliche Seitenstück zu seiner theaterpraktischen Vortragskritik. Deutlich ablesen lässt sich hier Tiecks zyklisches Geschichtsverständnis.[4] Charakteristisch für dieses sind Parallelisierungen literaturgeschichtlich nicht unmittelbar miteinander verbundener Phänomene. So firmiert eine bestimmte, durch Schillers späte Dramatik beförderte Art sprechkünstlerischer Darbietung – Tieck folgend eine fehlgeleitete Antwort auf den Natürlichkeitskult des bürgerlichen Rührstücks – als Fortsetzung der Artifizialität klassizistischer französischer Tragödienkunst. Dass Tieck in seinen Dresdner Jahren nicht nur als Dramaturg, Theaterkritiker, Editor, Kommentator und Literaturhistoriker sondern recht erfolgreich auch als Autor zahlreicher Erzählungen in Erscheinung tritt, macht zudem deutlich, dass sein eigenes literarisches Werk durch Veränderungen geprägt ist – vom Künstlerroman, der Experimentaldramatik und der Stimmungslyrik der Zeit um 1800 hin zur Gesprächsnovelle der 1820er-Jahre –, die, *drittens*, auch seine Sicht auf die dramenpoetologischen Prämissen Schillers nicht unberücksichtigt lassen. Das literaturkritische Urteil, so meine These hier, sekundiert die Veränderungen im Literaturverständnis Tiecks. Doch nicht nur Tiecks Blick auf das eigene Werk ändert sich nach dem Abschluss des *Phantasus* (1812 – 1816), auch der Blick der Literaturgeschichte auf den Autor wandelt sich mit zunehmendem Abstand zu seiner (früh)romantischen Schaffenszeit. Es dürfte dabei nicht ganz unerheblich sein, dass Tiecks Arbeiten in jenem Zeitraum zum Gegenstand einer literaturgeschichtlichen Systematik werden, die spätestens ab den 1830er-Jahren an einer Historisierung der Romantik arbeitet. Dass, wie ich zeigen möchte, Tieck an Schillers Dramen vornehmlich jene Aspekte kritisiert, für die er als Autor selbst haftbar gemacht zu werden fürchtet, ist eine Folge dieser Entwicklung (s. Kap. 3 u. 4).

---

3 Vgl. zu Tiecks bühnenpraktischem Wirken in Dresden grundsätzlich: Zybura 1994; Kemme 1971.
4 Vgl. zu Tiecks zyklischer Geschichtsauffassung in den Rezensionen der 1820er-Jahre: Preisler 1992, S. 70 – 102.

1   Wider das »Deklamatorium«: Tieck als Parteigänger Friedrich Ludwig Schröders

Eduard Devrient (1801–1877) macht im »Vorbericht« zu dem von ihm besorgten zweiten Teil von Tiecks *Kritischen Schriften* (1852) – es handelt sich um die Bände drei und vier – darauf aufmerksam, dass Tieck bereits 1821 sowohl Einfluss auf Inszenierungs- und Besetzungsfragen als auch die Spielplangestaltung am Dresdner Hoftheater hat.[5] Noch bevor er 1825 seinen Posten als literarisch-artistischer Leiter bezieht, liefert er bereits 1823 und 1824 eine ganze Reihe von Kritiken für die Dresdner *Abendzeitung*[6], die 1826 als *Dramaturgische Blätter* und 1852 als dritter Band der *Kritischen Schriften* erscheinen. 1825 legt Tieck dann mit den allerdings erst 1852 veröffentlichten *Bemerkungen, Einfällen und Grillen über das deutsche Theater* eine Art Bestandsaufnahme der Spielplankultur und Aufführungsqualität an zahlreichen deutschen Bühnen vor, ehe er 1827 seine Rezensionstätigkeit für die Dresdner *Abendzeitung* wieder aufnimmt. Devrient stellt die *Dramaturgischen Blätter* der *Hamburgischen Dramaturgie* (1767/69) Lessings gleich. »Ja für die Schauspielkunst hatten sie den umso größeren Werth, als sie sich viel ausgedehnter und ausführlicher, als das Lessing'sche Werk, mit einer Beurtheilung der dramatischen Darstellung beschäftigten.«[7]

Fragt man nach Tiecks sprechästhetischem und körpergestischem Bewertungskompass, so stößt man schnell auf Johann Friedrich Ferdinand Fleck (1757–1801), den Tieck bereits als Schüler schätzte,[8] und Friedrich Ludwig Schröder (1744–1816).[9] Besonders letzterer gilt – im Gegensatz zu den »Manieristen« – als Begründer einer »Schule der Bühne [...] die ich eigentlich die deutsche nennen möchte«[10]. In Schröders Spiel paaren sich eine »starke, edle Natur«, »Einfachheit« und »Wahrheit«. Entscheidend ist für Tieck der Umstand,

---

5 »Der Einfluß seiner meisterhaften dramatischen Vorlesungen sowohl wie seines leitenden Urtheils hatte sich, bald nachdem er seinen Wohnort in Dresden gewählt, geltend gemacht. So war für die Darstellung des *Kaufmanns von Venedig* von Shakspeare (sic!) schon im Januar 1821 eine dreitägige Einrichtung von ihm, sowie sein Rath über Rollenbesetzung u. s. w. benutzt worden. Sein Interesse für Heinrich v. Kleists Dichtungen – dessen Nachlaß er in demselben Jahr herausgab –, bewirkte die Aufführung des *Prinzen von Homburg*«. – Devrient 1852, S. Vf.

6 Vgl. zu den karrierestrategischen Implikationen von Tiecks Rezensententätigkeit: Zybura 1994, S. 221.

7 Devrient 1905, S. 217.

8 Vgl. Groß 1914, S. 110 f.

9 Vgl. zu Schröder: Troizkij 1949, S. 33–45; Hintze 1974; Brunier 1864; Meyer 1819. Vgl. zu Fleck: Troizkij 1949, S. 45–61; vgl. auch: Groß 1914.

10 KS II, S. 344.

»daß er keine bestechende Manier sich zu eigen machte, niemals in der Deklamation ohne Noth in Tönen auf und ab stieg, niemals dem Effekt, bloß um ihn zu erregen, nachstrebte, nie im Schmerz oder der Rührung jene singende Klage anschlug, sondern immer die natürliche Rede durch richtige Nuancen führte und nie verließ.«[11]

Schröder, der 1771 die Leitung des Hamburger Nationaltheaters übernimmt und erfolgreich Lessing, die Stürmer und Dränger sowie Shakespeare (in der Übersetzung Wielands) auf die Bühne bringt,[12] gilt Tieck sowohl als Gegenpol zu August Wilhelm Iffland (1759–1814), seines Zeichens von 1796 bis zu seinem Tod Direktor des Berliner Nationaltheaters,[13] als auch zur sog. Weimarer Schule.[14] Iffland muss sich den Vorwurf gefallen lassen, theatralische »Gestaltungen« zu befördern, »die eigentlich das Theater, Zusammenspiel, Dialog, motivirte Handlung, kurz alles auflösen, wodurch die Bühne als solches besteht«[15].

In der Tradition Ifflands – sowohl des Autors als auch des Schauspielers – verortet Tieck nun die Dramatik des späten Schiller.[16] Aus Tiecks Warnung vor der Auflösung der dramatischen Form bei Schiller lässt sich durchaus ein »äs-

---

11 Ebd. Tieck kann sich bei seiner Einschätzung auf Schröders Einlassungen zu diesem Thema berufen: Einige Schauspieler, tadelt Schröder, »können Zärtlichkeit nur durch zitternde Töne ausdrücken, andere den Zorn nur durch Schreien, den Schmerz nur durch unnatürliche Sprünge vom tiefsten bis zum höchsten unartikulierten Ton schildern.« – Schröder 1954, S. 119; vgl. auch Schröders Kritik am ›Deklamieren‹, S. 120. Die *Riccoboni-Anmerkungen* Schröders, denen das Zitat entstammt, erscheinen zu Beginn der 1820er-Jahre in einer wahrscheinlich auch für Tieck maßgeblichen Ausgabe (*Anton Franz Riccoboni's und Friedrich Ludwig Schröder's Vorschriften über die Schauspielkunst: eine praktische Anleitung für Schauspieler und Declamatoren*, Leipzig 1821).

12 Vgl. Devrient 1905, Bd. 1, S. 441–475.

13 »Schröder stand […] nicht nur hoch über Iffland, sondern als der Erklärer der Natur, diesem oft ganz entgegen.« – KS II, S. 374.

14 »Die Weimar'sche Schule […] ist die Reaction der gelehrten und höheren Geschmacksbildung gegen die Ausschweifungen des Naturalismus in der volksthümlichen Schauspielkunst.« – Devrient 1905, Bd. 2, S. 91 f. Devrient folgend, »wies Tieck den nachtheiligen Einfluß der rhetorischen Weimar'schen Schule in dramatischer Poesie und Darstellung nach.« – Ebd., S. 217. Vgl. auch Zybura 1994, S. 227.

15 KS II, S. 347.

16 »Als Iffland bewundert wurde, war die Verwirrung schon so weit gediehen, daß Viele, und Manche, die sich eine lehrende Stimme zutrauten, den *Pygmalion*, der geradezu komisch und widerwärtig war, ebenfalls bewunderten. So fand die Seiltänzerei und die kleinliche Unnatur immer mehr Eingang; man brachte, als künstlerischen Versuch, Schillers *Glocke*, dramatisch dargestellt, auf einige Theater, man begeisterte sich immer mehr, wenn einige isolirte Monologe und lyrische Stellen von den Schauspielern ganz aus dem Zusammenhang gerissen wurden, man erfreute sich an der *Braut von Messina*, die größte Verirrung des großen Dichters, wo man wol fragen darf, wie sie gesprochen werden soll, und ob sie denn je eine wahre Darstellung werden kann: man fand sogar die Chöre (hier gewiß Chöre, nicht der Chor, wie bei den Griechen) in ihrem widerwärtigen Unisono und dem taktirenden Gekreisch dramatisch, theatralisch.« – Ebd.

thetischer Konservatismus«[17] ableiten – nicht zufällig erinnern die Schröders Spiel zugesprochene »Einfachheit« und »starke, edle Natur« sichtlich an Winckelmanns den Klassizismus des 18. Jahrhunderts maßgeblich prägende Rede von der »edle[n] Einfalt« und »stille[n] Grösse«[18]. Dieser Konservatismus ist jedoch weniger das Ergebnis des Literatur- als vielmehr des Bühnentheoretikers Tieck.

> »Es war von manchen älteren großen Schauspielern doch keine ganz ungegründete Furcht, daß Vers und Rhythmus gar leicht einmal Handlung, Sprache und Drama zerstören möchten. Wir sind bei manchen neuen Deklamationsstücken, in welchen ein Wüthender durch alle Sylbenmaße und Reimverkettungen springt und tanzt, indeß sein Gefährte ruhig gegenüber steht und abwarten muß, bis auch an ihn Trochäen, Daktylen und lange und kurze Verse mit ihrer Bilderpracht kommen werden, schon ziemlich weit vom echten Drama entfernt.«[19]

Auch wenn es noch keine Diskussion darüber gibt, »was der theatralische Vers sein kann, und unter welchen Bedingungen er in die Lyrik, Romanze oder andere undramatische Formen hinüberschreiten darf«[20] – eine Diskussion, die Tieck für dringend geboten hält –, so steht für ihn jedoch fest, zu was er die Bühne *nicht* machen darf: zu einer »sophistisirende[n] Deklamationsanstalt«[21].

Der *Adelung* von 1811 verzeichnet unter dem Lemma »Declamiren« zwei negativ konnotierte Bedeutungswerte, die beide in Tiecks Wortverständnis eingehen. Vom Deklamieren müsse dann die Rede sein, wenn »[f]igürlich, mit unnöthiger Feyerlichkeit und Ausführlichkeit vorgetragen«[22] werde, also Sprachbildlichkeit und Affektiertheit zusammentreffen. Das Deklamieren bekommt bei Tieck – und hier weicht er vom *Adelung* ab – zudem eine Nähe zur Musik zugesprochen, die die kritisierte Aufführungspraxis zum einen dem Konzert und der Oper annähert, zum anderen auf ihren – allerdings nicht sehr positiv bewerteten – Beitrag zur Evolution der Gattung des lyrischen Dramas hin durchleuchtet.[23] Deutlich wird dieses Bedeutungsspektrum etwa in Tiecks Be-

---

17 Preisler 1992, S. 108.
18 Winckelmann 1995, S. 33.
19 KS III, S. 18.
20 Ebd.
21 Ebd.
22 Adelung / Soltau / Schönberger 1811, S. 1432.
23 Die Frage nach den Möglichkeiten eines lyrischen Dramas und dessen Stellung zu Oper und Melodrama taucht an mehreren Stellen der *Kritischen Schriften* auf. – Vgl. KS III, S. XVIIf.; KS IV, S. 152 f. Grundsätzlich bleibt Tieck jedoch skeptisch; sein musikalisches Märchen *Das Ungeheuer und der verzauberte Wald* (1797/98) findet mit Blick auf eine Historisierung des lyrischen Dramas jedenfalls keine Erwähnung: »Ob und in welcher Art wir einmal ein wahres lyrisches Drama (wenn es nicht im Gluck und Mozart bestimmt und vorgezeichnet ist) erhalten und finden werden, bleibe dahingestellt. Ich will nur darauf aufmerksam machen, daß wenn auch die Gesinnung, Gemüth und Sprache, dieser edle Kampf gegen die Tyrannei (im *Wilhelm Tell*), als deutsch zu rühmen sind: wir doch den Mangel an Form, an ächtem

zeichnung »Declamationskoncert«[24] oder – mit Blick auf einige Monologe in der *Jungfrau von Orleans* formuliert – in der Rede von »isolirten Declamations- ja man kann auch sagen Musik- und Concertstücken«[25].

Mit der *Jungfrau von Orleans* ist jenes Drama bezeichnet, das Schiller – neben *Der Braut von Messina* – am meisten zu schaffen macht. Dies mag zunächst insofern überraschen, als man doch wohl bei einem Romantiker ein Verständnis für eine »romantische Tragödie« – so bekanntlich die Gattungsbezeichnung im Untertitel – voraussetzen kann. Doch sind es nicht nur die *Jungfrau* und die *Braut* allein, die auf Unverständnis stoßen, auch im *Wilhelm Tell* tauchen Probleme auf, die die früheren späten Arbeiten Schillers (*Die Jungfrau von Orleans, Die Braut von Messina*) potenziert variieren. »Welcher Schauspieler soll wol im *Tell*«, so fragt Tieck, »Melchthal's lange Rede über die Blindheit und den Verlust des Lichtes natürlich sagen? Vielleicht wäre es nur weinend und schluchzend möglich, und kaum könnte dies die Unwahrheit entschuldigen«[26]. In seiner kurzen sprechkünstlerischen Anleitung *Ueber das Tempo, in welchem auf der Bühne gesprochen werden soll* geht Tieck neben *Wilhelm Tell* auf Schillers *Jungfrau von Orleans* ein und fordert, dass die Darstellerin der Johanna daran arbeiten müsse, »die gereimten Zeilen anders als die übrigen« vorzutragen – »ohne in leere Deklamation«[27] zu verfallen.

Bei der Musterung seines eigenen Ensembles 1827 muss Tieck feststellen, dass nicht alle Schauspieler Schillerschen Versen gewachsen sind – oder zumindest nicht mit Tiecks sprechkünstlerischen Vorgaben übereinstimmen. Dem beim Dresdner Publikum beliebten Carl August Devrient (1797–1872) etwa wirft er besonders im tragischen Fach mangelnde Haltung vor: »Dieser Mangel der Haltung veranlaßt ihn [...] sich zu überspringen, einzelne Stellen zu übertreiben, und die ganze Tonleiter seines wohllautenden Organs vernehmen zu lassen, wo die Hälfte oder das Drittheil dieser Skala wirksamer und natürlicher sein würde.«[28]

Doch Devrient und der neuen Schauspielergeneration – »dieser Mangel an

---

Zusammenhang, an Handlung, kurz den Mangel des wahren Drama unmöglich deutsch nennen können, weil dies ebenso wenig englisch, französisch oder spanisch, sondern nur die zu weit getriebene Freiheit eines großen Dichters ist.« – Ebd, S. 153. Vgl. zur werkgeschichtlichen Kontextualisierung von Tiecks Märchenkomödie *Das Ungeheuer und der verzauberte Wald*: Scherer 2003, S. 326–332.

24 KS III, S. XVII.
25 Köpke 1855, S. 196 f.
26 KS IV, S. 117.
27 Ebd., S. 49.
28 Ebd., S. 116 f. Bereits Friedrich Ludwig Schröder kritisierte Schauspieler für unnatürliches Sprechen: »Welchen Namen soll man [...] denen geben, die, mit einem guten Organ begabt, dieses Organ mißbrauchen und, um einer Anzahl unwissender Zuschauer lauten Beifall abzugewinnen, in einer affektvollen Rede auf einmal in den Ton des Possenspiels fallen?« – Schröder 1954, S. 119.

Haltung ist ein Charakter der ganzen neuen Schule«[29] – kann man nur zur Hälfte den Vorwurf machen, die andere Hälfte geht auf das Konto der Dichter. Besonders der »verehrte Schiller« und seine Nachahmer werden hier aufgerufen, die »vorsätzlich auf lyrische Weise einzelne Stellen, Tiraden und Scenen herausheben«[30].

Rückendeckung holt sich Tieck hinsichtlich der diagnostizierten ›Unspielbarkeit‹ Schillers nicht nur bei Friedrich Ludwig Schröder, sondern gleichfalls bei dem als Opponent Schröders präsentierten Iffland. Auch wenn dieser die Schillerschen Figuren besonders gern (und folgt man Tieck: auch besonders schlecht) spielte, so gilt er doch in inszenierungstechnischer Hinsicht als Autorität. Es musste ihm – »wenn er aufrichtig war« – deutlich werden, so Tieck, »daß diese neueren Bühnenstücke zu wenig auf die Bühne selbst Rücksicht nahmen«[31].

> »Hatte man geglaubt, daß früher nur ein Naturalist von regem Gefühl notwendig sei, um die rührenden Trivialitäten Ifflands wahr darzustellen, fürchtete man, bei diesen, wie bei den Naturkindern und Fehlgeburten Kotzebue's gehe alle Kunst des Schauspiels unter, indem sie überflüssig werde, so fühlte der Kenner wohl, daß Schiller durch diese Monologe, Schilderungen und lyrischen Ergüsse zur Künstelei, zur isolirten Declamation, die nichts mehr mit dem Theaterspiel einer Scene zu tun hat, auffordert.«[32]

Ursache und Wirkung lassen sich im Rahmen der Entwicklung von einem unkünstlerischen Naturalismus zu einer idealistischen Künstlichkeit kaum voneinander trennen: Folgen die von Tieck kritisierten Schauspieler einer bestimmten (gleichfalls kritisierten) Vorgabe des dramatischen Textes, oder ist es der Text, der dem deklamatorisch-rhetorischen Ideal theatralischer Rede zuarbeitet? Wie immer man die beiden Fragen beantwortet, an Schiller führt kein Weg vorbei.

---

29 KS IV, S. 117.
30 Ebd.
31 KS II, S. 349. Ob Iffland der richtige Gewährsmann für Tiecks Aufführungszweifel ist, muss in Frage gestellt werden, denn dieser kommt in seinen Inszenierungen mit Schiller ganz gut zurecht. Gerade die von Tieck als besonders schwierig eingestufte *Jungfrau von Orleans*, darauf hat Werner Frick hingewiesen, führt Iffland am Berliner Nationaltheater (1803) zu einer vielumjubelten Spektakel-Inszenierung. – Vgl. dazu Frick 2005, S. 158–160.
32 KS II, S. 349. Vgl. zu Kotzebues und Ifflands ›empfindsamer‹ Dramaturgie und zugehörigem Schauspielerideal: Košenina 1995, S. 233–246, 267–283.

2   Schiller auf dem Prüfstand von Tiecks bühnenpraktischer Literaturgeschichte

Für Tieck ist Schiller spätestens seit dem *Wallenstein* zweifelsohne »der Dichter der Nation«[33]. Und doch finden sich auch in den *Piccolomini* jene Gestaltungsmerkmale, die auch in *Maria Stuart*, mehr noch jedoch in der *Jungfrau von Orleans* und in der *Braut von Messina* Tiecks Kritik auf sich ziehen. So gehöre der Monolog Theklas, der die 9. Szene des 3. Aktes bildet, zu den Versen, wie Tieck schreibt,

> »wo der Dichter die Person fast ganz vergißt, und sie das sagen und poetisch ausmahlen läßt, was der Hörer wol mehr oder weniger bestimmt empfinden und denken wird. Es klingt ganz wie das Gedicht eines tiefempfindenden Zuschauers auf das Stück selbst. Dergleichen hat Schiller in allen seinen Werken, und daß diese schildernden Sentenzen, diese gewissermaßen gesungenen Gesinnungen so isoliert stehen, aus dem Werke herausfallen, das ist es gerade, was sie so beliebt gemacht [...] Diese [...] undramatische Eigenheit [...] hat begeistert, und ist seitdem verzerrt in Nachäffungen wiedergegeben worden, und man kann darum behaupten, daß Schiller selbst, sowie er gewissermaßen erst unser Theater gegründet hat, auch der ist, der es zuerst wieder zerstören half.«[34]

Unter die ›Nachäffer‹ müssen sich u. a. jene Autoren zählen lassen, die uns bereits in Hermann Hettners eingangs zitierter Rüge von Tiecks Schiller-Kritik begegnet sind: Müllner, Houwald und Werner, hinzukommt der junge Franz Grillparzer (1791 – 1872), als Vorläufer gelten hingegen Iffland und August von Kotzebue (1761 – 1819).[35] Tiecks Filiationsbemühungen sind im Ergebnis nicht besonders konsequent. Denn einerseits postuliert er eine untergründige Verbindung von bevorzugter deutscher und englischer Dramatik, die gegenüber der Künstlichkeit des französischen Klassizismus in Stellung gebracht wird.[36] Andererseits jedoch lässt sich der kritisierte Schiller nur eingeschränkt – etwa mit Blick auf die *Braut von Messina*, die Tieck als »kalte[s] Prachtstück der Redekunst«[37] bezeichnet – in der Tradition der französischen Tragödienrhetorik verorten. Der von ihm diagnostizierte Hang zu Lyrismus, Episierung und dramatischer Vereinzelung ist hingegen in seiner Rückführung auf Iffland und Kotzebue eher eine Erblast bürgerlicher Rührseligkeit, die – gerade da, wo sie sich als ›gefühlvoll‹ begreift – einer auch formal konturierten klassizistischen Affektmodellierung zuwider läuft.

Im Ergebnis ist Tiecks Schiller-Kritik dreigeteilt. Sie gilt *einerseits* der sich

---

33 KS III, S. 39.
34 Ebd.
35 Vgl. KS III, S. XIX; KS IV, S. 144, 151 f., 158.
36 Vgl. dazu Strobel 2011, S. 405. Vgl. auch KS II, S. 336 – 344.
37 KS IV, S. 146.

vom ›natürlichen‹ Sprechen emanzipierenden lyrischen Formalisierung der künstlerischen Rede – ein Vorwurf, der, wie wir sehen werden, sich nicht nur auf den Klassizismus, sondern gleichfalls auf die Romantik und damit Tiecks eigenes Werk zurückführen lässt. Hierbei verweist die rhythmische und metrische, eine affektierte Sprechweise begünstigende Versgestaltung, die Tieck kritisiert, zwar auf die Künstlichkeit einer rhetorisierten Sprache zurück; sie lässt sich jedoch nicht konsequent als klassizistisch deuten, da sie die Einheit des dramatischen Werks nicht befördert, sondern, so jedenfalls Tiecks Lesart, eher sprengt. *Zweitens* gilt seine Kritik einer bereits in der theatralen Sprechsituation verankerten Reflexion auf die Empfindung des Publikums, wie er sie z. B. angesichts Theklas Monolog in den *Piccolomini* (III/9) äußert. In dem Vorwurf, der Monolog klinge »wie das Gedicht eines tiefempfindenden Zuschauers auf das Stück selbst«[38], äußern sich die Vorbehalte angesichts einer in den dramatischen Text selbst hinein verlegten Spiegelung der Wirkungsästhetik. Konsequent parallelisiert Tieck eine solche Wirkungsästhetik mit einer manieristischen Schauspielkunst, der es nur um den Effekt gehe. Je mehr also auf der Ebene des Textes die antizipierte Publikumsreaktion reflektiert wird, so Tiecks Logik in diesem Punkt, desto mehr entfernt sich der künstlerische Vortrag von den Schröderschen Vorgaben. Ein *dritter* Kritikpunkt bezieht sich auf das – wenn man so will – inhaltliche Korrelat einer Auflösung szenischer Handlungskohärenz in lyrische Rede: den Wunder- und Aberglauben innerhalb der *Jungfrau*.[39]

Mit Blick auf die Entwicklungsgeschichte von Schillers Spätwerk ist Tiecks Kritik durchaus signifikant. Die doch recht heterogenen Episierungs- und Lyrisierungstendenzen lassen sich deshalb als *eine* Fehlentwicklung *mehrerer* Dramen ansprechen, da – vom Standpunkt der für Tiecks Inszenierungsvorstellungen wichtigen ›Geschlossenheit‹ des dramatischen Werkes aus betrachtet – sowohl der »Hange zu Reflexionen und Sentenzen« im *Don Carlos* als auch der eine stringente Handlungsführung ins Stimmungshafte entgrenzende Lyrismus der *Jungfrau* als Abweichung von der geforderten dramatischen Natürlichkeitsnorm verhandelt werden.[40] Mit Blick auf letzteren Punkt, den stimmungs-

---

38 KS III, S. 56.
39 Vgl. KS IV, S. 153 f.
40 »Hatte Schiller im *Carlos* seinem Hange zu Reflexion und Sentenzen freudig nachgegeben, so hatten sich im *Wallenstein*, sowie in *Maria Stuart* bereits lyrische schöne Stellen gemeldet, die sich, strenge genommen, schon völlig vom Drama lossagten, um auf eigene Hand den Beifall zu erstreben, der ihnen auch reichlich ward. Diesem poetischen Gelüst ward noch viel mehr in der *Johanna* gehuldigt, und dieses treffliche Werk war trotz seiner vielen und großen Schönheiten ein Musterbeispiel von mannichfaltigem Mißverständnis und des Zerstörens eines wahren Schauspiels, von vielen Zeitgenossen aber lobpreisend als die höchste Krone aller dramatischen und tragischen Vollkommenheit begrüßt. Was hier im sogenannten romantischen Sinne geschah, ward nachher in der *Braut von Messina* mit kaltem Prunk, der uns die antike Tragödie geben sollte, noch luxuriöser ausgeführt.« – KS IV, S. 149 f.

haften Lyrismus, ist Tieck nicht ganz unschuldig. Dies ist auch den Zeitgenossen nicht verborgen geblieben.

3   Tiecks *Genoveva* im Kontext seiner Auseinandersetzung mit Schiller

Johann August Apel (1771 – 1816) macht in seiner Rezension *Der Jungfrau von Orleans* für die Jenenser *Allgemeine Literatur Zeitung* auf Übereinstimmungen zwischen Schiller und Tieck vor allen Dingen hinsichtlich einer Musikalisierung der dramatischen Rede aufmerksam.[41] Tieck selbst reklamiert gar eine Vorbildrolle für seine *Genoveva*, erstmalig im Briefwechsel mit Karl Wilhelm Ferdinand Solger (1780 – 1819),[42] später dann auch im programmatischen Vorbericht zum ersten Band seiner *Schriften* (1828). Dort sieht er »Stellen« von Schillers *Maria Stuart* und natürlich der *Jungfrau* »zum Theil durch die *Genoveva* angeregt«[43]. Als ob diese Beeinflussungsvermutung noch einer Beglaubigung von höherer Stelle bedürfte, schließt Tieck Goethes Begeisterung für die *Genoveva* nahtlos an. Diese gilt nicht in erster Linie dem Text, sondern dem szenischen Vortrag, den Tieck mit viel Geschick an zwei Abenden im Dezember 1799 in Jena veranstaltete.[44] Die von Apel herausgestellten Musikalisierungstendenzen dürften an diesen Abenden wohl deutlich geworden sein.

Tiecks Einlassungen zum Entstehungsumfeld der *Jungfrau von Orleans* sparen den Aspekt einer eigenen poetologischen Vorläuferschaft jedoch geflissentlich aus. Warum? Bevor ich im nächsten Kapitel vom Standpunkt der Literaturgeschichtsschreibung um 1830 auf diese Frage eine Antwort zu geben versuche, möchte ich zunächst einen Blick auf den ›romantischen‹ Schiller durch die Brille Tiecks werfen.

Tieck sieht Schiller um 1800 angetreten, »den erregten Geist jener Tage, der

---

41 »Zu der Individualität dieses Schauspiels (der *Jungfrau von Orleans* – N. K.) gehört [...] die ihm eigne metrische Behandlung, in welcher es sich [...] von andern Schauspielen des Vf. auszeichnet. Schiller war der erste, welcher den Versuch machte, dem deutschen Schauspiele die Abwechslung der reimlosen Jamben mit gereimten zu geben [...] Tieck, von welchem hier nur die *Genoveva* erwähnt sey, behielt neben den reimlosen Jamben wie Shakespeare auch die Prosa im Dialog bey, und erweiterte von der andern Seite das Gebiet der Reime im Schauspiele, mehr als irgend einer es vor ihm getan hatte. In der *Jungfrau von O.* finden wir nun die höchste Freyheit in Rhythmus, Metrum und Reim [...] Daß die Rhythmen der Sylben und die Harmonie und Consonanz der artikulierten Laute, welche wir Reim nennen, eine äußere Musik der Rede bilden, läßt sich der Erfahrung entgegen nicht ableugnen [...].« – Apel 1957, S. 471 f.

42 Vgl. Tieck an Solger (Brief v. 30.01.1817), in: Solger 1826, S. 499 – 502, hier: S. 501.

43 Tieck 1828, S. XXXII.

44 Vgl. ebd. Vgl. auch Goethe 1976, S. 342 f. Vgl. zu Tiecks Vortragskünsten Boatin 2011.

sich in der Poesie verkündigte, und recht eigentlich Vorzeit und ihre Gesinnung, befruchtet von einer näheren Kenntniß spanischer und italienischer Dichtung [...] zu erklären und auf dem Theater populair zu machen«[45]. Damit ordnet er Schillers *Jungfrau* in den breiten Strom der durch den Rückbezug auf die romanische Literatur angestoßenen poetischen Erneuerungsbewegung ein. Die Bezeichnung »romantisches Trauerspiel« deutet Tieck zunächst als innerwerkgeschichtliche Abgrenzung gegenüber *Wallenstein* und *Maria Stuart*. Bei einer Bestimmung des ›Romantischen‹ schwingt aber auch bereits jene Bedeutungsdimension mit, die die Literaturgeschichtsschreibung ab den 1830er-Jahren populär macht. »Soll denn also«, so fragt Tieck, »die Romantik der Tragödie etwa darin bestehen, daß ich mich passiv den buntwechselnden Eindrücken überlasse, Zusammenhang, Wahrheit, Begründung nicht so genau verlange?«[46] Dass die *Jungfrau* zu Beginn des 19. Jahrhunderts tatsächlich als Inbegriff der romantischen Tragödie gilt, ist das Seitenstück zu einer Rezeptionsgeschichte Schillers im Zeichen des Klassizismus.[47] Im Gegensatz zum Kanonisierungsgestus der klassizistischen Literaturgeschichte sind zeitgenössische Lesarten von Schillers Werk, die den romantischen Charakter betonen, weniger affirmativ. Tiecks Auseinandersetzung mit Schiller in den 1820er- und 1830er-Jahren ist dafür ein gutes Beispiel. Denn die Rede von den »buntwechselnden Eindrücken«, von Wahrheits- und Begründungslosigkeit gehört zum Repertoire einer Romantikkritik, die ästhetische immer offensiver als ethisch-moralische Verfehlungen anprangern zu können glaubt.

Peter-André Alt hat auf die Beeinflussung der *Jungfrau* durch die *Genoveva* vor allen Dingen in thematischer Hinsicht hingewiesen. Die romantische »Welt der Wunder und Mysterien, der gesteigerten Frömmigkeit, des Aberglaubens und der geheimnisvoll wirkenden Naturgewalten«[48] konnte Schiller bei Tieck kennenlernen. Dass sich Tieck später gegen die Vorbildfunktion seiner Mirakelgestaltung in der *Genoveva* mit dem – nicht besonders überzeugenden – Hinweis darauf verwahrt, »die Wunder liegen außerhalb, werden erzählt, und sind nicht Mittelpunkt und Bedeutung des Gedichts«[49], ändert nichts daran. Tieck präsentiere seinen »melodramatischen Stoff« allerdings, so Alt mit Blick auf die Unterschiede zwischen Schiller und Tieck, ohne »genuin theatralisches

---

45 KS IV, S. 149.
46 Ebd., S. 157. Tiecks Antwort auf diese Frage ist eindeutig: »Dann ziehe ich mich auf *Macbeth*, *Lear*, *Egmont*, *Götz* zurück, welche ebenfalls romantische Tragödien sind.« – Ebd.
47 Vgl. zu diesem Aspekt Claudia Stockinger 2000, s. insbes. S. 207–219.
48 Alt 2000, Bd. 2, S. 515. Alt verweist auch auf die Tieck-Lektüre Schillers im Entstehungszeitraum der *Jungfrau*, und zwar unter dem Hinweis auf einen Brief Schillers an Körner vom 05.01.1801.
49 KS IV, S. 157, Anm.

Interesse«[50]. Man sollte jedoch den Umstand, dass Tieck die *Genoveva* nicht für die Bühne schreibt, nicht mit einer programmatischen, die theoretischen Entwürfe Novalis' und Friedrich Schlegels beglaubigenden Unaufführbarkeit gleichsetzen.[51] Denn Tieck steht der Bühnentauglichkeit seines Dramas keineswegs so skeptisch gegenüber, dass eine Inszenierung völlig undenkbar wäre. Jedenfalls legt eine retrospektive Deutung des Dichters dies nah, die die *Genoveva* in einer Inszenierung durch Kotzebue auf dem Weg zum »Volks-Schauspiel« sieht[52] – nichts anderes liefert Iffland dann mit seiner Berliner Bühnenfassung von Schillers *Jungfrau*.[53] Allerdings würde sich eine *Genoveva*-Aufführung wohl – und dies ist entscheidend – unweigerlich all jener an Schillers *Jungfrau* aufgewiesener Kritikpunkte schuldig machen: der »buntwechselnden Eindrücke[n]« wie auch fehlender Begründungen, Wahrheitsverweigerung, Zusammenhangslosigkeit und einer Beförderung des Wunderglaubens. Verdeutlichen lässt sich dies an dem Umstand, dass die Krönungsfeierlichkeiten innerhalb der *Jungfrau* (IV/6), die in Ifflands Berliner Inszenierung (1803) besonders pompös ausfallen, von Tieck als einflussreiches Negativbeispiel für eine sich in Effekthascherei verlierende Bühnepraxis aufgeführt wird.[54]

---

50 Alt 2000, Bd. 2, S. 515.

51 Eine solche Meinung vertritt Ludwig Stockinger 2000, s. insbes. S. 99 f. Vgl. dazu kritisch Scherer 2003, S. 348–350, Anm.

52 Nicht nur Freunde, schreibt Tieck über die *Genoveva*, »[s]elbst Uebelwollende schien es [das Stück – N.K.] bewegt zu haben; denn Kotzebue, der damals auch in Jena lebte, ließ durch einen Bekannten fragen, ob ich nichts dagegen habe, wenn er die Legende auf die Bühne brächte: er verspreche, nicht Ein (sic!) eigenes Wort hinzuzufügen [...] So allgemein beliebt er damals war, wäre es unter seinem Schutze wohl ein *Volks-Schauspiel* geworden; und indem ich es nun darauf betrachtete und mancher Freund es auch für die Bühne eingerichtet wünschte, schien es mir selbst durch Weglassung des Prologs und Milderung manchen poetischen Ergusses, und wenn die Leidenschaft mehr in den Vordergrund gezogen würde, zu einem Bühnenstück geeignet.« – Tieck 1828, S. XXXf., Hervorhebung N.K. Dass Tieck den Prolog weglassen will, verweist freilich auf mögliche Schwierigkeiten bei dessen theatraler Realisierung. Das Vorspiel selbst wird von den Zeitgenossen durchaus positiv aufgenommen. So lobt der Rezensent in einer anonymen Besprechung von Schillers *Wallenstein* ausdrücklich den *Genoveva*-Prolog des heiligen »heilige[n] Bonifatius« (im Gegensatz zur mißglückten »poetischen[n] Vorrede« in *Wallensteins Lager*). – Vgl. Anon. 1801, S. 269. Tieck selbst hielt den Wallenstein-Prolog übrigens gleichfalls für missglückt. – Vgl. Tieck an A. W. Schlegel (Brief v. Oktober 1798), in: Borcherdt 1948, S. 608.

53 Vgl. Frick 2005, S. 158–160.

54 »Der Nachtheil, von dem ich spreche [...] ist aber nicht bloß jener Krönungsaufzug, der bei Schiller freilich der Mittelpunkt des Stückes ist, der aber zuerst all jene Schaugepränge unserer Bühnen veranlaßte, das durch prächtige Gewänder alles Verständniß und poetische Interesse verschattete [...]«. – KS IV, S. 158.

4 Kritischer Angriff Tiecks als literaturgeschichtliche Verteidigung in eigener Sache?

Dass Tieck die *Genoveva* mit größerem zeitlichen Abstand durchaus auch als problematischen Text liest, wird in einem Brief an Solger deutlich. In diesem zählt er selbstkritisch jene Aspekte auf, die er als Mangel später der *Jungfrau* vorwerfen wird: »Mir erscheint jetzt das Gedicht (die *Genoveva* – N. K.) wie unharmonisch; die Töne, die Anklänge, Rührungen, Ahndung, Wald, Luft u. s. w., gehn in Harmonie und Musik auf.«[55] Jene Selbstdistanzierung sollte man bei einer Antwort auf die Frage, warum Tieck seine eigene, auch von Zeitgenossen erkannte Rolle als poetologisches Vorbild im Rahmen der Einlassungen zum Entstehungsumfeld der *Jungfrau von Orleans* nicht entschiedener gewichtet, berücksichtigen. Es ist also nicht nur so, dass Tieck mit Tendenzen seines Frühwerks unzufrieden ist – zahlreiche Kommentatoren der 1820er und 1830er Jahre sind es gleichfalls.

Nach Abschluss des *Phantasus* (1812–1816), der von Thomas Meißner zu Recht unter die Vorzeichen einer »erinnerten Romantik«[56] gestellt wird, reüssiert Tieck in Dresden als Autor von (Gesprächs)Novellen, die sich in Ton und Anlage deutlich von früheren Arbeiten unterscheiden. Gustav Frank hat neulich darauf hingewiesen, dass diese Werkentwicklung von der Forschung bisher nicht angemessen berücksichtigt wurde.[57] Die Zeitgenossen haben jenen Wandel gleichwohl registriert. So etwa Hegel 1828, der »in neueren Zeiten Tieck […] den Mährchenboden verlassen, und zu Novellen übergehen« sieht,

> »wo die Einfassung und der äußerliche Stoff nicht aus dem oft Kindischen und Läppischen, auf jeden Fall aus unserem Glauben Verschwundenen oder demselben Verworfenen der Mährchen, sondern aus Verhältnissen unserer Welt und Wahrheit genommen wird«[58].

Von dieser gerade auch für die Folgejahrzehnte durchaus typischen Warte auf die Romantik geschaut, verwundert es nicht, dass Hegel genüsslich auf jene

---

55 Tieck an Solger (Brief v. 30.01.1817), in: Solger 1826, S. 499–502, hier: S. 501.
56 Meißner 2007.
57 Frank 2011, S. 133.
58 Hegel 1968, S. 144. Ähnlich heißt es nur wenig später (1836) bei Heine: »Als er (Tieck – N.K.) nach dem Sturze der Schlegel eine lange Zeit geschwiegen, trat er wieder öffentlich auf, und zwar in einer Weise, wie man sie von ihm am wenigsten erwartet hätte. Der ehemalige Enthusiast, welcher einst, aus schwärmerischen (sic!) Eifer, sich in den Schoß der katholischen Kirche begeben, welcher Aufklärung und Protestantismus so gewaltig bekämpft, welcher nur Mittelalter, nur feudalistisches Mittelalter athmete, welcher die Kunst nur in der naiven Herzensergießung liebte: dieser trat jetzt auf als Gegner der Schwärmerey, als Darsteller des modernsten Bürgerlebens, als Künstler, der in der Kunst das klarste Selbstbewusstsein verlangte, kurz als ein vernünftiger Mann.« – Heine 1979, S. 181 f.

Selbstkritik Tiecks an seiner *Genoveva* zu sprechen kommt, die dieser gegenüber Solger äußerte.[59] »Man sieht«, so Hegels Schlussfolgerung, »daß in Tieck's Bewußtsein der Ton, das Lyrische und Subjektive, nicht der Gehalt und innere Gediegenheit zur Betrachtung gebracht wird«[60].

Eben jene Vorwürfe sind es aber nun auch, die Tieck dazu nutzt, um die Bühnentauglichkeit Schillers in Zweifel zu ziehen. Die Distanz zum eigenen Frühwerk wird jedoch nicht offen formuliert – die Andeutungen gegenüber Solger bilden da eine Ausnahme. Es ist vielmehr eine Art Stellvertreterkritik, die Tieck übt: Demnach ließe sich der kritische Angriff auf Schiller als Versuch einer literaturgeschichtlichen Entlastung in eigener Sache lesen. Freilich: Sieht man in Tiecks Ablehnung sowohl des Undramatisch-Lyrischen als auch des formsprengenden Episierens den Versuch, jene Aspekte zu kritisieren, für die er selbst haftbar gemacht zu werden fürchtet, so muss dieser Versuch zweifelsohne als gescheitert gelten. Tiecks Wertung von Schillers Dramen entwickelt sich vielmehr zum Drama der Wertung: Seinen kritischen Angriff hat man als literaturgeschichtliche Entlastung in eigener, frühromantischer Sache jedenfalls nicht gelten lassen; im Gegenteil. Auf keinen anderen hat sich die Romantikhistoriographie ab den 1830er-Jahren so eingeschossen wie auf Tieck.[61] Mit Blick auf Schiller kann man das freilich nicht sagen; dessen klassischer Stern wird in dem gleichen Zeitraum erst so richtig poliert.

Es ist interessant zu beobachten, dass der Maßstab, nach dem Tieck ab dem zweiten Drittel des 19. Jahrhunderts verurteilt wird (und nach dem er Schiller kritisiert), bereits um 1800 formuliert ist; und zwar durch keinen Geringeren als Wilhelm von Humboldt, den »ersten Historiographen der ›Weimarer Klassik‹«[62], dessen einflussreiche Kanonisierung der Weimarer Dioskuren ab den 1820er Jahren eine ungeheure Breitenwirkung zu entfalten beginnt. Humboldt teilt Schiller bereits 1802 mit, die *Genoveva* habe »wirklich einige große Sachen, und diese Lieder sind sehr schön. Nur über das Lyrische geht Tiecks Talent auch in der Anlage nicht einmal hinaus, und dramatisch oder nur plastisch ist er gar nicht.«[63] Mit der Entgegensetzung ›lyrisch‹ – ›plastisch‹ ist die einfachste (und – wie die literaturgeschichtliche Kategorienbildung des 19. Jahrhunderts zeigen wird – wirkungsvollste) Formel hinsichtlich einer prägnanten Charakterisierung von ›Romantik‹ und ›Klassik‹ formuliert. In Hegels *Ästhetik* (1835 – 38) dann bildet die Identifizierung des Lyrischen mit dem Romantisch-Gemüthaften und des Plastischen mit dem Klassisch-Objektiven jene Matrix, die für die

---

59 Vgl. Hegel 1968, S. 145.
60 Ebd.
61 Eine umfassende Bestandsaufnahme der Tieck-Rezeption im 19. Jahrhundert steht noch aus. Erste Schritte in diese Richtung unternehmen Kaiser 2011; Klett 1989.
62 Claudia Stockinger 2000, S. 201.
63 Wilhelm von Humboldt an Schiller (Brief v. 11.05.1802), in: Borcherdt 1948, S. 618.

Kunst- und Literaturgeschichtsschreibung der Folgejahrzehnte von kaum zu überschätzender Bedeutung sein wird. Es versteht sich im Rahmen dieser Entwicklung von selbst, wie die Rollen aufgeteilt sind. Für die romantische Literatur bedeutet diese Rollenaufteilung bekanntlich nichts Gutes. An Heines ironisches Diktum, dass Tieck nach den »neuen aesthetischen Rezepten« der Schlegelschen Schule »eine Menge Poesien jeder Gattung verfertigen mußte«,[64] schließt Arnold Ruges spöttische Kritik an. In seiner *Geschichte der neusten Poesie und Philosophie seit Lessing* zitiert Ruge ausführlich zwei Lobgedichte der Schlegel-Brüder auf Tiecks *Genoveva*. Das Stück werde von den beiden Theoretikern »als Verwirklichung der neuesten Poesie angesungen«,[65] höhnt er da. Hinter ihm besonders lächerlich erscheinende Verse setzt Ruge in Klammern Ausrufezeichen – wohl um den Leser zum (Aus)Lachen aufzufordern. Bezeichnenderweise hat Schiller nun in diesem Kontext nichts mehr zu suchen. Den Dichter der Freiheit braucht man im Vormärz für andere Aufgaben. – Doch das ist ein anderes Kapitel Kritikgeschichte.

Literatur

Adelung, Johann Christoph / Soltau, Dietrich Wilhelm / Schönberger, Franz Xaver: Grammatisch-kritisches Wörterbuch der hochdeutschen Mundart mit beständiger Vergleichung der übrigen Mundarten, besonders aber der oberdeutschen. Bd. 1, Wien 1811.

Alt, Peter-André: Schiller. Leben – Werk – Zeit. 2 Bde., Bd. 2, München 2000.

Anon.: ›Wallenstein. 1. u. 2. Theil von Schiller‹, in: *Allgemeine Literatur-Zeitung* 1801/34, S. 265–271.

Apel, Johann August: Rez. ›Die Jungfrau von Orleans‹ [1802], in: Fambach, Oscar (Hg.): *Schiller und sein Kreis in der Kritik ihrer Zeit.* Berlin 1957, S. 462–483.

Boatin, Janet: ›Der Vorleser‹, in: Stockinger, Claudia / Scherer, Stefan (Hg.): *Ludwig Tieck. Leben – Werk – Wirkung.* Berlin u. Boston 2011, S. 177–189.

Borcherdt, Hans Heinrich (Hg.): Schiller und die Romantiker. Briefe und Dokumente. Stuttgart 1948.

Brunier, Ludwig: Friedrich Ludwig Schröder: ein Künstler- und Lebensbild. Leipzig 1864.

Devrient, Eduard: ›Vorbericht‹, in: Tieck, Ludwig: *Kritische Schriften.* Zum erstenmale gesammelt u. mit einer Vorrede hg. v. Ludwig Tieck. Bde. 3 u. 4 besorgt v. Eduard Devrient, Bd. 3, Leipzig 1852, S. V – VIII.

Devrient, Eduard: Geschichte der deutschen Schauspielkunst [1848]. 2 Bde. in Neuausgabe, Berlin 1905.

Frank, Gustav: ›Tiecks Epochalität (Spätaufklärung, Frühromantik, Klassik, Spätroman-

---

64 Heine 1979, S. 180.
65 Ruge 1847, S. 256 f.

tik, Biedermeier/Vormärz, Frührealismus)‹, in: Stockinger, Claudia / Scherer, Stefan (Hg.): *Ludwig Tieck. Leben – Werk – Wirkung.* Berlin u. Boston 2011, S. 131–147.

Frick, Werner: ›Trilogie der Kühnheit. *Die Jungfrau von Orleans, Die Braut von Messina, Wilhelm Tell‹*, in: Sasse, Günter (Hg.): *Schiller. Werk – Interpretationen.* Heidelberg 2005, S. 137–174.

Goethe, Johann Wolfgang: Briefe. Textkritisch durchgesehen u. mit Anmerkungen versehen v. Karl Robert Mandelkow, Bd. 4, 2. Aufl., München 1976.

Groß, Edgar: Johann Friedrich Ferdinand Fleck. Ein Beitrag zur Entwicklungsgeschichte des deutschen Theaters. Berlin 1914.

Hegel, Georg Wilhelm Friedrich: ›Über Solgers nachgelassene Schriften und Briefwechsel‹ [1828], in: Ders.: *Sämtliche Werke. Jubiläumsausgabe.* Hg. v. Hermann Glockner, Bd. 20, 4. Aufl., Stuttgart 1968, S. 132–202.

Heine, Heinrich: ›Die romantische Schule‹ [1836], in: Ders.: *Historisch-kritische Gesamtausgabe der Werke.* Hg. v. Manfred Windfuhr, Bd. 8/1, Hamburg 1979, S. 121–249.

Hettner, Hermann: Geschichte der deutschen Literatur im 18. Jahrhundert [1862–1870]. Textrevision Gotthard Erler, 2 Bde., Bd. 2, Berlin (Ost) 1961.

Hintze, Wilhelm: Friedrich Ludwig Schröder: der Schauspieler – der Freimaurer. Hamburg 1974.

Kaiser, Gerhard: ›Tieck in der Literaturgeschichtsschreibung des 19. Jahrhunderts‹, in: Stockinger, Claudia / Scherer, Stefan (Hg.): *Ludwig Tieck. Leben – Werk – Wirkung.* Berlin u. Boston 2011, S. 620–633.

Kemme, Hans-Martin: Ludwig Tiecks Bühnenreformpläne und -versuche und ihre Wirkung auf die Entwicklung des deutschen Theaters im 19. und 20. Jahrhundert. Ein Beitrag zur Form- und Ideengeschichte der Bühnengestaltung, Diss. Berlin (West) 1971.

Klett, Dwight A.: Tieck-Rezeption. Das Bild Ludwig Tiecks in den deutschen Literaturgeschichten des 19. Jahrhunderts. Heidelberg 1989.

Köpke, Rudolf: Ludwig Tieck. Erinnerungen aus dem Leben des Dichters nach dessen mündlichen und schriftlichen Mittheilungen. Bd. 2, Leipzig 1855.

Košenina, Alexander: Anthropologie und Schauspielkunst. Studien zur ›eloquentia corporis‹ im 18. Jahrhundert. Tübingen 1995.

Meißner, Stefan: Erinnerte Romantik. Ludwig Tiecks *Phantasus.* Würzburg 2007.

Meyer, Friedrich Ludwig Wilhelm: Friedrich Ludwig Schröder: Beitrag zu Kunde des Menschen und des Künstlers. 2 Bde., Hamburg 1819.

Preisler, Horst: Gesellige Kritik. Ludwig Tiecks kritische, essayistische und literarhistorische Schriften. Stuttgart 1992.

Ruge, Arnold: Unsere Classiker und Romantiker seit Lessing. Geschichte der neuesten Poesie und Philosophie. Sämtliche Werke, Bd. 1., 2. Aufl., Mannheim 1847 [1846].

Scherer, Stefan: Witzige Spielgemälde. Tieck und das Drama der Romantik. Berlin u. New York 2003.

Schröder, Friedrich Ludwig: ›Auszüge aus Franz Riccobonis Vorschriften über die Kunst des Schauspielers mit hinzugefügten Bemerkungen (Eine Vorlesung am 17. November 1810)‹, in: *Francesco Riccoboni: Die Schauspielkunst / L'Art du théâtre* [1759]. Übersetzt v. Gotthold Ephraim Lessing. Hg., eingeleitet u. mit Anmerkungen versehen v. Gerhard Piens, Berlin 1954, S. 111–147.

Solger, Karl Wilhelm Ferdinand: Nachgelassene Schriften und Briefwechsel. Hg. v. Ludwig Tieck u. Friedrich v. Raumer, Bd. 1, Leipzig 1826.

Stockinger, Claudia: ›Dramaturgie der Zerstreuung. Schiller und das romantische Drama‹, in: Dies. / Japp, Uwe / Scherer, Stefan (Hg.): *Das romantische Drama. Produktive Synthese zwischen Tradition und Innovation*. Tübingen 2000, S. 199 – 225.

Stockinger, Ludwig: ›Ludwig Tiecks *Leben und Tod der heiligen Genoveva*. Konzept und Struktur im Kontext des frühromantischen Diskurses‹, in: Stockinger, Claudia / Japp, Uwe / Scherer, Stefan (Hg.): *Das romantische Drama. Produktive Synthese zwischen Tradition und Innovation*. Tübingen 2000, S. 89 – 118.

Strobel, Jochen: ›Der Theaterkritiker Ludwig Tieck‹, in: Stockinger, Claudia / Scherer, Stefan (Hg.): *Ludwig Tieck. Leben – Werk – Wirkung*. Berlin u. Boston 2011, S. 401 – 407.

Tieck, Ludwig: Kritische Schriften (= KS I – IV). Zum erstenmale gesammelt u. mit einer Vorrede hg. v. Ludwig Tieck. Bd. 3 u. 4 besorgt v. Eduard Devrient, Leipzig 1848[I, II] / 1852[III, IV].

Tieck, Ludwig: Dramaturgische Blätter. Nebst einem Anhange noch ungedruckter Aufsätze über das deutsche Theater und Berichten über die englische Bühne; geschrieben auf einer Reise im Jahre 1817. 2 Bde., Breslau 1826.

Tieck, Ludwig: ›Vorbericht‹, in: Ders.: *Schriften*. Bd. 1, *Kaiser Octavianus*. Berlin 1828, S. V – XLIV.

Troizkij, Sergej: Konrad Ekhof – Ludwig Schröder – August Wilhelm Iffland – Johann Friedrich Fleck – Ludwig Devrient – Karl Seydelmann. Die Anfänge der realistischen Schauspielkunst. Berlin 1949.

Winckelmann, Johann Joachim: ›Gedancken über die Nachahmung der griechischen Wercke in der Mahlerey und Bildhauer-Kunst‹, in: *Frühklassizismus. Position und Opposition: Winckelmann, Mengs und Heinse*. Hg. v. Helmut Pfotenhauer, Markus Bernauer u. Norbert Miller, Bibliothek der Kunstliteratur. Hg. v. Gottfried Boehm u. Norbert Miller, Bd. 2, Frankfurt am Main 1995, S. 11 – 50.

Zybura, Marek: ›Ludwig Tieck als Dramaturg am Dresdner Hoftheater. Mit einem Anhang bisher ungedruckter Dokumente zur Anstellung und Entlassung Ludwig Tiecks als Dramaturg am Dresdner Hoftheater‹, in: *Wirkendes Wort* 1994/44, S. 220 – 246.

Thomas Küpper

»Seit Sie mir die Ehre erweisen, mich … anzupöbeln« (Hedwig Courths-Mahler). Zum Verhältnis von Kritik und ›Kitsch‹

Im 20. Jahrhundert beanspruchen Kritiken mit dem Ausdruck ›Kitsch‹ häufig, Täuschungen und falschen Schein zu entlarven. Hans Holländer etwa sieht ein oft wiederkehrendes Element der damaligen Diskussion über ›Kitsch‹ darin, dass dieser zur »Lüge« erklärt wird, im Sinne einer »Ablenkung von den rauhen Tatsachen, Verschleierung der Realität, Verderben der Gemüter, die, in subjektive Stimmungseldoraden durch Vorspiegelung falscher Tatsachen entführt, zu Scheinbefriedigungen gelangen«[1]. Bereits in der ersten Monographie über ›Kitsch‹, 1925 von Fritz Karpfen vorgelegt, gilt der Gegenstand als »Bluff, der das Herz bluffen will und Tränen erzeugt wie eine Zwiebel«[2]. Der Vergleich mit der Zwiebel macht deutlich, dass die Tränen des ›Kitsches‹ nur äußerlich herbeigeführt und aufgenötigt sind. Unterliegt man dem Tränenreiz des ›Kitsches‹, droht nicht zuletzt das Geld dahinzufließen. Karpfen erklärt, dass ›Kitsch‹ zu allen Zeiten die Leichtgläubigen »geschröpft«[3] hat.

Sofern Kritik solche Vorwürfe erhebt, reklamiert sie für sich erheblichen Abstand nicht nur zum so genannten ›Kitsch‹, sondern auch zu denen, die dem ›Kitsch‹ anhängen. Dieser Abstand soll darin liegen, dass allein die Kritik den Schwindel des ›Kitsches‹ durchschaut: Wenn der ›Kitsch‹ nur durch Täuschung erfolgreich sein könnte und wenn das Publikum nur dadurch, dass es getäuscht würde, dem ›Kitsch‹ erliegen könnte, dann wäre unwahrscheinlich, dass er Einsichten in seine eigentliche Machart und in seine Wirkungsweise zuließe.[4] Er müsste sich vielmehr als etwas ausgeben, das er nicht wäre, und erst die Kritik

---

1 Holländer 1972, S. 185.
2 Karpfen 1925, S. 8.
3 Ebd.
4 Es sei denn, man nähme an, das Publikum wolle betrogen werden, es nehme die Täuschung sehenden oder gleichsam blinzelnden Auges hin. Eine solche Denkfigur findet sich etwa in dem Kapitel »Kulturindustrie – Aufklärung als Massenbetrug« aus Theodor W. Adornos und Max Horkheimers »Dialektik der Aufklärung«: Nicht von »Kitsch«, aber von »Kulturindustrie« heißt es, die Menschen passen sich den »zugleich durchschauten Kulturwaren« zwanghaft an. Adorno / Horkheimer 1984, S. 191.

stellte ihn bloß als das Unechte und Falsche, das er in Wirklichkeit wäre. Wie
Jürgen Grimm bemerkt, schließt der »Echtheitsdiskurs« über ›Kitsch‹ die Annahme ein, dass »der Kitsch-Kritiker genau das (er-)kennt, für das der Kitsch-
Konsument vollständig blind sein soll«[5]. Von einer etwaigen Vermittlungsfunktion der Kritik könnte dann nur insofern gesprochen werden, als die Kritik
das Publikum lehrte, den Selbstbeschreibungen des ›Kitsches‹ keinen Glauben
zu schenken und den ›Kitsch‹ zu meiden.

Setzt man voraus, dass es eine solche Kluft gibt zwischen der Kritik auf der
einen Seite und dem ›Kitsch‹ beziehungsweise dessen Publikum auf der anderen
Seite, lässt sich kaum vermuten, dass der ›Kitsch‹ die Kritik berücksichtigen und
aufgreifen kann, dass mithin von der Kritik Impulse zur Selbstreflexion der als
›Kitsch‹ herabgesetzten Literatur ausgehen. Entsprechend hat die ›Kitsch‹-For-
schung diese Möglichkeit bislang kaum in Betracht gezogen. Zu fragen wäre
allerdings, ob diese Einschränkung der Perspektive nicht zu voreilig ist, nämlich
auf Vorurteilen beruht. Wie selbstverständlich kann vorausgesetzt werden, dass
der ›Kitsch‹ die Kritik ignorieren muss, um nicht aufzufliegen wie ein Schwindel? Wäre nicht denkbar, dass der ›Kitsch‹ und die Kritik aufeinander reagieren,
so dass sie sich wechselseitig Anlässe zu Positionierungen und zu Profilierungen
bieten? Im Folgenden soll diese Möglichkeit in den Blick genommen werden am
Beispiel der Schriftstellerin Hedwig Courths-Mahler, die wie kaum eine andere
Autorin mit dem Schlagwort[6] ›Kitsch‹ herabgesetzt worden ist. Karl Schnog zum
Beispiel bezeichnet sie als »Kitschière non plus ultra«,[7] und das aus ihrem
Namen gebildete Adjektiv »courthsmahlerisch« ist gleichbedeutend mit ›kit-
schig‹.[8] An diesem Beispiel gilt es zu zeigen, wie Kritik und ›Kitsch‹ in eine Art
Dialog treten.

Damit dieser Dialog näher in den Blick gerät, bietet es sich an, einmal nach
strukturellen Ähnlichkeiten und Affinitäten der Kritik und ihres Gegenstandes
›Kitsch‹ zu fragen. Ein solcher Berührungspunkt, auf den Thomas Anz aufmerksam macht, besteht darin, dass nicht nur der ›Kitsch‹, sondern auch die
Kritik eine emotionale Dimension hat.[9] Anz greift in der Literaturwissenschaft
auf Ansätze der Emotionsforschung zurück, die davon ausgehen, dass Emotionen mit Wertungen zusammenhängen. Das Subjekt reagiert dabei auf Ereignisse oder Objekte, die es als erheblich für sein Wohlergehen einschätzt:

---

5 Jürgen Grimm sieht in dieser Annahme eine Voraussetzung des von ihm so genannten
»Echtheitsdiskurses« über »Kitsch«. Vgl. Grimm 1998, S. 348.
6 Jacob Reisner bezeichnet »Kitsch« als »Schlag-Wort« im buchstäblichen Sinne, als »schla-
gendes (niederschlagendes, erschlagendes) Wort« (Reisner 1955, S. 169).
7 S[chnog] 1937. Für diesen und für weitere Hinweise danke ich Gregor Ackermann.
8 Vgl. Krieg 1954, S. 18.
9 Vgl. den Beitrag von Thomas Anz zu diesem Band. Zur Anwendung des betreffenden theoretischen Ansatzes auf ›Kitsch‹ vgl. auch Anz 2013.

Emotional wird etwa als bedrohlich Wahrgenommenes abgewehrt oder auch etwas ersehnt, von dem man sich Glück verspricht.[10] Es ist schon bei flüchtiger Sichtung einschlägiger Beiträge zur ›Kitsch‹-Kritik augenfällig, dass ihre Emotionalität gewöhnlich mit einer Abwehrhaltung verknüpft ist: Der scheinbar zudringliche ›Kitsch‹ fordert aus Sicht der Kritik eine emotionale (Gegen-)Reaktion geradezu heraus. Karl Markus Michel bemerkt, wie mühsam die Reserviertheit errungen wird, mit der viele den ›Kitsch‹ zurückweisen, und welche Emotionen dabei im Spiel sind:

> »[...] selbst einem, der sich gegen jede Infektion gefeit glaubt, laufen mitunter Tränen die Wangen hinab, obwohl er ganz genau weiß, welch erbärmliches Rührstück ihn da überwältigt. ›Wirf den Kerl hinaus, er bricht mir das Herz‹ – des von einem Bittsteller bedrängten reichen Mannes Wort zu seinem Diener ist auch die Gebärde des Intellektuellen, wenn der Kitsch ihn heimsucht.«[11]

Die Gebärde macht deutlich, mit welcher Anstrengung man sich des angeblich lästigen ›Kitsches‹ erwehrt. Im Anschluss an Michel fällt auch Umberto Eco an vielen Polemiken gegen den ›Kitsch‹ eine unterdrückte Sinnlichkeit auf, »ähnlich der des Moralisten, der ein Bild der Obszönität anklagt und dabei dem Sog des Gegenstandes, dem er seine Verachtung bekundet, zu erliegen droht«[12]. Die Distanz der Kritikerinnen und Kritiker zu ihrem Gegenstand scheint in bedrohlicher Weise in Frage gestellt zu werden, wenn der ›Kitsch‹ ihnen gleichsam auf den Leib rückt. Von Emotionalität geprägt ist dementsprechend auch die Bemerkung von Ludwig Giesz, ›Kitsch‹ sei »penetrant«[13]: Der ›Kitsch‹, der das Prinzip der ästhetischen Distanz unterläuft, nimmt dem Subjekt die Freiheit, so die Befürchtung: »Nicht frei, mir das Fremde abzustreifen, ertrage ich es, oder ich schürfe meine Haut ab, indem ich es abkratze.«[14] Gegen die vermeintliche Aufdringlichkeit, mit der sich der ›Kitsch‹ von der Kunst unterscheiden soll, verwahrt sich das Subjekt derart emotional.

Starke Emotionen liegen für die Kritik allerdings auch dadurch nahe, dass der ›Kitsch‹ häufig auf den Registern des Kostbaren, des Erstrebenswerten, des vollendeten Glücks spielt. Kritik, die ihrerseits beansprucht, für ›wahre‹ Kunst oder, etwa ideologiekritisch, für ›wahres Glück‹ einzutreten, betrachtet ›Kitsch‹ möglicherweise als Gefährdung des Allerwichtigsten, wenn ›Kitsch‹ ›happy endings‹ inszeniert beziehungsweise einen Kunstanspruch stellt. Damit ist erklärbar, dass Kritik buchstäblich gereizt auf ›Kitsch‹ reagiert und ihn anhand des Täuschungsvorwurfs für nichtig und haltlos erklärt. (Freilich muss dahingestellt

---

10 Vgl. auch Anz 2012, S. 155 f.
11 Michel 1959, S. 46.
12 Eco 1986, S. 26.
13 Giesz 1971, S. 41.
14 Ebd.

bleiben, ob die Kritik den Anspruch des von ihr als ›Kitsch‹ Bezeichneten nicht
oft missversteht: Wenn so genannter ›Kitsch‹ sich als Kunst ausgibt – beispielsweise durch Paratexte, unter anderem durch die Selbst-Etikettierung von
Courths-Mahler-Veröffentlichungen als »Romane« –, wird dann etwa ein
hochkultureller Begriff der Kunst verwendet, wie von vielen Kritiken im
20. Jahrhundert, oder reklamiert ›Kitsch‹ für sich nicht häufig eher einen anderen Begriff von Kunst – zum Beispiel im Sinne von angenehmer, ›leichter‹
Unterhaltung?[15])

Was allerdings weniger auf der Hand liegt und von der Forschung bislang zu
wenig berücksichtigt wurde, ist die Tatsache, dass der so genannte ›Kitsch‹ die
beschriebene Kritik durchaus aufgreifen kann, indem er, wenn auch nicht mit
denselben,[16] so doch zumindest: mit ähnlichen Elementen wie die Kritik arbeitet. Beispielsweise ist es aufschlussreich zu sehen, wie Hedwig Courths-
Mahler in einem Artikel für die Zeitschrift *Die literarische Welt* Eugenie Marlitt
porträtiert. Indem Courths-Mahler schildert, wie Marlitt darunter gelitten habe,
angefeindet und angegriffen zu werden, reflektiert Courths-Mahler ihre eigene
Stellung im Literaturbetrieb: Marlitt

> »war doch immer [...] fest überzeugt, der Welt ihr Bestes gegeben zu haben. Es mag ihr
> gewesen sein wie jemand, der einem anderen die Hände voll Blumen bietet, und sicher
> ist, damit große Freude zu bereiten; statt dessen schlugen ihr rohe Hände hohnlachend
> die Blumen aus den Fingern«[17].

Im Kontext der Diskussion um ›Kitsch‹ als Schwindel ist wichtig, dass Courths-
Mahler ihrer Vorgängerin die Überzeugung bescheinigt, »der Welt ihr Bestes
gegeben zu haben«. Indem ausgemalt wird, wie man dieses Kostbare, von Marlitt
ehrlich Dargebrachte gleichsam (um in Courths-Mahlers Bild zu bleiben) in den
Dreck wirft, werden starke Emotionen aufgerufen: Der Vergleich mit jemandem,

---

15 Claudia Putz stellt fest, dass es insbesondere »der erhobene Kunstanspruch ist, der die
   Gemüter gegen den Kitsch aufbringt. Solange dieser Anspruch nicht erhoben wird, hält sich
   die Entrüstung gegenüber ›Geschmacklosigkeiten‹ in Grenzen« (Putz 1994, S. 55). Demge-
   genüber bleibt nach Putz »noch zu fragen, ob der Kitsch diesen Anspruch, Kunst zu sein,
   überhaupt explizit formuliert. Tatsächlich ist dies wohl kaum je der Fall. Vielmehr wird dem
   Kitsch dieser Anspruch unterstellt« (ebd.). Als Beispiele für die Herabsetzung von Courths-
   Mahlers Romanen anhand von Kunstansprüchen beziehungsweise ideologiekritischen
   Maßgaben seien genannt: Reimann 1922; Simon 1923; Uhlmann-Lugau 1924. Dazu ausführlicher Küpper 2012.
16 Die Selbigkeit der Elemente ist ausgeschlossen, sofern man davon ausgeht, dass Kritik und
   ›Kitsch‹ in unterschiedlichen Sinnzusammenhängen stehen: etwa Kritik als Teil des Feuilletons oder als nicht selbst künstlerische Rede über Kunst einerseits und ›Kitsch‹ als Teil der
   Kunst beziehungsweise als künstlerische Kommunikation andererseits. Unter dieser Voraussetzung wäre durch die Andersheit der Kontexte bedingt, dass die Elemente nicht
   identisch sein können.
17 Courths-Mahler 1925.

dem »die Blumen aus den Fingern« geschlagen werden, verlangt Anteilnahme und Mitleid.

Indessen legt dieser Artikel nicht nur Emotionen nahe, sondern reflektiert diese zugleich. Courths-Mahler schreibt Marlitts Romanen eine Programmatik zu, die als »romantisch« gelten soll:

> »Gewiß, sie [Marlitt] war *romantisch!* Aber ehrlich, ist es nicht im gleichen Maß romantisch, d. h. ebenso möglich oder unmöglich und überschwenglich, daß ein Wüstling im Kokainrausch Frauen zugrunde richtet, Morde begeht und hundert Scheußlichkeiten? Es kommt doch nur darauf an, wie der Dichter die Welt sieht.«[18]

Mit dem Aufruf zur Ehrlichkeit, der der Aussage Nachdruck verleiht, mit der rhetorischen Frage, mit der Entgegensetzung von Marlitts »Blumen« auf der einen Seite und den »Morde[n]« und »hundert Scheußlichkeiten« auf der anderen Seite und nicht zuletzt mit dem betonenden »doch« wird wiederum eine starke emotionale Reaktion provoziert. Dabei geht es allerdings nicht nur um ein Für und Wider, nicht nur um Nähe und Distanz; vielmehr kennzeichnet Courths-Mahler auch die Eigenart von Marlitts Programmatik: Marlitts Roman-Welt wird mit der »graueste[n] Realität« kontrastiert und auf einer Linie mit »Weihnachtsduft und Weihnachtsstimmung«[19] gesehen: mit etwas, das mit Zauberhaftem und Wunderbarem in Verbindung gebracht wird. Damit macht Courths-Mahler deutlich, welche Art von Unterhaltung Marlitt bietet – beziehungsweise, pro domo sprechend, sie selbst. Durch solche Beschreibungen des – marlittschen oder auch eigenen – Roman-Programms geht Courths-Mahler über den Anspruch der Wahrhaftigkeit hinaus und umreißt ein Unterhaltungsangebot, das als etwas Spezifisches vom Publikum erkannt und ausgewählt werden soll.

In vergleichbarer Weise grenzt sich Courths-Mahler ab in einem Gespräch, das 1925 in der *Literarischen Welt* erscheint: Bei Romanciers von der Art Thomas Manns findet Courths-Mahler, wie sie erklärt, »etwas Krankhaftes«: Dieses sei »überhaupt der Zug, der durch die ganze neue Literatur geht. [...] Ich habe von Thomas Mann ›Der Tod in Venedig‹ und ›Die Buddenbrooks‹ gelesen, auch Bücher von Heinrich Mann und Jakob Wassermann, bei denen dasselbe zutrifft.«[20] Weiter bekennt Courths-Mahler, *Der Tod in Venedig* habe großen Eindruck auf sie gemacht und verrate zweifellos ein »kolossales Können«; allerdings stoße sie »das Schlaffe und Krankhafte« ab, insbesondere der Schluss sei »niederdrückend«. Ähnlich verhalte es sich mit den *Buddenbrooks* – »Verfall, und immer wieder Verfall!« Courths-Mahler fügt hinzu, dass *Der Zauberberg* »ja

---

18 Ebd.
19 Ebd.
20 ›Hedwig Courths-Mahler über Thomas Mann‹ 1925.

auch unter Kranken spielt«[21]. Diesem »Krankhaften« stellt sie ihr eigenes Programm für Romane gegenüber: »Ein Roman soll doch erquicken und stark und frisch machen, aber nicht krank und nervös!«[22] Indem sie den Unterschied zu Thomas Mann betont, reflektiert Courths-Mahler ihre Position als Schriftstellerin. Kritik aber, die den Täuschungsvorwurf erhebt, kann derartige Reflexionen seitens des so genannten ›Kitsches‹ nicht kennen oder zumindest nicht anerkennen – werden doch die Letzteren in erster Linie als verdächtig, als falsch und als irreführend (ab-)gewertet.

Der angebliche ›Kitsch‹ hingegen wird durch die Angriffe gegen ihn zum Teil herausgefordert, sich selbst zu beschreiben, wie sich auch an Courths-Mahlers Reaktionen auf den Spott zeigt, den Hans Reimann ihr in Zeitungs-, Buch- und Kabarett-Texten entgegenbringt.[23] In einem offenen Brief an Reimann schreibt Courths-Mahler: »Seit Sie mir die Ehre erweisen, mich in verschiedenen Intervallen wegen meiner harmlosen Märchen, mit denen ich meinem Publikum einige sorglose Stunden zu schaffen suche, anzupöbeln, werden diese noch mehr gekauft als bisher«[24]. In dieser Stellungnahme führt Courths-Mahler nicht nur einen wirtschaftlichen Gesichtspunkt an (ihre Bücher werden »noch mehr gekauft«); vielmehr macht sie auch einen Anspruch kenntlich, den sie mit ihren Romanen erhebt: den Leserinnen und Lesern Unterhaltung in der Freizeit zu bieten (»einige sorglose Stunden zu schaffen«). Programmatisch ist die Bezeichnung der Romane als »harmlose[…] Märchen«. Durch diese Beschreibung legt Courths-Mahler ihren Leserinnen und Lesern nahe, im Sinne von Coleridges »willing suspension of disbelief«[25] sich in der freien Zeit bewusst auf die wunderbare Welt der Romane *ein*zulassen – aber diese erzählte Welt danach auch wieder zu *ver*lassen: Die Rahmung mit der Bezeichnung »Märchen« bildet eine Grenze, die in beide Richtungen überquert werden kann; bei Bedarf ist es möglich, vom Wunderbaren wieder zum Alltag, von der Freizeit zur Arbeit überzuwechseln. Darin eingeschlossen ist nicht zuletzt ein vorübergehender Verzicht auf Nüchternheit und Reserviertheit: Emotionen, die von den so genannten »Märchen« und ihren Schilderungen des Glücks und des Leides, der Güte und der Bosheit nahegelegt werden, haben innerhalb dieses abgesteckten Bereichs ihren anerkannten Ort.

Auf dieser Linie liegt auch eine Selbstreflexion, die sich in Courths-Mahlers Roman *Jolandes Heirat*[26] findet: Zu den Figuren des Romans zählt die Schriftstellerin Mrs. Ellen Gley, deren Darstellung sich wie ein Selbstportrait Courths-

---

21 Ebd.
22 Ebd.
23 Siehe nur Reimann 1924, S. 88 – 92.
24 ›Brief der H.C.-M. an H.R.‹, in: Reimann 1922, S. 145 – 148, hier S. 148.
25 Coleridge 1881, S. 442.
26 Courths-Mahler 1938.

Mahlers liest.[27] Mrs. Gley sagt einer Begleiterin: »Meine Bücher bleiben [...] immer Märchen.«[28] Im Grunde seien alle Menschen »im tiefsten Kern ihres Wesens einsam« – mit wenigen Ausnahmen. Solche Ausnahmen versuche sie in den Büchern lebendig zu machen. »Und ich kann mich«, fügt Mrs. Gley hinzu, »so recht in meine Helden und Heldinnen verlieben, weil sie so sind, wie ich mir wünsche, daß alle Menschen sein möchten«[29]. Die Abweichung der Bücher von der gewohnten Wirklichkeit ist damit erneut betont, der üblichen Einsamkeit werden ausdrücklich Wunschphantasien gegenübergestellt. Mrs. Gleys Gesprächspartnerin greift deren Beschreibung der Romane auf und bemerkt: »Aber wie schön sind solche Märchen, Mrs. Gley! Sie heben uns über den grauen Alltag hinweg.«[30] In diesem Gespräch wird deutlich, dass das Angebot des Romans darin liegt, dem Publikum anhand von Wunschszenarien Emotionen zu bereiten. Die Schriftstellerin wird – mit einem Begriff von Anz zu reden – als »Reizkonfiguratorin«[31] vor Augen geführt – wobei als Beweggrund zur Herstellung der Reizkonfiguration kein finanzielles Interesse genannt wird, sondern ein persönliches Interesse an der Wunschwelt.

Dergestalt reflektiert Courths-Mahlers ›Kitsch‹ seinen Fiktionscharakter und seine Angebote von Emotionalität selbst und weist – teils explizit, teils implizit – die Kritik zurück, die dem ›Kitsch‹ Täuschung und falschen Schein vorwirft. Insofern übt jene Art der Kritik durchaus eine Vermittlungsfunktion für den ›Kitsch‹ aus: gleichsam eine vermittelte Vermittlungsfunktion, indem die Kritik ihm Anlässe und Gegenmodelle zu seiner Selbstbeschreibung bietet.

Literatur

Adorno, Theodor W. / Horkheimer, Max: ›Dialektik der Aufklärung‹, in: Adorno, Theodor W.: *Gesammelte Schriften*. Bd. 3. Frankfurt am Main 1984.

Anz, Thomas: ›Gefühle ausdrücken, hervorrufen, verstehen und empfinden. Vorschläge zu einem Modell emotionaler Kommunikation mit literarischen Texten‹, in: Poppe, Sandra (Hg.): *Emotionen in Literatur und Film*. Würzburg 2012, S. 155–170.

Anz, Thomas: ›Stimmungskunst und -kitsch in der Literatur um 1900. Untersuchungen zum Gelingen und zur Bewertung emotionaler Kommunikation‹, in: Meyer-Sickendiek, Burkhard / Reents, Friederike (Hg.): *Stimmung und Methode*. Tübingen 2013, S. 235–247.

Coleridge, Samuel Taylor: Biographia Literaria. New York 1881.

---

27 Vgl. Töpelmann 2001, S. 143.
28 Courths-Mahler 1938, S. 206.
29 Ebd.
30 Ebd.
31 Vgl. Anz 2012, insbes. S. 157 f.

Courths-Mahler, Hedwig: ›Zum 100. Geburtstag der Marlitt‹, in: *Die literarische Welt* 1925/1/9, S. 3.

Courths-Mahler, H[edwig]: Jolandes Heirat. Roman. Leipzig 1938.

Eco, Umberto: Apokalyptiker und Integrierte. Zur kritischen Kritik der Massenkultur. Aus dem Italienischen von Max Looser. Frankfurt am Main 1986.

Giesz, Ludwig: Phänomenologie des Kitsches. 2., vermehrte u. verbesserte Aufl. München 1971.

Grimm, Jürgen: ›Medienkitsch als Wertungs- und Rezeptionsphänomen. Zur Kritik des Echtheitsdiskurses‹, in: *Sprache im technischen Zeitalter* 1998/36, S. 334–364.

Holländer, Hans: ›Kitsch. Anmerkungen zum Begriff und zur Sache‹, in: de la Motte-Haber, Helga (Hg.): *Das Triviale in Literatur, Musik und bildender Kunst*. Frankfurt am Main 1972, S. 184–209.

Ders.: Hedwig Courths-Mahler über Thomas Mann. Ein Gespräch mit der populären Romanschriftstellerin‹, in: *Die literarische Welt* 1925/1/2, S. 1.

Karpfen, Fritz: Der Kitsch. Eine Studie über die Entartung der Kunst. Hamburg 1925.

Krieg, Walter: »Unser Weg ging hinauf«. Hedwig Courths-Mahler und ihre Töchter als literarisches Phänomen. Wien / Bad Bocklet / Zürich 1954.

Küpper, Thomas: ›Der Kitsch der Gesellschaft? Systemtheoretische Beobachtungen des Populären am Beispiel Hedwig Courths-Mahler‹, in: Nitsche, Jessica / Werner, Nadine (Hg.): *Populärkultur, audiovisuelle Massenmedien und Avantgarde in der Weimarer Moderne*. München 2012, S. 47–52.

Michel, Karl Markus: ›Gefühl als Ware. Zur Phänomenologie des Kitsches‹, in: *Neue Deutsche Hefte* 1959/57, S. 31–48.

Putz, Claudia: Kitsch – Phänomenologie eines dynamischen Kulturprinzips. Bochum 1994.

Reimann, Hans: Hedwig Courths-Mahler – Schlichte Geschichten fürs traute Heim. Geschmückt mit reizenden Bildern von George Grosz. Hannover 1922.

Reimann, Hans: Von Karl May bis Max Pallenberg in 60 Minuten. München 1924.

Reisner, Jacob: Zum Begriff Kitsch. Diss. Göttingen 1955.

S[chnog], K[arl]: ›70. Geburtstag der erfolgreichsten Frau Deutschlands‹, in: *Escher Tageblatt* 13.3.1937.

Simon, Ernst: ›Die Pelzkönigin. Ein Beitrag zur Soziologie des Schundromans‹, in: *Sächsisches Volksblatt* (Zwickau) 8.10.1923/32/235 (Beilage ›Für unsere Frauen‹).

Töpelmann, Sigrid: ›Flucht in den Frieden. Wie ›wahr‹ sind die ›harmlosen Märchen‹ der Hedwig Courths-Mahler?‹, in: *Neue deutsche Literatur* 2001/49/4, S. 142–152.

Uhlmann-Lugau, Alfred: ›Die Courths-Mahlaria – eine Volksseuche‹, in: *Memeler Volksstimme* 21.3.1924/6/69, S. 3.

Gabriele Guerra

Zur Literaturkritik des Konservativen.
Walter Benjamin liest Max Kommerell

Auf einer auf den 25. Juli 1929 datierten Ansichtskarte aus San Gimignano an
Siegfried Kracauer – der zu dieser Zeit bei der *Frankfurter Zeitung* tätig ist und
ein Jahr später deren Feuilletonchef wird – schreibt Walter Benjamin: »Hier habe
ich meine Zeit an eine lange Kritik gewendet, die es wieder einmal mit einem
Schüler Georges, freilich einem äußerst klugen und wissenden aufnimmt«[1].
Gemeint damit ist Benjamins Besprechung des Buches von Max Kommerell *Der
Dichter als Führer in der deutschen Klassik*, die am 15. August 1930 in der *Literarischen Welt* mit dem Titel *Wider ein Meisterwerk* erscheinen wird. Benjamin
greift das Thema zwei Tage später erneut auf, als er Gershom Scholem aus
Volterra berichtet, dass er sich »die Hände an den Dornen eines allerdings
stellenweise überraschend schön blühenden Rosenbuschs aus Georges Garten
zerschunden«[2] hat. Das zurückhaltende Urteil über das Buch wird dann durch
einen weiteren Brief bestätigt, den Benjamin im Juni 1930 an den lebenslangen
Freund schreibt, in dem er, nebenbei aber explizit, von seinen »Auseinandersetzungen« spricht, zum einen mit der von Ernst Jünger herausgegebenen
Sammelschrift *Krieg und Krieger* – die dann in der Rezension mit dem Titel
Theorien des deutschen Faschismus gipfeln sollte – und zum Zweiten eben von
der Auseinandersetzung mit dem Buch Max Kommerells – eines »Wolters-
schülers«, wie er ihn nennt, anlässlich eines geplanten, aber nicht mehr zu
Stande gekommenen Rundfunkvortrages über den »unsäglichen Wolters-
schmöker«[3]. Benjamin weist damit auf die imposante Studie Friedrich Wolters'
Stefan George und die Blätter für die Kunst. Deutsche Geistesgeschichte seit 1890
hin, die es sich zur Aufgabe gemacht hatte, den rheinischen Dichter zu ehren und
zu seiner heldenhaften Verortung in der Literaturgeschichte Deutschlands beizutragen; das Buch ist voll von emphatischen Tiraden wie etwa:

---

1 Benjamin 1997, S. 476.
2 Ebd., S. 478.
3 Ebd., S. 531 (Brief vom 14.6.1930).

»Am Göttlichen hat nur teil wer ein Göttliches lebendig in sich trägt, und keinen traf die
Erfüllung des Verlangens als den der am tiefsten davon geschwiegen aber mit dem
höchsten Tone die Herzen erschüttert, die Seelen verwandelt und dem Menschen
wieder sein Hoheitsrecht auf Erden gegeben hatte: den Dichter und Führer George«[4].

Damit nähern wir uns dem Zentrum der Argumentationsstrategie des wissenschaftlichen Kreises um George, dessen geistige, ja theologisch-politische
Struktur schon mehrmals von verschiedenen Seiten betont wurde. Wiederholt
unterstrichen wurde der streng sektiererische Charakter des Kreises, so z. B. in
Stefan Breuers Studie über Georges Ästhetischen Fundamentalismus:

»Für George [...] gab es zwei Welten. *Seine* Welt und die Welt *draußen*. Konzessionen
an die letztere waren zwar unvermeidlich, doch mußte für einen Jünger in jedem
Augenblick klar sein, daß es nur eine Priorität gab: den ›Dienst‹ in Ehrfurcht, Ergrif-
fenheit und Hingabe«[5].

Unter diesen Voraussetzungen wird klar, dass es für einen Jünger Georges nur
zwei Alternativen gab: treue Gefolgschaft oder schmerzliche Abstandnahme.

Es ist aus den besagten Gründen völlig verständlich, dass Walter Benjamin
sich mit vorsichtiger, aber auch respektvoller Skepsis mehrfach über das Buch
Der Dichter als Führer äußert; indem er sowohl die Zugehörigkeit Kommerells
zum George-Kreis unterstreicht – inklusive aller Aspekte, die den Kreis in seinen
Augen suspekt machen – als auch die Unterschiede deutlich macht, die Kommerell von der Gruppe um den rheinischen Dichter trennen. Benjamin war sich
jedoch wahrscheinlich nicht der allmählichen Abstandnahme bewusst, die den
jungen Germanisten von dem Kreis entfernte, dem er sich bereits als junger
Knabe im Namen Hölderlins angeschlossen hatte. In den zwanziger Jahren gehörte Kommerell tatsächlich zum engsten Kreis Georges, denn er kümmerte sich
um dessen Korrespondenz, den Haushalt sowie um die Dichtungseditionen. Und
Benjamin wusste sicherlich nicht, dass einer der gravierenden Gründe für die
Distanzierung Kommerells von dem Kreis gerade in dessen kritischer Ablehnung des Buches Wolters' bestand, das von Benjamin ebenfalls stark angegriffen
wurde. Kommerell schrieb z. B. im Dezember 1930 an den engen Freund Johann
Anton – der auch zum Kreis gehörte: die beiden waren als »die Dioskuren«
bekannt – von der »liturgische[n] Pathetik im Dichterischen«, die das Buch
Wolters in verhängnisvoller Weise prägt.[6] Diese sehr kritische Rezeption des

---

4 Wolters 1930, S. 322.
5 Breuer 1995, S. 62.
6 Vgl. dazu die biographischen Aufzeichnungen in Weichelt 2012, S. 1495 – 1499. Matthias
   Weichelt ist auch Autor einer interessanten Studie: vgl. Weichelt 2006. Wichtig unter dem
   biographischen Gesichtspunkt ist die Biographie Kommerells, die Christian Weber verfasst
   hat: vgl. Weber 2011 (der die Nachricht auch zu entnehmen ist, dass der junge Kommerell
   eigentlich von Wolters so fasziniert war, dass er ihn als »ein[en] wahre[n] König und vater der
   menschen« emphatisch konturierte [Vgl. ebd., S. 53]).

Buches Wolters' durch Benjamin und Kommerell – obwohl sie voneinander in vielen Punkten abweichen – ist also der Beweis für eine gewisse Wahlverwandtschaft zwischen den beiden. Der italienische Philosoph Giorgio Agamben hat bereits explizit darauf hingewiesen, als er eine italienische Ausgabe einiger Schriften Kommerells herausgab. Agamben hat dort exemplarisch betont, dass Kommerell – neben Benjamin – die höchste Stufe der Kritik verkörpert, die nach der ersten philologisch-hermeneutischen und der zweiten physiognomischen mit der gestischen Kritik diese Dreigliederung vervollkommnet. Agamben sieht Kommerell als den vielleicht letzten noch unentdeckten herausragenden deutschen Literaturwissenschaftler der Zwischenkriegszeit an, und zwar genau dank dieser Präsenz des Gestischen bei ihm. Das »Gestische« bei Kommerell ist vor allem – Agamben zufolge – eine Sprachgebärde, die die Geste nicht mehr im Dienst der Sprache sieht (wie etwa in der Gebärdensprache), sondern – genau umgekehrt – als eine Übertragung der sprachlichen Kommunikation in die Sphäre des Unaussprechlichen.[7] Das Wort ist für Kommerell tatsächlich »die Urgebärde, aus der sich die einzelnen Gebärden ableiten«[8]. Während aber – könnte man Agambens These hinzufügen – das Gestische bei Kommerell letztlich als eine ontologische Erscheinung des Dichterischen (etwa im Sinne Heideggers) erscheint, bleibt diese Kategorie bei Benjamin eher eine physiognomische Haltung im Intellektuellen. Kurzum: Das Gestische ist bei Kommerell eine Seinsformel,[9] bei Benjamin eine Pathosformel (im Sinne Warburgs).[10] Auf diese spannungsvolle Weise ergibt sich die Wahlverwandtschaft zwischen den beiden Kritikern zugleich als eine von innen ausdifferenzierte: weil Benjamin schließlich nicht zum George-Kreis gehörte, während der junge Kommerell zu dessen wichtigsten Mitgliedern zählte – und somit dessen poetologische Regeln akzeptierte und darüber hinaus den radikalen Hang zum Metaphysischen und sozusagen zum Seinspathetischen teilte.

Benjamin hat sich stets bemüht, seine Beziehung zu George einerseits und zu dessen Adeptenkreis andererseits insofern auszudifferenzieren, als er den Rheinischen Dichter mit wärmeren Nuancen beschrieben hat als dessen Kreis: Vor allem Wolters und Gundolf wurden oft von Benjamin als treue Priester der Georgeschen Kunstreligion gebrandmarkt, die Georges Werk und Leben in ein

---

7 Vgl. Agamben 2013.

8 Kommerell 1952, S. 153.

9 Milena Massalongo sagt in ihrem Aufsatz zum Vergleich zwischen Benjamins und Kommerells Gebärdenbegriff: »Die Sprachgebärde ist das nichtsprachliche Wesen der Sprache« (Massalongo 2003, S. 121).

10 Interessant wäre es, in diesem Sinn Benjamins – und Kommerells – Konzept der Gebärde mit Hilfe der Pathosformeln-Begrifflichkeit bei Aby Warburg zu untersuchen. Wichtige Anlasspunkte dazu liefern die zum Thema gewidmeten Studien von Ulrich Port: Port 2003 und Port 2005.

erstarrtes Dogma fixiert haben.[11] Benjamins radikale Kritik dem Kreis gegenüber geht so weit, dass es meiner Meinung nach legitim ist, von einer Fehl-
deutung bzw. von einer zu undifferenzierten Analyse Benjamins zu sprechen.
Dagegen zeugt seine subtile und raffinierte Lesart von Georges Poesie von der
Faszination, die der rheinische Dichter auf eine ganze Generation ausgeübt hat,
zu der eben auch Benjamin gehörte. Relativ ausdifferenziert ist auch der kritische Blick Benjamins auf Kommerell: An dem schätzt Benjamin dessen Fähigkeit, Leben und Werk der Dichter und Künstler in der Weimarer Klassik auf eine
neue Weise darzustellen: denn der Ansatz von Kommerell ist eine Erfahrung der
Weimarer Klassik, »die auf die hieratische Trennung von Werk und Leben verzichten konnte, weil sie an beiden die physiognomische, im strengsten Sinn
unpsychologische Sehart bewährt«[12]. Auf diese Weise zeigt Kommerells Herangehensweise an die deutsche Literaturgeschichte noch eine weitere Ähnlich-
keit zu der Benjamins, die die oben erwähnte Wahlverwandtschaft zwischen den
beiden Literaturkritikern zusätzlich stützt. Mit Recht weist Heinrich Kaulen in
seinem Nachwort zu dem von ihm herausgegebenen Band der neu edierten
kritischen Gesamtausgabe der Kritiken und Rezensionen Walter Benjamins (die
auch neue, bisher unveröffentlichte Begleitmaterialien enthält) darauf hin, dass
die Besprechung des Buches Kommerells eine Ausnahme innerhalb der literaturkritischen Tätigkeit Benjamins bildet, weil diese Polemik einen »Geister-
kampf« »zwischen zwei – freilich sehr unterschiedlichen – Außenseitern«[13]
darstellt. Die Affinität zwischen Benjamin und Kommerell erscheint also als eine
Art polemische Wahlverwandtschaft zwischen zwei Außenseitern-Seelen, die
gegensätzliche professionelle Laufbahnen verfolgen werden: Kommerell wird in
der Frankfurter Universität demselben Franz Schultz begegnen, der sich fünf
Jahre davor mit seinem Gutachten gegen das Habilitationsverfahren Benjamins
aussprach und der nun für das Buch Kommerells über die ›Stabreimtechnik des
altgermanischen Heldenliedes‹ positiv Stellung bezieht – obwohl er ganz ähnliche Kritik an der Habilitationsschrift Kommerells äußert, wie schon am Buch
Benjamins: Beide Schriften verkörperten nämlich nach Schultz eine »exklusive
Randposition« in der wissenschaftlichen, also in der akademischen Welt
schlechthin.[14] Während aber Benjamin diese Randposition außerhalb der akademischen Welt ein Leben lang einnimmt, tritt der zehn Jahre jüngere Kommerell mit seiner Habilitationsschrift in dieselbe Welt erfolgreich ein – so dass es

---

11 »So vollendet sich ein Dogma das das Werk, welches es zum Leben verzauberte durch nicht
    weniger verführerisches Irren als Leben wieder zum Werk erstarren läßt und das die viel-
    berufene ›Gestalt‹ des Dichters als einen Zwitter von Heros und Schöpfer zu fassen vermeint,
    an dem sich mit dem Schein des Tiefsinns alles behaupten läßt« (Benjamin 1974, S. 160).
12 Benjamin 1972, S. 253.
13 Kaulen 2011, S. 1000.
14 Dazu vgl. Weber 2011, S. 339 ff.

vielleicht zum Verständnis dieser Spannung zwischen Benjamin und Kommerell möglich ist, von einem gewissen akademisch motivierten und generationsbedingten Konfrontationskurs zwischen den beiden zu sprechen.

Zwischen Lob und Kritik oszilliert also die Rezension Benjamins zum jungen opus magnum Kommerells, das sich wie »eine esoterische Geschichte der deutschen Dichtung« zu verstehen gibt, und zwar »mit einem Radikalismus, den keiner seiner Vorgänger im Kreise erreichte«; »in Wahrheit eine Heilsgeschichte der Deutschen«,[15] ist die Schlussfolgerung Benjamins. Eine esoterische Heilsgeschichte also, die auf der okkulten Tradierung einer – im strengen dichterischen Sinn – initiationsbedingten Heilsversprechung beruht. Die Rezension Benjamins fokussiert nicht nur die literaturgeschichtliche Leistung Kommerells, die esoterisch zu deuten sein mag; sondern auch die zugrundeliegende politische Theologie, welche in »eine Lehre vom wahren Deutschtum« mündet – je wahrer, würde man hinzufügen, desto verborgener bleibt ihre dichterische Heilsökonomie. Dass die Reflexionen Benjamins zum Buch Kommerells hier nicht nur literarkritischer Natur sind, erklärt auch die Bezeichnung des Buches *Dichter als Führer* als eine »magna charta des deutschen Konservativismus«[16] (wenn es einen gäbe, »der auf sich hält«, ist der polemische Satz Benjamins dazu). Eine magna charta, die durch eine »Sektensprache« geprägt ist. Das bedeutet, dass die Rolle des Buches für Benjamin nicht nur im Literarischen zu suchen ist, sondern auch im Politischen, ja noch genauer im Theologisch-Politischen. Dass der deutsche Konservativismus jetzt eine Sektensprache benutzt, um sich in der Öffentlichkeit paradox verständlich zu machen, impliziert seine Infragestellung, ja die Erklärung eines Krisenzustands. Diese Situation ist dabei typisch für ähnliche Phänomene in der Massengesellschaft – und Gert Mattenklott war es, der solche Paradoxe schon 1970 mit seiner damals umstrittenen Habilitationsschrift über George und Beardsley exemplifiziert hat: »Für die Gefolgschaft Georges war Anpassungsfähigkeit die Voraussetzung, das Vermögen, auf die wechselnden Inkarnationen des Neuen wie auf Modeartikel sich rasch einzustellen, um up to date zu bleiben«[17]. Das Esoterische des George-Kreises liegt also darin, dass er eigentlich ein Modephänomen und somit ein »offenes Geheimnis« darstellt. Nach Benjamin konstruiert Kommerell also eine politische Theologie der klassischen deutschen Literatur, in der ein charismatisches Führerprinzip über den Literaturbetrieb regiert, und zwar als offenes arcanum imperii, als Mysterium der poetischen Souveränität, das aber in die

---

15 Benjamin 1972, S. 254.
16 Ebd., S. 252.
17 Mattenklott 1985, S. 266. Das skandalerregende Buch Mattenklotts – das nicht ohne akademischen Widerstand auf die Habilitation des Autors zielte – lässt sich selbst als ein spätes Kapitel der Nachlebensgeschichte Georges in der Bundesrepublik verstehen: vgl. dazu Raulff 2009, S. 515 – 518.

kulturpolitische Öffentlichkeit in Form einer modischen Haltung hineinragt. Auf diese Weise lässt sich ein kritischer Gestus in der Besprechung Benjamins erblicken, der in der Demaskierung der religiösen, ja theologisch-politischen Funktion des Buches Kommerells liegt. Und nicht nur das: Die kritische Stellungnahme Benjamins zum *Dichter als Führer* ist auch deswegen interessant, weil sie sich selbst als eine »unpsychologische«, wie er sagt, d.h. als eine physiognomische Herangehensweise an das Literarische versteht. Die beiden Aspekte – das Theologisch-Politische in Kommerells Buch und dessen physiognomischer Grundansatz – scheinen aber eng miteinander verbunden: Nur eine unpsychologische, also auf dem Physiognomischen basierte Textanalyse erlaubt eine theologisch-politische Deutung der Hauptgestalten der Deutschen Klassik. Das Buch Kommerells verzichtet nach Benjamin »auf die hieratische Trennung von Werk und Leben«,[18] um einen neuen Blick auf die Literaturgeschichte werfen zu können. Diese hieratische Trennung – die die Bücher Wolters' und Gundolfs über Stefan George prägen – weist auf eine kunstreligiös verstandene Literaturkritik hin, von der das Buch Kommerells nun Abschied nimmt. Die physiognomische Sehart setzt im Gegensatz dazu eine theologisch-politische Konzeption der Literaturkritik voraus, die eben zu einer »esoterische[n] Geschichte der deutschen Dichtung« führt. Sie tendiert zu einer Verwischung der Grenzlinien zwischen dem Dichterischen und dem Politischen. So resümiert Isolde Schiffermüller auf überzeugende Weise Kommerells Leistung: »Kommerells ›Wissenschaftspoetik‹ zieht keine klaren Grenzen zwischen Dichtung, Kritik und Wissenschaft, ihr physiognomischer Gestus steht jedoch fern von jeder Einfühlungs- oder Erlebnisgermanistik«[19]. Auf diese Weise sind die Richtlinien einer Literaturkritik konturiert, die sich zwischen den Stühlen positioniert und die durch die Figuren Benjamin und Kommerell auf ihre jeweilige differenzierte Weise neue Konturen gewinnt. Der Kritikbegriff Benjamins und Kommerells will die damaligen traditionellen Kritikkonzeptionen überwinden, indem er auf eine neue Deutungsperspektive Wert legt. Eine Perspektive eben, die weder rein philologisch oder textimmanent ist, noch auf biographisch-psychologischer Ebene verbleibt.

Benjamin kritisiert das, was in Kommerells Augen eine Art messianische Erscheinung ist: nämlich die prophetische – d.h. zugleich politische und geistige – Sendung des Dichters an das deutsche Volk sowie deren – des Dichters und des Volkes zugleich – Auserwähltsein. Für Kommerell ist der Dichter nämlich dem Volk deswegen geweiht, weil er all' seine – des Dichters und des Volkes – heldische Qualität verkörpert: Aus der theologisch-politisch bestimmten Perspektive Kommerells heraus entsteht somit eine Lehre des Heldischen im

---

18 Benjamin 1972, S. 253.
19 Schiffermüller 2003, S. 98.

Dichterischen, welche sich bei Hölderlin paradigmatisch offenbart und die sich in der Dialektik zwischen Gemeinwesen und Einsamkeit artikuliert: »[W]er die höchste Gemeinschaft finden will, muß lang einsam bleiben«, schreibt Kommerell am Anfang des Hölderlin gewidmeten Kapitels mit dem Titel »das Volk«; und er fährt fort:

> »Aber seine Einsamkeit war Not des Glühenden nicht Starre des Unerlösbaren. [...] Es gibt Menschen deren Leib nicht nur den von ihm umschlossenen Raum erfüllt, sondern sich im weitern Umkreis durch eine merkbare Strahlung fortpflanzt... so regte sich in seinem Wesen eine beginnende Welt und seine kindliche Heldenliebe, die ihn den Mitlebenden sogleich entrückte, war bereits die ferne Vorahnung eines erhöhten Gemeinlebens«[20].

Dieser und der unmittelbar folgende Passus Kommerells fallen Benjamin ins Auge, wie wir in den zur Rezension dazugehörigen Notizen lesen können, die später keinen Platz in der veröffentlichten Rezension finden und die jetzt in der neuen kritischen Gesamtausgabe veröffentlicht sind: »Sehr wichtig ist p 462 oben. Da zeigt sich, daß der Nationalismus in diesem Buch eine bedeutende Umprägung erfährt. Dinge die Rangs Kritik des deutschen Todesglaubens verwandt sind, klingen – allzuleise – an«[21]. Benjamin meint hier die *Deutsche Bauhütte*, nämlich das 1924 veröffentlichte Buch des verstorbenen Freundes, »wahren Lesers« seines *Ursprung des deutschen Trauerspiels* und nun in der Kommerellschen Besprechung mit großem Respekt zitierten Florens Christian Rang. Benjamin wertet ihn als »de[n] tiefste[n] Kritiker des Deutschtums seit Nietzsche«[22] (übrigens ist dieser gestrichene Passus im Juli 1929 zu datieren – zur gleichen Zeit also, als Benjamin Ansichtskarten aus der Toskana mit Bemerkungen über das Buch an Kracauer und an Scholem sandte). Nun liefert Rang in dieser Besprechung letztlich eine theologisch-politische Antithese zu Kommerell: Obwohl Rang und Kommerell sich in der Kritik des etablierten, aber irregeführten – weil unpoetischen – Sendungsbewusstseins des deutschen Volkes einig sind, nehmen sie in der Wertung der messianischen Aufgabe der Dichter und Philosophen doch diametral entgegengesetzte Positionen ein. Nicht zufällig entnimmt Benjamin das Zitat Rangs über den deutschen Todesglauben dem Kapitel über »die deutsche Tragik«, das Rechenschaft über den deutschen Idealismus ablegt, indem Rang darin behauptet, »der deutsche Idealismus ist die deutsche Tragik« und diese Tragik kennzeichnet seitdem die deutsche Existenz. Rang schließt das Kapitel wie folgt: »Wir sind ein dem Schicksal verfallenes Volk, wenn wir ans Schicksal glauben statt an die Freiheit – an die Freiheit der im

---

20 Kommerell 1982, S. 461–462.
21 Benjamin 2011, S. 735.
22 Benjamin 1972, S. 254.

Gewissen gebundenen Tat«[23]. Die Kritik Rangs verkörpert somit genau das Gegenteil dessen, was Kommerell emphatisch als »das erwachte Volk« bezeichnet, jenes Volk nämlich, das nur die messianische Sendung des Dichters, also Hölderlins, auf mysteriöse Weise erwecken kann: Hölderlin kann in der Tat nach Kommerell »so unbegreiflich sicher in der nur ihm faßbaren Zukunftswelt [werden], daß er die nächsten Stufen des Werdens überspringend sich auf der letzten festlichsten umsieht«[24]. Sicherlich wusste Walter Benjamin diese Deutung zu schätzen, hinter der natürlich die neue Rezeption Hölderlins durch Norbert von Hellingrath stand;[25] gleichzeitig konnte er aber sicherlich nicht – zumal durch die kritische, nietzscheanische Vermittlung Rangs – deren mystisch-organischer Schlussfolgerung beipflichten. »Jedenfalls kann der Geschichtsverlauf das Bild, das hier von Hölderlin gegeben wird, kaum mehr assimilieren. Auseinandersetzung mit dem Stande des Deutschtums wäre hier nötig. Vgl. Rangs Bauhütte« – dies ist eine weitere, nüchtern-negative Aufzeichnung Benjamins zum Buch, die wieder auf Rang verweist. Eine solche kritische Auseinandersetzung mit dem Deutschtum ist in dem Buch Kommerells tatsächlich nicht zu finden, eine Ausnahme bildet die Auffassung der Weimarer Klassik »als Gegenbewegung gegen ihr Zeitalter«[26] – so lautet eine weitere, diesmal positive, aber ebenso unveröffentlicht gebliebene These Walter Benjamins zu Kommerells Buch.

Es geht also Benjamin beim Lesen des Buches Kommerells darum, dass der deutsche Konservativismus, der eigentlich nicht mehr existiere, auf einer esoterischen Lehre des Dichterischen basiert, in der der Dichter prophetische Züge annimmt und dafür die Sprache der Sekten benutzt. In der Tat findet Benjamin in der »blumigen Bildersprache« Kommerells den »gefährliche[n] Anachronis-

---

23 Rang 1924, S. 53.
24 Kommerell 1982, S. 461. Und doch lässt sich diese Behauptung nicht im Sinne der Analyse von Matthias Weichelt interpretieren: »Im Gegensatz zu Goethe ist Hölderlin der Vertreter *par excellence* einer radikal übergängigen Kunst – und eine Kunst, die sich nicht mehr auf Ganzheitsvorstellungen (wie Goethes ›Person‹) projizieren oder durch Bezugspunkte (wie Goethes ›Augenblick‹) strukturieren läßt, ist für Kommerell Ausdruck einer Krise: Mit der ›weltlosen‹ und ausdrücklich selbstreferentiellen Dichtung Hölderlins entsteht eine in sich geschlossene Welt der Zeichen, die sich nicht mehr auf die Wirklichkeit übertragen lasse. Gerade an dieser Weigerung, das ›Zeichen‹ der Dichtung zum ›Vorzeichen‹ werden zu lassen, treten die Differenzen besonders deutlich zutage, die Kommerell von jener Auslegungstradition trennen, die sich von George über Hellingrath bis zu Heidegger erstreckt und an der Dechiffrierung einer Geheimsprache arbeitet, deren göttliche Botschaft das nationale Schicksal bestimmen soll« (Weichelt 2006, S. 333).
25 Er schreibt z. B. 1915, ein Jahr vor seinem Tod als Soldat im Ersten Weltkrieg: »[I]ch nenne uns ›Volk Hölderlins‹, weil es zutiefst im deutschen Wesen liegt, daß sein innerster Glutkern unendlich weit unter der Schlackenkruste, die seine Oberfläche ist, nur einem geheimen Deutschland zutage tritt« (von Hellingrath 1922, S. 16–17).
26 Benjamin 2011, S. 737.

mus der Sektensprache. Ganz kann man dieses Buch nur verstehen aus einer grundsätzlichen Betrachtung des Verhältnisses, welches die Sekten zur Geschichte haben. Nie ist sie ihnen Gegenstand des Studiums, stets Objekt ihrer Ansprüche«[27]. Die Sekten als kultursoziologisches Problem, deren Beziehung zur Geschichte sowie zur Sprache sind tatsächlich Themen, die Benjamin in diesen Jahren sehr beschäftigen. 1929–1930 zu datieren ist ein weiterer, unveröffentlicht gebliebener Text mit dem Titel *Programm der literarischen Kritik*. In diesem Text lässt Benjamin die Literaturkritik stichpunktartig Revue passieren. Zu Punkt 5 dieses Programms schreibt er:

> »Deutschlands Leserkreis ist von höchst eigentümlicher Struktur: er zerfällt in zwei, einander etwa gleiche, Hälften: das ›Publikum‹ und die ›Zirkel‹. Diese beiden Teile überdecken sich nur wenig. Das ›Publikum‹ sieht in der Literatur ein Instrument der Unterhaltung, der Belebung oder Vertiefung der Geselligkeit, einen Zeitvertreib im höheren oder im mindren Sinn. Die ›Zirkel‹ sehen in ihr die Bücher des Lebens, Quellen der Weisheit, Statuten ihrer kleinen, alleinseligmachenden Verbände«.

Die Literatur dieser Zirkel zu erforschen, fährt Benjamin fort, »wäre zugleich eine Vorstudie zur Entwicklungsgeschichte des Sektenwesens im Deutschland des 20ten Jahrhunderts«[28]. Mit »Zirkeln« meint Benjamin in diesem Text offensichtlich u. a. den Kreis um Stefan George, und eine weitere Vorstudie zu dieser modernen Entwicklungsgeschichte ist eben auch die Rezension zum *Dichter als Führer* insofern, als Benjamin dem Autor attestiert, dass er »an der Klassik den ersten kanonischen Fall eines deutschen Aufstands wider die Zeit, eines heiligen Krieges der Deutschen gegen's Jahrhundert, wie ihn George später ausrief«[29] konstruiert hat. Zweifellos trägt die Studie Kommerells Züge einer solchen Gegenbewegung, indem er eine Literaturgeschichte der Weimarer Klassik entwirft, in der sich auch eine Geheimlehre des Deutschtums verbirgt. Für Benjamin ist der oppositionelle Charakter des Werks und des Autors – gegen seine Zeit und gegen die laufende Geschichte – zentral, so dass er auch ein Jahr später, als er einen Essay über *Literaturgeschichte und Literaturwissenschaft* in der *Literarischen Welt* veröffentlicht, wieder behauptet, dass es nur wenigen Literaturgeschichtsschreibern des George-Kreises (und hier nennt Benjamin nur Hellingrath und Kommerell) gelungen ist, »einen widerphilologischen Geist« zu entwickeln, der nun »im Dienst des Exorzismus von Geschichte«[30] steht.

Vier Jahre später, als Benjamin sich schon im Pariser Exil befindet, bespricht er ein zweites Buch von Max Kommerell, eine 1933 erschienene Monographie zu

---

27 Benjamin 1972, S. 255.
28 Benjamin 1985, S. 161.
29 Benjamin 1972, S. 255.
30 Ebd., S. 289.

Jean Paul. (Übrigens soll es hier keineswegs als Zufall angesehen werden, dass beide Rezensionen Benjamins, die sich hauptsächlich mit dem Thema des Deutschtums im Literarischen beschäftigen, im Ausland konzipiert und geschrieben werden). Benjamin liest dieses Buch als luzide Fortsetzung des literaturgeschichtlichen Programms des George-Kreises, und zwar durch einen seiner besten und intelligentesten Anhänger. Eigentlich gehört aber Kommerell zu diesem Zeitpunkt schon nicht mehr zum Kreis um George – zumal nach dem Exiltod des Meisters in der Schweiz – und Benjamin erkennt, dass eine Distanzierung zwischen dem Autor und »dem Gründer der Schule«[31], also Friedrich Wolters, stattgefunden hat. Die Lektüre Jean Pauls durch Kommerell ist nach Benjamin insofern irreführend – gleichzeitig auch verführend –, als er den Weimarer Außenseiter als einen Humoristen charakterisiert, ja als »Störenfried[e] und enfant terrible« wie Sokrates – ohne aber an dessen kulturellen und sozialen Hintergrund zu denken. Benjamin wirft also Kommerell vor, das Biedermeier vergessen, oder besser: verklärt zu haben. Denn das Biedermeier bringt nach Benjamin »de[n] Zusammenbruch der Forderung« mit sich, »die die Klassik an das deutsche Bürgertum gestellt hat. Diese Forderung hieß: Versöhnung mit dem Feudalismus durch ästhetische Erziehung und im Kult des schönen Scheins«[32]. Das kultursoziale Scheitern der Weimarer Klassik missverstanden zu haben, ist also der gravierende Fehler der Jean-Paul-Studie Kommerells. Denn das Biedermeier, fährt Benjamin fort, ist die Fortsetzung des Barock – von dessen kreatürlichem Pessimismus und dessen Grausamkeit – in anderem Gewand; und Jean Paul verkörpert diese Metamorphose perfekt, nämlich als Vertreter einer Literatur, die keine Form- oder Gestaltengeschichte ist, sondern sozusagen zur *Umgestaltungs*geschichte wird: »Entstaltendes Geschehen ist der Stoff Jean Paulscher Dichtung«[33] – so das Verdikt Benjamins. Kommerell dagegen sieht in Jean Paul einen bürgerlichen Humoristen, der versucht hat, »die Symbole, die ihm in anderen Zeitaltern ein Stand geliefert hätte, zu ersetzen [...] durch allgemeinsten Gegensatz, durch die Unversöhnlichkeit von Geist und Endlichkeit, die zugleich das Geheimnis seiner Person war«[34]. Kommerell zeigt in Jean Paul im Grunde genommen auch das Scheitern der Weimarer Klassik, wie Benjamin es tut: bloß in Form einer Verfallsgeschichte des Literarischen und des Sozialen (»Der völlig entbundene Geist ist eine Folgeerscheinung des Bürgertums, das seine Gebärde verlor«[35]).

Abschließend lässt sich festhalten, dass sich auf diese Weise die Gratwanderung offenbart, mit der sich Benjamin in seiner Kritik zu den kulturkonservativ

---

31 Ebd., S. 410.
32 Ebd., S. 415.
33 Ebd., S. 416.
34 Kommerell 1977, S. 419.
35 Ebd., S. 418.

und -national bestimmten Stellungnahmen Kommerells äußert: einerseits als
positive Anerkennung des buchstäblich *wider-sprüchlichen* Charakters, des innovativen Charakters also, der sich gegen jegliche philologisch-hermeneutische
Kritik positioniert; andererseits aber als Ablehnung der versteckten politischen
Theologie, die die geheime Führerschaft der Literaten proklamiert, auch und
gerade wenn sie völlig scheitern, wie die Fälle Jean Paul und Hölderlin zeigen.
Aus diesen Prämissen kann man die Umrisse einer Kritik konturieren, die die
Grenzen der traditionellen Philologie und der Gestaltengeschichte sprengt;
zugleich aber vor den Gefahren einer mystischen, d. h. unmittelbar einfühlenden
Kritiktätigkeit warnt, die in eine Erlebnisphilosophie des Unausdrücklichen zu
münden droht. Die starke Kontinuitätslinie, die Kommerell mit seinem Dichter-
als-Führer-Buch zwischen Weimarer Klassik und Stefan George stiftet, ist homogen und gut vereinbar mit dem literaturwissenschaftlichen und geschichts-
philosophischen Projekt des Autors, in die Weimarer Klassik auch Autoren wie
Hölderlin oder Jean Paul zu integrieren, die im kanonischen Sinn nicht dazu
gehören sollten. Und das ist als ironische Distanzierung des Kritikers zu verstehen. So lässt sich die literaturgeschichtliche Leistung Kommerells weniger
statuenhaft und organisch als eher – wie Benjamin sie darstellt[36] – brüchig und
bewegt interpretieren: Der ehemalige Schüler Georges hat bemerkenswerter-
weise auch ein Buch über das Kasperle-Theater geschrieben – wie es übrigens
auch Walter Benjamin getan hat. Kasperle wird somit zur unerwarteten Denkfigur, die das Denken Benjamins und Kommerells letztlich verbindet: Und zwar
in dem Maße, dass diese Puppentheaterfigur die innere Wahrheit des Literarischen und des Kulturellen mit ihrem karnevalistischen Charakter gleichermaßen verhüllt und enthüllt, zeigt sie doch keine Persönlichkeit, sondern eine
charakterologische und physiognomische Besonderheit. So möchte ich gern
schließen mit den knappen Worten eines Vortrags über Kommerell, den Gert
Mattenklott 1985 in Marburg gehalten hatte: »Max Kommerell, geb. am 25.11.
1902, starb 42jährig am 25. Juli 1944 in Marburg an der Lahn, wo er vier Jahre
lang Ordinarius für Neuere deutsche Literaturgeschichte war – Kasperle hat
überlebt«[37].

---

36 Eine interessante Perspektive in diesem Sinn bietet der italienische Germanist Maurizio
   Pirro: vgl. Pirro 2002.
37 Mattenklott 1986, S. 27.

Literatur

Agamben, Giorgio: ›Kommerell, oder von der Geste‹, in: Ders.: *Die Macht des Denkens. Gesammelte Essays.* Frankfurt am Main 2013, S. 274–285 [it. Or.-Ausg.: ›Kommerell, o del gesto‹, in: Kommerell, Max: *Il poeta e l'indicibile. Saggi di letteratura tedesca.* Genova 1991, S. VII–XV].

Benjamin, Walter: ›Wider ein Meisterwerk. Zu Max Kommerells »Der Dichter als Führer in der deutschen Klassik«‹ [1930], in: Ders.: *Gesammelte Schriften, Bd. III: Kritiken und Rezensionen.* Hg. v. Hella Tiedemann-Bartels. Frankfurt am Main 1972, S. 252–259.

Benjamin, Walter: ›Literaturgeschichte und Literaturwissenschaft‹ [1931], in: Ders.: *Gesammelte Schriften, Bd. III: Kritiken und Rezensionen.* Hg. v. Hella Tiedemann-Bartels. Frankfurt am Main 1972, S. 283–290.

Benjamin, Walter: ›Der eingetunkte Zauberstab. Zu Max Kommerells »Jean Paul«‹ [1934], in: Ders.: *Gesammelte Schriften, Bd. III: Kritiken und Rezensionen.* Hg. v. Hella Tiedemann-Bartels. Frankfurt am Main 1972, S. 409–417.

Benjamin, Walter: ›Goethes Wahlverwandtschaften‹ [1921–1922], in: Ders: *Gesammelte Schriften, Bd I/1.* Hg. v. Rolf Tiedemann / Hermann Schweppenhäuser. Frankfurt am Main 1974, S. 123–201.

Benjamin, Walter: ›Programm der literarischen Kritik‹ [1929–30], in: Ders.: *Gesammelte Schriften, Bd. VI: Fragmente, Autobiographische Schriften.* Hg. v. Rolf Tiedemann / Hermann Schweppenhäuser. Frankfurt am Main 1985, S. 161–167.

Benjamin, Walter: Gesammelte Briefe. Bd. III 1925–1930. Hg. v. Christoph Gödde / Henri Lonitz. Frankfurt am Main 1997.

Breuer, Stefan: Ästhetischer Fundamentalismus. Stefan George und der deutsche Antimodernismus. Darmstadt 1995.

Busch, Walter: ›Zum Konzept der Sprachgebärde im Werk Max Kommerells‹, in: Schiffermüller, Isolde (Hg.): *Geste und Gebärde. Beiträge zu Text und Kultur der Klassischen Moderne.* Bozen 2001, S. 103–134.

Hellingrath, Norbert von: ›Hölderlin und die Deutschen‹, in: Ders: *Hölderlin. Zwei Vorträge.* 2. Aufl. München 1922.

Kaulen, Heinrich: ›Nachwort‹, in: Benjamin, Walter: *Kritiken und Rezensionen* (Werke und Nachlaß. Kritische Gesamtausgabe Bd. 13). Frankfurt am Main 2011, S. 972–1009.

Kommerell, Max: ›Der Vers im Drama‹ [1939–1940], in: Ders.: *Dichterische Welterfahrung. Essays.* Hg. v. Hans-Georg Gadamer. Frankfurt am Main 1952, S. 147–158.

Kommerell, Max: Jean Paul. 5., durchges. Aufl. Frankfurt am Main 1977 [1933].

Kommerell, Max: Der Dichter als Führer in der deutschen Klassik. 3. Aufl. Frankfurt am Main 1982 [1928].

Massalongo, Milena: ›Versuch zu einem kritischen Vergleich zwischen Kommerells und Benjamins Sprachgebärde‹, in: Busch, Walter / Pickerodt, Gerhart (Hg.): *Max Kommerell. Leben – Werk – Aktualität.* Göttingen 2003, S. 118–161.

Mattenklott, Gert: Bilderdienst. Ästhetische Opposition bei Beardsley und George. 2. u. erg. Ausg. Frankfurt am Main 1985.

Mattenklott, Gert: Max Kommerell. Versuch eines Porträts. Marburg 1986.

Pirro, Maurizio: ›»Die entzauberte Tradition«. Max Kommerell e il modello ermeneutico georgiano‹, in: *Studi Germanici* 2002/1, S. 67–99.

Port, Ulrich: ›Die »Sprachgebärde« und der »Umgang mit sich selbst«. Literatur als Lebenskunst bei Max Kommerell‹, in: Busch, Walter / Pickerodt, Gerhart (Hg.): *Max Kommerell. Leben – Werk – Aktualität.* Göttingen 2003, S. 74 – 97.

Port, Ulrich: Pathosformeln. Die Tragödie und die Geschichte exaltierter Affekte (1755 – 1888). München 2005.

Rang, Florens Christian: Deutsche Bauhütte. Ein Wort an uns Deutsche über die mögliche Gerechtigkeit gegen Belgien und Frankreich und zur Philosophie der Politik. Leipzig 1924.

Raulff, Ulrich: Kreis ohne Meister. Stefan Georges Nachleben. München 2009.

Schiffermüller, Isolde: ›Gebärde, Gestikulation und Mimus. Krisengestalten in der Poetik von Max Kommerell‹, in: Busch, Walter / Pickerodt, Gerhart (Hg.): *Max Kommerell. Leben – Werk – Aktualität.* Göttingen 2003, S. 98 – 117.

Weber, Christian: Max Kommerell. Eine intellektuelle Biographie. Berlin 2011.

Weichelt, Matthias: Gewaltsame Horizontbildungen. Max Kommerells lyriktheoretischer Ansatz und die Krisen der Moderne. Heidelberg 2006.

Weichelt, Matthias: ›Max Kommerell‹, in: Aurnhammer, Achim / Braungart, Wolfgang / Breuer, Stefan / Oelmann, Ute (Hg.): *Stefan George und sein Kreis. Ein Handbuch.* Berlin 2012, S. 1495 – 1499.

Wolters, Friedrich: Stefan George und die Blätter für die Kunst. Deutsche Geistesgeschichte seit 1890. Berlin 1930.

Giulia A. Disanto

Hans Werner Richter und die literaturkritische Debatte im Nachkriegsdeutschland

>»Auch ward man gewissermaßen aufgefordert, natürlich und doch bedeutend zu sein...«   J.W. von Goethe, *Aus meinem Leben. Dichtung und Wahrheit*[1]

In seinem Roman *Die Stunde der falschen Triumphe* verflechtet Hans Werner Richter zwei spiegelbildliche Geschichten aus den Jahren des Nationalsozialismus: die Geschichte des zur Konformität neigenden Friseurs Willy und die des Widerstand leistenden, gleichnamigen Lehrers Willy.

Am Anfang des folgenden Zitats überlässt der auktoriale Erzähler dem Friseur Willy kurz das Wort, damit der Leser einen Einblick in seinen Gedankengang gewinnen kann. Was hier subtil beschrieben wird, ist seine trotz Zweifel stetig wachsende Haltung der Anpassung in der Zeit der Hitler-Diktatur.

>»Ein Friseur muß kein politischer Mensch sein, keine feststehenden Meinungen haben, das kann nur schädlich sein für das Geschäft.
>Danach verhielt er sich in den folgenden Wochen, obwohl ihm vieles mißfiel, die vielen neuen Uniformträger, die bramarbasierenden Reden, das Aussterben der anekdotenreichen Erzählungen, der veränderte Ton. Niemand, so kam es ihm vor, wagte nun noch, offen zu reden.«[2]

Richter verstand Kritik vor allem als ein unentbehrliches Instrument, das wie ein »scharfes Seziermesser«,[3] in eine solche Folge von Gedanken einzudringen weiß, um sie anders zu steuern, und zwar in die Perspektive eines besseren Menschen in einer demokratischeren Gesellschaft.

Dieser allgemeine Kritikbegriff prägt gleichermaßen Richters politisches sowie literarisches Engagement, wobei beide Aspekte nicht voneinander zu trennen sind.

So schreibt er Anfang Juli 1947 an Wolfgang Lohmeyer:

---

1 Aus dem Brief von Freia von Wühlisch an Hans Werner Richter, 13.09.1947, in Richter 1997, S. 37.
2 Richter 1983, S. 24.
3 Aus dem Brief von H. W. Richter an Wolfgang Lohmeyer, 2.7.1947, in Richter 1997, S. 13.

»Ohne das Wiedererwachen einer scharfen, echten und gesunden Kritik ist jeder neue Anfang sinnlos. Es sind einfach zuviel Schlacken da, die vorerst beseitigt werden müssen. Das können Sie nur mit einem scharfen Seziermesser. Es muss geschnitten werden, grausam, schonungslos und ohne jede Rücksicht. Der Schrei nach dem Positiven ist sinnlos solange nicht die Erkenntnis des Negativen ihm vorausgeht. Was ich unter echter Kritik verstehe, brauche ich Ihnen nicht auseinanderzusetzen. Sie muss einfach wieder von dem unbedingten Fanatismus zur Wahrheit getragen werden. Ich lehne jede Manier des sogenannten gepflegten Stils, jeden Versuch vor einem müden und versuchten Publikum mit akademischen Bildungsfloskeln zu brillieren, als den Krebsschaden unserer Zeit ab. Wir müssen wieder lernen einfach, echt, wahr und, wenn es not tut, gegen uns selbst grausam zu sein.«[4]

Seit dem Frühjahr 1945 hatten Richter und Alfred Andersch im amerikanischen Kriegsgefangenenlager für Antifaschisten *Fort Kearney* bei Rhode Island die Zeitschrift *Der Ruf. Zeitung der deutschen Kriegsgefangenen in den USA* herausgegeben. Durch diese Zeitschrift, die als publizistisches Organ des *reeducation*-Projekts gedacht war, wollte die amerikanische Besatzungsmacht eine demokratische Denkweise unter den deutschen Kriegsgefangenen verbreiten. Die Zeitschrift wurde 1946 nach der Entlassung einiger Mitarbeiter (vor allem Alfred Andersch und Walter Kolbenhoff) in München neugegründet und erschien bis April 1947, als sie wegen der kritischen Position gegenüber den Amerikanern verboten wurde.[5] Aus der Zusammenarbeit von hauptsächlich ehemaligen *Ruf*-Mitarbeitern entstand das Projekt einer neuen literarisch-politischen Zeitschrift mit dem Titel *Der Skorpion*, die allerdings nie erscheinen sollte. Bei der Planung der Probenummer hatte sich jedoch eine Gruppe von Publizisten und Schriftstellern gebildet; dazu gehörten u. a. Walter Kolbenhoff, Günther Eich, Wolfdietrich Schnurre, Alfred Andersch und Ilse Schneider-Lengyel, in deren Haus das erste Treffen der Gruppe 47 stattfand.[6]

Auch wenn Richter später in Bezug auf die amerikanische Politik der Umerziehung vor allem seine kritische Haltung gegenüber der Kollektivschuldthese unterstrichen hat und sein publizistisches Engagement auch als Mittel, um die Wiederholung der von linken Intellektuellen während der Weimarer Republik begangene Fehler zu verhindern, präsentiert hat, so sind die Gemeinsamkeiten zwischen seinem didaktisch-demokratischen Unterfangen innerhalb der Gruppe 47 und der im amerikanischen Lager geübten Debattenkultur nicht zu übersehen.[7]

Die Gruppe 47 war also »doch mehr ein pädagogisches Unternehmen als ein

---

4 Ebd.
5 Zur Geschichte der Zeitschrift vgl. Arnold 1980, S. 14 f. und Arnold 2004, S. 17 f.
6 Bannwaldsee bei Füssen im Allgäu, 5. bis 7. 9. 1947.
7 Vgl. Geppert 2012, S. 241.

literarisches«, schrieb Richter rückblickend.[8] In einem Brief vom November 1961 an Rudolf Walter Leonhardt hatte er noch ausdrücklicher erklärt:

>»Ich wollte nach dem Krieg einen anderen, weltzugewandten, politisch (nicht parteipolitisch) engagierten Schriftsteller. Ich sah damals das Unglück Deutschlands nicht nur in der politischen Entwicklung, sondern vor allen Dingen in seiner geistigen und damit auch literarischen. [...] Praktisch war es immer eine pädagogische Arbeit. Deshalb bestimmte Formen der Kritik, des Ertragens der Kritik, und der immer geübten Achtung der Meinung und des Könnens des anderen.«[9]

Richters Begriff der Kritik ist also sehr tief in seiner sozialdemokratischen und kulturkritischen Einsicht sowie in seinem persönlichen Erlebnis der deutschen Geschichte und der Kriegsgefangenschaft verwurzelt. Zur Bestimmung von Kritik werden von Anfang an eher ethische als literarische Ausdrücke benutzt. Richters pädagogische Zielsetzung bei der Gestaltung seiner ganzen kulturellen Initiativen stellt ihn zweifellos in jene Traditionslinie der *littérature engagée*, die in Deutschland vom literarischen Jakobinismus des 18. Jahrhunderts bis zu Bertolt Brecht und Walter Benjamin führt.[10]

Was war aber mit den »bestimmten Formen der Kritik« im ästhetisch-literarischen Sinn gemeint? Was war die spezifische literaturkritische Rolle der Gruppe 47?

Diese Fragen sind aus verschiedenen Gründen schwer zu beantworten.

Der erste Grund liegt im Quellenmaterial, das einer solchen Analyse dienen kann. Heinrich Vormweg hat z. B. darauf hingewiesen, dass die Gruppe 47 gerade im Blick auf die Kritik »nichts anderes als eine Folge von Ereignissen« gewesen sei und daher ihre Bedeutung sowie ihre »mimische und gestische Subkonversation« nur »im Miterleben« vermittelt werden könne.[11] Quellen zur Rekonstruktion der Ereignisse sind z. B. Zeugen- und Tagungsberichte sowie Tonbandmitschnitte der späteren Tagungen.[12] Die mitteilsamste Quelle von allen

---

8 H. W. Richter an Walter Mannzen, 18.2.1961, in Richter 1997, S. 339. Vgl. auch Richters Tagebuchaufzeichnung vom 14.10.1969, in Richter 2012, S. 135–136: »Mit Uwe Johnson und Klaus Roehler langes Gespräch in einer Kneipe. Johnson war mehr als aufgeschlossen. Nun will auch er die Gruppe 47 wieder haben. Das hatte ich nicht erwartet. Klaus Roehler: ›Das war keine literarische Schule, sondern eine Schule für Verhaltensweisen. Du hast die Verhaltensweisen den anderen vorgelebt. Und wenn das wegfällt, geht vieles zugrunde‹. Uwe Johnson nickte dazu. Ich habe es gern gehört. Vielleicht haben beide recht.«
9 H. W. Richter an Rudolf Walter Leonhardt, 11.11.1961, in Richter 1997, S. 378.
10 Ich denke insbesondere an das nie mehr realisierte Projekt einer Zeitschrift namens *Krisis und Kritik*, für das Benjamin an Brecht sowie an andere Intellektuellen der Zeit dachte. Dazu Benjamin 1985. Zum Begriff der *littérature engagée* s. Sartre 1986.
11 Vormweg 1991, S. 239–240.
12 Dazu Arnold 1988, S. 86: »Aber selbst nach Durchsicht sämtlicher Abschriften der durch Rundfunkaufzeichnungen überlieferten Kritikpassagen zu den Lesungen erkenne ich nichts, was die Kritik in der Gruppe 47 unterschiede von jedem anderen beliebigen Gespräch von Literaten und Kritikern über literarische Texte«.

bietet Hans Werner Richter selbst, der in Berichten, Artikeln, Briefen, später auch in Tagebucheinträgen und schließlich durch Porträts in erzählerischer Form sich ausführlich über die Praxis der Kritik und die Kritiker in der Gruppe geäußert hat. Richters Äußerungen sind vielleicht die heikelste, weil gleichsam dubiose Quelle. Auf die Fiktionalität der autobiografischen Selbstdarstellung Richters werde ich noch kurz am Schluss zu sprechen kommen, hier sei nur hervorgehoben, dass Richter von vornherein ganz bewusst an der Konstruktion eines bestimmten Bildes der Gruppe gearbeitet hat.

Unter anderen hat Helmut Heißenbüttel vor dem Scheitern jedes Systematisierungsversuchs des Phänomens »Gruppe 47« gewarnt.[13] Von den Gegnern als »Kollektiv« bezeichnet, von Richter eher als ein lebensvoller »Organismus«,[14] war die Gruppe ein plurales Phänomen, das mindestens zwei Jahrzehnte lang das kulturelle Leben der Bundesrepublik begleitete und es dabei entscheidend prägte.

Ein zumindest teilweise systematischer Versuch zum Verständnis dieses dynamischen Organismus kann nicht aufgegeben werden. Man könnte z. B. die Entwicklung dieses Komplexes als Ergebnis eines Koordinatensystems mit mehreren Achsen betrachten. So wären vor allem zwei Dimensionen dieser Entwicklung zu berücksichtigen, eine synchronische und eine diachronische Dimension.

Im Folgenden bezieht sich die synchronische Analyse auf die Festsetzung einiger Charakteristika während der Gründungsphase des Gruppenlebens, die diachronische Analyse berücksichtigt hingegen die Veränderungen innerhalb der Gruppe, die Bedeutung ihres öffentlichen Auftretens und die Entwicklung der kritischen Praxis im Laufe der Jahre.

Wie bekannt lesen bei den Treffen von Richter persönlich eingeladene Schriftsteller Passagen eines noch unveröffentlichten Manuskripts vor, woraufhin Richter die Publikumsdebatte mit den Worten eröffnet: »Zur Kritik, bitte«. Es gibt keine offiziellen Kriterien für die Beurteilung der jeweiligen Texte, dennoch setzt sich eine präzis geregelte Vorgehensweise durch: Der Text wird nur einmal gelesen und das Publikum hört ihn zum ersten Mal; die Kritiken werden gleich nach der Lesung formuliert und der jeweilige Autor darf sich dazu nicht äußern; Grundsatzdiskussionen über ästhetische sowie politische Fragen bleiben ausgeschlossen, die Kritiken beziehen sich vor allem auf das ausgewählte Wortmaterial; schließlich wird ein realistisches Schreiben vorgezogen, das sich vom pathetischen Ton der Nazizeit klar unterscheidet.

Aus einer synchronischen Perspektive können also schematisch folgende Aspekte hervorgehoben werden:

---

13 Ebd., S. 80 und Heißenbüttel 1965.
14 H. W. Richter an Wolfgang Lohmeyer, 22.04.1948, in Richter 1997, S. 76.

Zur Kritik: Die während der Treffen praktizierte Kritik ist werkimmanent, mündlich, spontan, sachlich, nicht theoretisch, sondern handwerklich und strikt auf das Sprachmaterial bezogen; sie ist hart, schonungslos, soll keine Rücksicht auf die Person des Autors nehmen, da sie ein pädagogisches Ziel hat und auf jeden Fall ehrliche Freundschaft voraussetzt.[15]

Die Schonungslosigkeit beim Kritisieren soll von den unter sich befreundeten Teilnehmern als etwas Positives akzeptiert werden. Kritikbereitschaft ist wichtiger als literarisches Talent, denn letzten Endes geht es um ein nicht nur rein literarisches, sondern auch kulturpolitisches Verfahren.

Kritik ist heterogen und vielfältig wie die Gruppe, Kritiker ist jeder, literarische Kritik ist ein kollektives Ereignis.

Ein so konzipierter kritischer Vorgang wird zwangsläufig ein soziales, fast theatralisches Ereignis, das von literarisch sachfremden Faktoren entscheidend beeinflusst wird: der Art des Vorlesens, der Stimme, der Qualität und der Folge aller zur Lesung geplanten Texte usw. All diese Faktoren spielen in diachronischer Hinsicht eine immer größer werdende Rolle.

Kritik hat schließlich eine didaktische Funktion: Gerade in der Nachkriegszeit ist sie Einladung zum aufgeklärten Gespräch, zur Kommunikation, zur Ablehnung der Kultur des Schweigens, zur Demokratisierung.

Das Ritual der Kritik erfüllt eine kathartische Funktion, wenngleich ohne Abreaktion, d. h. ohne klare Auseinandersetzung mit der deutschen Vergangenheit.

Zur Gruppe: Die Gruppe definierte sich in vielerlei Hinsicht *ex negativo*. Sie behauptete sich z. B. als »junge Generation« in Opposition zu einer »älteren«; als innovativ im Gegensatz zur Tradition; als eine neue kulturelle Elite, die sich vom Bildungsbürgertum abhebt; als Gruppe junger Autoren, die sich sowohl von den Exilautoren als auch von den Vertretern der »inneren Emigration« abgrenzt. Auf diese Weise baut Richter eine Strategie der Behauptung der Gruppe im literarischen und kulturellen Leben der Bundesrepublik auf.

Das Adjektiv »jung«, auf das Richter immer wieder zurückgreift, stand, wie es

---

15 Vgl. Richters Brief an Wolfgang Lohmeyer, 26.11.1947 in Richter 1997, S. 65: »Für mich ist die Literatur neben allem anderen auch eine Form des lebendigen Gesprächs und der immer wachgehaltenen Kritik von Mensch zu Mensch. Nach diesem Gesichtspunkt setzt sich auch die Gruppe 47 zusammen. Natürlich geht die Kritik innerhalb der Gruppe bei solchen Zusammenkünften im wesentlichen von formalen Gesichtspunkten aus. Aber ich glaube keiner von uns, auch die stärksten Begabungen unter uns nicht, sollten sich einer solchen Kritik entziehen, da alle am Anfang stehen. Es ist nun einmal so, dass jede neue literarische Entwicklung in Deutschland zuerst und vor allen Dingen einmal einer scharfen, gerechten und reinen Kritik bedarf. Das ist der Grundsatz nach dem sich die Leute der Gruppe 47 zusammengefunden haben«. Beim Zitieren der Briefe werden hier wie übrigens auch in der Briefedition die Zeichensetzung sowie die orthographischen Besonderheiten Richters beibehalten.

bei Alfred Andersch zu lesen ist, für die »junge deutsche Generation, die Männer und Frauen zwischen 18 und 35 Jahren«, die sich »von den Älteren durch ihre Nicht-Verantwortlichkeit für Hitler, von den Jüngeren durch das Front- und Gefangenschaftserlebnis« unterschieden und »die Hinwendung zum neuen Europa mit leidenschaftlicher Schnelligkeit« vollziehen konnten.[16] Wie von der Forschung aufgezeigt ist die Bezeichnung »junge Generation« aber nicht so sehr im Sinne der Altersklassen zu verstehen, denn diese Auslegung würde übrigens für den 1908 geborenen Richter sowie für andere Gründungsmitglieder *stricto sensu* nicht gelten.[17] »Jung« steht metaphorisch für Opposition, Innovation, Wachbleiben, damit die Fehler der Vergangenheit nicht wieder begangen werden; das Wort steht außerdem für Zukunftsvision, Optimismus, Engagement und nicht zuletzt für gesellschaftliche Selbstbehauptung. »Jung« ist ein anderes Wort für das Motto »Neuanfang«, das als Fahne der Gruppe diente, wobei Richters Konzept nicht ganz frei von konservativen Elementen war. Hans Schwab-Felisch hat Hans Werner Richter als einen »linken Konservativen«[18] beschrieben und es ist tatsächlich nicht zu bestreiten, dass die Gründe des Erfolgs der Gruppe 47 auch in einer gewissen gesellschaftlichen Konformität liegen.[19] Hierbei ist anzumerken, dass Richter in seiner Korrespondenz und in einigen Tagebucheinträgen in Bezug auf ein nicht innovatives Konzept der Literatur nicht das Wort »konservativ«, sondern das Adjektiv »konserviert« gebraucht.[20] Der entscheidende Punkt bei Richter ist nicht so sehr ein von jeglicher Tradition unabhängiger und quasi ›liberaler‹ Wille zur Erneuerung, sondern die zeitgebundene Bekämpfung alter Formen als Mittel zum sozialen Wandel.

Das Sich-Behaupten durch Abgrenzungen ist eine erfolgreiche Strategie des »Meister[s] der Un-Schärfe«,[21] denn auf diese Weise gewann der Organismus Gruppe 47 an Elastizität und konnte sich in der orientierungslosen Gesellschaft der Nachkriegszeit besser positionieren.

Zum Literaturbegriff: Von Richter und Andersch wird Literatur definitionsgemäß als antifaschistisch erklärt und somit nach den Geschehnissen des

---

16 Andersch 1962 (Erstveröffentlichung 1946), S. 25.
17 Vgl. Cofalla 1997, S. 17 f., Ächtler 2011, S. 60 f., Gansel 2011, S. 24, Geppert 2012, S. 251 f.
18 Schwab-Felisch 1983.
19 Vgl. Cofalla 1997, S. 10.
20 S. z.B. Richter 2012, S. 139: »Immer fährt man in die Vergangenheit, in das konservierte Vorgestern« (Tagebucheintrag vom 3.11.1969) und ebd., S. 26: »Emigration war ›konservierte‹ Literatur der zwanziger Jahre, konservierter Stil, konservierte Sprache, konservierte Methode« (Tagebuchentrag vom 6.10.1966).
21 Folgendermaßen wird Richter von Heinz Ludwig Arnold beschrieben: »ein Meister der Feste und der Freundschaften [...]; und ein von allen in der Gruppe respektierter Bändiger der unterschiedlichsten Temperamente konnte er nur sein, weil er als Moderator meist moderat, ja geradezu ein Meister der Un-Schärfe war und dies allerdings in seinen Beschreibungen der Gruppe und ihrer Mitglieder bis heute geblieben ist« in Arnold 1988, S. 80.

Zweiten Weltkrieges wieder legitimiert, umso mehr als die von der Gruppe geförderte Literatur die der Gegenwart, der ›unkompromittierten‹ Autoren war.

Die Gruppe entwarf nie ein literarisches Programm, bestand aber aus »unzeitgemässen ›Realisten‹«[22] und berief sich auf eine von Martin Walser geforderte »simple Ästhetik«.[23] Geschätzt waren Natürlichkeit, Formlosigkeit, Authentizität, Realismus, Absage an pathetische Ausdrücke und Schönschreiberei, dokumentarischer schlichter Stil, jene ästhetischen Züge, die man unter dem von Wolfgang Weyrauch geprägten und von Richter zur Definition der Literatur der Gruppe übernommenen, nicht unproblematischen Begriff »Kahlschlag« zusammenbringt.

Schließlich ist anzumerken, dass Literatur für Richter im Prinzip eher ein kulturelles, soziales und politisches Faktum ist als ein rein künstlerisches. So bleiben ästhetische Werte innerhalb der Gruppe in Wirklichkeit unscharf. Demzufolge basieren auch die Wertmaßstäbe der Kritik nicht auf einer ästhetisch-literarischen Ebene; so wie sich Richter Kritik wünschte (als wahr, echt, gesund, authentisch, tolerant, ehrlich, grausam usw.), waren ihre Wertmaßstäbe nicht ästhetischer, sondern moralischer Natur.

Aus der diachronischen Perspektive, also in Bezug auf die sich im Laufe des Gruppenlebens verändernden Faktoren, sind folgende Aspekte zu beobachten, die größtenteils mit der wachsenden Popularität der Gruppe in den 1950er-Jahren zusammenhängen:

Zur Kritik: Aus dem gesamten Publikum der Teilnehmer profilieren sich Berufskritiker, die selbstbewusster zu Wort kommen und sich das Recht auf Fachkritik anmaßen. Autor und Kritiker differenzieren sich voneinander: Kritiker werden zu Wortführern in der Debatte, Autoren hören zu. Das kritische Verfahren verliert an Dialogizität und lässt einzelne Kritikerpersönlichkeiten hervorragen. Die »simple Ästhetik« gewährt Raum für die Kunst der Rhetorik. Schonungslosigkeit wird Spektakel und Kritik gewinnt durch die Medien eine unterhaltende Funktion. Zuerst wird die Ausrichtung des literarischen Preises der Gruppe (1950) zur Manifestation der Macht der Kritik und zum legitimierenden Mittel ihrer öffentlichen Durchsetzung, später stellt die Tagung in Sigtuna vom September 1964 den endgültigen Wendepunkt dar, der den »Sieg der Kritik über die Literatur« zelebriert.[24]

---

22 So Heinz von Cramer, Brief an H. W. Richter vom 12.10.1960, in Richter 1997, S. 318.
23 Im Gespräch mit Heinz Ludwig Arnold, ebd. S. 83.
24 Vgl. Richter 1979, S. 156 f.: »Tatsächlich benehmen sich die Kritiker, als müßten sie einen Stein, der den Berg hinunterrutscht, wieder zur Spitze hinaufschieben. Und sie schaffen, was ich schon nicht mehr für möglich halte. Das Feuerwerk, das sie mit ihrer Stegreifkritiken vorführen, ist brillant, geistreich, witzig. Sie überspielen die schlechten Lesungen, die schwachen Manuskripte, sie machen sie nicht besser als sie sind, eher schlechter, aber jede Lesung ist trotzdem ein Ereignis. Die Kritiker machen sie dazu. [...] Der Autor, der neben

Zusammenfassend könnte man sagen, dass im Laufe der Zeit die Vielfalt der kollektiven Kritik als Hilfestellung für den befreundeten Autor durch das normierte Spektakel der urteilenden Kritik ersetzt wird.[25]

Zur Gruppe: Die Gruppe tritt immer massiver in die Öffentlichkeit.[26] Die Bedeutung der Öffentlichkeit für die Gruppe ist an sich kein frappantes Novum, denn Richter betrachtet sie von Beginn an als ein Medium zur Realisierung seines kulturpolitischen Projektes. Nun ist die Kommunikation der Gruppe nach außen stärker als mediales Ereignis konnotiert, was entscheidende kommerzielle Nachwirkungen hat.

Bei wachsender Medienöffentlichkeit wird also gerade die Kritik zum Ausgangspunkt der Veränderungen der ursprünglichen Struktur der Gruppe, sie steuert ein Verfahren mit unmittelbaren Folgen auf dem Buchmarkt. Öffentlicher Erfolg schwächt die Kritik in ihrer ursprünglichen didaktischen Funktion und in ihrem moralischen Charakter, stärkt sie in ihrer pragmatischen Rolle mit ökonomischer Macht und breiter Resonanz.

Zur Literatur: Das Ritual der Tagungen mit seinen ungeschriebenen, aber nichtsdestoweniger verbindlichen Regeln beeinflusst die Herstellung der Texte, so z. B. die Wahl der Gattung, die Länge des zu lesenden Textes, da die bei den Treffen ausgesprochene Kritik wie ein Urteilsspruch wirkt und sich direkt auf den Erfolg des Werks niederschlägt. Die literarische Werkstatt wird nicht mehr praktiziert, denn es werden auch Texte gelesen, die druckfertig oder schon veröffentlicht sind.

Wenn die Gruppe 47 einen Neuanfang für die deutsche Literatur nach dem Krieg beansprucht hatte, so wollte sie – auch was die Kritik angeht – eine Art ›Stunde Null‹ darstellen.

Das literaturkritische Profil der Gruppe verfestigte sich von Anfang an im Kontrast zur konservativen Literaturkritik der 1950er-Jahre. Diese versuchte nach dem Krieg wieder Fuß zu fassen, indem sie die Gegenwart sowohl in politischer als auch in literarischer Hinsicht ignorierte und sich der Zusam-

---

mir sitzt, wird dabei völlig nebensächlich. Er ist Anlaß für die Kritiker, nicht mehr. Dies ist – ich weiß es – die Umkehr dessen, was ich einmal gewollt habe. Nicht mehr der Autor ist wichtig, sondern der, der über ihn spricht. Es ist der Sieg der Kritik über die Literatur. [...] Aus den unbeholfenen kritischen Fingerübungen der ersten Jahre ist hier im Klassenzimmer der Kommunalschule von Sigtuna ein ›Glasperlenspiel der Kritik‹ geworden«.

25 Der Gefahr dieser Entwicklung, die die ursprünglichen Rahmenbedingungen des Gruppenlebens springt, ist sich Richter bewusst. Vgl. z. B. Richters Brief an Marcel Reich-Ranicki vom 5. 10. 1961, in Richter 1997, S. 370: »Zwei Dinge sollen abgebaut werden: Das Massenmeeting und die Fachkritik. Wir wollen wieder zurück zur Autorenkritik, so wie es früher war. Diese Art der Kritik ist zwar unbeholfener, aber liebenswerter und fast immer auch treffsicherer«.

26 Wie von Jürgen Schutte hervorgehoben, galt Öffentlichkeit immerhin »als Instanz demokratischer Kontrolle gegenüber Herrschaft«, in Schutte 2011, S. 159.

mensetzung eines Kanons aus der Tradition der längst akzeptierten Klassiker widmete. Innerhalb der Gruppe wurde hingegen die Selektionsfunktion der Literaturkritik wieder in den Mittelpunkt gestellt und zwar in Bezug auf die junge deutsche Literatur der Gegenwart, die man entdecken und fördern wollte.

Die innerhalb der Gruppe 47 praktizierte Literaturkritik erlebte im Laufe der Jahre deutliche Veränderungen und wurde zur akademischen Fachkritik. Bei wachsender Popularität der Gruppe wuchs die Opposition seitens zeitgenössischer Literaturkritiker, wie u. a. Friedrich Sieburg, Rudolf Krämer-Badoni, Hans Habe. Aber die Gruppe wurde von den von außen kommenden Kritiken sogar verstärkt, sie konkurrierte mit den etablierten Kreisen der Literaturkritiker und schien eine »Totalitätsanspruch«[27] innerhalb der deutschen Literaturkritik zu erheben.

Wenn Richter die auf Freundschaft und auf aufgeklärter Gesprächsfreude basierende Kritik der ersten Stunde bereut,[28] soll man jedoch die Absicht des engagierten Literaten nicht unterschätzen, auch im Bereich der Literaturkritik einen entscheidenden Einfluss auszuüben. Lesung und Kritik waren zwar eine »intime Prozedur«,[29] aber eine, die dennoch eine breite Wirkung anstrebte.

> »Innerhalb dieses Kreises [Gruppe 47] nun sucht nach meiner Ansicht die Kritik ebenso nach Masstäben wie die literarische Arbeit und aus diesem Suchen allein können mit der Zeit neue Masstäbe und Werte entstehen, die selbstverständlich vorerst nur für die Gruppe Gültigkeit hätten. [...] Bis jetzt geht die Kritik innerhalb der Gruppe lediglich von zwei Gesichtspunkten aus und zwar zuerst von dem rein formalen, handwerklichen Können und dann von der Echtheit des Gelesenen. Sie wendet sich also nicht nur gegen den Dilettantismus, sondern auch gegen das leere Spiel mit Worten, hinter denen keine Substanz, keine echte Empfindung, kein Wille zur Wahrheit, keine Potenz mehr steht.«[30]

Als Schlussbetrachtung kann man hervorheben, dass der Einfluss der Gruppe ihre Auflösung überdauert hat, Aspekte ihrer literaturkritischen Praxis haben

---

27 Wolfgang Lohmeyer an H. W. Richter, 8.4.1948, in Richter 1997, S. 72.
28 H. W. Richter an Siegfried Lenz, 26.9.1961, in Richter 1997, S. 367: »Die Kritik wird allzu akademisch, offiziell, hat innerhalb der Gruppe ein Eigenleben, und dient nicht dem Autor, sondern schadet ihm. Das, was dort gesagt wird, eben von jenen Berufskritikern, könne man auch in den Zeitungen lesen, und damit hätte die Gruppe ihre eigentlich ursprüngliche Aufgabe verfehlt, nämlich das kritische Gespräch unter Autoren. Die Fachkritik, wobei es fragwürdig sei, ob diese Fachkritiker überhaupt über ein Privileg dieser Art verfügten, sei von Übel. Dabei wurden nicht Freundschaften gebildet, sondern zerstört, und auch das Kommunikationselement der Gruppe, das sich so stark in den letzten und auch vorletzten Nachkriegsjahren ausgewirkt hätte, ginge verloren«.
29 Vgl. H. W. Richter an Adolf Frisé, 28. 11.1962, in Richter 1997, S. 428.
30 Brief von Hans Werner Richter an Wolfgang Lohmeyer, 22.04.1948, in Richter 1997, S. 77. S. auch den Brief an Hans Sahl vom 19.1.1956, in Richter 1997, S. 211: »Ja, die Kritik als Institution gibt es nicht mehr. Übrigens lässt sich ein interessanter Artikel darüber schreiben. Maßstablosigkeit und Hintergründe der heutigen deutschen Kritik«.

wie ein Muster oder ein Gespenst in der Praxis der medialen Literaturkritik und
in ihrer Methodik weitergelebt, man denke an einige der bekanntesten Literaturpreise oder ans »Literarische Quartett«. Der Geist dieses literatur- und kri-
tikbetreibenden Freundeskreises geht aber verloren, sobald sich die historischen und sozialen Bedingungen radikal veränderten, aus denen heraus die
Gruppe entstanden war und z. B., wie Sabine Cofalla im Nachwort zu Richters
Korrespondenz bemerkt, die Figur des engagierten Schriftstellers an dringender
Notwendigkeit und Anziehungskraft verloren hat.[31]

Die Gruppe war in ihrem Dynamismus auf jeden Fall ein zeitbedingtes
Phänomen. Ihre Entwicklung kann als Parallelgeschichte zu der der Bundesrepublik gesehen werden; sie folgt z. B. dem wirtschaftlichen und medialen
Fortschritt des Landes in den 1950er-Jahren sowie dem Wachsen des Buch-
marktes in den 60ern; sie endet dann unmittelbar in den Jahren der Studen-
tenbewegung und der Regierung Willy Brandts, gegen dessen Politik Richter
nicht mehr opponierte und dessen Fähigkeit, »Kritik ohne Emotionen hinzu-
nehmen«, er schriftlich gelobt hatte.[32] In der Orientierungslosigkeit der Nach-
kriegsjahre hatte die Gruppe wichtige Funktionen erfüllt, die andere kulturelle
Institutionen wie Verlage oder Universitäten noch nicht zu erfüllen wussten. Der
moralisch-didaktische Charakter der Kritikmethodik selbst war die passende
Antwort auf eine gesellschaftliche Bereitschaft gewesen, sich moralische Werte
anzueignen. Die Verbreitung einer »Kultur der Kritik«[33] in der deutschen Bundesrepublik der 50er Jahre ist sicherlich eines der wichtigsten Verdienste von
Richters Initiative, wobei die Frage der fehlenden Auseinandersetzung mit der
deutschen Vergangenheit (aus der immer wieder Antisemitismusvorwürfe
aufkamen) offenbleibt.

Richter war nicht so sehr der Stratege »im Literaturkampf«,[34] sondern eher
der Stratege eines Kulturkampfes, der sich mittels Literatur und Kritik abspielte.
Das Erzählen über die Gruppe war ein wichtiger Bestandteil von Richters Strategie. Darauf, dass er mit seinen Erklärungen über die Gruppe schon in der
Gründungsphase bewusst auf eine Legendenbildung zielte, ist mehrmals hingewiesen worden. Es steckt aber meines Erachtens noch mehr hinter Richters
Beschreiben und Portraitieren des Subjekts »Gruppe 47«.

---

31 In Richter 1997, S. 715 f.
32 S. Richters Brief an Willy Brandt vom 20.6.1961 und an Egon Bahr vom 31.5.1961, in dem es
    heißt: »Im übrigen hat Willy Brandt gesiegt, das heißt, er hat sich durch die Art seiner
    Antworten und durch die Fähigkeit, Kritik ohne Emotionen hinzunehmen sehr viel Sym-
    pathien erworben. Das wird in unserem Kreis sehr geschätzt«, in Richter 1997, S. 347–348.
33 Vormweg 1991, S. 249.
34 Es sei hier darauf hingewiesen, dass Walter Benjamins Essay *Die Technik des Kritikers in
    dreizehn Thesen*, aus dem dieser berühmte Ausdruck stammt, 1952 in der von Richter
    herausgegebenen Zeitschrift *Literatur* erschien. S. Benjamin 1991, S. 108–109.

Der Schriftsteller Hans Werner Richter hat in seinen literarischen Werken mit vollen Händen aus seiner Biographie geschöpft und immer wieder auf die Authentizität der erzählten Geschehnisse hingewiesen, trotz und gerade aufgrund der schwankenden Erinnerungen. Dabei hat er bis zuletzt behauptet, kein Tagebuch schreiben zu wollen, wegen des Mangels an Natürlichkeit und Distanz zum Erlebten, den diese Textsorte bedingt.

Dass autobiographisches Schreiben sich der Fiktionalität und demzufolge einer gewissen Einbildungskraft bedient, ist eine Tatsache, über die schon Goethe reflektiert hat. Folgende Passage aus seinem *Aus meinem Leben. Dichtung und Wahrheit* scheint mir erhellend für das Verständnis von Richters Konzeption der Autobiographie:

> »Denn dieses scheint die Hauptaufgabe der Biographie zu sein, den Menschen in seinen Zeitverhältnissen darzustellen, und zu zeigen, in wiefern ihm das Ganze widerstrebt, in wiefern es ihn begünstigt, wie er sich eine Welt- und Menschenansicht daraus gebildet, und wie er sie, wenn er Künstler, Dichter, Schriftsteller ist, wieder nach außen abgespiegelt. Hierzu wird aber ein kaum Erreichbares gefordert, daß nämlich das Individuum sich und sein Jahrhundert kenne, sich, in wiefern es unter allen Umständen dasselbe geblieben, das Jahrhundert, als welches sowohl den willigen als unwilligen mit sich fortreißt, bestimmt und bildet, dergestalt daß man wohl sagen kann, ein Jeder, nur zehn Jahre früher oder später geboren, dürfte, was seine eigene Bildung und die Wirkung nach außen betrifft, ein ganz anderer geworden sein.«[35]

Richter entgingen weder die Veränderungen der Zeitumstände und von sich selbst als Individuum noch der notwendige Anteil an Fiktion, der auch in einem als biographisch dargestellten Werk zur Wiedergabe einer von Goethe genannten »höheren Wahrheit« (im Gespräch mit Eckermann, 30. 3. 1831) dient.

Er macht dies aber nicht an dem chronologischen, sondern an dem thematischen Gründungsmoment seines Schreibens fest: die Erfahrung des Krieges und der Kriegsgefangenschaft, also das Engagement für die Verhinderung der in der Weimarer Republik begangenen politischen Fehler. Im gleichen Maße bestätigte er immer wieder ein und dasselbe Bild der Gruppe 47, auch wenn sie sich in ihrer ursprünglichen Funktion manifest verwandelt hatte, so dass Heinz Ludwig Arnold diesbezüglich von einer »Tabuisierung des Funktionswandels«[36] seitens Richter sprach.

So ist vielleicht das Beharren auf einem bestimmten Bild von sich selbst, von seiner Motivation, von seinem Schreiben im Sinne der absichtlichen Darstellung der eigenen Werke als einheitliches und wahrhaftes Zeugnis als eine selbstinszenierte Art der Legitimation zu verstehen, die desto intensiver wird (also in Briefen und Tagebüchern öfter wiederholt), je mehr sich Richter von jenen

---

35 Goethe 1986, S. 13 f.
36 Arnold 1980, S. 203 f.

Nachkriegsjahren entfernt, denen er in den Tagebüchern explizit nachtrauert. Es geht um einen Prozess, der bedeutsamerweise auch bei anderen Schriftstellern nachzuvollziehen ist, die ihre Schriftstellertätigkeit direkt von der Erfahrung des Krieges herleiten, wie es z. B. bei Erich Maria Remarque oder bei Giuseppe Ungaretti der Fall ist. Der letzte hat sein gesamtes Œuvre unter dem Titel *Vita d'un uomo* [Ein Menschenleben] vereinigt. Richters Satz: »Es sind alles Geschichten aus meinem Leben«[37] klingt dem sehr ähnlich.

So sind vielleicht die faszinierenden Porträts von Schriftstellern und Kritikern zu verstehen, die Richter 1986 mit dem Titel *Im Etablissement der Schmetterlinge* veröffentlicht hat: als Erinnerungsbilder an eine vergangene Zeit.

Literatur

Andersch, Alfred: ›Das junge Europa formt sein Gesicht‹, in: Schwab-Felisch, Hans (Hg.): *Der Ruf. Eine deutsche Nachkriegszeitschrift*. Mit einem Geleitwort von Hans Werner Richter. München 1962, S. 21 – 26. Erstveröffentlichung in: *Der Ruf* 1946/1/1.

Arnold, Heinz Ludwig: Die Gruppe 47. Ein kritischer Grundriß. München 1980.

Arnold, Heinz Ludwig: »›…dann kann hier jemand nicht mehr kritisieren!«‹. Kritik in der Gruppe 47. Unsystematischer Versuch einer Annäherung‹, in: Schutte, Jürgen (Hg.): *Dichter und Richter. Die Gruppe 47 und die deutsche Nachkriegsliteratur*. Ausstellung der Akademie der Künste, 28. Oktober bis 7. Dezember 1988. Berlin 1988, S. 80 – 90.

Arnold, Heinz Ludwig: Die Gruppe 47. Reinbek bei Hamburg 2004.

Ächtler, Norman: ›Beredtes Schweigen: Hans Werner Richter und die Rhetorik der Störung im »Ruf«‹, in: Gansel, Carsten / Nell, Werner (Hg.): ›*Es sind alles Geschichten aus meinem Leben*‹. *Hans Werner Richter als Erzähler und Zeitzeuge, Netzwerker und Autor*. Berlin 2011, S. 47 – 67.

Benjamin, Walter: ›Memorandum zu der Zeitschrift *Krisis und Kritik*‹, in: *Gesammelte Schriften*. Hrsg. von Rolf Tiedemann und Hermann Schweppenhäuser, Bd. VI. Frankfurt am Main 1985, S. 619 – 621.

Benjamin, Walter: ›Die Technik des Kritikers in dreizehn Thesen‹, in: *Gesammelte Schriften*. Hrsg. von Rolf Tiedemann und Hermann Schweppenhäuser, Bd. IV/1. Frankfurt am Main 1991, S. 108 – 109.

Böttiger, Helmut: Die Gruppe 47. Als die deutsche Literatur Geschichte schrieb. München 2012.

Braese, Stephan (Hg.): Bestandaufnahme. Studien zur Gruppe 47. Berlin 1999.

Cofalla, Sabine: Der »soziale Sinn« Hans Werner Richters. Zur Korrespondenz des Leiters der Gruppe 47. Berlin 1997.

Cofalla, Sabine: ›Elitewechsel im literarischen Feld nach 1945: Eine soziologische Verortung der Gruppe 47‹, in: Parkes, Stuart / White, John J. (Hg.): *The Gruppe 47 Fifty Years On. A Re-appraisal of its Literary and Political Significance*. Amsterdam 1999, S. 245 – 262.

---

37 Richter / Wehdeking 1989 (ursprünglich 1978), S. 190 f.

Fetscher, Justus / Lämmert, Eberhard / Schutte, Jürgen (Hg.): Die Gruppe 47 in der Geschichte der Bundesrepublik. Würzburg 1991.

Gansel, Carsten: ›»Krieg im Rückblick des Realisten«. Hans Werner Richters »Die Geschlagenen«‹, in: Gansel, Carsten / Nell, Werner (Hg.): ›Es sind alles Geschichten aus meinem Leben‹. Hans Werner Richter als Erzähler und Zeitzeuge, Netzwerker und Autor. Berlin 2011, S. 11 – 28.

Gansel, Carsten / Nell, Werner (Hg.): ›Es sind alles Geschichten aus meinem Leben‹. Hans Werner Richter als Erzähler und Zeitzeuge, Netzwerker und Autor. Berlin 2011.

Geppert, Dominik: ›Hans Werner Richter als Tagebuchschreiber. Mutmaßungen über einen Text, den es eigentlich nicht geben sollte‹, in: Richter, Hans Werner: Mittendrin. Die Tagebücher 1966 – 1972. Hrsg. von Dominik Geppert in Zusammenarbeit mit Nina Schnutz. Mit einem Vorwort von Hans Dieter Zimmermann und einem Nachwort von Dominik Geppert. München 2012, S. 221 – 269.

Goethe, Johann Wolfgang von: ›Aus meinem Leben. Dichtung und Wahrheit‹, in: Sämtliche Werke. Hrsg. von Klaus-Detlef Müller, 40 Bände, Bd. I/14. Frankfurt am Main 1986.

Heißenbüttel, Helmut: ›Gruppenkritik‹, in Merkur 1965/39. Abgedruckt in: Lettau, Reinhard (Hg.): Die Gruppe 47. Bericht, Kritik, Polemik. Ein Handbuch. Berlin 1967, S. 202 f.

Helbig, Gerd R.: Die politischen Äußerungen aus der Gruppe 47 – Eine Fallstudie über das Verhältnis von politischer Macht und intellektueller Kritik. Diss. Erlangen 1967.

Jentzsch, Bernd: ›Man saß auf dem elektrischen Stuhl. Ein Gespräch mit Ulrich Janetzki‹, in: Sprache im technischen Zeitalter 1988/26/106, S. 70 – 71.

Kröll, Friedhelm: Die »Gruppe 47«. Soziale Lage und gesellschaftliches Bewußtsein literarischer Intelligenz in der Bundesrepublik. Stuttgart 1977.

Lettau, Reinhard (Hg.): Die Gruppe 47. Bericht, Kritik, Polemik. Ein Handbuch. Berlin 1967.

Leuschner, Ulrike: ›Freundeskreis, Clique, Machtinstanz: Die Gruppe 47‹, in: AION 2011/ 21/1 – 2, S. 91 – 106.

Meyer-Brockmann, Henry: Dichter und Richter. Die Gruppe 47 und ihre Gäste. Gezeichnet von H. M. Brockmann. München 1962.

Mrożek, Sebastian: Hans Werner Richter. Zum Prosawerk eines verkannten Schriftstellers. Frankfurt am Main 2005.

Neunzig, Hans A.: Hans Werner Richter und die Gruppe 47. Mit Beiträgen von Walter Jens, Marcel Reich-Ranicki, Peter Wapnewski u. a. München 1979.

Parkes, Stuart / White, John J. (Hg.): The Gruppe 47 Fifty Years On. A Re-appraisal of its Literary and Political Significance. Amsterdam 1999.

Richter, Hans Werner: ›Warum ich kein Tagebuch schreibe‹, in: Schultz, Uwe (Hg.): Das Tagebuch und der moderne Autor. Günther Anders u. a. München 1965, S. 95 – 109.

Richter, Hans Werner: ›Bilanz! Bilanz? Zwanzig Jahre Bundesrepublik aus der Sicht eines engagierten Schriftstellers‹, in: Die Neue Gesellschaft 1969/16 (Sonderheft: ›Zwanzig Jahre Bundesrepublik. Zehn Jahre Godesberger Programm der SPD‹), S. 67 – 74.

Richter, Hans Werner: Briefe an einen jungen Sozialisten. Hamburg 1974.

Richter, Hans Werner: ›Wie entstand und was war die Gruppe 47?‹, in: Neunzig, Hans A. (Hg.): Hans Werner Richter und die Gruppe 47. Mit Beiträgen von Walter Jens, Marcel Reich-Ranicki, Peter Wapnewski u. a. München 1979, S. 41 – 176.

Richter, Hans Werner: Die Stunde der falschen Triumphe. Roman. Ungekürzte Ausg. München 1983.

Richter, Hans Werner: Briefe. Hrsg. von Sabine Cofalla. München / Wien 1997.

Richter, Hans Werner: Im Etablissement der Schmetterlinge. 21 Portraits aus der Gruppe 47. Mit Photos von Renate von Mangoldt. Berlin 2004 [1986].

Richter, Hans Werner: Mittendrin. Die Tagebücher 1966–1972. Hrsg. von Dominik Geppert in Zusammenarbeit mit Nina Schnutz. Mit einem Vorwort von Hans Dieter Zimmermann und einem Nachwort von Dominik Geppert. München 2012.

Richter, Hans Werner / Wehdeking, Volker: ›Exilautoren und Außenseiter in der frühen Gruppe 47 und Hans Werner Richters Schreibanfänge im Dritten Reich. Ein Gespräch (6. 10. 1978)‹, in: Wehdeking, Volker: *Anfänge westdeutscher Nachkriegsliteratur. Aufsätze, Interviews, Materialien.* Aachen 1989, S. 173–191.

Richter, Toni: Die Gruppe 47 in Bildern und Texten. Köln 1997.

Sartre, Jean-Paul: Was ist Literatur? Hrsg. von Traugott König. Reinbek bei Hamburg 1986 [1947].

Schutte, Jürgen (Hg.): Dichter und Richter. Die Gruppe 47 und die deutsche Nachkriegsliteratur. Ausstellung der Akademie der Künste, 28. Oktober bis 7. Dezember 1988. Berlin 1988.

Schutte, Jürgen: ›Hans Werner Richter und die politische Kultur der Bundesrepublik‹, in: Gansel, Carsten / Nell, Werner (Hg.): ›*Es sind alles Geschichten aus meinem Leben‹. Hans Werner Richter als Erzähler und Zeitzeuge, Netzwerker und Autor.* Berlin 2011, S. 149–171.

Schwab-Felisch, Hans (Hg.): Der Ruf. Eine deutsche Nachkriegszeitschrift. Mit einem Geleitwort von Hans Werner Richter. München 1962.

Schwab-Felisch, Hans: ›Ein linker Konservativer. Hans Werner Richter wird 75‹, in: *Merkur* 1983/7, S. 852–859.

Vormweg, Heinrich: ›Die Kritiker der Gruppe 47 – innen und außen‹, in: Fetscher, Justus (Hg.): *Die Gruppe 47 in der Geschichte der Bundesrepublik.* Würzburg 1991, S. 239–250.

Zimmermann, Hans Dieter: Der Wahnsinn des Jahrhunderts. Die Verantwortung der Schriftsteller in der Politik. Stuttgart 1992.

Caroline Roeder

Das Elend unserer Kinderliteraturkritik.
Positionsbestimmung für eine peripher gescholtene Sparte

1   Kinderliteraturkritik: eine Randexistenz?

Zu Beginn einige Schlagzeilen: »Alle paar Monate ein Ghetto, die Jugendbuch-
beilage«,[1] wettert Jürgen Lodemann über die Kinderbuchkritik 1988. »Nichts als
Reservate, sorgfältig von der seriösen Literaturkritik getrennt«,[2] positioniert
Gerd Ueding 1990 die Kinderbuchseiten als marginalisiert in Zeitungen und
Zeitschriften. »Zwischen allen Stühlen«,[3] tituliert ebenfalls 1990 Barbara
Scharioth, die Leiterin der Internationalen Kinderbibliothek München, die
Gesamtsituation der Kinder- und Jugendbuchkritik. »Wozu noch Literaturkritik?«,[4] fragt Ralf Schweikart 2011. – Die schlaglichtartig aufgeführten Befunde
stammen von wichtigen Akteuren des kinderliterarischen Sektors; sie platzieren
die Kinder- und Jugendliteratur-Kritik[5] am Rande des Kulturbetriebs, der
zeitliche Rahmen, in dem diese Einschätzungen getroffen wurden, umfasst dabei
rund 30 Jahre und reicht bis in die heutigen Tage. Doch sind diese Diagnosen
wirklich noch zutreffend? Seit der Jahrtausendwende sind bedeutsame Entwicklungen auf dem Buchmarkt zu beobachten, die KJL scheint den Allgemeinliterarischen (Unterhaltungs-)sektor regelrecht erobert zu haben. So
scheint es zumindest, da fantastische und vampirische Titel (exemplarisch genannt seien Suzanne Collins Trilogie *Die Tribute von Panem*, 2009 ff., oder
Stephenie Meyers *Biss*-Reihe, 2006 ff.) über mehrere Wochen die Spiegelbest-
sellerliste anführen.[6] Weitere mediale Ereignisse rücken die KJL ins Rampenlicht
des medialen Interesses: *Harry Potter* ›schafft‹ es zur Hauptschlagzeile in BILD,[7]
die Debatte rund um Otfried Preußlers *Die kleine Hexe* (1957) zum Aufmacher

---

1 Lodemann 1988, S. 39.
2 Ueding 1990, S. 23.
3 Scharioth / Schmidt 1990.
4 Schweikart 2011, S. 12–16.
5 Kinder- und Jugendliteratur wird im Folgenden mit KJL abgekürzt.
6 Vgl. Roeder 2012, S. 36.
7 Die Schlagzeile lautete: »Skandal um Harry Potter«, in: *BILD* vom 19. Juli 2007, S. 1.

der Wochenzeitschrift *Die ZEIT* (gefolgt von einem veritablen Medienskandal um Denis Schecks Maskerade[8]) – entgegen dieser Partizipation am Eventjournalismus steht allerdings die traditionelle KJL-Kritik und ihre mediale Präsenz: 2010 wurden die angestammten Seiten der Kinderliteraturkritik, auf der auch die Preisbegründungen des renommierten LUCHS publiziert wurden, von ihrem angestammten Platz im Feuilleton der *ZEIT* auf die Seiten der *KinderZEIT* verbannt. Es entbrannte eine vehement geführte Debatte, bei der sich viele Vertreterinnen und Vertreter der kinderliterarischen Szene zu Wort meldeten (aus Verlagen, Wissenschaft, Schule, Journalismus); ebenso protestierten Autorinnen und Autoren: »Umzug hat im Blatt gestanden, aber wir haben die Koffer nicht gepackt«,[9] so Jutta Richter in ihrem offenen Brief an die Chefredaktion der *ZEIT*.[10] Der Protest zeitigte allerdings keinen Erfolg. Die Kinderliteraturkritikerin Hilde Elisabeth Menzel fasste die ›Zwangsumsiedlung‹ zur programmatischen Forderung zusammen und titelt ihren Beitrag »Die Notwendigkeit der Präsenz der Kinder- und Jugendliteratur in den Feuilletons der führenden Printmedien«[11].

Die Frage stellt sich, wie die schlaglichtartig angeführten Positionsbestimmungen der KJL-Kritik sowie die aktuellen Entwicklungen auf dem Buchmarkt zu werten sind und inwieweit die monierte marginalisierte Stellung einen Rückschluss auf die KJL-Kritik selbst erlaubt.

In einem ersten Schritt wird hierzu ein Blick in einschlägige Handbücher zur Literaturkritik geworfen, um zu überprüfen, ob hier eine vergleichbare Verortung vorgenommen wird.

Wolfgang Albrecht bezieht in seiner Monographie *Literaturkritik*[12] die Kinderliteraturkritik in Randnotizen ein[13]; zudem widmet er dem Gegenstand eine zweiseitige Darstellung, die er unter den Aspekt »Sparten und Bereiche: Besonderheiten der Kritik von Kinder- und Jugendliteratur sowie von Überset-

---

8   *Die ZEIT* vom 16. Januar 2013 machte auf mit »Kinder, das sind Neger!« Die Debatte wurde kontrovers in den Printmedien ausgetragen und mit einem veritablen Medienskandal um Denis Scheck gekrönt. (Vgl. die Sendung *Druckfrisch* vom 26. Januar 2013 und die Debatte im Netz).

9   Richter 2010. (ebenso wie ein Brief der avj, den alle KJL-Verlage unterzeichnet hatten. Dokumentiert in: Der Buchmarkt 21.4.2010, verfügbar unter: www.buchmarkt.de/content/42299-die-avj-schreibt-an-die-zeit-kinder-und-jugendbuchkritik-gehoert-ins-feuilleton-auch-kinderbuchautoren-melden-sich-zu-wort-.htm [1.5.2014].

10 Eine Dokumentation der Debatte ist in der kinderliterarischen Fachzeitschrift *Bulletin Jugend & Literatur* 6 / 2010 nachzulesen. Diese Fachzeitschrift gibt es inzwischen nicht mehr bzw. sie ist als Supplement der Zeitschrift *Eselsohr* beigelegt.

11 Menzel 2011, S. 17–19.

12 Albrecht 2001.

13 Interessanterweise stellt Albrecht auch ausführlich die DDR-Literaturkritik in ihren Wertungskategorien, ihrer historischen Entwicklung und staatlichen Lenkung ausführlich dar. Hier bezieht er auch die Kinderliteraturkritik in der DDR mit ein. (Vgl. Albrecht 2001, S. 11)

zungen« fasst.[14] Stefan Neuhaus führt die KJL-Kritik in seiner Einführung *Literaturkritik* unter der Kapitelüberschrift »Weitere Probleme«[15] an und subsumiert sie ebenso wie Reiseliteratur unter »Randbereiche« der Literaturkritik.[16] Thomas Anz und Rainer Baasner[17] führen in dem Band *Literaturkritik. Geschichte Theorie Praxis* Kinder- und Jugendliteraturkritik dagegen nicht gesondert auf.

Aus ökonomischer Sicht nehmen die Kinder- und Jugendliteratur und ihre Medien auf dem Buchmarkt keinesfalls eine marginale Rolle ein. Wären die Zahlen des Marktanteils ausschlaggebend für die KJL-Kritik und ihre mediale Präsenz in der Öffentlichkeit, so erschiene eine gleichgewichtige Besprechung und Wahrnehmung angemessen. Gunter Reus ›rechnet‹ vor:

> »Auf etwa zwei neue belletristische Titel für Erwachsene kam 1996 ein Kinder- und Jugendbuch. Wenn es gerecht zuginge, wenn Kulturjournalisten und Ressortleiter weniger an ihre Interessen und Prestigeautoren dächten, dann allerdings müßte in jeder Sonntagsbeilage, in jedem Radio-Buchmagazin zumindest ein Hinweis auf Kinderliteratur auftauchen.«[18]

Deutlich wurde bei diesen ersten schlaglichtartigen Befunden, dass die Rolle der KJL-Kritik parallel zur Rolle und Funktion der KJL in der (literarischen) Öffentlichkeit zu werten ist. Die Frage stellt sich zudem, wie die Positionierung der KJL-Kritik am Rande zu beurteilen ist. Hieran wird die Überlegung angeschlossen, ob man den Befund der Dauer-Existenz in der Marginalspalte nicht positiv wenden könnte und statt von einer Randexistenz von einem angestammten Platz sprechen kann, den die KJL-Kritik (mittlerweile) im Literaturkritik-System eingenommen hat? Der vorliegende Beitrag versucht diesen Fragen nachzugehen und plädiert dafür, diese Position neu zu definieren und für eine wissenschaftliche Auseinandersetzung mit dem Gegenstand zu nützen.

2 Fragestellung und Vorgehensweise

Im Folgenden beschäftige ich mich mit Kinder- und Jugendliteraturkritik hinsichtlich einer aktuellen Positionsbestimmung. Im Fokus der Betrachtung steht der Diskurs über KJL-Kritik. Neben einer Bestandsaufnahme, für die wesentliche Positionen markiert werden, soll in einem weiterführenden Schritt ein möglicher Richtungswechsel bei der Beschäftigung mit diesem Gegenstand zur

---

14 Albrecht 2001, S. 47 – 49.
15 Neuhaus 2004, S. 80.
16 Ebd.
17 Anz / Baasner 2007.
18 Reus 1995, S. 98.

Diskussion gestellt werden. Hierfür wird die These aufgestellt, dass die Auseinandersetzung mit der KJL-Kritik in den letzten Jahrzehnten zur Selbstreflexion tendiert und weniger als Metakritik, denn als Selbstvergewisserungsstrategie zu werten ist. Der jetzige (als etabliert zu bezeichnende) Stand der KJL und
ihrer Forschung erlaubt es, die Beschäftigung mit der KJL-Kritik metakritisch zu
wenden und KJL-Kritik als Forschungsbereich für Kinder- und Jugendliteraturwissenschaft zu erschließen. Unter diesem veränderten Blickwinkel ergeben
sich neue interessante Perspektiven auf die Kinder- und Jugendliteratur und ihre
Entwicklung und es eröffnen sich zugleich Ansatzpunkte den aktuellen medialen Wandel, der das Literatursystem KJl im Handlungs- und Symbolsystem
wesentlich betrifft, sowie den tiefgreifenden Umstrukturierungsprozess, von
dem der gesamte Literaturbetrieb aktuell betroffen ist (Stichwort E-books,
Selfpublishing, Monopolisierungen), konstruktiv einbeziehen zu können.

Perspektivisch gesehen erlaubt dieser Ansatz, eine der Hauptforderungen der
Kritik an der KJL-Kritik einzulösen, gemeint ist die Anschlussfähigkeit an die
Literaturkritik der Allgemeinliteratur und zwar mittels der wissenschaftlichen
Auseinandersetzung.

Zur Vorgehensweise: Um eine kurze Bestimmung des Gegenstands zu geben,
wird zweischrittig verfahren, d. h. es werden erstens Parameter literarischer
Kritik benannt und hier Untersuchungen der einschlägigen Forschung zur Literaturkritik herangezogen; zweitens wird KJL-Literaturkritik mit ihren ›Alleinstellungsmerkmalen‹ charakterisiert und die Position und Funktion der
Kinderliteraturkritik im Literatursystem (system)theoretisch verortet. Neben
einem kurzen Blick auf die Forschungslage, soll das interessante Spektrum der
Forschungsfragen aufgezeigt werden, das die KJL-Kritik eröffnen kann.

3   Was ist Literaturkritik?

Für eine knappe definitorische Bestimmung werden Anz / Baasner herangezogen, die Literaturkritik der deutschsprachigen aktuellen Kultur als »informierende, interpretierende und wertende Auseinandersetzung mit vorrangig neu
erschienener Literatur und zeitgenössischen Autoren in Massenmedien«[19] bestimmen. Betrachtet man Literaturkritik unter systemtheoretischer Perspektive,
so erscheint wesentlich die Struktur- und Funktionsbestimmung spezieller
Handlungen im LITERATUR-System.[20] Die Funktionsbestimmung der Litera-

---

19 Anz / Baasner 2007, S. 194.
20 Schmidt 1982, S. 151. »Eine Fülle von Handlungen von Literaturkritikern lassen sich als
   L – Verarbeitungshandlungen beschreiben, die bestimmte Strukturen aufweisen und auf
   spezielle Funktionen hin orientiert sind.« (Schmidt 1982, S. 152)

turkritik ist es, »nicht-professionellen Teilnehmern am Literatur-System eine kritische, sachgerechte, wertbestimmte und für sie relevante Teilnahme am Literatur-System zu ermöglichen«[21].

Anz / Baasner differenzieren die Funktionen der Literaturkritik und nennen sechs Aspekte: Die »*informierende Orientierungsfunktion*«, die hilft die Flut der Neuerscheinungen zu überblicken; die »*Selektionsfunktion*«, die eine Auswahl und Bewertung für potentielle Leserinnen und Leser, Käuferinnen und Käufer bereitstellt;[22] die »*didaktisch-vermittelnde Funktion für das Publikum*«, die z. B. auch die Lektüre der oftmals innovativen Schreibweisen erleichtert; die »*didaktisch-sanktionierende Funktion für Literaturproduzenten*« (diese Funktion bezieht sich in erster Linie auf das Distributionssystem ebenso auf Autorinnen und Autoren); die »*reflexions- und kommunikationsstimulierende Funktion*« »fördert [sie] das öffentliche Räsonnement über Literatur und die selbstreflexiven Prozesse innerhalb des Literatursystems«; schließlich die »*Unterhaltungsfunktion*«. Hierbei übernimmt die Kritik eine Funktion, die per se die Literatur selbst einnimmt.[23]

Adressaten der Kritik sehen Anz / Baasner in der Leserschaft (sowohl der intendierten wie der faktischen). Auch finde eine Verschränkung der Kritik und ihrer Adressaten hinsichtlich dieser Funktionssetzung statt:

> »die pädagogische mit dem Literaturunterricht an Schulen und Universitäten, die evaluative und selektive unter anderem mit Verlagen, die (positiv) sanktionierende mit Literaturpreisen. Die Institution, die ihr heute wohl am nächsten steht, ist die Literaturwissenschaft«[24].

Das umfängliche Gebiet ist literatur- wie kulturwissenschaftlich, insbesondere auch unter kommunikationstheoretischer Sicht wissenschaftlich erschlossen. Im Mittelpunkt stehen die komplexen Fragen der Wertung,[25] des Literaturbetriebs,[26] ihrer historischen Entwicklung[27] und mediale Veränderungen,[28] um nur einige Stichpunkte zu nennen.

Gleichzeitig begleitet die Geschichte der Literaturkritik fast schon leitmotivisch die Frage nach ihrer Existenzberechtigung. Blickt man allein auf die Zeit nach 1945, liest sich die Geschichte dieses Diskurses wie eine Fieberkurve.[29]

---

21 Schmidt 1982, S. 169.
22 Vgl. bzgl. der Selektionsfunktion die »Gatekeeper-Forschung« Schmidt / Zurstiege 2007, S. 151 f.
23 Anz / Baasner 2007, S. 195 – 196 (Hervorhebungen im Original).
24 Ebd., S. 197.
25 Exemplarisch sei hier genannt: v. Heydebrand / Winko 1996.
26 Schmidt / Zurstiege 2007.
27 Z. B. Hohendahl 1985.
28 Diese Fragen reichen bis hin zur Kommunikationsguerrilla: Blissett / Brünzels 2012.
29 Die Linie reicht von Theodor W. Adornos »Krisis der Literaturkritik« (1952) über Walter

Paradox erscheint in diesem Zusammenhang, dass während wie eingangs gezeigt von Seiten der KJL-Kritik der Platz am Kindertisch lautstark beklagt wird, die Ritter der Kritikertafelrunde (der Allgemeinliteratur) größere Themen debattieren, bei denen es um nichts Geringeres geht als die der Existenz. Doch ungeachtet dieser ›Todesmeldungen‹, ringt parallel und scheinbar unbeeindruckt die KJL-Kritik um ihre Teilhabe an eben diesem Betrieb.

4   Was ist Kinder- und Jugendliteraturkritik?

4.1   Das Handlungssystem kinder- und jugendliterarische Öffentlichkeit

Albrecht verortet die KJL-Kritik im Verhältnis zum Literaturbetrieb:

> »Als distributives Basissystem muss das Handlungssystem des Kinder- und Jugendbuchmarktes angesehen werden, das als relativ eigenständiger Marktsektor seit dem 18. Jahrhundert anzutreffen ist und das sich in der Gegenwart zu einem Kinder- und Jugendbuch- und -medienmarkt ausgeweitet hat.«[30]

Die KJL-Kritik lässt sich an die genannten definitorischen Bestimmungen, wie sie im Abschnitt drei zur KJL-Kritik allgemein aufgezeigt wurden, anschließen. D. h. allgemein gesprochen versteht man unter KJL-Kritik die Kritik kinder- und jugendliterarischer Texte und Medien, d. h. die Kritik von spezifischer und intendierter Kinder- und Jugendliteratur.[31] In der Regel wird die Auswahl der besprochenen Titel aus den jeweils aktuellen Frühjahrs- bzw. Herbst-Programmen der Kinder- und Jugendbuchverlage und -medienunternehmen vorgenommen.

Carsten Gansel hat für den Bereich Kinder- und Jugendliteratur eine grundlegende systemtheoretische Untersuchung verfasst und das Handlungs- und Symbolsystem maßgeblich vermessen.[32] Weiterführende Bestimmungen des Handlungs- und Symbolsystems schließen hier an. So fasst Hans-Heino Ewers KJL-Kritik unter dem Begriff der Öffentlichkeit:

> »Unter dem Handlungssystem ›kinder- und jugendliterarische Öffentlichkeit‹ sind in erster Linie die in den Publikumsmedien des Print- und Nonprintbereichs stattfindende Präsentation, Bewertung, Erörterung und Einordnung des kinder- und jugendliterarischen und -medialen Angebots zu verstehen, sodann weitere kinder- und

---

Boelichs »Autodafé« (1968) und Hans Magnus Enzensbergers »Rezensenten-Dämmerung« (1986) und reicht bis in die heutige Debatte. Vgl. Miller / Stolz 2002, S. 99 – 115; jüngst verkündet Barbara Basting: »Das Ende der Kritik wie wir sie kannten« 2013, S. 49 – 62.

30 Albrecht 2001, S. 119.
31 Vgl. Ewers 2012, S. 18 f.
32 Gansel 1995; Gansel 2000, S. 17 – 37; Gansel 2010, S. 14 ff.

jugendliteraturbezogene öffentliche Veranstaltungen (Lesungen und Werkpräsentationen, Kinder- und Jugendliteraturpreise und Auszeichnungen von Autoren und Illustrationen). Es handelt sich um einen unter Erwachsenen stattfindenden Verständigungsprozess über generelle Fragen und einzelne Werke der Kinder- und Jugendliteratur.«[33]

Dieses Handlungssystem der kinderliterarischen Öffentlichkeit hat erst in der zweiten Hälfte des 20. Jahrhunderts seine »vollwertige Ausprägung« erfahren, d. h. es ist das jüngste Handlungssystem. In seinem Mittelpunkt geht es um »Präsentation, Bewertung, Erörterung und Einordnung des kinder- und jugendliterarischen Marktangebots, soweit sie in den an das allgemeine Publikum gerichteten Print- und Nonprintmedien stattfindet«[34].

Ewers zeigt eine historische Entwicklungslinie und die Emanzipation von der vorwiegend pädagogischen Zielsetzung auf; seinen Überlegungen zur Rolle des Literaturkritikers entwerfen diesen als »liberalen Vermittler«, dem (idealiter) nicht die Rolle eines gatekeeper zukomme.[35]

4.2   KJL-Kritik – Spezifika

Die KJL-Kritik weist einige Spezifika auf, die sie von der allgemeinliterarischen Kritik unterscheidet und charakterisiert. An erster Stelle zu nennen wäre, dass sie innerhalb des Gesamtbereichs der Kritik die einzige Sparte ist, in der Kritikadressaten und Literaturrezipienten nicht identisch sind.

Dieses Merkmal hat weitreichende Folgen. Die grundlegende informierende und vermittelnde Funktion von Kritik richtet sich an einer zweiten Gruppe aus, die selbst eine Vermittlungsfunktion hat (Eltern, Pädagogen, Multiplikatoren). Die Zielgruppe erreichen nur »Teilinformationen. Diese Vermittlergruppe entscheidet für diese Leser nicht mit ihnen über den Erwerb eines Buches«[36]. Hinzu kommt, dass die KJL-Kritik vorwiegend von Personen ausgeübt wird, die vorwiegend pädagogisch-didaktische, d. h. außerliterarische Kriterien und Maßstäbe anlegen.[37] Die Selektionsfunktion der Kritik wird hierbei ungewöhnlich

---

33 Ewers 2012, S. 111.
34 Ebd.
35 Ebd., S. 115 f. – Inwieweit die Funktion des gatekeepers auszuschließen ist, wäre allerdings zu diskutieren.
36 Albrecht 2001, S. 48.
37 »Der Einfluss, den der pädagogische Bereich auf die Kinder- und Jugendliteraturproduktion in Deutschland ausgeübt hat, kann historisch gesehen nicht hoch genug angesetzt werden.« Ewers 2012, S. 111.

vereinseitigt: »›positive‹, ›unschädliche‹, ›unbedenkliche‹ Literatur rangiert in der Regel weit vorn.«[38]

Albrecht nennt in Abhängigkeit der marktbedingten Struktur vier Hauptsparten, die für alle Massenmedien Gültigkeit haben: Belletristik, Sachbuch, Politisches Buch, Kinder- und Jugendbuch (inkl. jeweils der Übersetzungen). Die traditionelle Rolle der KJL-Kritik sieht er als »festgefügtes hierarchisches Nacheinander der Sparten Belletristik und Kinder- und Jugendbuch«[39]. Dieser Stellenwert ergibt sich nicht aus der Größe der Publikumsgruppe, vielmehr scheint, es »handelt sich auch und wohl primär um eine Begleiterscheinung weitreichender Entwicklungsvorgänge bzw. Ausdifferenzierungen sowohl innerhalb der schönen Literatur als auch innerhalb der ihr sich widmenden Wissenschaft«[40]. Verantwortlich sieht Albrecht den Status der KJL in der historischen Einschätzung innerhalb der Germanistik. So war sie als Massen- und Trivialliteratur im 19. Jahrhundert wenig gut gelitten und fiel aus dem Hoheitsgebiet der Germanistik. Während die KJL-Forschung als eigenständige Wissenschaftssparte der germanistischen Literaturwissenschaft heute Anerkennung gefunden hat, bleibt ihr der Status des »Anhängsels« in der deutschsprachigen Literaturkritik bis heute anhaften.

4.3   Wer kritisiert und wo?

Der Diskurs Kinder- und Jugendliteraturkritik wird sowohl im Wissenschaftsbereich der Kinder- und Jugendliteraturwissenschaft gepflegt und gespeist, ebenso auch von der so genannten Kinder- und Jugendliteraturszene, die in Abgrenzung und Ergänzung zu dem bereits genannten Wissenschaftsbetrieb sich vorwiegend aus Vermittlerinnen und Vermittlern, Pädagoginnen und Pädagogen, Lehrkräften oder anderweitig mit der Szene institutionell vernetzten Multiplikatorinnen und Multiplikatoren zusammensetzt.

Eine klein-portionierte Auswahl an Rezensionen von vier bis acht Titeln erscheint auf den so genannten Kinderliteratur- oder Kinderbuchseiten in den überregionalen Tageszeitungen, aber auch in Wochenzeitungen wie *Die ZEIT*.[41] Daneben erscheinen neben diesen Leitmedien des Rezensionswesens Besprechungen in regionalen Printangeboten, ebenfalls in umsatzstarken Zeitschriften wie *Der Spiegel*, aber auch in Frauen- oder Modezeitschriften, hier oft unregelmäßig oder in speziellen Rubriken.

---

38 Albrecht 2001, S. 48.
39 Ebd.
40 Ebd.
41 Vgl. Witzel 2005, S. 11.

In der Regel finden sich Besprechungen auf den von Ueding so harsch kritisierten so genannten Kinderbuchseiten; diese erscheinen in der Regel einmal monatlich;[42] daneben bieten die oben genannten Blätter regelmäßig Literaturbeilagen, die anlässlich der Messetermine in Leipzig und Frankfurt, aber auch zu traditionellen Kaufanlässen wie Ostern oder Weihnachten, ebenso vor Ferienzeiten, kompakt eine größere Anzahl an Titeln vorstellen. Zu Hochzeiten des Buchhandelsumsatzes werden Titel auch in tabellarisch aufgemachten Empfehlungslisten genannt, die z. T. bemerkenswerte Kategorien aufweisen wie *einfach zu lesen* oder *passt in eine Tasche.* Albrecht bezeichnet diese Formate als »Schwundformen der Literaturkritik«[43].

4.4   Historische Entwicklung

KJL-Kritik begleitet die Kinder- und Jugendliteratur seit ihrer Herausbildung im 18. Jahrhundert. Eng verbunden mit dem herrschenden Bildungs- und Erziehungssystem ihrer Epoche nahm die KJL-Kritik bis Anfang des 20. Jahrhunderts die Rolle eines Inquisitors ein, der sich zur Aufgabe gesetzt sah, Schmutz- und Schundliteratur in der Jugendlektüre zu ermitteln und anzuprangern. Bis in die *Jugendschriftenbewegung* hinein und zu ihrem prominenten Vertreter und Fürsprecher Heinrich Wolgast reicht die Frage nach dem *Elend unserer Jugendliteratur* (1896). Im Mittelpunkt der initiierten Debatte steht die Frage nach der Berechtigung einer eigenständigen Kinder- und Jugendliteratur. Die pädagogischen Implikationen dieser Debatten reichen bis nach 1945 und sind von der Forschung umfänglich berücksichtigt worden.[44]

Der Diskurs über KJL-Kritik nach 1945 lässt sich historisch an markanten Epocheneinschnitten verzeichnen bzw. parallel zur allgemeinliterarischen Debatte verorten.

In den 1960er-Jahren – im Rahmen der v. a. unter marxistisch-materialistischen und soziologisch-ideologiekritischen Politisierung der universitären Forschung und der daraus resultierenden interdisziplinär geäußerten machtdiskursiven Infragestellung von institutionalisierten Ordnungssystemen – setzte sich die zeitgenössische KJL-Kritik entgegen einer traditionell und pädagogisch ausgerichteten Forderung kanonisierter Lektüren ein für eine linksorientierte KJL neuen Zuschnitts, die Kinder als gesellschaftlich partizipierende gleichberechtigte Mitglieder über gesellschaftlich relevante Themen informie-

---

42 Vgl. Witzel 2005, S. 14 f. – Im Kapitel 2.1. werden die Erscheinungsform und -frequenz sowie die Platzierung innerhalb der Zeitung differenziert aufgeführt.
43 Vgl. Albrecht 2001, S. 58.
44 Vgl. hierzu: Ewers 1993, S. 6 f.; Dolle-Weinkauf / Ewers 1996.

ren und über Missstände und Machtverhältnisse aufklären sollte. In Folge kam es
zu einem die damalige politische Situation widerspiegelnden, aber aus heutiger
Perspektive eng geführten ästhetischen Verständnis von KJL. Beispielhaft sei
hier die Kritik an Michael Endes *Momo oder die seltsame Geschichte von den
Zeitdieben* (1973) und der Eskapismus-Vorwurf gegenüber dem phantastisch
und romantisch geformten Kinderroman genannt. Angemerkt sei an dieser
Stelle, dass Endes Roman – entgegen diesen Vorbehalten – von der Jury des
Deutschen Jugendliteraturpreises den Preis erhielt.

An diesem Epocheneinschnitt kristallisierten sich zwei parallele Entwicklungen heraus. Zum einen entstand eine institutionell angebundene, aber dennoch in Form und Inhalt linksorientierte und pädagogisch aufgeklärte Gegen-
öffentlichkeit. Exemplarisch genannt sei Hans-Joachim Gelbergs Kinderbuch-
programm beim Verlag Beltz & Gelberg, das mit einer antikindertümelnden
schmutz- und schundresistenten Ausstattung versehen und auch preislich nicht
an bildungsbürgerlichen Käufergruppen ausgerichtet war (Auch ist die ›journalistische‹ Aufmachung und Ausstattung dieser Reihe interessant; sie ist eher
funktional, orangefarben poppig, plakativ; experimentelle Formen entstanden
in dieser Reihe, so das *Streitbuch für Kinder* von Irmela Brender / Günther Stiller
(1973); bald folgten die innovativen Jahrbücher (herausgegeben von H. J. Gelberg) sowie die Gründung der Kinderliteraturzeitschrift *Der Bunte Hund*
(1980 ff.).

Zum anderen etablierte sich die KJL-Kritik auf dem Printsektor mit eigenen
Seiten (*Süddeutsche Zeitung, Frankfurter Allgemeine Zeitung,* auch *Frankfurter
Rundschau, Die Welt* und die *tageszeitung,* ebenso *Die ZEIT*). Parallel dazu kam
es zur Ausbildung einer kritischen Fachöffentlichkeit – *Bulletin Jugend und
Literatur* (1969 f.), *Eselsohr* (1982 f.) – sowie zu einer erweiterten kinderliterarischen Preislandschaft, bei der einige kritische Tierchen installiert wurden, um
die Ohren im Kulturbetrieb aufzustellen wie beispielsweise die Eule des Bulletins
oder der Luchs der *ZEIT* (1986 von Ute Blaich eingeführt).[45]

Die Debatten in und ab den 1970er-Jahren fokussierten auf Realismuskon-
zepte; kontrovers hierzu wurden literarästhetische Fragestellungen im Abgleich
mit gesellschaftspolitischen Aufgaben und Funktionen diskutiert. Ideologische
Grabenkämpfe blieben nicht aus. Exemplarisch zitiert sei Alfred Clemens
Baumgärtner, der pointiert die politischen Debatten an der Auseinandersetzung
um Otfried Preußlers Bände über *Räuber Hotzenplotz* (1962 ff.) aufzeigt; der
Titel war als unterhaltsam statt politisch aufklärerisch gebrandmarkt worden:

»Der Räuber Hotzenplotz, der mit List und Tücke und dank seiner Pfefferpistole so
mancher bedrohlichen Situation hatte entgehen können, war unter die Schulmeister

---

45 Eine spezifische Untersuchung z. B. zu der Etablierung der KJL-Kritik in den Tages- und
Wochenzeitungen und zur Preislandschaft steht indes bisher aus.

gefallen, und das gewissermaßen unter verschärften Bedingungen, als es sich bei den Schulmeistern nämlich zumeist um Anhänger einer Weltanschauung handelte, die für ihre Humorlosigkeit berüchtigt ist (sic!). Und da sie nicht gestorben sind, schulmeistern sie noch heute, wenn auch in jüngster Zeit nicht mehr ganz so lautstark.«[46]

Die dichotom geführten Diskurse bildeten im Wesentlichen das (wissenschaftliche) Selbstverständnis und die Funktion von KJL dieser Jahre ab.[47] Zwei programmatische Positionen bildeten die Eckpunkte einer kontrovers geführten Debatte. Zum einen markiert durch eine pädagogisch-didaktisch argumentierende Ausrichtung, die KJL als ein möglichst qualitätsvolles Textangebot für junge Lesende wünscht, oftmals v. a. für den unterrichtlichen Zusammenhang, aber auch als sinnvolle Freizeitlektüre. KJL dieser Provenienz dient kommunikationstheoretisch gesprochen als Vermittlungsinstanz, deren Wert daran gemessen wird, inwieweit sie die Rolle der Schlüsselfunktion erfüllt, eine spätere Teilhabe am kulturellen und gesellschaftlichen (literarischen) Leben zu eröffnen.

Die literarästhetisch argumentierende Gegenseite versteht KJL hingegen als Teilkorpus der Allgemeinliteratur – wenngleich mit spezifischen Merkmalen – wie Maria Lypp dies beispielsweise mit dem Paradigma der »Einfachheit« (Lypp 1984) markiert hat. Die Wertungskategorien werden an das ästhetische Potential der kinder- und jugendliterarischen Texte angelegt, wobei Entwicklungslinien und Aspekte der Modernisierung (Carsten Gansel) bzw. der »Literarisierung« (H. H. Ewers) wesentlich einbezogen werden. Positionen, die zwischen beiden Seiten oszillieren, finden sich ebenso in dieser Debatte; exemplarisch genannt sei hier Bettina Hurrelmann, die literarisch-ästhetische wie gleichermaßen literaturdidaktische Fragen berücksichtigt sehen möchte.[48]

Die Debatte um die KJL-Kritik ist umfänglich. Sie wurde insbesondere ab den ausgehenden 1970er-Jahren geführt und von wichtigen Akteure der aufstrebenden bundesrepublikanischen KJL-Forschung wesentlich bestimmt:[49] Klaus Doderer, Malte Dahrendorf, Bettina Hurrelmann, Hans-Heino Ewers u. v. m. Ende der 1980er-Jahre kam es zu einer verstärkten Beschäftigung mit der Thematik, exemplarisch zeigt sich dies in der bereits erwähnten Tagung *Zwischen allen Stühlen* bzw. dem gleichbetitelten Tagungsband 1990.

Bettina Hurrelmann nimmt in ihrem Beitrag *Literaturkritik im Bereich der*

---

46 Baumgärtner 1976, S. 143.
47 Vgl. Wild 2008, S. 343–347. Siehe hier auch die Debatte um Michael Endes *Momo*, die unter »Ideologieverdacht« geriet. Ebd., S. 395.
48 Vgl. Hurrelmann 1990; Ewers 1993 u. 2012; Gansel 1994, 2000, 2012.
49 Der komplexe Bereich der DDR-KJL und DDR-KJL-Kritik kann hier nicht berücksichtigt werden, stellt aber ein Desiderat dar, das es zu erforschen gälte.

Kinder- und Jugendliteratur[50] eine differenzierte »Kritik der Kritik«[51] vor und lenkt in einem ersten Schritt die Perspektive auf das von ihr titulierte »Feuilletonmodell« (gemeint ist die bereits zur Darstellung gekommene formulierte Forderung der Teilhabe an der medialen Präsenz). Ausgehend davon entwickelt sie an Walter Hincks Kriterienkatalog zur literaturkritischen Praxis, den er in seiner Untersuchung *Germanistik als Literaturkritik* (1988) aufstellt, spezifische Überlegungen zur KJL-Kritik. Sie warnt vor »Überanpassung« bei dem Versuch die KJL-Kritik im allgemeinen Literaturbetrieb zu etablieren.[52] Die konzise Analyse Hurrelmanns, die hier stellvertretend für die breit geführte Debatte der 1980er- und 1990-Jahre genannt werden kann,[53] hat bis heute nicht an Aktualität verloren. Die kritische Auseinandersetzung mit der Kritik erhält sich in aktuellen Publikationen. Exemplarisch genannt sei hier Christine Knödler, die 2011 einen Katalog an Forderungen bzgl. KJL-Kritik aufgestellt hat. Sie fragt, wie der gleichbetitelte Band, nach dem *Quo vadis.*[54] Knödler sieht in der Forderung nach einer differenzierteren Literaturkritik die Chancen für eine qualitätsvolle KJL. Knödler nennt neben den ›Klassikern‹ der Kritik der Kritik (d. h. die Forderung nach kritischer Wertung statt Empfehlung oder die Forderung nach qualitätsvollen Kriterien) die Diskussion über die Entwicklungen des All Age-Marktes und seiner Überproduktion bzw. Kurzlebigkeit, ebenso die Vermengung von Kommerz und Kritik beispielsweise bei Jurymitgliedern mit Verlagsbindung. Angemahnt werden auch die Selektionsprozesse des Marktes.[55]

Eine Auswertung der umfangreichen Debatte steht bisher aus, wenngleich Einzelfragen und -bereiche in Aufsätzen und Sammelbänden aufgearbeitet wurden.[56] Auch an dieser Stelle kann ein Blick nur punktuell erfolgen. Zusammenfassend soll die skizzierte Debatte auf vier Parameter fokussiert werden:

a) Fragen der Repräsentanz im medialen Feld (verbunden mit dem Befund der Randexistenz)

b) Formatfragen der Kritik: Hierzu zu zählen wäre der konstatierte Überhang der Empfehlung (statt der Kritik) sowie die Annotation (in Verbindung mit inhaltlichen Wiedergaben)[57]

---

50 Der Beitrag wurde am 11.6.1990 an der PH St. Gallen gehalten und liegt in verschriftlichter Form vor, in: *Informationen Jugendliteratur und Medien.* Heft 3 / 1990, S. 98–110.
51 Ebd. S. 102.
52 Hurrelmann arbeitet drei stilistische Auffälligkeiten der Kritik heraus: »das Exklusive« (Hurrelmann 1990, S. 102; Beispiel ist das Sachbuch), die »kulinarische Kritik« und die »hymnische Kritik« (ebd., S. 103).
53 Doderer 1981; Dahrendorf 1984; Hurrelmann 1990; Ewers 1993.
54 Knödler 2011, S. 153 f.
55 Ebd., S. 156.
56 Vgl. Pachler 2001.
57 Doderer 1981, S. 13: »Sie ist fast ausschließlich als instrumentelle Literatur im Bewußtsein der Erwachsenen und der Öffentlichkeit. Ihr wird nur pädagogische Bedeutung, ein ein-

c) Fragen nach Funktionen der Kritik – Fragen der Vermittlung bzw. der Vermittler[58]

d) Fragen nach Kriterien der Kritik (wie die Positionen pädagogisch-vermit-
   telnd oder literarästhetisch-wertend)

4.5 Zum Forschungsstand der KJL-Kritik

Über historische Fragen liegen einige grundlegende Publikationen vor sowie
eine Vielzahl einschlägiger Aufsätze. Gut dokumentiert wird die Debatte in dem
bereits genannten Tagungsband *Zwischen allen Stühlen* (1990); eine weitere
interessante Aufsatzsammlung hat die Studien- und Beratungsstelle Wien (2007/
2011) mit *Aber bitte mit Sahne* aufgelegt. Eine Vielzahl an Fachaufsätzen beleuchten das Thema, messen es historisch aus,[59] beleuchten Debatten (wie zur
Jugendschriftenwarte), untersuchen den Literaturbetrieb[60] und fassen auch
Entwicklungslinien zusammen.[61] Wissenschaftliche Untersuchen erfolgten bisher v. a. in Form von Seminar- und Diplomarbeiten, genannt seien Silke
Schnettler mit ihrer Diplomarbeit an der TU Dortmund 1996[62] und Judith Witzel
mit einer Abschlussarbeit über KJL-Kritik in überregionalen Feuilletons der
Bundesrepublik, verfasst an der Universität Marburg (2005).[63] Umfassende
Studien über KJL-Kritik stehen bisher aus. Was könnten diese berücksichtigen

---

seitiger didaktischer, moralischer, bildender Wert zugesprochen [...] Rezensionen enthalten
– im Gegensatz zu den sonstigen literarischen Kritiken – fast ausschließlich Inhaltsbeschreibungen mit anschließender Bemerkung über Nutzen und Effekt des Werkes.«

58 Ebd.; Dahrendorf 1984, S.265: »Primär ist die K. nicht für die unmittelbaren Konsumenten
der Kinder- und Jugendliteratur, sondern für deren Vermittler bestimmt; vorwiegend bringt
sie daher die Erwartungen der Vermittler zum Ausdruck. Weil die Vermittler zumeist als
Pädagogen, Lehrer, Bibliothekare usw. in der Jugendarbeit stehen, erhält die K. zwangsläufig
ein didaktisches/pädagogisches Moment. Oft neigt die K. dazu, die allgemein herrschenden
Wertvorstellungen einer Gesellschaft, die diese gern an die nachwachsende Generation
weitervermittelt hätte, bloß wiederzugeben. Die K. spielt als wichtiges Instrument in der
sekundären und tertiären Sozialisation der Kinder und Jugendlichen eine nicht unerhebliche
Rolle.«

59 Josting 1996; Kaulen 2004, S. 102 – 113.

60 Beispielsweise hinsichtlich der Preislandschaft: Doderer / Riedel 1988.

61 Pachler 2001.

62 Schnettler 1996.

63 Judith Witzel zeigt in ihrer sorgsam recherchierten Abschlussarbeit über KJL-Kritik (Witzel
2005) die mediale Präsenz von Kinder- und Jugendliteratur in den überregionalen Feuilletons der Bundesrepublik (FAZ, FR, SZ, Welt u. ZEIT) und wertet die Positionierung innerhalb der Tages- und Wochenzeitung und die Bewertungskriterien aus. Witzels Untersuchung
beschäftigt sich mit Problemzonen der KJL-Kritik wie die »Positivbesprechungen« (Witzel
2005, S. 99) und die Sammelrezensionen. Ein wesentlicher Aspekt ihrer Arbeit liegt auf der
Auswertung der 120 Rezensionen (aus dem Jahr 2005), auch hier wurde der Hang zur
Inhaltsangabe herausgearbeitet.

und wohin könnten Studien über KJL-Kritik führen? Der letzte Abschnitt soll
schlaglichtartig einen Blick hierauf werfen.

5   KJL-Kritik: eine Positionsbestimmung

Zukunft der Literatur,[64] titelte programmatisch Hermann Korte den Sonderband
TEXT + Kritik anlässlich der Jubiläumsausgabe zum fünfzigjährigen Erscheinen. Positiv wenden möchte auch ich die abschließende Positionsbestimmung
zur KJL-Kritik und mögliche Arbeitsfelder aufzeichnen, es sei also ebenfalls für
die Zukunft gedacht.

Seit der Jahrtausendwende vollzieht sich ein paradigmatischer Wandel des
Literaturbetriebs, der maßgeblich auch die KJL betrifft (Stichwort Cross Over,
All Age, New Adult). Die Zielgruppenorientierung bzw. Rezeption der spezifi-
schen KJL verlagert sich auf die Lesergruppen des allgemeinliterarischen
Marktes. Doch trotz dieser tiefgreifenden Veränderung bildet sich dieser Wandel
in der KJL-Kritik bisher nur wenig ab.

Diskutiert werden sollte weniger, wo diese Kritik stattfindet (Kinderbuchseiten oder Feuilleton), sondern vielmehr mit welchen Fragestellungen diese
Phänomene beleuchtet werden.

Der Wandel führt ebenso zu ökonomischen Fragen wie dem Überlebens-
kampf der Printmedien bzw. zu Phänomenen wie dem Event-Journalismus (im
Konkurrenzkampf mit medialen Formaten). Entwicklungen wie die Zeit-De-
batte über die Literaturseiten sollten in Diskurse über das Literatursystem und
ihre Funktionen überführt werden, dasselbe gilt auch für die mediale Instrumentalisierung der Wertediskussionen wie die aktuelle *Neger*-Frage, die mehr
über Marketingstrategien verrät als über kinderliterarische Konventionen.

Fragen des Historischen Wandels und der Diskurse bilden sich insbesondere
im Bereich der Fachpresse der KJL-Kritik ab.[65] Die Geschichte dieser Fachzeit-

---

64 Korte 2013.
65 Zu den ältesten Organen zählt die ehemalige *Jugendschriftenwarte*; gegründet 1893, war sie
    das wichtigste Publikationsorgan der Jugendschriftenbewegung; die Fachzeitschrift erlebte
    eine vielfältige Umstrukturierungsgeschichte und erschien unter verschiedenen Titeln (u. a.
    Beiträge zur Kinder- und Jugendliteratur). Heute ist die Zeitschrift als *kjl&m* (Kinder- und
    Jugendliteratur und Medien) auf dem Markt und liefert v. a. Fachbeiträge zu literaturwis-
    senschaftlichen und -didaktischen Themen. Auf dem aktuellen Markt gibt es daneben das
    Eselsohr (im populärerem Zuschnitt von Besprechungen) sowie *JuLit* (als Verbandszeit-
    schrift des Arbeitskreises für Jugendliteratur); die ebenfalls alt eingesessene Fachzeitschrift
    Bulletin Jugend & Literatur (1969–2011) wurde abgewickelt und erscheint seit 2012 als
    Supplement des *Eselsohrs*; vergleichsweise neu ist *interjuli*, das sich verstärkt international
    und interdisziplinär versteht, und vergleichbar kjl&m mehr Fachbeiträge als Rezensionen
    veröffentlicht; einen klassischen und umfangreichen Rezensionsteil enthält hingegen *Tau-*

schriften liest sich wie die Geschichte der KJL mit ihren programmatischen Entwicklungslinien. Auch hier steht eine Aufarbeitung dieser interessanten Geschichte bisher aus.

Hieran schließen sich Perspektiven auf weitere Organe literarischer Wertung. Erste Arbeiten wurden hierzu geleistet. So hat Klaus Doderer die ersten Jahrzehnte des Deutschen Jugendliteraturpreises wissenschaftlich ausgewertet.[66] Die Wertungsmechanismen dieses Preises, ebenso der Blick auf die Preislandschaft und ihre Gremien eröffnet hinsichtlich des bundesrepublikanischen Literaturbetriebs ein überaus interessantes Untersuchungsfeld und liefert möglicherweise neue Fragestellungen hinsichtlich literarischer Wertung. Interessant wären in diesem Zusammenhang auch Studien zu Kinder- und Jugend-Jurys (z. B. die Jugendjury im DJLP).[67]

Es lassen sich Fragen zur Kommerzialisierung pädagogischer Angebote anschließen.

Gemeint sind pädagogische (kommerzielle) Angebote wie *Antolin* (www.antolin.de) oder neuerdings *onlino* vom Kinderbuchverlag Oetinger. Diese stellen eine online-Plattform dar, die als Leseförderung deklariert wird und Kinderliteratur empfiehlt und aufbereitet. Wie sind diese Angebote konzipiert und welche Bedeutung haben sie möglicherweise für den Literaturbetrieb? In diesem Zusammenhang bieten sich auch für die Forschung verstärkt didaktische Aspekte an. Der Stellenwert der Kritik im Deutschunterricht bietet ein breites und kritisch zu beleuchtendes Feld, das auch unter dem Stichwort »Zeitung in der Schule«, Textsortenkenntnis und hier Rezension gefasst werden kann.

Und last but not least eröffnet sich das komplexe Feld des medialen Wandels:

> »Die heute Zwölf- bis 19-Jährigen wachsen wie keine zweite Generation zuvor in einer stark von Medien geprägten Welt auf. (...) Darum sind Untersuchungen wichtig, die sich mit den möglichen Veränderungen der Mediennutzung – sowohl der klassischen als auch der neuen Medien – unter den sich sehr dynamisch verändernden Rahmenbedingungen beschäftigen.«[68]

Die Diagnose der *JIM*-Studie von 1998 ›stimmt‹ im Wesentlichen noch immer; geändert haben sich indes die Zahlen: Statt der genannten 5 Prozent der Jugendlichen, die hier die Referenz der regelmäßigen Internetnutzenden darstel-

---

sendundeinBuch aus Österreich, ebenso wie die Schweizer Zeitschrift *Buch&Maus* (Hrsg. vom Schweizer Institut für Kinder Jugend Medien). An dieser Stelle zu nennen wären auch die online-Rezensionszeitschrift *Lesebar,* als universitäres Projekt der ALEKI (Universität zu Köln).

66 Doderer / Rieder 1988.
67 vgl. Brendel-Perpina / Stumpf 2013.
68 (JIM 1998 vgl. JIM-Studie. www.mpfs.de/fileadmin/JIM15/PDF/15JahreJIMStudie.pdf.)

len, sind es aktuell 89 Prozent (so die aktuelle Publikation des Medienpädago-
gischen Forschungsverbundes Südwest (mpfs).[69]

Diese Veränderungen lenken die Aufmerksamkeit beispielsweise auf den
Aspekt des (Zeitung-)Lesens mit Apps ebenso zu Laien- bzw. Leserkritiken, wie
sie seit den 1990er-Jahren v. a. in Online-Vertriebsangeboten wie bei *Amazon* zu
lesen sind. Diese Kritiken richten sich sowohl an ein erwachsenes Käuferpu-
blikum, sprechen aber im Fall von Kinder- und Jugendliteratur die spezifische
Lesergruppe auch direkt an oder werden von dieser Gruppe erstellt (bedeuten
insofern Aspekte der Partizipation jugendlicher Leserinnen und Leser). Hier
findet man ein interessantes Feld an Texten verschiedener Altersgruppen, das zu
untersuchen wäre.[70] In diesem Zusammenhang geraten auch Fragen des Selfpublishing in den Blick.

Wichtig erscheint in diesem Zusammenhang auch die Erschließung neuer
Formen medialer Öffentlichkeit wie online-Angebote und Portale, die nicht
kommerziell, sondern im Bereich der social media ausgerichtet sind und
durchaus kritisches Potenzial haben.

In diesem Zusammenhang sei auf Friedrich Krotz verwiesen; er plädiert für
die Inbesitznahme des Internets durch die Übernahme der »Taktiken und
Strategien der Hacker, der Lurker, der Trolle, der Regelverletzer und der Kommunikationsguerilla«[71] – ein interessanter Aspekt für die KJL-Kritik, die sich seit
einigen Jahrzehnten mit der flächendeckenden Vampirisierung bzw. Gnomi-
sierung herumzuschlagen hat. Vielleicht kann man einen Personalwechsel
vornehmen und die Untoten durch Lurker und Trolle umbesetzen? Das könnte
möglicherweise auch die KJL-Kritik aus der Peripherie direkt ins Zentrum
medienspezifischer und gesellschaftsaktueller Debatten beamen.

Literatur

Albrecht, Wolfgang: Literaturkritik. Stuttgart / Weimar 2001.
Anz, Thomas / Baasner, Rainer (Hg.): Literaturkritik. Geschichte – Theorie – Praxis.
    4. Auflage. München 2007.
Basting, Barbara: ›Das Ende der Kritik wie wir sie kannten‹, in: Theisohn, Philipp / Weder,
    Christine (Hg.): *Literaturbetrieb. Zur Poetik einer Produktionsgemeinschaft*. München
    2013, S. 49 – 62.

---

69 Wütscher 2014, S. 2.
70 Vgl. Albrecht 2001, S. 49: »Im selben Maße wie sich die Literarisierung fortsetzt, wird
    jedenfalls für die Kinder- und Jugendliteraturkritik dringlicher, was sie bisher fast völlig
    versäumt hat: neue Formen auszubilden, vornehmlich in den auch von Kindern und Ju-
    gendlichen sehr interessiert verfolgten audiovisuellen Medien.«
71 Krotz 2014, S. 12 – 19.

Baumgärtner, Alfred Clemens: ›Jugendbuchkritik in Deutschland oder: Vom Räuber, der unter die Schulmeister fiel‹, in: Schaller, Horst (Hg.): *Umstrittene Jugendliteratur: Fragen zur Funktion und Wirkung. (Schriften des Arbeitskreises für Jugendliteratur).* Bad Heilbronn 1976, S. 143–155.

Blissett, Luther / Brünzels, Sonja: Handbuch der Kommunikationsguerilla. Berlin / Hamburg 2012.

Brendel-Perpina, Ina / Stumpf, Felix: Leseförderung durch Teilhabe. Die Jugendjury zum Deutschen Jugendliteraturpreis. München 2013.

Dahrendorf, Malte: ›Kritik an der Kinder- und Jugendliteratur‹, in: Doderer, Klaus (Hg.): *Lexikon der Kinder- und Jugendliteratur.* Weinheim und Basel 1984, S. 265–270.

Doderer, Klaus (Hg.): Ästhetik der Kinderliteratur. Plädoyers für ein poetisches Bewußtsein. Weinheim und Basel 1981.

Doderer, Klaus / Riedel, Cornelia: Der Deutsche Jugendliteraturpreis. Eine Wirkungsanalyse. (Jugendliteratur – Theorie und Praxis). Weinheim 1988.

Dolle-Weinkauf, Bernd / Ewers, Hans-Heino (Hg.): Theorien der Jugendlektüre. Beiträge zur Kinder- und Jugendliteraturkritik seit Heinrich Wolgast. (Jugendliteratur – Theorie und Praxis). Weinheim / München 1996.

Ewers, Hans-Heino: Literatur für Kinder und Jugendliche. Eine Einführung. 2. Auflage Paderborn 2012.

Ewers, Hans-Heino: ›Zwischen Literaturanspruch und Leserbezug. Zum Norm- und Stilwandel der Kinder- und Jugendliteraturkritik seit den 1970er Jahren‹, in: *Tausend und ein Buch. Das österreichische Magazin für Kinder- und Jugendliteratur.* Heft 4 /1993, S. 4–14.

Gansel, Carsten: ›Zwischenzeit, Grenzüberschreitung, Störung – Adoleszenz und Literatur‹, in: Gansel, Carsten / Zimniak, Pawel (Hg.): *Zwischenzeit, Grenzüberschreitung, Aufstörung. Bilder von Adoleszenz in der deutschsprachigen Literatur.* Winter 2012, S. 15–48.

Gansel, Carsten: Moderne Kinder- und Jugendliteratur. Vorschläge für einen kompetenzorientierten Unterricht. 4. Auflage. Berlin 2010.

Gansel, Carsten: ›Kinder- und Jugendliteratur als Handlungs- und Symbolsystem – Systemtheoretische Ansätze und gattungstypologische Vorschläge‹, in: Pohl, Inge u. a. (Hg.): *Aus »Wundertüte« und »Zaubertüte«. Über die Kunst des Umgangs mit Kinder- und Jugendliteratur.* Frankfurt am Main 2000, S. 17–37.

Gansel, Carsten: ›Systemtheorie und Kinder- und Jugendliteraturforschung‹, in: Ewers, Hans-Heino / Nassen, Ulrich / Richter, Karin / Steinlein, Rüdiger (Hg.): *Kinder- und Jugendliteraturforschung 1994 / 1995.* Stuttgart, Weimar 1995, S. 25–42.

Heydebrand von, Renate / Winko, Simone: Einführung in die Wertung von Literatur: Systematik – Geschichte – Legitimation. Paderborn / München / Wien / Zürich 1996.

Hinck, Walter: Germanistik als Literaturkritik. Zur Gegenwartsliteratur. Frankfurt am Main 1988.

Hohendahl, Peter Uwe (Hg.): Geschichte der deutschen Buchkritik (1730–1980). Stuttgart 1985.

Hurrelmann, Bettina: ›Literaturkritik im Bereich der Kinder- und Jugendliteratur‹, in: *Informationen Jugendliteratur und Medien.* Heft 3 / 1990, S. 98–110.

Josting, Petra: Bücher haben ihre Geschichte: Kinder- und Jugendliteratur, Literatur und Nationalsozialismus, Deutschdidaktik. Hildesheim 1996.

Kaulen, Heinrich: »»Welcher Jüngling kann eine solche verfluchungswürdige Schrift lesen?«: zur Rezeption des Adoleszenzromans in der Literaturkritik und Literaturdidaktik von Goethes »Werther« bis zur Postmoderne‹, in: *Zeitschrift für Germanistik.* Heft 1 / 2004, S. 102 – 113.

Knödler, Christine: ›Quo vadis? Plädoyer für eine eigenständige Kinder- und Jugendliteraturkritik‹, in: Haug, Christine / Vogel, Anke (Hg.): *Quo vadis Kinderbuch? Gegenwart und Zukunft der Literatur für junge Leser.* Wiesbaden 2011, S. 143 – 162.

Korte, Hermann (Hg.): Zukunft der Literatur. München 2013.

Krotz, Friedrich: ›Die Institutionalisierung des Internets und warum und wie wir uns dagegen wehren sollten‹, in: *merz* Heft 1 / 2014, S. 12 – 19.

Lodemann, Jürgen: ›Die Enden der Legenden‹, in: Arnold, Heinz Ludwig (Hg.): *Über Literaturkritik.* München 1988, S. 37 – 47.

Menzel, Hilde Elisabeth: ›Die Notwendigkeit der Präsenz der Kinder- und Jugendliteratur in den Feuilletons der führenden Printmedien‹, in: Lexe, Heidi (Hg.): *Aber bitte mit Sahne ... Rezension und Kritik (im Bereich der Kinder- und Jugendliteratur).* Wien 2011, S. 17 – 19.

Miller, Norbert / Stolz, Dieter (Hg.): Positionen der Literaturkritik. Sonderheft der Zeitschrift Sprache im technischen Zeitalter. Köln 2002.

Neuhaus, Stefan: Literaturkritik. Eine Einführung. Göttingen 2004.

Pachler, Norbert: ›Deutschsprachige Kinder- und Jugendliteratur: Zugänge und Bewertungskriterien im Wandel‹, in: GFL 2 / 2001, verfügbar unter: http://www.gfl-journal. de/2 – 2002/pachler.pdf [15. April 2014].

Reus, Gunter: Ressort: Feuilleton. Kulturjournalismus für Massenmedien. Konstanz 1995.

Richter, Jutta: Offener Brief an die Chefredaktion der ZEIT. 21.4.2010, verfügbar unter: http//:www.buchmarkt.de/content/42299-die-avj-schreibt-an-die-zeit-kinder-und-ju gendbuchkritik-gehoert-ins-feuilleton-auch-kinderbuchautoren-melden-sich-zu-wort-.htm [1.5.2014].

Roeder, Caroline: ›Die Dystopie als Dschungelcamp. Traditionelle Zukunftskritik und postapokalyptische Arena-Szenarien in aktueller All-Age-Literatur‹, in: *Der Deutschunterricht (Jugendliteratur).* Heft 4 / 2012, S. 36 – 45.

Scharioth, Barbara/Schmidt, Joachim (Hg.): Zwischen allen Stühlen. Zur Situation der Kinder- und Jugendliteraturkritik. Tutzing 1990.

Schmidt, Siegfried J. / Zurstiege, Guido: Kommunikationswissenschaft. Systematik und Ziele. Reinbek 2007.

Schmidt, Siefried J.: ›Literaturkritik als spezielle Form der Teilhabe am LITERATUR-System‹, in: Schmidt, Siefried J: *Grundriß der Empirischen Literaturwissenschaft. Teilbd. 2: Zur Rekonstruktion literaturwissenschaftlicher Fragestellungen in einer Empirischen Theorie der Literatur.* Braunschweig / Wiesbaden 1982, S. 151 – 184.

Schnettler, Silke: Das Schmuddelkind der Literaturkritik. Zur Rezension von Kinder- und Jugendliteratur in überregionalen Zeitungen. Dortmund 1996, verfügbar unter: http// :books.google.de/books/about/Das_Schmuddelkind_der_literaturkritik.html?id= HPcLHAAACAAJ&redir_esc=y [1. Mai 2014].

Schweikart, Ralf: ›Wozu noch Literaturkritik? Was sich heutzutage über Bücher sagen lässt und wer das noch hören will‹, in: Lexe, Heidi (Hg.): *Aber bitte mit Sahne ... Rezension und Kritik (im Bereich der Kinder- und Jugendliteratur).*Wien 2011, S. 12 – 16.

Ueding, Gerd: ›Literatur mit beschränkter Haftung? Über die Misere der Kinder- und

Jugendbuchkritik‹, in: Scharioth, Barbara / Schmidt, Joachim (Hg.): *Zwischen allen Stühlen. Zur Situation der Kinder- und Jugendliteraturkritik.* Tutzing 1990, S. 17 – 31.

Wild, Reiner: ›Von den 1970er Jahren bis zur Gegenwart‹, in: Wild, Reiner.: *Geschichte der deutschen Kinder- und Jugendliteratur.* 3. Auflage. Stuttgart Weimar 2008, S. 343 – 347.

Witzel, Judith: Kinder- und Jugendbuchkritik in überregionalen Feuillletons der Gegenwart. Marburg 2005, zitiert nach: Online-Publikation im Verlag LiteraturWissenschaft.de, verfügbar unter: http//:www.literaturwissenschaft.de 2005 [5. August 2013].

Wütscher, Swenja: ›15 Jahre JIM-Studie‹, in: *merz* Heft 1 / 2014 S. 1 – 14.

José Fernández Pérez

Literaturkritik im pädagogischen Kontext?
Zur Praxis von Literaturkritik im Deutschunterricht

»Möge die Kritik auch die größten Dummheiten über unsere Bücher schreiben, sie soll weiterschreiben. Denn wir brauchen die Kritik. Die Kritik ist die einzige Instanz, die das öffentliche Gespräch über Literatur aufrecht erhält.«[1]

Die Aussage von Marcel Reich-Ranicki stammt aus einem Gespräch aus dem Jahre 1996, in dem er einmal mehr die Bedeutsamkeit der Literaturkritik für das literarische Leben betont und unterstreicht, in welcher Weise sie ein unabdingbares Element im Handlungssystem *Literatur* darstellt. Betrachtet man die drei Handlungsrollen – es sind literarische Produktion, Vermittlung, Rezeption / Verarbeitung – dann gehört die Literaturkritik insbesondere zum Bereich der Vermittlung. Thomas Anz betont ihre »informierende Orientierungs- und Selektionsfunktion«[2]. Kritiker haben mithin einen Überblick über die Novitäten auf dem literarischen Markt zu geben und gegebenenfalls Leseempfehlungen auszusprechen. In Verbindung damit hat Literaturkritik immer auch eine didaktisch-vermittelnde Funktion, denn zweifellos scheinen in der Kritik – wenn sie denn ernsthaft analytisch vorgeht – immer auch spezifische Werte und Normen durch, die wiederum das Lesen fördern können. Schließlich stellt Anz eine reflexions- und kommunikationsstimulierende Funktion heraus, die selbstreflexive Prozesse innerhalb des Literatursystems anregen kann und in Verbindung mit weiteren literaturvermittelnden Instanzen wie Schule und Hochschule steht.[3]

Im Folgenden wird zunächst die Bedeutung der Literaturkritik für das Fach Deutsch skizziert. Ausgehend von den Lehrplananforderungen soll exemplarisch untersucht werden, wie Literaturkritik betreffende curriculare Aufgaben bei der Gestaltung der Lehrbücher umgesetzt werden. Schließlich soll es zentral um einen speziellen Aspekt von Literaturkritik gehen, nämlich um die Erörterung des didaktischen Potenzials literaturkritischer Rundfunk-Beiträge.

---

1 Gansel 1996, S. 573.
2 Vgl. Anz 2004, S. 194.
3 Ebd., S. 194 ff.

1   Zum Standort der Literaturkritik im Deutschunterricht

Ein wesentlicher Bestandteil des Bildungsauftrags ist »die Förderung sprachlicher, literarisch-ästhetischer und medialer Kompetenzen«[4]. Der Deutschunterricht leistet zusammen mit dem Fremdsprachenunterricht einen entscheidenden Beitrag zur Verwirklichung dieses Bildungsziels. Im schulischen Kontext
erwerben die heranwachsenden Jugendlichen in einem kontinuierlichen Lern-
prozess ein literarisches Fachwissen, das sie befähigt, eine Bewertung von Literatur vorzunehmen und ihre Position in Form einer differenzierten Erörterung zu artikulieren. Des Weiteren erfahren sie, welchen Einfluss ausgewählte
Vermittlungsinstanzen (Autoren, Verlage, Literaturkritik, Massenmedien, vir-
tuelle Welt, u. a.) sowohl auf das Entstehen von Literatur als auch auf ihre
mögliche Wirkung haben können. Im Umgang mit Texten spielen der Erwerb
einer eigenen Beurteilungskompetenz sowie die Auseinandersetzung mit anderen literarischen Ansichten eine wichtige Rolle und bestimmen den Alltag des
Deutschunterrichts.[5] Ein exemplarischer Blick auf den Lehrplan für das Fach
Deutsch im Land Hessen macht die Bedeutung der Literaturkritik im
Deutschunterricht deutlich. Im Übergangsprofil zur gymnasialen Oberstufe
wird ansatzweise eine literarisch-ästhetische Medienkompetenz vorausgesetzt:
Die Lernenden sollen zum einen »grundlegende Aspekte der literarischen Produktion und Rezeption kennen«,[6] zum anderen über eine kritische Kompetenz
im Umgang mit Druckmedien verfügen. Bereits in der Jahrgangsstufe 6 sollen
die Lernenden ihre Lieblingsbücher vorstellen und ihre Meinung über das Buch
begründet formulieren. In der Jahrgangsstufe 7 findet eine intensivere Auseinandersetzung mit dem Literaturmarkt statt, um Einsichten in den Buchmarkt
und die Verlagswelt zu vermitteln. Die Präsentation von Büchern sowie die
Formulierung von Leseempfehlungen gehören mithin zu den wichtigen Aufgaben im Umgang mit literarischen Texten. In der 8. Klasse steht der Aufbau einer
literarischen Bewertungskompetenz explizit als Lernziel. Für die Jahrgangsstufe
9 steht die Aufgabe, Einsichten in das Medium Zeitung auszubilden, die Zeitung
als eine kulturelle Institution kennen zu lernen und eine kritische Beurteilungskompetenz im Umgang mit informierenden Texten zu entwickeln. Des
Weiteren geht es um die Entwicklung einer literaturkritischen Schreibkompe-
tenz, durch das Verfassen und durch die Beurteilung von Buch- und Theater-

---

4 Kerncurriculum für das Fach Deutsch für die Sekundarstufe I. S. 11.
5 Vgl. ebd.: »[Die Lernenden] verfügen über ein Grundlagenwissen zu Texten/Medien, deren
   Inhalten, Strukturen und historischen Dimension, reflektieren über Texte/Medien, bewerten
   sie und setzen sich auf der Grundlage entsprechender Kriterien mit ihrem ästhetischen Anspruch auseinander«, S. 14.
6 Hessisches Kultusministerium 2010, S. 49.

kritiken. Zudem wird darauf abgezielt, die Funktion und Wirkung eines literarischen Textes zu erfassen.[7]

In der gymnasialen Oberstufe werden die Einflussmöglichkeiten der Vermittlungsinstanzen (Literaturkritik, Verlag, Schule, u. a.) auf die Wirkung von Literatur genauer erfasst. Die Lernenden sollen »eigene Rezeptionsprozesse bewusster wahrnehmen« und eine eigene ästhetische Beurteilungskompetenz entwickeln. Unter dem Themenfeld »Wirkungszusammenhänge von Literatur« werden in der Qualifikationsphase vier Fragen erörtert, die sich mit der Wirkung von Literatur, dem literarischen Markt, der literarischen Wertung und der Funktion von Medien bei der Rezeption von Literatur beschäftigen.[8] Auch das Verhältnis von Buch und virtuellen Medien steht im Vordergrund des Deutschunterrichts. Beobachtet man die sogenannten Anregungen zur Gestaltung des Unterrichts, so werden unterschiedliche Formen der Literaturkritik erwähnt: Feuilleton, Buchkritik im Fernsehen, Bestsellerlisten und Wertungstheorien.[9]

Im Folgenden steht die exemplarische Analyse eines integrativen Lehrwerks im Zentrum, wobei danach gefragt wird, welche Rolle der Literaturkritik zukommt. Es steht außer Frage, dass es sich bei der Literaturkritik nur um einen ausgewählten Aspekt handelt, der wiederum mit anderen Schwerpunkten bzw. Themen vernetzt ist. Da nahezu jeder Schulbuchverlag inzwischen ein integratives Lehrwerk anbietet, war eine Selektion notwendig. Die Entscheidung für das Lehrwerk Deutsch plus fiel u. a. deshalb, weil hier ein modernes Konzept vorliegt, das die Literatur in einem gezielten Kurs von der Klasse 5 bis zur Klasse 10 behandelt und mit einer jeweils wiederkehrenden Kapitelstruktur arbeitet. In jeder Klassenstufe findet sich a) ein Autorenkapitel, b) ein Epochenkapitel, c) ein Gattungskapitel. Zum Konzept dieses integrativen Lehrbuchs gehören zudem weitere thematisch angelegte Kapitel, die in den einzelnen Klassenstufen wiederkehren und dadurch »eine zyklische Progression innerhalb des Curriculums«[10] ermöglichen. Titel wie »*Lesen, sehen, vorstellen*«, »›*Ich empfehle dir ...*‹ *Bücher kennen lernen, lesen, vorstellen*« oder »*Autoren-Texte-Leser*« weisen eindeutig auf einen literaturkritischen Kontext hin. Im Zusammenhang mit der Autorin Astrid Lindgren geht es bereits in Klasse 5 darum, dass die Schüler ein Buch, ein Hörspiel oder eine Verfilmung vorstellen. Eine genau gegliederte Auflistung von Aufgaben und Kriterien führt die Lernenden auf das Lernziel »Verfassen einer Buch-, Hörspiel- oder Filmrezension«[11] hin. In der 6. Klasse eröffnen Autoreninterviews und Autorenporträts einen Zugang zum Autor und

---

7 Vgl. ebd. 6. Klasse: S. 24, 7. Klasse: S. 30, 8. Klasse: S. 37, 9. Klasse: S. 43 f. und S. 47.
8 Vgl. ebd., S. 68 ff.
9 Vgl. ebd.
10 Vgl. Gansel 2005, S. 31.
11 Vgl. Gansel / Jürgens / Rose 2004a, S. 260.

seinem Schreibprozess. Gleichwohl werden die Lernenden mit der Handlungsrolle des Literaturkritikers konfrontiert. Im Fokus steht seine didaktisch-vermittelnde Funktion, denn die Schüler werden vertraut mit Aspekten wie der
Erzählweise eines Textes, der Bedeutung des Textanfangs oder sie lernen unterschiedliche Literatursparten wie das Bilderbuch, Kinderbuch, Jugendbuch
oder Sachbuch, die bei der Beurteilung eines literarischen Textes berücksichtigt
werden müssen, kennen. Des Weiteren wird auf die selektierende Funktion der
Literaturkritik, auf die Bedeutung einer fundierten literarischen Beurteilung
und auf literaturkritische Projekte für Jugendliche aufmerksam gemacht, wie
z. B. »Die Luftis«, ein Projekt des Neubrandenburger Kultur- und Literatur-
zentrums für junge Kritiker.[12] Zusätzlich zu den bereits erwähnten Textsorten
des Autorenporträts und des Autoreninterviews wird in der Klasse 7 eine neue
Textsorte, die Theaterkritik, eingeführt. Darüber hinaus bekommen die Lernenden wichtige Informationen über die Zusammenarbeit zwischen Autor und
Verlag. Dies betrifft etwa den Einfluss der Lektoren bei der Entstehung eines
Manuskripts, die Konzeption des Layouts oder die Programmplanung eines
Verlags.[13] Die genannten Aspekte erfahren in der Klasse 8 eine Vertiefung insofern, als die Lernenden im Zusammenhang mit dem Roman *Die neuen Leiden
des jungen W.* einen ersten Einblick in das Handlungssystem *Literatur* in der
ehemaligen DDR erhalten. Zusätzlich wird auf wichtige Kompetenzen abgezielt,
die auf eine Figurenanalyse und auf die Bestimmung der Erzählperspektive
zielen und somit die Schüler in die Lage versetzen sollen, selbständig an Texten
zu arbeiten.[14] Die Film- und Buchkritik als Textsorte werden in der Klasse 9 und
10 durch die Erarbeitung von formalen Kriterien und die Anfertigung eigener
Rezensionen intensiv erarbeitet. Mit dem Thema der Literaturpreisvergabe begegnen die Lernenden einer neuen Facette der Literaturrezeption. Ausgehend
von einer grundlegenden Textanalyse erwerben die Schüler als Mitglied einer
Jury Bewertungskompetenzen.[15]

Zusammenfassend kann anhand der hier nur ansatzweise skizzierten Aspekte
festgehalten werden, dass *Deutsch plus* mit einem überzeugenden integrativen
Konzept der Bedeutung der Literaturkritik für den Deutschunterricht gerecht
wird. In Form einer zyklischen Progression werden unterschiedliche Aufgaben
der Literaturkritik vermittelt. Dies erfolgt mit einer Verbindung zur Welt der
Schülerinnen und Schüler und durchweg auch mit einem handlungs- und pro-
duktionsorientierten Ansatz, der eine intensivere Auseinandersetzung mit dem
Thema garantieren soll. Der häufige Rückgriff auf Textsorten wie Autorenin-

---

12 Vgl. Gansel / Jürgens / Rose 2005, S. 21 f., S. 128, S. 249–264.
13 Vgl. Gansel / Jürgens / Rose 2002, S. 102 f., S. 112–116, S. 181, S. 187 f., S. 200, S. 250 f.
14 Vgl. Gansel / Jürgens / Rose 2003, S. 30 f., S. 173 f., S. 184, S. 196, S. 277.
15 Vgl. Gansel / Jürgens / Rose 2004b, S. 90 ff., S. 100, S. 119, S. 230, S. 235, S. 244 f. und Gansel /
     Jürgens / Rose 2006, S. 46, S. 150, S. 184 ff., S. 232 ff.

terviews und Autorenporträts erweist sich als eine gelungene Methode, um Einblicke in wichtige Aspekte des literarischen Schreibprozesses zu geben. Eine weitere Analyse – sie kann hier nicht erfolgen – stände vor der Aufgabe, die in den einzelnen Bundesländern zugelassenen Lehrwerke daraufhin zu untersuchen, welche Rolle in ihnen die Literaturkritik als Vermittlungsinstanz spielt. An dieser Stelle sei nur ein Ergebnis fixiert: In der Regel widmen die Verlage einzelne Kapitel gezielt dem Literaturmarkt und den Mechanismen der Literaturrezeption, aber meistens benutzen sie vor allem die Bücher- und Filmrezensionen sowie die Theaterkritiken in den Print-Medien für die Thematisierung literarischer Werke.[16]

Befragt man den Stand der Forschung zur Rolle der Literaturkritik im Deutschunterricht, dann finden sich nur wenige Beiträge, die sich noch dazu bevorzugt mit den sogenannten Literaturstreitfällen um Autoren wie Martin Walser und Günter Grass beschäftigen.[17] Des Weiteren gibt es vereinzelte Aufsätze zur Rezeption in den Print-Medien und ihrem didaktischen Potenzial, sei es am Beispiel von Schlinks Roman *Der Vorleser* oder sei es am Beispiel von Benjamin Leberts Roman *Crazy*.[18] Die Erörterung des didaktischen Potenzials der Literaturkritik im Fernsehen spielt ebenfalls eine Rolle, bleibt aber auf *Das literarische Quartett* beschränkt.[19] Soweit sich zeigt, ist das Potenzial, das der Rundfunk für die Behandlung von Literaturkritik im Deutschunterricht bietet, bislang nicht ausgeschöpft und untersucht.

Betrachtet man die aktuelle Unterrichtspraxis, stellt man fest, dass im Gegensatz zum literarischen Bereich und inzwischen auch zum Bereich der visuellen Medien das auditive Medium im Schulalltag kaum in den Unterricht eingebunden wird. Jedoch könnte der Einsatz von Rundfunksendungen zum Thema Literaturkritik anregende Perspektiven für den Deutschunterricht ermöglichen, zumal er methodische und inhaltliche Veränderungen einschließt und gleichzeitig das Zuhören als Mittel zum Lernen fördert.

2 Zum didaktischen Potenzial der Literaturkritik im Rundfunk

Im Folgenden sollen anhand ausgewählter Beispiele einige Einbindungsmöglichkeiten literarkritischer Rundfunkbeiträge in den Deutschunterricht erörtert werden. Allgemein kann festgehalten werden, dass die Linearität ein Grundmerkmal des Radios ist: der Hörer ist auf die vorgegebene Reihenfolge

---

16 Vgl. Graf 2009, Kapitel *Literarisches Leben*, S. 123–134 und Fingerhut 2009, Kapitel *Literaturkritik und Kanonbildung*, S. 167–168.
17 Vgl. Klein 2003, S. 7–18 und Görzel 1996, S. 98–104.
18 Vgl. Schenk 2003, S. 38–44 oder Beste 1999, S. 425–435.
19 Vgl. Pruemm 1987, S. 78–94 und Wittmann / Koch-Wittmann 2011, S. 45–47.

der akustischen Beiträge angewiesen. Die Beiträge beinhalten keine visuelle Orientierung und müssen demzufolge sehr gut strukturiert und transparent sein, um dem Hörer den Zugang zu erleichtern. Gegenüber der audiovisuellen Darstellung fördere die Radiodarstellung, so Egli von Matt, eine aktivere Teilnahme des Rezipienten sowie eine größere Entfaltung seiner Fantasie, da »jeder zusätzlichen Sinnesreizung [...] eine Einschränkung der Fantasietätigkeit der [...] Rezipienten«[20] entspricht. Weitere Vorteile des Rundfunks sind »seine flexible[n] und mobile[n] Nutzungsmöglichkeit[en]«, die eine Integration in alltägliche Situationen ermöglichen und ihn zu »einem Begleitmedium par excellence«[21] machen.

Obwohl die Medienlandschaft ständig starken Veränderungen ausgesetzt ist, bleibt die Anzahl der Radiohörer trotzdem konstant.[22] Zu dieser Entwicklung tragen insbesondere die Möglichkeiten des Radiokonsums im Internet bei und die Tatsache, dass die meisten Hörfunkanbieter das Internet als zusätzlichen Vertriebsweg für ihr Radioprogramm nutzen und dieses mit anderen Serviceleistungen für ihre Hörer ergänzen. Unter diesen ist aus pädagogischer Sicht das Angebot von Beiträgen On-Demand oder den sogenannten Podcasts, die zum Nachhören oder zum Download bereit gestellt werden, besonders wichtig, da dadurch die konventionelle Zeitgebundenheit von Radiosendungen überwunden werden kann und das Medium eine größere Präsenz im öffentlichen Diskurs gewinnt.[23] Zusätzlich zu den Podcasts können die Hörer mit dem internetbasierten DRadio-Recorder auf die Programme von Deutschlandfunk, Deutschlandradio Kultur, DRadio Wissen sowie auf mehr als 7.000 weitere Radiostationen weltweit per Live-Stream oder als Podcast zurückgreifen und eine selbstbestimmte Auswahl von Sendungen aufnehmen. Durch diese flexible Verfügbarkeit erzielt das Rundfunkangebot eine höhere Attraktivität für den Deutschunterricht. Das Mp3-Format der Audio-Beiträge eröffnet den Pädagogen die Möglichkeit, das Material mit einem geringen und überschaubaren Aufwand zu bearbeiten. Softwareprogramme wie Audacity stehen kostenlos im Internet zur Verfügung und bieten genügend Funktionen, um das Material für didaktische Zwecke zurechtzuschneiden.[24] Neben den Audio-Beiträgen stellen

---

20 Vgl. Egli von Matt 2008, S. 143.
21 Oehmichen / Schröter 2009, S. 9.
22 Vgl. Daten aus der Pressemitteilung der Arbeitsgemeinschaft Media-Analyse e. V. (agma) am 09.06.2013. Sie bestätigen eine konstante durchschnittliche Hördauer von 249 Minuten im Jahr 2013.
23 Vgl. Oehmichen / Schröter 2009, S. 10.
24 Unter dem Link, verfügbar unter: http://www.audiobeitraege.de/Downloads/Audacity-erste-Schritte.pdf sind von Brigitte Hagedorn zusammengestellte hilfreiche Hinweise für den Umgang mit der Software Audacity zu finden. Weitere relevante Informationen zum Thema Podcast und Unterricht finden sich auf der Internetseite von Sebastian Dorok und Michael

die Radiosender auf ihren Internetseiten zusätzliche Materialien wie Hintergrundinformationen zum Inhalt der Sendung, Buchrezensionen, illustrierendes Bildmaterial oder sogar das Manuskript der Sendung zur Verfügung. Sie können eine sinnvolle Ergänzung für den Unterricht sein und »die Bindung des Publikums« an den Sender intensivieren.[25] Zusätzlich verfügen die Pädagogen über spezielle Suchmaschinen wie Podcatcher oder über die elektronischen Programmführer der Radiowebseiten, um die Suche und Verwaltung des Audio-Materials zu erleichtern.[26] Innerhalb des vielfältigen Radioangebots stellen insbesondere die Textsorten des Autorenporträts, des Autoreninterviews, der Buch- und Filmrezension sowie der Theaterkritik eine sinnvolle Ergänzung zu den Lehrbüchern dar, zumal die Lernenden mit diesen Textsorten vertraut sind und eigene Kompetenzen vorweisen oder weiter entwickeln können. Im Rahmen dieses Beitrags wird exemplarisch auf folgende drei Textsorten eingegangen und ihr didaktisches Potenzial ansatzweise erörtert: die SWR2-Reihe *Short Teenage Stories*, das Autoreninterview und das Autorenporträt.

2.1 Die Short Teenage Stories[27]

Die Reihe *Short Teenage Stories* hat 66 Folgen, in denen in einem Zeitraum von ca. zwei Minuten Texte mit jugendlichen Helden aus der deutschen Literatur und der Weltliteratur vorgestellt werden. Es handelt sich fast ausschließlich um Adoleszenzromane oder um Texte, bei denen die Protagonisten in ähnliche Krisensituationen geraten oder sich ähnlich wie die Helden eines Adoleszenzromans verhalten. Walter Filz, Erfinder der Reihe, geht von der Gegenwart aus zurück bis ins 18. Jahrhundert, ähnlich wie in einigen Lehrbüchern, die das Thema *Jugend in der Literatur* aufgreifen.[28] Die Beiträge bearbeiten zum einen Bestseller der Gegenwartsliteratur wie *Tschick* von Wolfgang Herrndorf oder *Harry Potter* von Joanne K. Rowling, zum anderen Kanontexte wie *Die Leiden des jungen Werthers* von J. W. von Goethe, *Aus dem Leben eines Taugenichts* von Joseph von Eichendorff, *Effi Briest* von Theodor Fontane, *Die Verwirrung des Zöglings Törless* von Robert Musil, *Der Verschollene* von Franz Kafka, *Katz und Maus* von Günter Grass oder *Die neuen Leiden des jungen W.* von Ulrich Plenzdorf. Es handelt sich entsprechend um Texte, die repräsentativ für ausge-

---

Fromm, verfügbar unter: http://www.schulpodcasting.info/podcast_audacity.html. [07.05. 2014].

25 Vgl. Oehmichen / Schröter 2009, S. 18.
26 Vgl. ARD Mediathek, verfügbar unter: http://www.ardmediathek.de [07.05.2014].
27 Vgl. Filz 2012.
28 Vgl. Gansel / Jürgens / Rose 2006, S. 221–244.

wählte literarische Epochen sind und über Jahre im Deutschunterricht eine Rolle gespielt haben.

Das Format der Sendung enthält – daher ist es für den hier diskutierten Schwerpunkt von Interesse – literaturkritische Elemente. Alle Beiträge sind nach dem gleichen Prinzip aufgebaut und erfüllen sowohl eine didaktisch-vermittelnde als auch eine reflexions- und kommunikationsstimulierende Funktion. Die literarische Wertung sowie die Wirkung des jeweiligen literarischen Textes werden ebenfalls berücksichtigt. Die Attraktivität der Beiträge wird durch ihre klare Struktur und durch die einfache Sprache der Sprecher erhöht. Die Kategorien *Ort*, *Zeit*, *Helden*, *Problem*, *Lösung* bieten für die Schüler eine vertraute Methode (die sogenannten W-Fragen) im Umgang mit Texten und dienen dazu, die Handlung des Textes zu skizzieren. Die Kategorie *Gesamtzahl der Küsse* bildet eine Konstante in der Reihe, durch die die Auseinandersetzung der Protagonisten mit ihrer Sexualität in den Vordergrund rückt. Sie ist ein wichtiger Aspekt der Adoleszenz und wird hier meistens als humoristisches Element eingesetzt. Die weiteren Kategorien wie *der beste Satz*, *Wirkung* und *Nebenwirkung* spiegeln die Reaktion der Kritiker oder Leser auf das literarische Werk und zum Teil die literarische Besonderheit des jeweiligen Textes wider.

Aufgrund der Thematik der vorgestellten Texte, z. B. *Tschick* von Wolfgang Herrndorf, *Crazy* von Benjamin Lebert oder *Der Fänger im Roggen* von Jerome D. Salinger, die den jungen Hörern vielfältige Identifikationsmöglichkeiten bieten, kann von einer Attraktivität der Radiobeiträge für diese Zielgruppe ausgegangen werden. Betrachtet man die Grenzen der auditiven Merkspanne der Schüler, bildet die kurze Dauer der Beiträge zusätzlich eine gute Voraussetzung, um sie im pädagogischen Kontext einsetzen zu können. Weiterhin sorgen dramaturgische Mittel, wie zum Beispiel Musik und Geräusche, für die Motivation und Steigerung der Aufmerksamkeit bei den Hörern. Die musikalische Untermalung zu Beginn des Beitrags, eine Art Audio Logo der Reihe, erfüllt zum einen eine syntaktische Funktion als Gliederungselement für Einleitung und Beendigung des Beitrags. Zum anderen erfüllt sie eine semantische Funktion, zumal sie auf eine rebellische Haltung anspielt, und trägt dazu bei, bei jugendlichen Hörern eine Identifikation mit dem Beitrag herbeizuführen. Dies geschieht mit dem Lied *Smells like teen spirit* aus dem Album *Nevermind* von Nirvana. Die Band erzielte mit diesem Song einen musikalischen Welterfolg, der bis heute anhält. Mit ihrem Frontmann, Kurt Cobain, wurde sie zum Sinnbild einer ganzen Generation und wurde in der Musikszene der 1980er-Jahre mit ihrer rebellischen Haltung zu einer bis heute identifikationsstiftenden Legende. Sie verkörpert die Haltung der jungen Helden aus den literarischen Texten, die in Konflikt mit den gesellschaftlichen Konventionen geraten.

Im Folgenden soll anhand des Beitrags über Wolfgang Herrndorfs *Tschick* exemplarisch gezeigt werden, welche Möglichkeiten sich beim Einsatz einer

Short Teenage Story im Unterricht bieten. Herrndorfs *Tschick* kann als Road-Movie und Coming-of-Age-Geschichte bzw. Adoleszenzroman gelten und ist von der Literaturkritik enthusiastisch aufgenommen worden. Der Roman avancierte schnell zu einem Kultbuch bei jugendlichen Lesern. Der mit mehreren Preisen, u. a. mit dem Deutschen Jugendliteraturpreis (2010), ausgezeichnete Roman wurde in der Folge aufgrund seiner Thematik (Identitätssuche, Liebe, Sexualität, u. a.) und seiner Gesamtstruktur auch in kurzer Zeit zur Schullektüre.

Unabhängig von der Unterhaltungsfunktion des Radiobeitrags, kann die *Tschick-Teenage Short Story* als Material für die Analyse der akustischen Gestaltung eines Rundfunkbeitrags im Unterricht dienen. Dabei können folgende Fragen aufgegriffen werden: Welche Funktion erfüllen die musikalische Untermalung, die eingebauten Bremsgeräusche des Autos oder die sogenannten Atmos? Werden sie »zur imaginativen Fortführung«[29] des Romans funktionalisiert? Welche Funktion erfüllen die vorgenommenen Sprecherwechsel? Wie werden die Stimme und das Sprechtempo eingesetzt? Welche Funktion erfüllen die Zitate aus dem Roman? Wie wird Spannung erzeugt? Durch welche Elemente entsteht Dramatik oder eine romantische Atmosphäre? Bei dem *Tschick*-Beitrag spielen unter anderen folgende Aspekte eine wichtige Rolle:

– Das immer wiederkehrende Auto-Geräusch dient »zur imaginativen Fortführung« der Geschichte und weist auf die Handlung der Geschichte hin, eine Autoreise in die Walachei.

– Zusätzlich suggerieren die Bremsgeräusche die Spannung und Dramatik, die mit dieser Reise verbunden sind. Die O-Töne bzw. Zitate aus dem Roman erhöhen zum einen den Authentizitätscharakter des Rundfunkbeitrags und zum anderen vergegenwärtigen sie die Romanfiguren für die Hörer. Sie erscheinen unmittelbar, d. h. ohne die fremde Vermittlung eines Erzählers.

– Dementsprechend erfüllen die O-Töne eine deskriptive Funktion, denn der Hörer kann sich dadurch ein genaues Bild von der jeweiligen Figur machen.

– Die immer wieder eingesetzten Pausen des Sprechers dienen einerseits zur Strukturierung des Beitrags, andererseits provozieren sie häufig eine Spannungserhöhung.

– Die Präsenz mehrerer Sprecher dient ebenso zur Strukturierung des Beitrags und ermöglicht außerdem eine akustische Begegnung beider Geschlechter. Diese Begegnung spielt bei dieser Adoleszenz-Geschichte eine wesentliche Rolle.

– Die Modulierung der Stimme wird von den Sprechern gezielt zur Erzeugung von Spannung oder zur Erzeugung einer romantischen Atmosphäre eingesetzt.

---

29 Frederking 2008, S. 111.

Darüber hinaus erfüllt der Rundfunkbeitrag durch seinen Einsatz vor der Lektüre eine informierende und lesestimulierende Funktion. Nach dem Lesen dient der Beitrag als Diskussionsvorlage, um die Anschlusskommunikation über den literarischen Text in der Lerngruppe zu fördern. Kategorien wie *der beste Satz* oder *Wirkung* bieten sich an, um eine individuelle Stellungnahme der Schüler zu üben. Des Weiteren besteht die Möglichkeit, den Radiobeitrag aufgrund seiner auch für Schüler leicht nachvollziehbaren Struktur als Modell zu nutzen, um eigene Radiobeiträge zu entwickeln. Es hängt dies nicht zuletzt damit zusammen, dass der Aufbau mit den wiederkehrenden Kategorien von Ort, Zeit, Helden, Problem, Lösung einen deutlichen Orientierungsrahmen bzw. ein Muster für die Arbeit der Schüler vorgibt. Die *Short Teenage Stories*-Reihe lässt sich daher unter Bezug auf klassische wie aktuelle literarische Texte fortsetzen. Die Schüler entwickeln dabei nicht zuletzt ihre Medienkompetenz unter anderem, indem sie für das Zusammenspiel von O-Tönen und kompositorischen Elementen sensibilisiert werden, und einen Einblick in die redaktionelle Arbeit sowie in die aktuelle Entwicklung der Literatur gewinnen.[30] Zudem eröffnen handlungs- und produktionsorientierte Aufgabenstellungen ein Feld, das die in der Gegenwart hinreichenden Kompetenzen der Schüler mit den neueren Medien produktiv macht.

2.2. Schriftsteller im Gespräch

Das Autor-Interview lässt sich in die Kategorien des Experten- und des Prominenten-Interviews einordnen. Im Fokus des Autor-Interviews steht eine Person, die als Experte in literarischen Angelegenheiten gilt und als Akteur hauptverantwortlich für die Entstehung von Literatur agiert. Das Experten-Interview dient in der Regel der Aufklärung und Deutung ungeklärter Vorgänge und Sachverhalte.[31] In dem Fall eines Autor-Interviews geht es meist um das Offenlegen der Begleitumstände des literarischen Schreibprozesses. Aufgrund ihrer gesellschaftlichen Anerkennung können Autoren ein »symbolisches Kapital« im Sinne Bourdieus erwerben und dadurch zu einem »Prominenten«-Status gelangen. In diesem Kontext geht es bei den Interviews oft nicht nur um die Klärung von Fragen, die mit dem literarischen Schreibprozess zu tun haben, sondern auch um die Selbstdarstellung der befragten Person. Autoren können das Interview als Kunstform nutzen und eine eigene Performance gestalten. Michael Haller erörtert eben diese Funktion eines Autor-Interviews: »Das Interview soll die herausragende, vielleicht bizarre Persönlichkeit eines Kultur-

---

30 Vgl. Fernández Pérez 2014, S. 26–28.
31 Vgl. Haller 2013, S. 133.

schaffenden im Zusammenhang mit seinen Werken dem Publikum nahe bringen.«[32] Des Weiteren können Interviews als Medium gesellschaftlicher Selbstreflexion im Unterricht eingesetzt werden. Rudolf Augstein hebt die Bedeutung der konkreten beteiligten Personen für eine erfolgreiche Vermittlung des Zeitgeschehens hervor: »Personen sind farbiger und erregen mehr Interesse als abstrakte Vorgänge. Personen machen eine Geschichte lebendig. Nichts ist interessanter für den Menschen als der Mensch.«[33] Augstein markiert hier einen zentralen Aspekt, der in dieser Weise für alle Narrationen gilt. Demnach kann die Aufmerksamkeit der Hörer oder Leser eher durch konkrete greifbare Lebensschicksale erreicht werden. In der Literaturwissenschaft hat man längst den Stellenwert dieser Textsorte erkannt und oft werden Autoreninterviews genutzt, um eigene »Interpretationsthesen abzusichern«[34]. Autorenporträts und Autoreninterviews spielen deswegen auch eine wichtige Rolle bei der Darstellung der Literaturgeschichte im Schulkontext und werden dementsprechend bei der Konzeption der Lehrbücher berücksichtigt.[35]

In der Podcast-Reihe *Schriftsteller im Gespräch* der Deutschen Welle kommen zahlreiche Literaten deutscher Sprache zu Wort. Die Reihe umfasst wichtige deutschsprachige Autoren der Nachkriegszeit sowie Autoren der Gegenwartsliteratur. Damit verfügen Deutschlehrer über zahlreiche Originalaufnahmen von Autoren, die auch im literarischen Kanon eine Berücksichtigung gefunden haben: Hilde Domin, Günter Grass, Friedrich Dürrenmatt, Christa Wolf, Robert Schneider, Christoph Hein, um nur einige Namen zu nennen.[36]

Im Rahmen dieses Beitrags sei am Beispiel eines Gesprächs mit Christoph Hein das didaktische Potenzial dieser Reihe ansatzweise erörtert. In einem Interview aus dem Jahr 1989 spricht Christoph Hein über seinen Roman *Der Tangospieler* und formuliert Aussagen, die seine Poetologie beschreiben und die Wirkung der Literatur in der Gesellschaft erörtern. Diese Aussagen sind auch in der Gegenwart von Bedeutung, zum einen weil die Werke Christoph Heins auch nach der Wende eine positive Resonanz genießen,[37] zum anderen im Deutschunterricht thematisiert werden und auch weil sie wichtige Einblicke in den Bereich »DDR-Literatur«, genauer gesagt, in die Funktion von Autoren in einer sogenannten geschlossenen Gesellschaft geben. Der Einsatz von Autoreninter-

---

32 Ebd. S. 142.
33 Augstein, Rudolf zitiert nach Egli von Matt 2008, S. 17.
34 Vgl. Hoffmann 2011, S. 50.
35 Vgl. oben die Vorstellung des Lehrbuchs *Deutsch plus*.
36 Vgl. Deutsche Welle, verfügbar unter: http://www.dw.de/zeitreise-schriftsteller-im-gespräch/a-17389639 [07.05.2014].
37 Vgl. etwa den Erhalt von mehreren Literaturpreisen, wie dem renommierten Uwe Johnson-Preis oder dem Stefan Heym-Preis.

views kann in diesem Rahmen u. a. dazu dienen, eine differenzierte Antwort auf die Frage nach der Rolle der DDR-Intellektuellen in der Gesellschaft zu finden. In Heins Poetologie ist der Autor ein Chronist seiner Zeit und seiner Gesellschaft. Im Interview äußert sich Hein explizit zu seinem Autorenverständnis und zum eigenen Schreibprozess: »Ich bin eigentlich nur ein Chronist, ein Chronist meiner Zeit, meiner Gesellschaft. Ich beschreibe das, was ich gesehen habe. Ich beschreibe es natürlich mit meinen Möglichkeiten, mit meinen mir zur Verfügung stehenden künstlerischen Mitteln.«[38] Er versuche, das zu beschreiben, was er gesehen habe, ohne eine moralische Wertung vorzunehmen. Er spricht der Literatur die Möglichkeit ab, in der Gesellschaft Macht ausüben zu können. Es handele sich eher um die Möglichkeit der »Wirksamkeit von Literatur«:

> »Ich glaube, dass Literatur mit dem Benennen [der gesellschaftlichen Verhältnisse] ihre Funktion erfüllt und die Möglichkeit hat, [in der Gesellschaft] zu wirken. Ich will das Wort Macht ausschließen. Es ist etwas zu gewaltig, zu groß. Sprechen wir vielleicht von der Wirksamkeit von Literatur«[39].

Hein meint hier nichts anderes, als die Rolle des Autors als Chronist der Gesellschaft. Dabei liefern Autor und Erzähler keine Moral, sondern sie beschreiben gesellschaftliche Umstände. Angesichts der dargestellten – oft als unerträglich empfundenen – Situation werde der Leser zu einer Reaktion aufgefordert. Es nimmt nicht wunder, wenn Hein auch auf die Rolle des Lesers zu sprechen kommt:

> »[Mit meiner Literatur] stelle [ich] etwas dar und versuche die Aktivität des Lesers zu animieren, dass er mir widerspricht, dass er [meine Erfahrungen] mit seinen eigenen Erfahrungen vergleicht. Denn ich spreche von meinen Erfahrungen und will nicht, dass sie reaktionslos, wortlos, protestlos hingenommen werden.«[40]

Demnach eröffnet der Autor durch den Text einen Dialog mit dem Leser und will ihn zu einer aktiven Teilnahme animieren: der Leser solle die dargebotene Geschichte mit seinen eigenen Erfahrungen vergleichen, um Übereinstimmungen oder Unterschiede festzustellen. Diese Aufforderung an den Leser zu einer kritischen Reflexion der erzählten Welt ist für die Analyse von Texten wie auch den Literaturunterricht insgesamt von entscheidender Bedeutung, weil eine Stellungnahme der Schüler zum Text das Einbeziehen der eigenen Lebenswelt notwendig macht.

Weitere Aufnahmen von Interviews des Autors nach der Wende belegen, dass sein zu DDR-Zeiten formuliertes Schriftstellerverständnis in einem neuen ge-

38 Hein im Gespräch mit A. Rummler, 1989, 03:46 – 04:10.
39 Vgl. ebd., 06:17 – 07:23.
40 Vgl. ebd., 08:06 – 08:41.

sellschaftlichen Kontext weiterhin Gültigkeit besitzt. Anlässlich der Stefan-Heym-Preisverleihung bestätigt Hein im Gespräch mit Michael Hametner die Verpflichtung des Schriftstellers zur Wahrheit als eine verbindliche Haltung, die unabhängig von politisch-gesellschaftlichen Bedingungen vertreten werden müsse: »Ich denke schon, dass [die Verpflichtung zur Wahrheit unter allen äußeren Umständen] zum Rüstzeug eines Schriftstellers hinzugehört. Anderenfalls sollte man den Griffel aus der Hand legen.«[41] In dem Zusammenhang erläutert er den Auftrag des DDR-Lesers an die Autoren in einer Gesellschaft ohne unabhängige Medien: »Da es keine nennenswerte Medien gab, keine Zeitungen, erwartet man eigentlich vom Schriftsteller, genau dass er die Wahrheit, die die Zeitung verweigerte, mitteilt.«[42] Demnach sei der DDR-Autor aufgefordert gewesen, die von den DDR-Medien verschönte oder totgeschwiegene Wahrheit mit künstlerischen Mitteln zur Sprache zu bringen. Im Literaturunterricht geht es oft um das Verhältnis von der Autobiografie des Autors zum Werk, vielmehr sollte es aber darum gehen, die poetologischen Prinzipien des Autors am Werk zu überprüfen. Die Autoreninterviews liefern oft klare Hinweise, die zum einen die Interpretation des Textes steuern und zum anderen im Deutschunterricht als Diskussionsvorlage genutzt werden können. Neben der bereits erwähnten Podcast-Reihe *Schriftsteller im Gespräch* stehen auf dem Online-Portal *Lesungen.net* fragmentarische Aufnahmen von Autoren-Gesprächen sowie weitere Tondokumente wichtiger deutscher Schriftsteller aus der Reihe *Literarisches Colloquium Berlin* kostenlos zum Download zur Verfügung, die auch aktuelle Entwicklungen der Gegenwartsliteratur berücksichtigen.[43]

2.3   Zur Textsorte des Autorporträts

Christa Wolf gehört zu den bedeutendsten Autorinnen der deutschen Literatur des 20. und 21. Jahrhunderts. Ihre Romane und Erzählungen wurden erfolgreich sowohl im Westen als auch im Osten rezipiert. Texte wie *Medea: Stimmen* sind aktueller Gegenstand des Deutschunterrichts in mehreren Bundesländern. In den Lehrbüchern der Oberstufe gerät insbesondere das Verhältnis von Literatur, Gesellschaft und Politik in den Vordergrund. In diesem Kontext findet in einzelnen Lehrbüchern der sogenannte deutsch-deutsche Literaturstreit um Christa Wolfs Erzählung *Was bleibt* eine besondere Berücksichtigung.[44] Im Lehrbuch *Facetten* wird das Thema anhand von Auszügen aus zwei Rezensionen

41 Hein im Gespräch mit M. Hametner 2013, 07:50 – 08:10.
42 Hein im Gespräch mit M. Hametner 2013, 08:30 – 09:05.
43 Vgl. Literatur zum Nachhören, verfügbar unter: http://www.lesungen.net/lesungen/ [07.05. 2014].
44 Vgl. Fingerhut 2009, S. 417 – 433 und Einecke 2001, S. 396 – 400.

behandelt, die die kontroversen Standpunkte des deutsch-deutschen Literaturstreits ansatzweise dokumentieren. Die von den Lehrbuchmachern gelieferten
Informationen dienen einer knappen Einordnung des Literaturstreits in den
historischen und gesellschaftlichen Kontext am Beginn der 1990er-Jahre. Anhand eines Autor-Interviews können die Schüler Erkenntnisse über die selbst-
kritische Position der Autorin gewinnen und nur eine vage Vorstellung der
Vorgänge vor und nach der Wende erzielen. Die Stellungnahmen von Autoren
wie Günter de Bruyn und Literaturkritikern wie Fritz Raddatz dienen als Diskussionsvorlage für eine Stellungnahme der Schüler. Für eine differenzierte
Bearbeitung des Themas ist aber die Berücksichtigung weiterer Informationen
notwendig. Damit die Schüler in diesem Zusammenhang u. a. die Rolle der
Autorin als eine »moralische Instanz« in der DDR verstehen können, müssen sie
über weitere Informationen zu ihrer literarischen und politischen Entwicklung
verfügen. Genauso wie beim Autoreninterview kann man mit einem Autorenporträt etwas über die Poetik und literarische Wirkung eines Schriftstellers
erfahren, deswegen übernehmen solche Rundfunk-Beiträge eine ergänzende,
informierende und reflexionsstimulierende Funktion im Literaturunterricht,
um den literarischen Entstehungsprozess und die Funktion von Literatur im
gesellschaftlichen Kontext zu thematisieren.

Das Porträt allgemein wird definiert als eine interpretierende journalistische
Textsorte, die eine Auseinandersetzung mit einer für die Öffentlichkeit relevanten Person aus unterschiedlichen Blickwinkeln präsentiert. »Das Porträt
beschreibt, reflektiert [und] analysiert. Es ist eine Mischung aus Eckdaten der
Person, geschildertem, [...] und gewichtetem Lebenslauf, sowie aus Reflexionen
über [die] Persönlichkeit [...].«[45] Es dient in erster Linie der Aufklärung über
eine Person. »Ein Mensch wird erkennbar, vielleicht sogar verständlich.«[46] Für
Hörfunkporträts ist es üblich, ein Interview mit dem Autor zu führen oder auf
archivierte Tondokumente und auf Statements anderer Personen zurückzu-
greifen. Das gesprochene Wort des Schriftstellers steht oft im Vordergrund,
dadurch kann er nicht nur rational, sondern auch emotional wahrgenommen
werden. Am Beispiel eines Rundfunk-Porträts zur Person von Christa Wolf soll
nunmehr knapp skizziert werden, wie man dazu beitragen kann, ein differenziertes Bild über ihre Poetologie und ihre Stellung innerhalb der DDR-Gesellschaft zu vermitteln.[47] In dem am 02.10.2009 von HR2 gesendeten Autorporträt
dokumentiert die Journalistin Kirsten Heckmann-Janz die Entwicklung der
Autorin und ordnet ihre literarischen Werke in den historischen und gesellschaftlichen Kontext ein. Heckmann-Janz stellt nach dem 11. Plenum im Jahr

---

45 Egli von Matt 2008, S. 18.
46 Leinemann, Jürgen zitiert nach Egli von Matt 2008, S. 18.
47 Vgl. Heckmann-Janz 2009.

1965 eine zunehmende Distanzierung der Autorin zur offiziellen DDR-Politik fest und hebt ihre Funktion als moralische Instanz in der DDR-Gesellschaft hervor. Diese Positionen werden mit Aussagen der Literaturwissenschaftlerin Barbara Dröscher oder mit O-Tondokumenten der Autorin aus der jeweiligen Zeit untermauert. So hatte Christa Wolf auf dem 11. Plenum 1965 als einzige Autorin den Angriffen der SED-Führung auf Werner Bräunig widersprochen.

>[…] Ich bin nicht einverstanden mit der kritischen Einschätzung an dem Auszug von Werner Bräunig in der ndl, weil ich glaube und weiß, erstens dass Werner Bräunig dieses Buch nicht geschrieben hat, weil er im Westen verkauft werden will […]. Zweitens meiner Ansicht nach zeugen auch diese Auszüge nicht von antisozialistischer Haltung, die ihm [von offiziellen DDR-Institutionen] vorgeworfen wird.«[48]

Offensichtlich wird, dass Christa Wolf zu diesem Zeitpunkt noch auf einen Dialog zwischen Partei und Künstlern hofft und mit Zivilcourage der Parteiführung widerspricht. In Bezug auf ihren Erfolgstext *Nachdenken über Christa T.* formuliert Christa Wolf explizit ihre Distanz gegenüber dogmatischen Positionen der Kulturfunktionäre:»Es war ein Bruch in meinem Leben, in meiner Erfahrung, in meiner Haltung auch zur offiziellen Politik, besonders Kulturpolitik.«[49] In dem Porträt wird neben den bereits genannten Momenten auch Christa Wolfs literarische Auseinandersetzung mit den Folgen des Nationalsozialismus für die DDR-Bürger in *Kindheitsmuster* erkennbar. Aber es zeigen sich ebenso ihre Haltung zur Biermann-Ausbürgerung im Jahr 1976 wie auch die in diesem Zusammenhang vom Ministerium für Staatssicherheit (MfS) gegen die Autorin eingesetzten »Zersetzungsmaßnahme[n]«, ihre Position während der Wende und ihre Hoffnung auf die Erneuerung eines sozialistischen Staates. Alle diese Momente dokumentieren das Verhältnis der Autorin zur Macht und insbesondere ihre zunehmende Distanz zur offiziellen Politik und Kulturpolitik. Darüber hinaus geben sie Auskunft über die Rolle und Funktion der Intellektuellen innerhalb der DDR-Gesellschaft. Des Weiteren wird im Porträt die Bedeutung, die die Konflikte in der DDR für den Schreibprozess der Autorin hatten, hervorgehoben. So betont Christa Wolf, dass»Konflikte« sie jeweils »zum Schreiben getrieben [haben]«,[50] womit der Hörer eine Erklärung für den Verbleib der Autorin in der DDR erhält. In diesem Sinne äußert sich auch die Autorin in ihrem letzten offiziellen Gespräch, in dem sie die Bedeutung der Konflikte als etwas Unerlässliches für ihren Schreibprozess bestätigt.[51]

Das Autorporträt von Kirsten Heckmann-Janz stellt eine sinnvolle Ergänzung dar, um die Entwicklung der Autorin und ihr Werk im Deutschunterricht dif-

---

48 Heckmann-Janz 2009, Manuskript zur Sendung, S. 5.
49 Vgl. ebd. S. 6.
50 Ebd. S. 10.
51 Siehe auch jüngst Gansel 2014, S. 357 f.

ferenziert zu erörtern. Andere Rundfunk-Porträts wie *Don't be cool – Nach-denken über Christa Wolf* von Dagmar Just eröffnen weitere pädagogische Möglichkeiten zu einer Vertiefung dieser Thematik und liefern interessante Hinweise zur Funktion von Intellektuellen in der DDR sowie zur Beziehung zwischen Autorin und Lesern.[52]

3   Fazit

Aus der exemplarischen Darstellung des Lehrbuchs *Deutsch plus* geht eindeutig hervor, welchen Stellenwert die Literaturkritik im Deutschunterricht hat und wie eine sinnvolle Integration literaturkritischer Textsorten zur Vermittlung einer literarisch-ästhetischen Medienkompetenz aussehen kann. Betrachtet man die Entwicklung der Mediengesellschaft, kann man behaupten, dass die Lite-raturkritik im Rundfunk durch das Internet einen deutlichen Mehrwert an At-traktivität gewonnen hat. Die von öffentlichen Rundfunkanstalten angebotenen Sendungen, verbunden mit ihren im Internet existierenden Angeboten, die eine Überwindung der Zeitgebundenheit einschließen, garantieren durch ihre Viel-falt und ihr qualitatives Angebot nicht nur die Erfüllung ihres Bildungsauftrags, sondern eröffnen medieninteressierten Pädagogen interessante Ergänzungs-möglichkeiten zum Lehrbuch sowie sinnvolle Anregungen und Inhalte für einen abwechslungsreichen und an der kulturellen Aktualität orientierten Deutsch-unterricht. Zweifellos können die Schüler durch den Einsatz solcher literatur-kritischen Sendungen wie Autorenporträts oder Autoreninterviews einen un-mittelbaren Einblick in das Handlungssystem *Literatur* und insbesondere in die Funktion der Medien bei der Rezeption von Literatur gewinnen. Weitere Ra-diosendungsformate wie Buch- und Filmrezensionen, Radiofeatures, Nachrufe oder Beiträge wie die *Short Teenage Stories* können die vorgestellten didakti-schen Möglichkeiten erweitern und bilden eine sinnvolle Ergänzung zu dem von Texten und audiovisuellen Elementen geprägten Deutschunterricht. Gleichwohl setzt dies einen offenen und bewussten Medienumgang voraus und bedeutet für den Deutschlehrer, dass er bereit sein sollte, die Inhalte seines Unterrichts über die im Lesebuch oder in sonstigen weit verbreiteten Verlagsunterrichtsmate-rialien dargebotenen Möglichkeiten hinaus zu erweitern. Geschieht das, können medienbewusste Pädagogen durch die Einbindung literaturkritischer Rund-funkbeiträge einen wichtigen Impuls für eine angemessene Rezeption von Li-teratur und für die Förderung der ästhetisch-literarischen Kompetenz und der Hör- und Medienkompetenz seiner Schüler setzen.

---

52 Just 2014.

Literatur

Anz, Thomas: Literaturkritik. Geschichte, Theorie und Praxis. München 2004.

Beste, Gisela / Kämper-van den Boogart, Michael: ›Literaturkritik im Unterricht am Beispiel von Benjamin Leberts Roman »Crazy«‹, in: *Deutschunterricht* 1999/52, S. 425 – 435.

Egli von Matt, Sylvia (Hg.): Das Porträt. Konstanz 2008.

Einecke, Günther (Hg.): Facetten. Deutsch für die Oberstufe. Stuttgart 2001.

Fernández Pérez, José: Lehrerhandbuch zu »Schneckenmühle« von Jochen Schmidt. Stuttgart 2014.

Filz, Walter: Short Teenage Stories, 2012, verfügbar unter: http://www.swr.de/swr2/pro gramm/sendungen/swr2-am-morgen/short-teenage-stories/-/id=660124/did=65852 12/nid=660124/ui3kts/index.html [07.05.2014].

Fingerhut, Karlheinz: Texte, Themen und Strukturen. Deutsch für die Oberstufe. Berlin 2009.

Frederking, Volker: Mediendidaktik Deutsch. Eine Einführung. Berlin 2008.

Gansel, Carsten: ›Die Kritik ist naturgemäß in einer Art Opposition‹ Gespräch mit Marcel Reich-Ranicki, in: *Deutschunterricht* 1996/12, S. 570 – 578.

Gansel, Carsten: ›Kompetenzen und integrativer Deutschunterricht – Ein schulpolitischer Paradigmawechsel und seine Folgen‹, in: *Didaktik Deutsch. Forschungsbeiträge* 2005/ 19, S. 23 – 49.

Gansel, Carsten / Jürgens, Frank / Rose, Kurt (Hg.): Deutsch plus 7. Berlin 2002.

Gansel, Carsten / Jürgens, Frank / Rose, Kurt (Hg.): Deutsch plus 8. Berlin 2003.

Gansel, Carsten / Jürgens, Frank / Rose, Kurt (Hg.): Deutsch plus 5. Berlin 2004a.

Gansel, Carsten / Jürgens, Frank / Rose, Kurt (Hg.): Deutsch plus 9. Berlin 2004b.

Gansel, Carsten / Jürgens, Frank / Rose, Kurt (Hg.): Deutsch plus 6. Berlin 2005.

Gansel, Carsten / Jürgens, Frank / Rose, Kurt (Hg.): Deutsch plus 10. Berlin 2006.

Gansel, Carsten und Wolf, Christa: »Zum Schreiben haben mich Konflikte getrieben«, in: Gansel, Carsten (Hg.): *Christa Wolf – Im Strom der Erinnerung.* Göttingen 2014.

Görzel, Klaus: ›Der Lustmord. »Ein weites Feld« von Günter Grass und die Kritik‹, in: *Der Deutschunterricht* 1996/48, S. 98 – 104.

Graf, Günter (Hg.): deutsch.ideen. Kursstufe. Braunschweig 2009.

Haller, Michael: Das Interview. Konstanz 2013.

Heckmann-Janz, Kirsten: Mauer-Fälle Christa Wolf, Schriftstellerin, 2009, verfügbar unter: http://www.hronline.de/website/specials/wissen/index.jsp?rubrik=68545&key =standard_document_38048682 [07.05.2014].

Hein, Christoph: »Ich beschreibe das, was ich gesehen habe« – Christoph Hein spricht über seinen Roman »Der Tangospieler«. Im Gespräch mit Andreas Rummler. 1989, verfügbar unter: http://www.dw.de/interview-mit-christoph-hein/a-2432734-1 [07.05. 2014].

Hein, Christoph: Im Gespräch mit Michael Hametner im Rahmen des ARD-Radiofestivals am 21.08.2013 bei Kulturradio gesendet.

Hessisches Kultusministerium: Bildungsstandards und Inhaltsfelder. Das neue Kerncur- riculum für Hessen. Sekundarstufe I – Gymnasium: Deutsch, verfügbar unter: http://

verwaltung.hessen.de/irj/HKM_Internet?cid=9ac47f3484b40a67a678fd2f4ba49cdd [07.05.2014].

Hessisches Kultusministerium: Lehrplan Hessen Deutsch. 2010, verfügbar unter: http://verwaltung.hessen.de/irj/HKM_Internet?uid=3b43019a-8cc6-1811-f3ef-ef91921321b2 [07.05.2014].

Hoffmann, Torsten: ›Die eigenständige Zeichenwelt des Interviews: Torsten Hoffmann im Gespräch mit Ulrike Jaspers. Über Schriftsteller und ihr ambivalentes Verhältnis zu Interviews‹, in: *Forschung Frankfurt* 2011/3, S. 50–55.

Just, Dagmar: Don't be coll – Nachdenken über Christa Wolf, am 11.03.2014 im Deutschlandradio gesendet.

Klein, Michael: ›Über den Zustand der gegenwärtigen Literaturkritik. Aus Anlass der Debatte um Martin Walsers »Tod eines Kritikers« und Bodo Kirchhoffs »Schundroman«‹, in: *Informationen zur Deutschdidaktik* 2003/27, S. 7–18.

Oehmichen, Ekkehardt / Schröter, Christian: ›Podcast und Radio: Wege zu einer neuen Audiokultur?‹ in: *Media Perspektiven* 2009/1, S. 9–19.

Pruemm, Karl: ›Literaturkritik im Fernsehen. Beschreibung eines umstrittenen Geschäfts‹, in: *Der Deutschunterricht* 1987/39, S. 78–94.

Schenk, Klaus: ›Bernhard Schlink: »Der Vorleser«. Schullektüre als »Holo-Kitsch«?‹, in: *Informationen zur Deutschdidaktik* 2003/27, S. 38–44.

Wittmann, Wolfgang / Koch-Wittmann, Inge: ›Lust auf Literatur – zwei Initiativen einer Schule‹, in: *Deutschunterricht*, 2011/64, S. 45–47.

Rüdiger Vogt

Literaturkritik in textlinguistischer Perspektive

1 Zur Einführung: Zwei Rezensionen von Thomas Steinfeld (Süddeutsche Zeitung)

In dem folgenden Beitrag wird es um einzelne ausgewählte Dokumente gehen, die in einschlägigen Zeitungen wie der *Süddeutschen Zeitung* (SZ), der *Zeit* oder der *Frankfurter Allgemeinen Zeitung* (FAZ) erschienen sind. Bevor aber die theoretischen Grundlagen geklärt werden, sollen zwei ausgewählte Rezensionen von Thomas Steinfeld aus der Süddeutschen Zeitung einer genauen Analyse unterzogen werden. Mit dieser Fundierung wird es dann gelingen, ein angemessenes Analyseraster zu entwickeln. Zu Beginn steht die Frage im Zentrum des Interesses, wie denn Rezensionen aufgebaut und strukturiert sind. Das heißt es geht um die Architektonik (äußere Struktur) und die Komposition (inhaltlicher Aufbau) der in Rede stehenden Textsorte. Dazu werden die jeweils von dem Autor genutzten Absätze analysiert und anschließend in Hinblick auf die Textsorte Literaturkritik operationalisiert. Der Beitrag geht somit analytisch induktiv vor.

Am 11.6.2013 erschien in der Süddeutschen Zeitung eine Rezension von Thomas Steinfeld zu dem Buch *Fabeln der Begegnung* von Botho Strauß mit dem Titel »In mir, da ist wohl nichts« mit dem Untertitel »Lauter kleine Lehrstücke über den hoffnungslosen Wahn, sich selbst eine Bedeutung zuzuschreiben«. Der Text umfasst 909 Wörter, die sich auf insgesamt acht Absätze verteilen. Der erste Absatz beginnt mit einer Beschreibung von zwei Szenen aus dem Buch, in der »ein Mann« zunächst einen jungen Mann sieht, der einen »schwarzen Rapper« imitiert. Dies veranlasst ihn zu der Feststellung: »Er tobt sich aus und tut nur so als ob«, im Anschluss geht es um einen Snob in einem Supermarkt, der nicht allein gelassen werden möchte. Im Absatz 2 wird dann der dargestellte Inhalt auf das ausgewählte Buch bezogen und weiter ausdifferenziert. Im Anschluss werden die Fabeln als »Skizzen im doppelten Sinn« rekonstruiert, nämlich als Geschichten der Selbsttäuschung und der Belehrung. Dann folgen in Absatz 4 biographische Informationen zu dem Autor sowie Hinweise auf frühere Publikationen. Im Anschluss wird ein übergeordneter Aspekt thematisiert, nämlich das schlechte Geheimnis des modernen Ich, an das Verlangen, in Auseinandersetzung mit anderen sich selbst zu finden. Dies sei allerdings nicht unbedingt möglich. Als Beispiel wird eine Geschichte thematisiert, in der zwei Männer durch ein Fenster auf den Domplatz von Halberstadt blicken: der eine sagt: »Du klingst, wie man früher klang.« Und am Ende des Absatzes findet sich der Satz: »Wir gewöhnen uns daran, daß kein nach außen getragener Ton von uns noch verfing und unser Subjekt verbraucht war.« Dieser wird im folgenden Abschnitt einer kritischen Reflexion unterzogen, indem er als dialektische Figur rekonstruiert wird, nämlich als eine Form des Ichs, die als verfehlte Figur rekonstruiert werden kann. Im letzten Absatz wird das Buch als »nicht einfach« rekonstruiert, und zwar deshalb, weil Botho Strauß gegen den Wahn der Selbstfindung zu denken versucht und entsprechend den Text formuliert. Und aus diesem Grund gibt es die Fabeln, die der Rezensent auch auf den Wohnsitz des Autors in der Uckermark bezieht. Insgesamt nutzt der Rezensent die Absätze, um die von ihm erarbeitete Einschätzung des Werkes journalistisch angemessen zu realisieren.

Ebenfalls in der SZ erschien am 1.8.2013 eine relativ lange Rezension von Thomas Steinfeld zu einem Buch, das der amerikanische Historiker Jonathan Sperber geschrieben hat mit dem Titel *Leere Autorität*. Die Rezension umfasst 2363 Wörter, die sich auf insgesamt 16 Absätze verteilen. Interessant ist auch der Untertitel: »Jonathan Sperber hat eine wuchtige, viel gelobte Biografie über Karl Marx verfasst. Sie ist gegen jeden Versuch gekehrt, aus seinen Schriften etwas für die Gegenwart lernen zu wollen. Aber kann man Marx wirklich so entsorgen?« Mit dieser Formulierung macht der Autor im Ansatz deutlich, wie sehr er sich gegen eine negative Beurteilung von Karl Marx stark macht. In Absatz 1 wird die Frage thematisiert, inwiefern Marx mit seiner These aus dem *Kommunistischen Manifest* Recht behalten hat, dass sich die bürgerliche Gesellschaft selbst durch eine revolutionäre Arbeiterklasse abschaffe. Und das Interesse an dieser sei nicht besonders groß, was schließlich im Abschluss dazu führt, dass mit dieser Frage eine leere Autorität in die Welt gesetzt werde. Im folgenden Absatz 2 wird auf das im Mittelpunkt der Rezension stehende Buch von Jonathan Sperber orientiert, das zunächst auf Deutsch, dann auf Englisch erschienen ist. Auf der Grundlage eines Zitats kommt der Rezensent Steinfeld dann zu dem Ergebnis, dass hinter der radikal vorgenommenen Historisierung des Konzepts von Marx nicht nur ein literarisches Dilemma steckt, sondern auch ein logisches. In Absatz 3 folgt dann eine Gegenüberstellung unterschiedlicher Positionen zu dem ausgewählten Thema: Eine positive Rezension wird kurz vorgestellt und kritisch eingeschätzt. Der Rezensent weist zudem überzeugend nach, dass das Ziel des Autors Sperber darin besteht, den Lesern deutlich zu machen, dass sie aus den Schriften von Marx heute noch etwas lernen könnten. In Absatz 4 werden zwei andere Autoren aus dieser Zeit herangezogen, nämlich Charles Darwin und Giuseppe Garibaldi. Mit dem Ergebnis ist der Rezensent nicht einverstanden, weil es sich um eine sehr verkürzte Wahrnehmung der italienischen Politik handle. Resultat ist die Feststellung, dass Marx gewaltsam in die Vergangenheit befördert worden sei. Im folgenden Absatz 5 werden kleine Qualitäten des Textes entwickelt, indem Steinfeld auf bestimmte neuere Veröffentlichungen verweist, in denen beispielsweise der Briefwechsel zwischen Marx und Engels dokumentiert ist – es handelt sich um die jüngste Ausgabe der »MEGA«-Studien. In Absatz 6 werden dann diese neueren Aspekte in der gebotenen Kürze dargestellt, indem auf die persönlichen Leistungen von Karl Marx in London verwiesen wird. Allerdings werden auch diese Gesichtspunkte vom Rezensenten kritisch kommentiert, indem er darauf verweist, wie sich Marx in London mit der Tagespolitik aus-einandergesetzt hat, indem er sich von »haltlosen Meinungen« und Verschwö-rungstheorien leiten ließ. In Absatz 7 zeigt der Rezensent, wie es Sperber ge-lungen ist, die theoretischen Grundlagen der Werke von Karl Marx an den Rand zu rücken, indem er sich sehr viel mehr mit dessen Praxis beschäftigt als mit seinen grundsätzlich sehr differenzierten Werken. Im Mittelpunkt steht die Geschichte des Lebens von Marx, aber eben ohne Berücksichtigung seiner theoretischen Orientierung auf das sich entwickelnde Konzept der kapitalisti-schen Vermarktung. In Absatz 8 greift der Autor einige Zitate von Sperber auf – zum Beispiel den Hinweis auf den »antipreußischen Ton«, der charakteristisch für Junghegelianer sei, oder die »Denunziation« von Marx, dem unterstellt wird, er habe »aus politischen Gründen die Arbeiterklasse« erfunden. Der Kom-mentator Steinfeld beurteilt dies so, als ob der Autor Sperber unterstellt, Marx sei zum Ökonomen und Revolutionär geworden, nur weil die Preußische Re-gierung ihm die Arbeit an seinen »Kölner Zeitungen« unmöglich gemacht hätte. Diese kritische Perspektive wird im folgenden Absatz 9 noch vertieft, wenn der Autor Sperber behauptet, Marx hätte eine starke Abneigung gegen das Privat-eigentum gehabt. Dies wird vom Rezensenten negativ kommentiert, und zwar indem er darauf verweist, dass eine solche Orientierung nicht den tatsächlichen schriftlichen Äußerungen entsprochen habe. Zudem verweist er auf eine kurze inhaltliche Auseinandersetzung des Autors Sperber mit Hegelschen Texten, die allerdings relativ oberflächlich bleibt. Im folgenden Absatz 10 thematisiert der Rezensent seine Einschätzung, dass die von Sperber genutzte nichts mit der Hegelschen Theorie zu tun habe – vor allem deshalb, weil sich Hegel vor allem mit der Philosophie der Geschichte und des Rechts auseinandergesetzt habe. Er attestiert dem Autor Sperber einen »verwirrten« Blick auf die Geschichte. In Absatz 11 verweist er dann auf eine bereits 1939 erschienene Marx-Biographie von Isaiah Berlin, dem es gelungen war, die Faszination der Lehre Hegels für Marx nachzuweisen. In Absatz 12 wird dann ein Buch vorgestellt, in dem auf eine

Einführung in das *Kommunistische Manifest* von Gared S. Jones verwiesen wird, die 2012 ebenfalls im Beck-Verlag erschienen ist und dem eine souveräne Sichtweise bei der Auseinandersetzung von Marx mit anderen Theoretikern geglückt ist. In Absatz 13 werden die Leistungen von Karl Marx als Ökonom herausgearbeitet. Zudem gelingt es dem Autor, herauszustellen, dass der Kapitalismus auch weiterhin besteht – mit der Aufgabe, das Geld zu vermehren –, und die Arbeit selbst bleibt ein Kostenfaktor. Sperber hat dies dann so kommentiert: Diese politische Ökonomie sei schon um die Mitte des 19. Jahrhunderts »rückwärtsgewandt« gewesen, also nicht mehr aktuell. In Absatz 14 wird dann darauf verwiesen, dass der Autor Sperber als Beispiel das sogenannte Gesetz vom tendenziellen Fall der Profitrate anführt, das von Adam Smith und David Ricardo formuliert worden ist, und das Marx selbst weiter entwickelt hat. Damit verweist er auf eine Auseinandersetzung, die wesentlich die Diskussion innerhalb und außerhalb der marxistischen Ökonomie bestimmt hat. In Absatz 15 geraten wieder Sperbers Ausführungen zu dem Thema in den Mittelpunkt des Interesses, indem mit zwei Zitaten zeigt wird, wie die Auseinandersetzung mit einer ökonomischen Theorie gescheitert ist, indem mit Kategorien wie Stimmungslehre, Geschichtsphilosophie und sozialer Determinismus gearbeitet wird, aber es findet eben keine Auseinandersetzung mit der Theorie von Marx statt. Im abschließenden Absatz 16 wird auf eine Rezension des Historikers Evans verwiesen, in der dessen Behauptung, dass der Autor Sperber »uns einen Marx für das Zeitalter nach dem Marxismus« gegeben habe – eine Anmerkung, die der Rezensent Steinfeld sehr kritisch kommentiert. Schließlich verweist er auf einen anderen Band »Nach Marx«– herausgegeben von Rahel Jaeggi und Daniel Loick –, in dem diese auf ein Reflexionsniveau bei Marx verweisen, das erst wieder erreicht werden müsse. Dem wird eine Äußerung von Sperber entgegengesetzt: »Das Bild von Karl Marx als einem Zeitgenossen ist überholt.« In seinen beiden abschließenden Sätzen wird diese Perspektive kritisch gesehen, es handle sich nach Meinung des Autors um haltlose Meinungen und auf einen Verzicht auf eine ökonomische Analyse: »Stimmungslehre, Tratsch und Determinismus ersetzen die theoretische Auseinandersetzung.« Insgesamt zeigt sich bei diesem Text, wie komplex eine inhaltliche Beschäftigung mit dem Inhalt eines Buches gestaltet werden kann.

Im nächsten Schritt sollen die textuellen Merkmale bzw. die textuelle Strukturierung von Kritiken in Zeitungen bestimmt werden – in einer ersten Orientierung. Schwerpunkt ist dabei zunächst die *Länge* der Rezension: kurze Rezensionen haben bis zu dreihundert Wörter, mittellange zwischen 300 und 800 Wörtern und lange mehr als 800 Wörter. Der erste der beiden vorgestellten Texte ist eine Kritik in mittlerer Länge gewesen und der zweite Text eine relativ lange Rezension. Für diese beiden *Formate* lassen sich die folgenden Schritte der *Textorganisation* bestimmen. Sie beginnen in der Regel mit einem einleitenden

Absatz, in dem jeweils eine Orientierung auf das ausgewählte Buch entwickelt wird, und zwar auch indem auf die ausgewählten Themenschwerpunkte verwiesen wird. Im zweiten Absatz gerät dann entweder das literarische Werk oder das Sachbuch in die Aufmerksamkeit des Rezensenten, unter anderem deshalb, weil es auch darum geht, die Thematisierung des jeweiligen Inhalts zu bestimmen. Dabei zeigt sich, dass es zwischen Besprechungen zu Romanen und Sachbüchern doch einige Unterschiede gibt – wie es auch die beiden ausgewählten Rezensionen deutlich gemacht haben. In den folgenden Absätzen steht dann die Rekonstruktion der jeweils untersuchten Inhalte und der jeweiligen Form der sprachlichen Darstellung im Mittelpunkt. Dabei ist auch darauf hinzuweisen, dass selbst in diesen Abschnitten eine Beurteilung des Buches im Ansatz vorbereitet wird. Im nächsten Schritt geht es um die Formulierung von positiven oder auch negativen Einschätzung, und zwar insofern, als diese für die abschließende Beurteilung eine wesentliche Rolle spielen. Wichtig dabei ist auch der Aspekt, dass jeweils gut nachvollziehbare Begründungen formuliert werden müssen, um eine differenzierte Sichtweise auch sprachlich angemessen darstellen zu können. Damit ist die Grundlage geschaffen, um im Anschluss Defizite und Potenziale des rezensierten Buches bestimmen zu können. Dies kann mehr oder weniger klar ausdifferenziert entwickelt werden. – Längere Texte unterstützen dieses Vorgehen stärker als dies der Fall bei kürzeren ist. Und schließlich enden die Rezensionen mit einer positiven oder negativen Einschätzung der Bücher – dies ist auch bei den einleitend untersuchten Rezensionen deutlich herausgearbeitet worden.

Das dargestellte Analysemodell soll jetzt genutzt werden, um weitere Rezensionen genau zu analysieren. Im weiteren werden die folgenden Schritte vollzogen: Zunächst werden in Abschnitt zwei die theoretischen Konzepte vorgestellt – wobei die rein linguistische Perspektive eher beschränkt ist, denn es müssen auch andere Realisierungsformen berücksichtigt werden. Im Anschluss folgt in Teil *drei* dann eine Analyse von jeweils einer kurzen, einer mittellangen und einer langen Literaturkritik. In Abschnitt *vier* werden dann zwei Texte untersucht, nämlich ein literarischer Text sowie ein Sachbuch. Abschließend erfolgt eine Zusammenfassung der Analyseergebnisse. Dabei wird sich zeigen, dass die Länge der Rezension auch etwas mit ihrer Qualität zu tun hat.

2   Theoretische Grundlagen: textlinguistisch und philosophisch

Im Rahmen der Textlinguistik gibt es einige Arbeiten, in denen aus linguistischer Perspektive die Textsorte »Rezension« besprochen wird.[1] Insgesamt lässt sich feststellen, dass sie zu den argumentativen Texten zählen, und zwar insofern, als in ihnen eine mehr oder weniger differenzierte Auseinandersetzung mit literarischen Texten realisiert wird (vgl. dazu auch Adamzik 2004 und Brinker 2005). Insbesondere hat sich Thomas Anz – Literaturprofessor in Marburg – mit Problemen der Literaturkritik beschäftigt. Er hat dabei ein eigenes, literaturwissenschaftlich geprägtes Analysemodell beschrieben, in dem er die Funktionen und Aufgaben der Literaturkritik beschreibt. Insgesamt nennt er sechs Aspekte[2]:

1. Die informierende Orientierungsfunktion, in der ein Überblick über die »zunehmende unüberschaubare Zahl von Neuerscheinungen« gegeben wird.
2. Die Selektionsfunktion bezieht sich auf die Auswahl der rezensionswürdigen Literatur sowie deren explizite Bewertung, die dafür geeignet ist, Leser zum Kauf und zum Lesen zu animieren.
3. Die didaktisch-vermittelnde Funktion für das Publikum ist insofern geeignet, Wissen und Fähigkeiten zu vermitteln, die zur Lektüre von literarischen Texten erforderlich sind.
4. In der didaktisch sanktionierenden Funktion für Literaturproduzenten werden qualitative Schwächen und Stärken ermittelt mit dem Ziel, die Qualität der Buchproduktion zu verbessern.
5. Die reflexions- und kommunikationsstimulierenden Funktionen fördern dabei die öffentliche Auseinandersetzung mit literarischen Texten.
6. Die Unterhaltungsfunktion ist im Rahmen der Literaturkritik geeignet, speziell im Feuilleton einer Zeitung dafür zu sorgen, dass sich die Leser für ein Buch interessieren können.

Dieses Arrangement ließe sich noch erweitern, man wäre dabei aber immer auch im Bereich der literaturwissenschaftlichen Perspektive.

Aus linguistischer Perspektive lassen sich ebenfalls insgesamt sechs Eigenschaften von Rezensionen bestimmen, die im Folgenden kurz vorgestellt werden.

1. Rezensionen sind insofern als kohärente Texte einzustufen, als in ihnen die jeweilige Auseinandersetzung mit dem literarischen Werk oder dem Sachtext schlüssig und passend formuliert wird. Andere Dimensionen werden dabei in

---

1 Siehe dazu Skog-Södersved / Parry / Szurawitzki (2012).
2 Anz 2004, S. 195 f.

der Regel ausgespart – dies haben auch die beiden in dem einleitenden Abschnitt dokumentierten Texte gezeigt. Bei der Analyse von Rezensionen steht das Interesse des jeweiligen Autors im Mittelpunkt des Interesses, nämlich unter Berücksichtigung der Frage, wie das jeweils analysierte Buch einzuschätzen ist und ob es gute oder weniger gute Eigenschaften hat.

2. Rezensionen sind als argumentative Texte einzuordnen. Dies liegt unter anderem daran, dass die jeweiligen Einschätzungen adäquat begründet sein müssen, damit eine differenzierte Sichtweise des jeweils fokussierten Themas entwickelt werden kann. Nun gibt es allerdings verschiedene Möglichkeiten, die jeweiligen Argumentationsstrukturen zu bestimmen – denn die in der Linguistik oft genannten Ansätze von Kopperschmidt (1989) und anderen sind immer noch sehr stark an dem in der Philosophie entwickelten Modell von Stephen Toulmin aus den 1950er-Jahren orientiert.

3. Rezensionen erscheinen in der Regel in Zeitungen oder Zeitschriften, insofern ist auch ihr Umfang durch das jeweilige Medium vorgegeben. Allerdings gibt es mittlerweile auch Rezensionsseiten im Internet – dort sind die Texte allerdings um einiges kürzer.

4. Wissenschaftliche Werke werden auch in den entsprechenden Fachzeitschriften analysiert – dort steht dann die wissenschaftliche Orientierung im Zentrum des Interesses. Von daher sind diese Texte von denen zu unterschieden, die in den jeweiligen Zeitungen und Zeitschriften erscheinen.

5. Die Funktion von Rezensionen besteht vor allem darin, die Leser über die Qualität eines Buches angemessen zu informieren, indem der Fokus der Aufmerksamkeit auf die jeweiligen Vor- und Nachteile des jeweiligen Textes gelegt wird – dazu auch der einleitende Vergleich zweier Rezensionen.

6. Die Qualität der Rezensionen hängt auch von der Leserschaft der Zeitungen ab: In der überregionalen Tagespresse der Bundesrepublik sind sie sehr viel anspruchsvoller und differenzierter als in Regional- und Lokalzeitungen.

Aus philosophischer Sicht lassen sich auf der Grundlage von drei Grundlagenwerken die folgenden Schwerpunkte bestimmen, wie sie Stefan Neuhaus in seinem Band »Literaturvermittlung« zusammenführt.[3] Niklas Luhmann hat in dem 1997 veröffentlichten Werk *Die Kunst der Gesellschaft* den Begriff der Kunst so bestimmt: Es handelt sich um einen zweckentfremdeten Gebrauch von Wahrnehmungen, in denen die Selbstreferenz und die Fremdreferenz eine entscheidende Rolle spielen. Er sieht die Kunst als eine spezifische Form der Konstruktion von Wahrnehmung, so dass sich ein deutlicher Unterschied zwischen der realen Welt und der Kunst ergibt. Dies hat auch Auswirkungen auf die Beurteilung von Kunstwerken: Wichtig sind die Kategorien Plausibilität, Ori-

---

3 Neuhaus 2009, S. 61–94.

ginalität und Intertextualität, die insgesamt ein komplexes Spiel zwischen Selbst- und Fremdreferenz erzeugen, das er als Prinzip der korrigierenden Imitation bezeichnet. Pierre Bourdieu hat in seinem 2001 erschienenen Buch *Die Regeln der Kunst* das literarische Feld als ein Netz »objektiver Beziehungen zwischen Positionen« bezeichnet, und zwar insofern es um die Verteilung von Macht, Prestige und Geld geht. Auf diese Weise entsteht der literarische Markt. Das literarische Feld ist gekennzeichnet durch die Paradoxie des Prinzips der Verknappung. Insofern lässt es sich so als Kräftefeld rekonstruieren, und zwar insofern, als es einen Kanon gibt mit seinen Bestsellern oder entsprechenden Listen. Und schließlich geht es um das 1971 erschienene Buch von Michel Foucault mit dem Titel *Die Ordnung des Diskurses*, in dem die jeweiligen relevanten Institutionen herausgearbeitet werden (Politik, Recht und literarischer Diskurs). Dabei ist der Diskurs bestimmt durch spezifische Organisationsformen, nämlich Kontrolle, Selektion, Organisation und Kanalisierung. Speziell für die Literatur zeigt sich, dass es hier um die Autoren und die Leser geht, die unter den Bezeichnungen »Subjekt« bzw. »Individuum« gefasst werden, so dass der Literaturkritik die Aufgabe zukommt, ein bestimmtes Bild des Autors bzw. des Textes zu konstruieren. Zusammenfassend lässt sich folgendes resümieren: Luhmann zeigt, wie man als Beobachter (Wissenschaftler) der Beobachter (Angehörige des Literaturbetriebs) der Beobachter (Produzenten und Rezipienten) zu einer systematischen Erklärung von Literatur als Prozess in einer Gesellschaft kommen kann. Bourdieu legt besonderes Gewicht auf die Gemeinsamkeiten von Literatur und Gesellschaft, die er als von der Ökonomie durchtränkt und mit entsprechender Terminologie erklär- und auch kritisierbar betrachtet. Foucault sieht die Funktionsweise von Literatur wie von Gesellschaft vor allem in Machtbeziehungen begründet.

3   Literaturrezensionen: kurz, mittellang und lang

In diesem Abschnitt werden drei Rezensionen vorgestellt: Zunächst eine kurze, in der ein Autor der SZ ein Buch von Alfred Döblin mit dem Titel *Die beiden Freundinnen und ihr Giftmord* rezensiert. Es folgt eine mittellange Rezension aus dem *Spiegel*, in der die Rezensentin Maren Keller ein Buch von Katharina Hartwell bespricht: Der Titel lautet *Das fremde Meer*. Und schließlich folgt eine Auseinandersetzung mit einer langen Rezension aus der *Zeit*, in der sich die Autorin Ingeborg Harms mit dem Buch *Die neue Liebesordnung* von Eva Illouz auseinandersetzt. Abschließend werden die zentralen Unterschiede dieser drei Texte bestimmt.

Die erste Rezension von Fritz Göttler umfasst 189 Wörter in einem Absatz – einschließlich der Überschrift und der Literaturangabe – erschienen am 7.8.

2013. Es geht um eine Erzählung von Alfred Döblin aus den 1920er-Jahren, in der der Autor einen Giftmord beschreibt. Diese wird von dem Rezensenten mithilfe eines relativ kurzen Textes beschrieben. Es beginnt mit der Information, wie der Roman beginnt, nämlich indem ein Giftmord aus dem Jahr 1922 in Berlin dargestellt wird. Es folgt eine relativ präzise Information darüber, wie dies realisiert wird, indem der Autor ein Zitat einbringt. Zwei Frauen sind an dieser Tat beteiligt, sie realisieren dies, indem sie dem Ehemann von Elli eine Giftdosis verabreichen. Dann orientiert der Rezensent auf die Tatsache, dass dieser Band als erster Band der Reihe »Außenseiter der Gesellschaft« als Taschenbuch des Fischerverlags erscheint. Döblin untersucht darin das Verhältnis der Beziehungen zwischen Menschen und deren Dimensionen der Beziehungen, der Abhängigkeiten usw. Er bezeichnet dies als »fürchterlich unklare Worte«, als »kindisch«, indem der Zugang zu den Tatsachen versperrt werde. Abschließend skizziert er das, was geschehen könnte, allerdings ohne abschließend eine definitive Erklärung einbringen zu können. Vielmehr verweist abschließend er darauf, dass die »Unordnung [...] ein besseres Wissen als die Ordnung« sei – dies ist ein Zitat von Alfred Döblin. Die für die Lektüre relevanten Informationen werden von ihm relativ stringent eingebracht – vor allem auch unter Berücksichtigung der Tatsache, dass es relativ schwierig ist, in einem so kleinen Format eine differenzierte Perspektive auf das ausgewählte Buch zu entwickeln.

Die zweite ausgewählte Rezension umfasst 667 Wörter einschließlich des Titels und der abschließenden Angabe der literarischen Informationen sowie des Verlages: *Das fremde Meer* von Katharina Hartwell, erschienen im Juni 2013 im *Spiegel-online*. Autorin der Rezension ist Maren Keller. Der Artikel beginnt mit einem kurzen Absatz, in dem die Qualitäten des Buches als »brillant konstruierter zusammengefasst Debütroman« beschrieben werden – alles ist in diesem Absatz fett gedruckt. In Absatz zwei folgt eine erste Einschätzung sowie eine qualitative Einschätzung des Werkes, indem die Autorin darauf hinweist, wie viele Aspekte dem genannten Kern zugrunde liegen, nämlich dass eine junge Frau einen jungen Mann retten möchte. Und dafür sind zehn literarische Darstellungen – »Genres und Variationen« – ausgewählt worden. Im Anschluss werden drei dieser zehn Teile kurz skizziert. Es beginnt mit einem Verweis auf die Prinzessin Miranda, der es gelingt, einen Prinzen aus einem in einem Dornenturm im Winterwald liegenden gläsernen Sarg zu retten. Es folgt die Zwischenüberschrift »Flucht aus der Anstalt«. Hier werden zwei Geschichten in jeweils einem Absatz knapp dargestellt. Zunächst wird auf ein französisches Buch Bezug genommen, in dem das Schicksal einer in der Salpetriere eingewiesenen Frau namens Augustine behandelt wird. Bis schließlich ein junger Mann eingeliefert wird, der sie relativ schnell erkennt: Und deshalb wird sie mit ihm aus dem Kloster fliehen. Das dritte Beispiel bezieht sich auf eine Frau, die Moira heißt. Sie ist eine Heldin aus einer »dystopischen Urban-fantasy-Welt«, in der mit den häuslichen Lokalitäten ziemlich hemmungslos umgegangen wird, indem sie an andere Orte »teleportiert« werden. Dazu gehören dann auch die Immobilien: Erst wechseln einzelne Wohnungen »ungeplant« den Ort, dann waren es Häuser und schließlich ein ganzer Straßenzug. Mit den Objekten verschwinden auch die Menschen. Bis dann schließlich Moira in einem leeren Viertel Jonas findet, der sich an nichts erinnern kann – und sie weiß nicht, wie sie das einschätzen soll. Nach dieser Einschätzung folgt eine andere Zwischen-überschrift, nämlich »zehnmalige Belegung«. In diesem Teil wird eine Gesamteinschätzung versucht, indem auf die Qualitäten der sich unterscheidenden zehn Episoden verwiesen wird. Die Rezensentin charakterisiert dies als »literarischen Zehnkampf«, dem etwas »Magisches« zugrunde liegt, insofern die einzelnen Geschichten sich überlagern und insofern die Grundlagen für eine zehnmalige Belegung geschaffen sind. Im abschließenden Absatz resümiert die Rezensentin, dass es sich bei allen Geschichten darum gehandelt hat, dass diese alle Spiegelungen von Marie und Jan sind, die sich am Ende treffen – nachdem Jan aus einem Paternoster gesprungen ist und Marie mit zu Boden reißt. Und an dieser Stelle beginnt eine Liebesgeschichte, die schließlich traurig endet und deshalb mit allen Mitteln des literarischen Genres gerettet werden muss. Insgesamt wird der Inhalt des Buches angemessen dargestellt, die Auswahl von drei kurzen Sequenzen zeigt auch, wie differenziert es der Autorin gelungen ist, diese Grundlagen zu entwickeln und sprachlich zu gestalten. Allerdings wäre es möglicherweise sinnvoll gewesen, diese Aspekte noch differenzierter heraus zu arbeiten, was allerdings vor dem Hintergrund auch der Begrenzung der Zeichenzahl wohl schwierig gewesen wäre.

Nun zu dem dritten Teil dieses Abschnitts, in dem es um eine längere Rezension geht – sie umfasst 1292 Wörter und ist erschienen in der Wochenzeitung *Die Zeit* am 20. 6. 2013. Die Autorin Ingeborg Harms rezensiert ein Buch von Eva Illouz mit dem Titel *Die neue Liebesordnung*. Dabei nutzt sie insgesamt acht Absätze, die im Folgenden kurz referiert werden sollen. Im ersten Absatz bezieht sich die Autorin zunächst nur auf das 2011 erschienen Buch »Warum Liebe weh tut«, den sie in ein Verhältnis setzt zu einem Buch mit dem Titel »Shades of Grey« von E. L. James. Erst dann wird der Bezug zu dem ausgewählten neuen Buch der Autorin hergestellt, indem die zentralen Thesen der Autorin vorgestellt werden, z. B. dass die Gleichheit von Mann und Frau der Intimität von Partnerbeziehungen großen Schaden zugefügt habe. Früher sei – vor allem auch wegen der Abhängigkeit der Frauen von den Männern – das Verhältnis sehr viel besser gewesen. In folgenden Absatz entwickelt sie dann die These, dass die Frauen die Verliererinnen der Partnerkultur seien, insofern, als die Männer ihre romantischen Gefühle von der Sexualität abgekoppelt hätten. In den folgenden vier Absätzen beschäftigt sich die Autorin mit dem Text »Shades of Grey«, indem sie die Struktur und die genutzten erzählerischen Zugänge aufgreift und bespricht.

Im ersten Absatz werden die Rahmenbedingungen rekonstruiert, vor allem unter Berücksichtigung des BDSM-Bereichs, der charakterisiert wird als spielerische Restitution klarer Abhängigkeitsverhältnisse: So eröffnet er ein Potenzial zur Wiedergewinnung von Intimität. Diese Konstruktion wird dann weiter ausdifferenziert: So zeigt die Autorin, wie der Protagonist dieses Buches – Christian Grey – sich mit anderen Frauen sadistisch vergnügt. Nur die Romanheldin Ana macht da nicht mit, da sie nicht bereit ist, sich selbst für bestimmte Praktiken zu entscheiden. Insgesamt haben sich 15 Frauen an diese männliche Hauptperson gebunden, und eine von ihnen (Leila) zieht es durch, sich gezielt mit seiner Freundin auseinander zu setzen – bis hin zur Bedrohung mit einem Revolver. Im letzten Absatz werden die Gründe für den Erfolg von Christian Grey zusammenfassend dargestellt. Aber auch die Differenz zwischen ihm und Ana wird verdeutlicht, da er versucht, sie mithilfe von Gewalt ins Bett zu bringen. Daraufhin verlässt ihn Ana. In Absatz sieben wird dann wieder der Bezug zu Eva Illouz hergestellt: Ihre Überlegungen gehen in die Richtung, dass Grey eigentlich Ana hätte anerkennen müssen. Die Autorin dagegen ist der Meinung, dass in diesem Roman die weibliche Orpheus-Fantasie eine zentrale Rolle spielt, und zwar insofern, als die genannte Frau Ana zu einer Therapeutin wird, die Christian Grey wieder ins helle Licht des Familienlebens zurückführt. Es folgen noch weitere Ausführungen zur erotischen Praxis der beiden – langes Vorspiel, Hingabe des Mannes für den Körper der Frau, aber auch Sadomasochismus (S/M). Es folgt noch ein Verweis auf Leserinnen, die sich Sexspielzeuge besorgt haben, und diesen Roman nunmehr als Anleitung zur sexuellen Aktivität mit Männern verstanden haben. Im abschließenden Absatz wird ein interessantes Resümee gezogen, indem die Autorin verdeutlicht, dass sie mit bestimmten Konzepten von Illouz nicht unbedingt übereinstimmt, und zwar insofern, als es der Autorin nicht gelungen ist, von allen nachvollziehbare Argumente in dem Buch zu entwickeln. Und schließlich interpretiert Illouz die allgegenwärtige Pornographie als Instrument des Kapitals, um Männer in ihren Bann zu ziehen. Und am Schluss stellt die Autorin fest, dass Grey – wäre er *ein armer Schlucker mit Knollennase* gewesen – sich niemand um seinen Spieltrieb gerissen habe. Insgesamt wird hier ein relativ interessantes Konzept vertreten, die eigentliche Tendenz der im Fokus stehenden Autorin wird kritisch hinterfragt und schließlich eher negativ eingeschätzt.

Resümierend kann festgestellt werden, dass sich die Rezensionen relativ stark voneinander unterscheiden. Kurze Rezensionen sind in der Regel prägnant, es werden die zentralen Aspekte in der gebotenen Kürze dargestellt und gegebenenfalls sowohl kritisch als auch positiv eingeschätzt. Dabei spielen auch noch andere Gesichtspunkte eine Rolle. So stehen beispielsweise in lokal und regional orientierten Zeitungen eine eher am Leser orientierte Tendenz im Zentrum, während in den großen überregional repräsentierten Zeitungen und Zeitschriften (*Süddeutsche Zeitung, Frankfurter Allgemeine Zeitung, Spiegel* und *Zeit* – um nur einige zu nennen) sehr viel anspruchsvollere Texte zu finden sind, in denen die jeweiligen Autorinnen und Autoren einen differenzierten Blick auf den jeweils analysierten Text entwickeln und zu einer eigenständigen kritischen Einschätzung kommen. Auch der thematische Schwerpunkt der einzelnen Rezensionen spielt eine Rolle, insofern nämlich, als sich durch die jeweilige Zuordnung – nämlich literarischer oder sachlicher Text – eine unterschiedliche Perspektivierung ergibt. Insofern lassen sich auch bei dem Vergleich von Rezensionen deutliche Unterschiede in den einzelnen Zeitungen feststellen – dies konnte auch bei dem Vergleich der in diesem Abschnitt herangezogenen drei Texten festgestellt werden. Abschließend ist noch darauf hinzuweisen, dass die jeweils im Mittelpunkt stehenden unterschiedlichen thematischen Schwerpunkte auch eine jeweils spezifische Perspektivierung eine besondere Sichtweise auf die Texte ergibt – es muss nicht immer nur eine Meinung im Zentrum stehen.

4   Rezensionen im Vergleich: Literatur und Wissenschaft

Im Zentrum dieses Abschnitts stehen zwei Texte, nämlich ein literarischer und ein philosophischer. Der literarische stammt von dem schwedischen Autor Jonas Jonasson und trägt den Titel *Der Hundertjährige, der aus dem Fenster stieg und verschwand*, während der philosophische von Odo Marquard verfasst wurde mit dem Titel *Endlichkeitsphilosophisches. Über das Altern*. Für beide Texte stehen jeweils zwei Rezensionen zur Verfügung, die dann genauer analysiert werden.

Zunächst steht das zuerst genannte Buch im Mittelpunkt. Dabei werden die Handlungen eines Menschen namens Allan Karlsson thematisiert, der gerade hundert wird, der sich dann aber aus dem Altenheim, in dem er gepflegt wurde, davon stiehlt. In dem Buch werden zum einen seine aktuellen Aktivitäten beschrieben, zum anderen wird seine Lebensgeschichte dargestellt. Er ist ein Experte im Sprengstoff-Gewerbe, und das verhilft ihm zu Arbeiten in Spanien, in den USA, in China und später dann in Russland, wo er anschließend nach einer Kontroverse mit Stalin fünf Jahre in Wladiwostok in einem Lager einsaß. Dann gelang es ihm und einem Mithäftling, aus dem Lager zu fliehen – nachdem sie einen großen Brand gelegt hatten –, und so fuhren sie 1953 nach Nordkorea, wo sie unter anderem auch Mao-Tse-Tung trafen. Man könnte dies noch ausführlicher referieren, aber wichtig erscheint es zu rekonstruieren, was dann in Schweden passiert – und es handelt sich um den Monat Mai im Jahre 2005. Es gelingt ihm, von einem jungen Mann eine große Summe Geldes zu stehlen, dann zieht er mit einigen Bekannten zusammen und am Schluss fliegen alle an diesem Prozess Beteiligten nach Bali, um dort sich weiter zu vergnügen.

Die erste Rezension zu diesem Buch wurde im August 2012 in der SZ veröffentlicht. Die Rezensentin Kristina Maidt-Zinke geht relativ differenziert auf den Text ein, wobei ein zentraler Punkt dabei ist, dass die auf Deutsch realisierte Veröffentlichung aus dem Jahre 2011 nicht gleich rezensiert worden ist – sie wurde von den Rezensenten nicht nur der SZ einfach nicht zur Kenntnis genommen. In dreizehn Absätzen mit insgesamt 1183 Wörtern erarbeitet sie ein relativ differenziertes Konzept der Beurteilung. Zunächst wird darauf verwiesen, dass das Buch seit Wochen auf der Nummer 1 der Spiegel-Bestsellerliste steht und schon die Millionengrenze »geknackt« habe. Dann räumt die Autorin ein, dass sie übersehen habe, dieses Buch zuvor schon zu rezensieren. Und dann beginnt die Auseinandersetzung mit den Inhalten des Buches. Zum einen wird die Ebene der aktuellen Aktivitäten beschrieben, nämlich wie und mit wem der alte Greis nach seiner Flucht aus dem Altenheim kooperiert. Gleichzeitig wird auch immer wieder darauf verwiesen, wie sehr sich nicht nur die Polizei, sondern auch andere Gangster – die auf der Suche nach den 50 Millionen Kronen sind, die ihnen der alte Herr entwendet hat. Auch die anderen Personen, mit denen er zu tun hat, werden berücksichtigt. Sie sind eine Wohngemeinschaft, bestehend aus dem siebzigjährigen Gelegenheitsdieb Julius Jonsson, dem ewigen Studenten Benny Ljungberg und der schönen rothaarigen Schimpfwortvirtuosin Gunilla Björklund und deren Haustieren. Sie leben in einem roten Holzhäuschen. Es kommen noch weitere Leute dazu. Und dann geht es um die Beseitigung der Leichen, die Einschätzung der Dialoge als zynisch und lakonisch. Insgesamt stuft die Rezensentin den Text als »treffsichere schwedische Gesellschaftssatire« ein. Die Lebensgeschichte allerdings des Hauptprotagonisten schätzt sie als »durchgeknallt« ein, und zwar insofern, als seine in einer Nitroglycerinfabrik erworbenen Fähigkeiten zum Umgang mit Sprengstoff nun auch in anderen Ländern wie Spanien, USA und China genutzt werden – dies geschieht allerdings erst, nachdem er im Gefängnis gesessen hat und dort zwangssterilisiert wurde. Die Rezension schließt mit dem folgenden Absatz: »Hätten wir das Buch beizeiten rezensiert, hätten wir ihm Längen angekreidet. Jetzt, nach dem Riesenerfolg, sehen wir das anders: wie schön, dass es noch so viele entspannte, geduldige Leser gibt.«

Zum Vergleich wird nun eine Rezension im *Stern* untersucht, erschienen am 16.5.2013. Der Verfasser Kester Schlenz gibt in diesem Text mit 411 Wörtern ebenfalls eine positive Einschätzung des Buches ab. Es beginnt mit einigen kritischen Anmerkungen: So wird der Titel als »sperrig« bezeichnet, und die Erzählkonstruktion wird ebenfalls nicht unbedingt positiv registriert: »Ein Typ, der Hundert wird, haut aus dem Altenheim ab und erzählt sein Leben. Das ist doch eher was fürs DAK-Magazin.« Dies lässt sich also eine einleitende kritische Feststellung der möglichen Perspektiven kategorisieren. Dann folgt ein Absatz, in dem genau diese Perspektivierung in Frage gestellt wird: »Naja, mal rein lesen. Und wer das dann tat, um den war es meist schnell geschehen. Denn Jonassons

Roman entwickelt schon nach wenigen Seiten einen ungeheuren Sog. Die Story um den alten Alan Karlsson wird nach und nach von einer liebenswerten »Aussteiger«-Geschichte zu einem irrwitzigen Parforce-Ritt durch die jüngere Weltgeschichte.« Und diese positive Sichtweise wird auch im nächsten Absatz in aller Kürze anhand des Buchinhalts konkretisiert, indem der Inhalt in einem Absatz in aller Kürze zusammenfassend dargestellt wird. Dabei werden jedoch nur die wesentlichen historischen Bedingungen beschrieben, nicht aber das Agieren der Hauptperson in der Nähe von Stockholm. Es folgt dann ein Absatz, in dem der Autor zeigt, dass dieses Buch nirgends so beliebt ist wie in Deutschland, indem er die Entwicklung der Verkaufszahlen darstellt: Zwei Millionen Bücher sind bereits in Deutschland verkauft worden. In den letzten beiden Absätzen geht es um den Film – einschließlich eines Hinweises auf eine im Herbst 2013 geplante Inszenierung in dem »Altonaer Theater« in Hamburg. Und im letzten Absatz orientiert er den Leser schon auf das nächste Buch des Autors, an dem dieser gerade schreibt. Insgesamt ist die Rezension in der SZ um einiges länger und sehr viel differenzierter als die im *Stern*, vielleicht auch deshalb, weil in dieser Zeitschrift normalerweise nicht so viel Raum zur Verfügung steht wie in der SZ.

Kommen wir nun zu zwei Rezensionen des Buches von Odo Marquard, einem Philosophen aus Gießen, der ein sehr interessantes Buch über das Altern mit dem Titel *Endlichkeitsphilosophisches. Über das Altern* geschrieben hat, erschienen im Jahr 2013. Das Buch wurde herausgegeben von einem seiner Mitarbeiter, nämlich Franz Josef Wetz. Nach einer Einleitung des Herausgebers folgen fünf Beiträge von Odo Marquard, indem er sich mit den verschiedenen Aspekten des Älter-Werdens aus philosophischer Perspektive auseinandersetzt. Diese Beiträge sind insofern sehr interessant, als es dem Autor gelingt, die Dimensionen des Alt-Werdens relativ angemessen zu beschreiben. Es handelt sich dabei allerdings vorwiegend um Vorträge, die er in den Jahren zuvor gehalten hat und die in entsprechender Form dann in diese Ausgabe Eingang gefunden haben. Abschließend folgt dann die Dokumentation eines Gesprächs des Herausgebers mit seinem ehemaligen Vorgesetzten, in dem die Aspekte des Alterns relativ differenziert thematisiert werden. Es folgt abschließend eine biographische Notiz sowie eine Dokumentation der Veröffentlichungen des Philosophen.

Dieses Buch wurde am 3.7.2013 in der FAZ von Lorenz Jäger mit dem Titel »Humor gibt das rechte Maß. Odo Marquard nimmt das Altern in den Blick« besprochen – Länge 661 Wörter mit insgesamt sechs Absätzen. Die Auseinandersetzung mit dem Text beginnt mit einer Definition dessen, was Alter ist, und der Philosoph Marquard befindet sich nach Ansicht des Autors im vierten Lebensalter – eben weil er schon 85 Jahre alt ist. Für diese Festlegung gelingt es dem Autor sehr gut, die Voraussetzungen in relativ differenzierter Form vorzutragen, eben auch, weil es Probleme mit dem Älterwerden gibt: den Faktoren Beschleunigung und Vergänglichkeit steht die im Alter wachsende Neigung zur Wahrung von Traditionsbeständen gegenüber. Im zweiten Absatz geht es um philosophische Texte von Cicero bis Jakob Grimm, die von Marquard angemessen referiert wurden, allerdings mit dem Unterschied, dass es ihm gelingt dieses Verhältnis relativ differenziert zu beschreiben: »Man ist weniger aktiv, die Krankheiten nehmen zu, und die sinnlichen Freuden kann man kaum noch genießen.« Der darauf folgende Absatz 3 ist sehr kurz, denn es geht hier um die sogenannten »Zukunftshorizonte«, die schwinden, je älter man wird. Im 4. Absatz geht es dann um das Schlüsselwort »Endlichkeit«, das diese Essays und Gespräche auszeichnet, wobei Marquard der Meinung ist, man könne dies mit Humor am besten bearbeiten. Dies wird in Absatz 5 dann weiter und differenziert ausformuliert, insofern als es gelingt, diese Beziehung relativ klar zu definieren, indem auf ein Zitat aus dem herangezogenen Text Bezug genommen wird mit dem Resümee »Geteilte Endlichkeit ist lebbare Endlichkeit«. Dies wird dann vom Autor noch weiter ausdifferenziert, indem er den Vorschlag formuliert, dass man daraus auch bestimmte Maximen (existentialisch-aktivistisch und aktionistisch) ableiten könnte, die letztlich darauf orientieren, dass man im Alter auf das Jetzt verwiesen ist. Im letzten Absatz folgt dann ein längeres Zitat von Goethe aus einem Brief an Wilhelm von Humboldt, das dann auf den zugrunde liegenden Text bezogen wird: Steigern als Verdichtung und nicht als Expansion.

In der *Neuen Zürcher Zeitung* (NZZ) erschien eine Rezension dieses Buches am 3. 9. 2013 unter dem Titel »Odo Marquards Reflexionen. Vom Altern und Sterben« von Martin Meyer. Diese umfasst 1099 Wörter, und es wird ausführlicher und differenzierter der Inhalt des Buches rekonstruiert, vor allem auch deshalb, weil sich der Rezensent vor allem auf die Interview-Passagen bezieht. Im ersten Absatz werden die Rahmenbedingungen erläutert, was ein Leben vor dem Tod ausmachen kann. Dies wird mithilfe von Fragen weiter konkretisiert und ausdifferenziert: »Soll man schließlich darauf vertrauen, dass ein Jenseits kompensiert, was auf Erden ohnehin des Menschen Los ist: Mühe und Qual?« Im folgenden Absatz 2 wird die Philosophiegeschichte kurz skizziert, indem der Bezug von Platon zu Marquard hergestellt wird. Er endet mit der Formulierung von insgesamt drei Fragen, mit denen ein differenziertes Spektrum der möglichen Perspektiven auf das Altern und den Tod entwickelt wird. Es folgt die Zwischenüberschrift »Auskünfte ohne Illusionen«, um für die nächsten sechs Absätze einen gewissen Rahmen zu konstruieren. Zunächst werden in Absatz 3 die Rahmenbedingungen genannt, die dieses Gespräch prägen, nämlich die Stichworte, die vom Interviewer Wetz vorgegeben werden. Insgesamt wird eine positive Einschätzung der Gesprächssituation und ihrer Realisierung gegeben. Im darauf folgenden Absatz 4 geht es um die Physis – darunter sind körperliche Verfallskurven zu verstehen, die eine Langsamkeit von diversen Tätigkeiten

nach sich zieht. Dagegen stellt Marquard die »Erfahrensformen der Besinnung«
sowie das Erlahmen der Wissbegierde. In Absatz 4 wird gezeigt, dass es sich bei
all dem um das Inventar eines durchschnittlichen Altersalltag handelt. Im Anschluss folgt eine Beschäftigung mit dem Greisenalter, die noch durch seinen
senilen Ehrgeiz geprägt ist. Dann steht der Begriff »Altersweisheit« im Zentrum
des Interesses, der von Marquard anders entwickelt wird, als er ihn in früheren
Veröffentlichungen erarbeitet hat: »Mit dem Altersauge für Tatsachen und mit
geschärfter Wahrnehmung für die Umgebung und ihre Irritation tritt auch das
Schreckliche der Greisenzeit hervor, und wider die Gemütsruhe nagt daneben
die Unruhe, das eigene Werk könnte in völlige Vergessenheit geraten.« Im Anschluss wird dies dann weiter ausdifferenziert, indem die Inhalte auf Marquards
Veröffentlichungen bezogen werden. Dies fokussiert dann den Aspekt der
Sterblichkeit, das mithilfe aus dem besprochenen Buch erläutert wird. Abschließend wird noch erwähnt, dass der ehemals in Münster lehrende Philosoph
Hans Blumenberg dies auch vollzogen habe. Danach geht es um den Tod, der
dem Autor zeigt, dass sein Leben Fragment geblieben sei. Dies wird mit einem
Zitat dokumentiert. Bitterkeit ist die Eigenschaft, und dies hat auch bereits
Blumenberg festgestellt: »Niemand lässt sich darüber trösten, dass er sterben
muss.« Es folgt noch ein kurzer Verweis auf »gegenläufige Positionen«, die auch
bekannt seien. Unter der zweiten Zwischenüberschrift »Bären im Gepäck« folgen
dann im letzten Absatz noch eine kurze Orientierung auf die anderen Inhalte des
Buches sowie ein resümierender Abschluss: »Ja, wir sind in dieses Leben geworfen; Wahl bestand nicht. Doch, wir können uns einüben in Verhaltens-
künste, die es seitwärts ergänzen um Freuden, die ihren Namen verdienen. Das
ist schon einiges.« Die in der NZZ veröffentliche Rezension ist deutlich länger als
die erste – und damit auch differenzierter, wenngleich vor allem das abschließende Interview im Zentrum steht. Dennoch gelingt des dem Autor, einen sehr
differenzierten Eindruck dieses Buches zu entwickeln – bei der angegebenen
Länge ist das eine relevante Größe, die entscheidend einen Unterschied verdeutlicht. Zusammenfassend lässt sich feststellen, dass sowohl die Roman-Re-
zensionen als auch die wissenschaftlichen Besprechungen in den entsprechenden Zeitungen eher differenziert ausfallen – und das hat auch mit der jeweiligen
Länge zu tun.

5   Resümee

Die Zusammenfassung wird in vier Schritten vollzogen, nämlich zunächst der
Aspekt der Vielfalt, dann der der Struktur und dann in Hinblick auf die Unterschiede. Zum Abschluss findet sich dann ein Zitat von Marcel Reich-Ranicki.

1. Die Vielfalt der Rezensionen in den anspruchsvollen überregionalen Tageszeitungen (SZ, FAZ, TAZ, ZEIT, SPIEGEL u.a) unterscheidet sich deutlich von dem, was in regional und lokal orientierten Blättern veröffentlicht wird. Vor allem auch die Länge und die intellektuelle Qualität sind in diesen Blättern deutlich höher als in den anderen Zeitungen.

2. Die Struktur der Rezensionen hängt auch von ihrer Länge ab: So hat sich gezeigt, dass bei den kurzen Rezensionen (bis 300 Wörter) eine differenzierte Auseinandersetzung mit den herangezogenen Büchern nur im Ansatz stattfinden kann. Bei den mittellangen und langen Rezensionen ist das eher möglich, weil hier deutlich mehr Raum für eine intensive Beschäftigung mit dem jeweiligen Buch zur Verfügung steht. Für die kurzen gelten die folgenden Beobachtungen: Hier ist wenig Raum für eine intensive Beschäftigung mit den jeweiligen Inhalten – es geht vor allem darum, in aller Kürze die positiven und die negativen Eigenschaften des herangezogenen Buchs herauszuarbeiten. Dabei wird – wie gezeigt – häufig mit Zitaten gearbeitet, und die Einschätzung des Autors beschränkt sich auf kurze Stellungnahmen. Bei den mittellangen und langen Rezensionen ist das etwas anders: Hier gibt es ein Modell der Strukturierung der jeweiligen Auseinandersetzung mit den jeweiligen Inhalten. In der Regel beginnt es mit einem Einstieg, in dem der thematische Schwerpunkt thematisiert wird. Es folgt in der Regel eine mehr oder weniger ausführliche Beschreibung des Inhalts, wobei sich diese kürzer oder länger fassen lässt. Sehr lang war beispielsweise die Auseinandersetzung von Thomas Steinfeld mit dem Buch *Leere Autorität* von Jonathan Sperber in einer Rezension mit über 2000 Wörtern. Kürzer war sie dagegen bei den beiden Beispielen in Kapitel 3 mit 1167 bzw. 667 Wörtern. Im Anschluss erfolgt dann eine kritische Würdigung einzelner Aspekte, jeweils in positiver oder negativer Perspektive. Die Auswahl der rezensierten Bücher hat gezeigt, dass es hier durchaus unterschiedliche Einschätzungen geben kann. Zudem müssen noch Hinweise auf Defizite oder besondere Qualitäten in den Texten vorhanden sein, damit es dem Leser möglich ist, eine relativ differenzierte Sichtweise zu entwickeln. Und abschließend geben die Autoren eine resümierende Stellungnahme ab, die positiv oder negativ sein kann – oder auch dazwischen liegt, wenn beide Aspekte berücksichtigt werden.

3. Hinzuweisen ist auch noch auf die Unterschiede in den Rezensionen: Dabei spielt eine gewisse Rolle, auf welche Texte sie sich beziehen. Die Kriterien hängen jeweils davon ab, ob es literarische Texte sind oder aber Sachtexte. Dabei gibt es einige deutliche Unterschiede, wie bereits in Teil 1 dieses Beitrags gezeigt werden konnte. In der Regel geht es darum, die thematische Orientierung des Buches angemessen herauszuarbeiten, um diese dann im Anschluss auch differenziert einzuschätzen zu können. Dabei muss auch beachtet werden, dass noch weitere Ausdifferenzierungen möglich sind,

indem nämlich Biographien, Gedichte, Theaterstücke oder aber Geschich-
tensammlungen untersucht werden – um nur einige zu nennen.

4. Mit Marcel Reich-Ranicki soll abschließend festgehalten werden: »Der Kritiker, der weder auf Thesen noch auf Postulate verzichten will und der sich
nicht scheut, die Dinge um der Klarheit willen auf die Spitze zu treiben, zeigt
zusammen mit seinen Vorzügen auch seine Schwächen. Je stärker und of-
fenkundiger sein Engagement, desto stärker der Widerspruch, den er provoziert – oder auch die Zustimmung; er gilt dann entweder als anmaßend
oder, viel seltener freilich, als souverän.«[4]

Literatur

Adamzik, Kirsten: Textlinguistik. Eine einführende Darstellung. Tübingen 2004.

Anz, Thomas: ›Theorien und Analysen zur Literaturkritik und zur Wertung‹, in: Anz,
Thomas / Baasner, Rainer (Hg.): *Literaturkritik. Geschichte, Theorie, Praxis.* München
2004, S. 194–219.

Bourdieu, Pierre: Die Regeln der Kunst. Frankfurt am Main 2001.

Brinker, Klaus: Linguistische Textanalyse. Eine Einführung in Grundbegriffe und Methoden. 6. überarbeitete und erweiterte Auflage. Berlin 2005.

Foucault, Michel: Die Ordnung des Diskurses. 9. Aufl. Frankfurt am Main 2003.

Luhmann, Niklas: Die Kunst der Gesellschaft. Frankfurt am Main 1997.

Kopperschmidt. Josef: Methdodik der Argumentationsanalyse. Stuttgart 1989.

Neuhaus, Stefan: Literaturvermittlung. Konstanz 2009.

Reich-Ranicki, Marcel: Über Literaturkritik. 2. Aufl. Stuttgart / München 2002.

Skog-Södersved, Mariann / Parry, Christoph / Szurawitzik, Michael (Hg.): Sprache und
Kultur im Spiegel der Rezension. Frankfurt am Main u. a. 2012.

Quellen

Jäger, Lorenz: ›Odo Marquard: Endlichkeitsphilosophisches. Über das Altern‹, in:
Frankfurter Allgemeine Zeitung – Literaturkritik, 3.7.2013.

Meyer, Martin (3.9.2013): ›Odo Marquards Reflexionen. Vom Altern und Sterben‹, in:
Neue Zürcher Zeitung – Literaturkritik, 3.9.2013.

Steinfeld, Thomas: ›Rezension von Botho Strauß Buch »In mir, da ist wohl nichts. Lauter
kleine Lehrstücke über den hoffnungslosen Wahn, sich selbst eine Belastung zuzuschreiben«‹, in: Süddeutsche Zeitung – Literaturkritik, 11.6.2013.

Steinfeld, Thomas 1.8.2013): ›Leere Autorität. Jonathan Sperber hat eine wuchtige, viel
gelobte Biografie über Karl Marx verfasst. Sie ist gegen jeden Versuch gekehrt, aus

---

4 Reich-Ranicki 2002, S. 62.

seinen Schriften etwas für die Gegenwart lernen zu wollen. Aber kann man Marx wirklich so entsorgen?‹, in: Süddeutsche Zeitung – Literaturkritik, 1.8.2013.

Göttler, Fritz: ›Besseres Wissen: Döblins »Giftmord«‹, in: Süddeutsche Zeitung – Literaturkritik, 7.8.2013.

Keller, Maren: ›»Das fremde Meer« von Katharina Hartwell‹, in: Spiegel online – Literaturkritik, Juni 2013.

Harms, Ingeborg: ›Eva Illouz: Die neue Liebesordnung‹, in: Die Zeit – Literaturkritik, 20.6.2013.

Maidt-Zinke, Kristina: ›Der Hundertjährige, der aus dem Fenster stieg und verschwand‹, in: Süddeutsche Zeitung – Literaturkritik, August 2012.

Schlenz, Kerster: ›Der Hundertjährige, der aus dem Fenster stieg und verschwand‹, in: Stern – Literaturkritik, 16.5.2013.

Michael Hametner

Nachdenken über Literaturkritik und die Tätigkeit als Literaturkritiker in 20 Jahren

Die Literaturkritik existiert seit 250 Jahren. Sie entstand, als das Buchverlegen zum Markt wurde und sortiert werden wollte und als mit dem Aufkommen von Zeitschriften und Zeitungen ein Marktplatz zum Sortieren vorhanden war. Von Anfang an umstritten, kam die Kritik schnell in die Kritik der Schriftsteller, aber vielleicht mehr noch in die der eigenen Kollegen. Den Kritiker als selbständigen Beruf gibt es erst im 20. Jahrhundert – von Ausnahmen abgesehen nahmen das Kritikergeschäft vorher meist Schriftsteller selbst wahr.

Schon in der Geburtsstunde der Literaturkritik standen sich gegenüber: Gottsched und Lessing. Gottsched, der eiserne Regelmacher und damit auch erster Regelkundige, der sich berufen sah, gegen alle energisch vorzugehen, die gegen die Regeln verstießen, und sie von der Tür zu weisen. Lessing widersprach Gottsched in vielem. Literaturkritiker dürfen nicht erst antreten, wenn sie selbst bewiesen haben, dass sie Romane schreiben können. Carl Ludwig Börnes Satz »Wer nicht schreiben kann, rezensiert« wird später zum Aphorismus und von Marcel Reich-Ranicki zitiert.[1] Lessing lehnte nicht Regeln ab, aber er sah sie anders, nicht abstrakt von einem akademischen Standpunkt außerhalb des Kunstwerks gebildet, denn er postulierte: »Der wahre Kunstrichter folgert keine Regeln aus seinem Geschmacke, sondern hat seinen Geschmack nach den Regeln gebildet, welche die Natur der Sache erfordert.«[2] Die Regeln leiten sich aus dem zur Beurteilung stehenden Kunstwerk selbst ab. Das ist die angemessene Kritik, die das Buch bei seinen eigenen Ansprüchen nimmt und daran prüft, was sein Urheber eingelöst hat, was nicht. – Goethe hielt nicht viel von kritischen Urteilen über Literatur und vom Literaturkritiker: »Schlag ihn tot den Hund, er ist ein Rezensent!«[3] Er unterschied zwischen zerstörender und produktiver Kritik und lehnte die zerstörende schon aus Selbstschutz entschieden ab. Goethe sah den Kritiker beauftragt zum Beschreiben und fragte: »Was hat sich der Autor vor-

1 Reich-Ranicki 2014, Müller 2009, S. 19.
2 Lessing 1978, S. 77.
3 Goethe 1987, S. 183.

gesetzt? ist dieser Vorsatz vernünftig und verständig? und inwieweit ist es gelungen, ihn auszuführen?«[4] und zum Lob. Marcel Reich-Ranicki bekennt sich
eindeutig dazu, dass der Kritiker zum Nutzen der Literatur beauftragt ist, mit
deutlichem Urteil zurückzuweisen, und dabei hält er es mit Walter Benjamin:
»Nur wer vernichten kann, kann kritisieren.«[5]

Die Nationalsozialisten sahen die Literaturkritik als etwas Zersetzendes. Sie
wiesen sie zurück und versuchten sie zu unterbinden.

Nach 1945 entwickelte sich die Literaturkritik zunächst zu einer sehr her-
metischen Form: das Werk wurde nach allen Regeln der Kunst geprüft. Für eine
werkimmanente, weltarme und weitgehend verkopfte Literaturkritik spielten bei
der Betrachtung der Werke Bezüge zur Wirklichkeit kaum eine Rolle. Oft wurde
die Literaturkritik als »vierte literarische Gattung«[6] gesehen und mit diesem
Anspruch verfasst.

Die 68er zeigten kein Interesse an Literaturkritik. Gelungen war, was dem
Geist der 68er entsprach. Aber schon Mitte der 1970er-Jahre trat die Literaturkritik wieder in ihr Amt, öffnete sich immer stärker und bezog das Verhältnis
von literarischem Werk und Wirklichkeit in die Betrachtung mit ein. Diese
Literaturkritik anerkannte immer stärker, dass für ein literarisches Werk biographische Dispositionen des Autors und zeitbezogene Momente – gemeinsam
sind sie entscheidend für das Weltbild des Schriftstellers –, die meist als Er-
zählstoff direkt in das Werk eingehen, eine wichtige Rolle spielen. Diese Form
der Literaturkritik hat bis heute Bestand. Sie wird von einer Vielzahl von lite-
raturjournalistischen Formen wie Porträt, Homestory, Autorengespräch,
Buchvorstellung etc.[7] ergänzt und bedrängt.

Keine Literatur kann auf Dauer ohne Literaturkritik bestehen (Friedrich
Schlegel), denn »Kritik ist ein entscheidendes Element jeglichen geistigen Lebens«,[8] wie Marcel Reich-Ranicki feststellte. Unbestritten dürfte gelten, dass die
Maßstäbe für die Beurteilung von Literatur in der Konsequenz nicht objektiv
sind: »Wir werden« von einem Kunstwerk«, sagt August Wilhelm Schlegel –
»nicht bloß als Menschen, sondern als Individuen affiziert, und das noch so
ausgebildete Gefühl steht immer unter individuellen Beschränkungen«.[9] Objektiv erscheint nur die Methode der Literaturkritik: Der Kritiker hat sein Urteil,
das er subjektiv fällt, nachvollziehbar zu begründen. Somit sind ganz unterschiedliche Urteile über ein und dasselbe literarische Werk nicht nur denkbar,

---

4 Goethe 1984, S. 1113.
5 Benjamin 1928, 1991, S. 108–109.
6 Ein Beispiel dafür ist der Journalist, Schriftsteller und Literaturkritiker Friedrich Sieburg
  (1893–1964).
7 Vgl. Pikulik 2000, S. 146.
8 Reich-Ranicki 2002, S. 10.
9 Zitiert von Marcel Reich-Ranicki 1970, S. 131 ff.

sondern selbstverständlich. Und immer tragen sich darin das Literatur- und das Zeitverständnis des Kritikers aus. Vor dem Verständnis einer Literaturkritik des Kritikers X ist sein Literaturverständnis zu betrachten, und eben deshalb sollte er es in seiner Rezension sichtbar machen. Beispielsweise zeigte die deutsche Literaturkritik, dass sie aus Parteigängern höchst unterschiedlicher Literaturauffassungen besteht, als 2007 Martin Mosebach den Büchner-Preis erhielt. Bei der Bewertung von Mosebachs Werk kam es zu gegensätzlichen Urteilen, die die Zeitschrift LITERATUREN aufgriff, indem sie die Titelgeschichte einer Ausgabe ihrer Kritik an Mosebach als Büchnerpreisträger widmete.

Heute ist die Literaturkritik wieder an einem kritischen Punkt angelangt. Ist sie Dienstleisterin oder ist sie ein autonomes Gewerbe, das die neueste Literatur, ohne Rücksicht zu nehmen, zu prüfen hat? Marcel Reich-Ranicki sah sie im weitesten Sinn beauftragt, einzutreten für bessere Bücher und bessere Leser.[10] Damit sah er Literaturkritik nicht als Dienstleistung im engeren Sinn. Die Literaturkritik als Dienstleistung meint vor allem:

1. verkaufsfördernde Publizität für Autoren und Verlage herzustellen,
2. Leser im Dschungel der Neuerscheinungen zu ihren Büchern zu führen sowie
3. Medium für die Profilierung der Kritiker zu sein.

Auf die genannten Dienstleistungen scheint die Praxis der Literaturkritik heute zuzulaufen. Zu vermuten ist dies auch wegen eines hohen Anteils an Gefälligkeitskritiken bzw. der diversen Verbindungen zwischen Kritikern und Schriftstellern. So sorgte der Vorsitzende der Jury für den Deutschen Buchpreis 2013, Hellmut Böttiger, dafür, dass der Roman *Nichts von Euch auf Erden* von Reinhard Jirgl für die Shortlist nominiert wurde. Böttiger war Jirgls Laudator für den Büchnerpreis. Warnungen, dass die Literaturkritik als Dienstleisterin ihre eigene Abschaffung betreibt, werden anscheinend nicht ernst genommen. Literaturkritik kann nur ungebunden existieren: nicht gebunden an den aktuellen Literaturmarkt. Scheint dies eine Illusion zu sein?

In der deutschen Gegenwartsliteratur seit den 1990er-Jahren hat es drei nennenswerte Debatten gegeben. Die erste gleich mit der deutschen Wiedervereinigung 1990 unter der Überschrift »Was bleibt«, als die *engagierte Literatur*, die aus dem Osten kam (Christa Wolf, Volker Braun etc.), und die übriggebliebene engagierte Literatur im Westen Deutschlands (insbesondere Günter Grass) abgewehrt wurden. Da hatten sich noch einmal die Hüter einer autonomen Literaturauffassung durchzusetzen versucht.

Die zweite Debatte war im Wesentlichen eine langanhaltende Klage über den Zustand der deutschen Gegenwartsliteratur in den 1980er- und 1990er-Jahren. Nachdem man die engagierte Literatur zurückgewiesen hatte, fiel um so stärker

---

10 vgl. Reich-Ranicki 1995, S. 129.

der unbefriedigende Zustand der deutschen Gegenwartsliteratur auf, in der sich in den 1990er-Jahren die POP-Literatur etabliert hatte. Frank Schirrmacher beklagte den 20 Jahre andauernden Stillstand der Gegenwartsliteratur – u. a. zeigte das Ausland kaum Interesse an Übersetzungen aus dem Deutschen – und vermutete, dass dieser auf die Literaturkritik übergegriffen habe. In den 1990er-Jahren erblickten Leser, Literaturkritiker und Verleger in Amerika das gelobte Land des Erzählens und hielten es der deutschen Literatur vor. Diese Literaturdebatte findet sich dokumentiert in der Essay-Sammlung *Maulhelden und Königskinder*, herausgegeben von Andrea Köhler und Rainer Moritz, bei Reclam 1998. In dem Band *Vom anderen zum Gegenüber.* *»Jüdischkeit« in der deutschen Gegenwartsliteratur* (2011) setzt Andrea Heuser Texte von Autorinnen und Autoren der Gegenwartsliteratur in Bezug zu einander und zeigt u. a. wie Maxim Biller[11] gegen eine blutleere Literatur, die so viel Sinnlichkeit besitzt, wie der Stadtplan von Kiel, schreibt. Solange eine Literatur nur auf den Seiten der Feuilletons Wirkung zeige, aber nicht bei den Lesern, stimme etwas mit der Literatur und der Literaturkritik nicht. Als Ursache sah Biller die Erlebnisarmut der Autoren der 1978er-Generation. Und der bildungsbürgerlich besetzte Begriff vom sogenannten »Guten Buch« wurde für obsolet erklärt. Gut ist, was gefällt! Davor dürfte auch die Literaturkritik nicht die Augen verschließen. Frank Schirrmacher schloss sich der Kritik mit anderen Argumenten an: Seine Kritik galt der Authentizität, wenn er große gesellschaftlich bedeutsame Stoffe in der Literatur sah: Mit Authentizität tarnt sich nur die Talentschwäche.[12]

»Gut ist, was gefällt« – stellt die Frage, ob die Literaturkritik nicht zu oft die falschen Bücher rezensiert: nicht die, die den Leser beschäftigen, sondern die, die den Kritiker beschäftigen: Charlotte Roch *Feuchtgebiete*, Helene Hegemann *Axolotl Roadkill*, Sabine Ebert *1813 – Kriegsfeuer* und *Völkerschlacht* usw.

Die dritte Debatte wurde im Jahr 2006 geführt über Volker Weidermanns *Lichtjahre – eine kurze Geschichte der deutschen Literatur von 1945 bis heute.* Einem Teil der deutschen Literaturkritik warf Weidermann[13] vor, seine literarischen Bewertungen zu stark mit den Biographien der Autoren zu begründen (weniger mit ihren Texten) und überhaupt zu sehr aus Sympathie und Antipathie heraus zu urteilen. Man sprach mit Weidermann symptomatisch von den Emphatikern und stellte ihnen die Gnostiker gegenüber. Die Emphatiker gehen von ihrem emotionalen Leseerlebnis aus und sind Anwälte der literaturkritischen Leidenschaft. Sie durchforsten Literatur mit Hunger nach Leben und Liebe. Die Gnostiker dagegen sind Anwälte der Erkenntnis, die begreifen möchten, was sie ergreift. –Literaturjournalismus contra Literaturwissenschaft.

---

11 Vgl. Heuser 2011, S. 361.
12 Vgl. Schirrmacher 1998, S. 15–27.
13 Vgl. Weidermann 2006, S. 9.

Einflussreiche deutsche Literaturkritiker sind Emphatiker: Marcel Reich-Ra-nicki, Elke Heidenreich, Denis Scheck – ihre Urteilsbildung findet ihren Aus-gangspunkt bei der Frage: hat mich der Roman gelangweilt (auch wenn er wichtig sein mag) oder gefesselt. Damit sind die Fragen der Leser Ausgangs-punkt ihrer Kritiken.

Enzensberger hatte vom literarischen Journalisten keine gute Meinung: »Der literarische Journalist lebt von der Substanz, die der Kritiker ihm hinterlassen hat; wenn sie aufgezehrt ist, bleibt nur Gequassel übrig.«[14] Der Schriftsteller Wolfgang Hilbig macht 1995 in einem Essay *Abriß der Kritik* die Nähe von Literaturbetrieb und Journalismus deutlich: »Das einzige Engagement des Be-triebs besteht darin, sich die letzten Reste an Aufmerksamkeit zu ergattern; die Mittel zu diesem Zweck werden immer beliebiger.«[15]

Stehen analytische Kritik und Leidenschaft im Gegensatz zu einander? Es muss als Grundsatz bestehen bleiben, dass Kritik persönliche (subjektive, emotionale) Urteile mit sachlichen Kriterien begründet.

Im Ideal des Literaturkritikers vermischen sich der Emphatiker und Gnos-tiker –einmalig in dieser Fähigkeit scheint Marcel Reich-Ranicki gewesen zu sein. Die Ausschließlichkeit getrennter Positionen macht nur in einem Streit Sinn. Wohl zeigt der Streit, dass sich im Feld der Literaturkritik immer mehr Emphatiker tummeln, die damit fehlendes literarisches Überblickswissen ver-stecken.

Die Emphatiker könnten auch Populisten sein: die sich selbst nach Macht, Erfolg, Deutungshoheit sehnen. – Und die Gnostiker sind dann Literaturkritiker, die das Publikum übersehen, für seinen trivialen Geschmack verachten und sich vom Literaturbetrieb fernhalten? Die Gnostiker sind unter sich mit den Ahnen und halten Literatur und Leben für zwei widerstrebende Kräfte? Sollte es so sein, hält man es doch lieber mit den Emphatikern, die nach Lebens-Realismus in der Literatur suchen. Ein Eskapismus, der sich nicht an einem fernen Ort trifft: Die Gnostiker flüchten vor der Wirklichkeit in die Literatur, wie ein Teil der Leser auch in Literatur flüchtet – aber Leser flüchten in eine ganz andere, nämlich in Science Fiction-Literatur, in historische Romane oder Thriller.

Diese Debatte über Literaturkritik bestätigt die Vermutung, dass viele, ins-besondere jüngere Literaturkritiker gar nicht mehr in der Lage sind, das einzelne literarische Werk in eine Literaturentwicklung hineinzustellen, weil sie diese nicht mehr überschauen. Es ist zu viel geworden, was wir an literarischer Tra-dition hinter uns haben, um es noch Maßstab bildend einzusetzen. Aber genau dieser Überblick wird gebraucht, um zu sortieren, »was man getrost hinter sich

---

14 Enzensberger in Mayer 1978, S. 566 f.
15 Hilbig 1995.

lassen kann und was nicht« (Gregor Dotzauer).[16] Somit vollzog sich dieser Streit
vornehmlich auch als ein Streit zwischen der älteren (in der Mehrheit: Gnostiker) und der jüngeren Kritiker-Generation (überwiegend: Emphatiker).

Weidermann verteidigte seinen Weg vom Verständnis der Autoren zum
Verständnis ihrer Bücher (man muss wissen, welch starke Wirkung Christa Wolf
in der DDR auf ihre Leser gehabt hat, um ihre Bücher zu verstehen). Er wies
fehlende Unabhängigkeit mit dem Argument zurück, dass im kleinen Literaturbetrieb unvermeidlich jeder jeden kenne: »Vielleicht 25 interessante Kritiker,
15 interessante Verleger und 100 interessante Schriftsteller.«[17] Außerdem veränderte Weidermann und mit ihm einige Literaturkritiker seiner Generation in
seinen eigenen Literaturkritiken das Schreiben über Bücher und deren Autoren.
Er, und mit ihm einige Vertreter seiner Linie, vornehmlich jüngere Literaturkritiker, plauderte in seinen Artikeln Anekdoten über Autoren aus, die er nur aus
seiner Nähe zu den Autoren kennen konnte und bemühte sich um Unterhalt-
samkeit, was die klassische Literaturkritik nur im Ausnahmefall erreichte und
anstrebte.

Immer wieder stellen sich alte Fragen neu: Setzt sich das Gute von allein
durch? Bedarf es dafür der Literaturkritik nicht?

Eine Frage trat neu hinzu: Wie sehr ist die Literaturkritik von der Öko-
misierung des literarischen Marktes betroffen? Welche Auswirkung hat die
Ökonomisierung auf die Literaturkritik? In jedem Fall ist die Begehrlichkeit der
Verlage nach Literaturkritik gewachsen. Verlage unterscheiden in Vertriebsbü-
cher und Pressebücher. Bei Vertriebsbüchern handelt es sich meist um Unterhaltungsliteratur, für die die Literaturkritik nicht gebraucht wird. Anders ist es
bei Pressebüchern. Sie sind ohne die helfende Aufmerksamkeit schaffende Literaturkritik schwer durchzusetzen. Auch wenn die Wirkungen der Kritik in
Zeitungen und Rundfunk anders als im Fernsehen die Verkaufszahlen nur noch
gering beeinflussen, erhoffen sich die Verlage von der Literaturkritik eine Anerkennung ihres literarischen Programms. Die Kritik kann den Verlagen zu
einem literarischen Image verhelfen. Das Anwachsen der Zahl der Neuerscheinungen machte es den Verlagen immer schwerer, von einzelnen Titeln hohe
Absatzzahlen zu erreichen. Galt in den 1980er- und 1990er-Jahren als Bestseller
ein Buch, das 100.000mal und mehr verkauft war, so gilt in den 2000er Jahren ein
Titel mit 10.000 verkauften Exemplaren bereits als Bestseller. Infolge der Ökonomisierung des Buchmarkts kommt es zu Gefährdungen der literaturkritischen
Profession: durch Gefälligkeitskritiken, durch Unisono-Rezensionen (alle erscheinen am Tag des Erscheinens eines neuen Buches, am liebsten noch einige
Tage vor Ablauf der Sperrfrist), was die Verkürzung der Lebenszeit von Büchern

16 Dotzauer 2006.
17 Mischke 2006.

fördert, weil Bücher nur solange als rezensierbar gelten, bis sie das neue Saisonprogramm unaktuell macht. – Verlage greifen gern auf lobende Kritiker-Sätze zurück und drucken sie auf Buchumschläge, womit der Literaturkritiker zum Teil des Buchverkaufs wird.

Unter den jeweils aktuellen Bedingungen der Literaturkritik stellt sich die Frage nach ihren Maßstäben immer wieder neu. Aber gibt es einheitliche Maßstäbe? Es scheint nur eine verbindliche *Methode* der Literaturkritik zu geben.

Zu dieser Methode gehören:

1. Der Kritiker, der sich zu einem literarischen Werk äußert, muss für sich geklärt haben, was für ihn Literatur ist. Es versteht sich von selbst, dass diese einmal erreichte Klärung nicht sein gesamtes Kritikerleben über Bestand haben kann. Sie wird Korrekturen, Änderungen, Wandlungen unterworfen sein, wie es die Literatur selbst ist, jedoch niemals literarischen Moden. Kritiker, die bei Literatur nur Bauchgefühle ins Feld führen können, selbst nur undeutliche Positionen über literarische Qualität besitzen, können ihren Gegenstand sehr schnell verfehlen und werden sich dabei ertappen oder dabei ertappt werden, dass sie von Buch zu Buch mit verschiedenem Maß messen.

2. Für wen als Kritiker feststeht, dass alle große Literatur in erster Linie eine Leistung der Sprache und des Sprachstils ist, der wird sich nicht von brisanten und mit »Zeitgeist« aufgeladenen Stoffen und Themen blenden lassen. Diesem Kritiker wird seine Rezension nicht missraten, denn er wird sich nicht im Übermaß zur Wiedergabe des Inhalts oder der Würdigung des Plots hinreißen lassen – die »inhaltistische« Literaturrezension ist eine häufig zu beobachtende Sünde im Gewerbe. Er wird ganz einfach auf Grund seines Verständnisses von Literatur den Sprachstil entdecken und würdigen. – Das Problem für den Kritiker, der die Kunstform Literatur sucht und nicht ein gut, flüssig und unterhaltsam geschriebenes Buch, besteht darin, dass all die gut, flüssig und unterhaltsam geschriebenen Bücher sein literaturkritisches Instrumentarium auf Dauer abstumpfen.

3. So sehr der Kritiker nicht an seine Arbeit gehen kann, ohne ein Qualitäts-Maß zu besitzen, das Literatur erfüllen muss, so sehr gilt auch, dass der Kritiker die Maßstäbe für die Beurteilung aus der Sache selbst (Lessing)[18] gewinnen muss, d. h. aus dem zu beurteilenden Buch, Text etc. (keine »absoluten«, »objektiven«, »ewigen« Maßstäbe von außen herantragen). Es gilt immer ein Buch in seinem So-Sein zu entdecken, von innen heraus, von dem, was es *will* – dabei wird der Kritiker zur Beurteilung kommen, ob es das Buch (bzw. sein Autor) auch *kann*.

---

18 Lessing 1978, S. 77.

4. Der Kritiker muss die Literatur auf sich wirken lassen und wird im Urteil immer persönlich bleiben (abhängig von seiner Literaturauffassung und Empathiefähigkeit usw.).
5. Der Kritiker wird das Finden seines Urteil nachvollziehbar (einsichtig) vorführen, dabei argumentiert er voraussetzungslos – die Literaturkritik erklärt, führt vor, was sie zu ihrem und zum Verständnis des rezensierten Buches für notwendig hält.
6. Der Kritiker macht sein eigenes Verständnis von (guter) Literatur als Grundposition der Beurteilung des Buches, Textes etc. erkennbar.

Halten wir in Deutschland noch an einer Form der klassischen, hehren, gnostischen Literaturkritik fest, die praktisch gar nicht mehr zu halten ist?

Es ist die Problematik der klassischen, an der Literaturwissenschaft geschulten Literaturkritik, die sich in dieser Form nur noch gelegentlich in den Feuilletons überregionaler Zeitungen, Wochenzeitungen und literarischer Zeitschriften findet:

– Weil die Leser andere Bücher lesen, als die Literaturkritik für die Anwendung ihres Instrumentariums braucht (oder weil die Literaturkritik die Boulevardisierung des Literaturbetriebs nicht zur Kenntnis nimmt bzw. abwehrt)?
– Weil wir nicht mehr die Zeit und den Platz (in den Zeitungen, im Rundfunk, vom Fernsehen ganz zu schweigen) haben, um ernsthafte Literaturkritik zu betreiben und viel zu oft statt bei Buchrezensionen bei Buchtipps ankommen?
– Weil wir kaum noch Literaturkritiker mit einem Gedächtnis (literarischem Wissen) haben, die beurteilen können, dass es Literatur gab, die bestimmte Stoffe, Themen, Formen bereits viel früher aufgegriffen hat?
– Weil die Nähe zwischen Literaturkritiker, Autor und Verlag inzwischen so groß geworden ist, dass unabhängige Literaturkritik kaum noch möglich ist?
– Weil das Tempo und die Fülle der Buchproduktion es dem Rezensenten kaum noch möglich machen, die aufwendige Form der klassischen (im besten Fall selbst literarischen) Literaturkritik zu erfüllen?

Die Position, dass die Literaturkritik sich die falschen Bücher vornimmt und stolz am Geschmack der Lesermehrheit vorbeigeht, wird von Literaturkritikern (etwa Sigrid Löffler) heftig bestritten. Publikumsbücher setzen sich von allein durch und bedürfen der Literaturkritik nicht. Auch eine vorsichtige Lenkung des (schlechten) Lesergeschmacks sei nicht Aufgabe der Literaturkritik. Dies seien letztlich pädagogische Absichten und dafür die Literaturkritik nicht zu nutzen.[19]

Wie sehr setzen der professionellen Literaturkritik die Lesermeinungen im Internet zu? (Wobei es hier durchaus ernsthafte, redaktionell begleitete Portale

19 Vgl. Löffler 2003.

gibt: www.literaturkritik.de u. a.) – Eine Gefährdung der literaturkritischen Autorität durch den verbalisierten Publikumsgeschmack ist bisher nicht zu erkennen.

Zusammenfassend lassen sich die folgenden Thesen zur Literaturkritik aufstellen.[20]

Literaturkritik ist eine notwendige Form der Begleitung der neuesten Literatur – sie tritt an, um mit mutigen Urteilen schlechte Bücher zurückzuweisen und guter Literatur Aufmerksamkeit zu verschaffen. Was gut ist, setzt sich nicht von allein durch. Der Leser wird durch die Literaturkritik in seiner Fähigkeit unterstützt, die Qualitäten eines Textes wahrzunehmen. Der Leser, der ein Buch bereits kennt, will sein Urteil an dem des Kritikers messen.

Literaturkritik erfüllt sich nicht in einem einzigen Rezensentenurteil, sondern ist der Dialog vieler Meinungen über ein Buch.

Die klassische Form der Literaturkritik findet sich in Zeitungen und Zeitschriften, nicht im Hörfunk oder Fernsehen. Die adäquate Form, sich mit dem gedruckten Wort auseinander zu setzen, ist das gedruckte Wort. Hier liegt die Kernkompetenz der Literaturkritik. Das Fernsehen gilt als ein Aufführmedium, nicht als ein genuines Reflexionsmedium, weshalb es von seinem Wesen her kaum den Platz für klassische Literaturkritik bietet.

Die Literaturkritik wird zumeist als Leistung eines bestimmten Kritikers wahrgenommen, der mit seinem Namen für eine bestimmte Urteilsweise steht, die sich in vielen Kritiken desselben Kritikers für den Leser als verlässliche Urteile erwiesen haben. Zu diesem Kritiker entsteht ein Vertrauensverhältnis, woraus eine Bereitschaft des Lesers folgt, sich – in der Regel – seinen Urteilen anzuschließen. Nicht namentlich gezeichnete Literaturkritiken widersprechen diesem Grundzug der Literaturkritik.

Es gibt keine feststehenden Maßstäbe für Literaturkritik. Die Regeln bilden sich immer an der Sache. Wohl gibt es eine allgemein verbindliche Methode für die Literaturkritik. Nach ihr wird das Buch an seinen eigenen Ansprüchen gemessen, das subjektive Urteil vom Kritiker sachlich und nachvollziehbar begründet, wobei der Kritiker sein persönliches Literaturverständnis offenbart, wenn er den Einzeltext in eine literarische Tradition einbezieht.

Literaturkritik ist einerseits nicht bloßer Ausdruck der Empathie, die eine Lektüre beim Kritiker ausgelöst hat, und andererseits erschöpft sie sich nicht im Ausweisen der Erkenntnis, die über ein Buch gewonnen worden ist, sondern sollte sich als Mischung aus subjektivem Erleben eines literarischen Textes und sachlicher Analyse der Wirkungsvoraussetzungen verstehen.

Literaturkritik darf nicht in der Dienstleistung aufgehen und hat zugleich Dienstleistung zu sein. Eine Dienstleistung ist Literaturkritik vor allem für den

---

20 Siehe dazu auch Neue Rundschau Heft 1 (2011).

Leser, der nach Orientierung auf dem Buchmarkt sucht, nicht für Verlag oder Autor im Sinne der Platzierung eines Buches auf dem Markt. Die Literaturkritik muss – trotz der Nähe aller Beteiligten – Unabhängigkeit vom Literaturmarkt wahren und sich in klaren Urteilen, die die Zurückweisung eines Buches nicht ausschließen, artikulieren. Aus ihrem Wirken »ohne Ansehen der Person« bezieht Literaturkritik ihre *Glaubwürdigkeit* – vielleicht das wichtigste Prädikat, das sich Literaturkritik und jeder Literaturkritiker erhalten müssen.

Die Literaturkritik beginnt mit der Auswahl des zu rezensierenden Buches. Die gängige Praxis, Verrissen aus dem Weg zu gehen, verkleinert den Spielraum der Literaturkritik auf Buchempfehlungen und Buchtipps. Verrisse haben eine Aufgabe: Sie weisen notwendigerweise schlechte Bücher zurück.

Erst in der Balance zwischen der Vorstellung von Bestsellern und Entdeckungen von Neuerscheinungen aus kleineren Verlagen kann sich Literaturkritik in der Vielfalt ihrer Aufgaben entfalten. Zwar behaupten Literaturkritiker gern, sie haben die kleinen Verlage im Blick – eine statistische Auswertung der Rezensionen in den Leitmedien (*Frankfurter Allgemeine Zeitung, Süddeutsche Zeitung, WELT, ZEIT, Frankfurter Rundschau, Neue Zürcher Zeitung*) ergibt dies jedoch nicht. Hier werden zuerst die prominenten Spitzentitel in Vollständigkeit und (nach Möglichkeit) vor dem Erscheinungstermin besprochen. Danach bleibt nicht mehr sehr viel Platz auf den Feuilletonseiten für Entdeckungen aus unabhängigen Kleinverlagen.

Bei der Auswahl von Büchern, die rezensiert werden, sollte der Publikumsgeschmack zur Kenntnis genommen werden, ohne ihn zum einzigen Kriterium zu machen. Die Rezension von Publikums-Literatur verschafft der Literaturkritik Wirkung und dem Leser durch ästhetische Bewertungen die Gelegenheit, ein »besserer Leser« zu werden. Diese Position ist unter Literaturkritikern allerdings umstritten, wie gezeigt wurde.

Abschließend sei angemerkt, dass sich Literaturkritik Wirkungen nimmt, wenn sie:

– einen zu kleinen Teil von Literatur im Blick hat (der Wettbewerb der Kritiker und Medien, hoch bewertete Neuerscheinungen als erste vorzustellen bzw. Folge der Konkurrenz der Kritiker und Medien untereinander),
– Publikums-Literatur weitgehend unbeachtet lässt,
– Verrissen meist aus dem Weg geht und sich auf Buchempfehlungen und Buchtipps festlegt (Folge des Zwangs zur Kürze, der fehlenden Qualifikation mancher Kritiker, der Bücherflut),
– auf die Vermittlung ästhetischer Qualitäten von Literatur weitgehend verzichtet, weil literarische Formen, insbesondere die Sprache, oft nur unzureichend in die Bewertung einbezogen werden,
– Bücher zu oft isoliert betrachtet und nicht in literarische Traditionslinien hineingestellt werden, was absoluten Urteilen vorbeugen kann.

Die klassische Form der Literaturkritik ist in den Zeitungen umstellt von vielen anderen Formen: Kurzrezension, Porträt, Gespräch etc., die literaturkritischen Charakter besitzen können. Ein Porträt liefert im besten Fall nicht allein die Beschreibung von Äußerlichkeiten des Autors (seinen Familienverhältnissen, seinen außerliterarischen Interessen etc.), sondern unternimmt einen Längsschnitt durch ein literarisches Werk und versucht das Zusammenspiel von Biographie und Werk zu entdecken oder die Entwicklung der Eigenart eines Autors aus seinen Büchern und der darin behandelten Themen sichtbar zu machen.

Kritiker in der Bücherflut – eine Überschrift, die als Feststellung taugt, aber nicht als Klage. Zeigt die Bücherflut nicht auch, dass die Literaturkritik ihr Amt schlecht wahrgenommen hat: missglückte, unzureichende, entbehrliche Bücher zurückzuweisen?! Davon ist wenig zu spüren. Stattdessen kleben auf den Buchumschläge Kritikersätze als Empfehlung zum Kauf. Also doch: der Literaturkritiker als Dienstleister, aber nicht **an** der Literatur, sondern als Dienstleister der Verlage und Autoren.

Literatur

Balmes, Hans J. / Bong, Jörg / Roesler, Alexander (Hg.): Thesen zur Literaturkritik. Neue Rundschau 1 (2011). Frankfurt am Main.

Benjamin, Walter: ›Die Technik des Kritikers in dreizehn Thesen‹ [1928], in: *Walter Benjamin, Gesammelte Schriften Band 4*. Herausgegeben von Tillman Rexroth, Frankfurt am Main 1991, S.108 – 109.

Dotzauer, Gregor: ›Angriff der Gegenwart‹, in: *Der Tagesspiegel*, 12.04.2006.

Mayer, Hans (Hg.): Deutsche Literaturkritik. Frankfurt am Main 1978.

Goethe, Johann Wolfgang von: ›Gedichte 1756–1799‹. Band 18, in: Goethe, Johann Wolfgang von: *Sämtliche Werke. Briefe, Tagebücher und Gespräche. 40. Bände.* Frankfurt am Main 1987.

Goethe, Johann Wolfgang: ›Schriften zu Literatur und Theater 1771–1807‹. Band 15, in: *Goethe, Gesamtausgabe der Werke und Schriften in zweiundzwanzig Bänden.* Herausgegeben von Walther Rehm, Stuttgart 1984.

Heuser, Andrea: Vom anderen zum Gegenüber. »Jüdischkeit« in der deutschen Gegenwartsliteratur. Köln 2011.

Hilbig, Wolfgang: Abriß der Kritik. Frankfurt am Main 1995.

Köhler, Andrea / Moritz, Rainer: Maulhelden und Königskinder. Stuttgart 1998.

Lessing, Gotthold Ephraim: Hamburgische Dramaturgie. Kritisch durchgesehene Gesamtausgabe mit Einleitung und Kommentar von Otto Mann, 3. Auflage, Stuttgart 1978.

Löffler, Sigrid: Wer sagt uns, was wir lesen sollen?: die Bücherflut, die Kritik und der literarische Kanon. London 2003.

Mischke, Roland: Interview mit Volker Weidermann: »So ein Ich- und ein Erkenntnis-

Flash«, in: *Die Weltwoche*, Ausgabe 21 / 2006, verfügbar unter: http://www.weltwoche. ch/ausgaben/2006 – 21/artikel-2006 – 21-so-ein-ich-und.html [18. 9. 2014].

Müller, Jürgen: Autoren. Schreiben. Bücher. Norderstedt 2009.

Pikulik, Lothar: Frühromantik. Epoche – Werke – Wirkung, 2. Auflage. München 2000.

Reich-Ranicki, Marcel: Meine Geschichte der deutschen Literatur. Herausgegeben von Thomas Anz. München 2014.

Reich-Ranicki, Marcel: Nichts als Literatur. Aufsätze und Anmerkungen. Stuttgart 1970, S. 131 ff.

Reich-Ranicki, Marcel: Über Literaturkritik. Stuttgart 2002.

Reich-Ranicki, Marcel. Nichts als Literatur. Aufsätze und Anmerkungen. Stuttgart 1995.

Schirrmacher, Frank: ›Idyllen in der Wüste oder das Versagen der Metropole. Überlebensstrategien der jungen deutschen Literatur am Ende der achtziger Jahre‹, in: Köhler, Andrea / Moritz, Rainer: *Maulhelden und Königskinder*. Stuttgart 1998, S. 15 – 27. (S. auch, in: *Frankfurter Allgemeine Zeitung*, 10.10. 1989)

Weidemann, Volker: Lichtjahre – eine kurze Geschichte der deutschen Literatur von 1945 bis heute. Köln 2006.

Autorinnen und Autoren

Anz, Thomas, Professor (em.) für Neuere deutsche Literatur an der Universität Marburg. *Arbeitsschwerpunkte:* Literarische Moderne und Gegenwartsliteratur; Literatur-, Medizin- und Psychologiegeschichte; Psychologische Ästhetik und Emotionsforschung; Literaturkritik und literarische Wertung; literaturwissenschaftliche Theorie und Methodologie; Literaturvermittlung in den Medien.
anz@staff.uni-marburg.de

Assmann, David-Christopher, Dr. phil., wissenschaftlicher Mitarbeiter am Institut für deutsche Literatur und ihre Didaktik der Goethe-Universität Frankfurt am Main. *Arbeitsschwerpunkte:* Literaturbetriebs-Szenen, Müll und Literatur, Systemtheorie der Literatur.
dc.assmann@em.uni-frankfurt.de

Bachmann-Stein, Andrea, Dr., Akademische Rätin am Lehrstuhl für germanistische Linguistik an der Universität Bayreuth. *Arbeitsschwerpunkte:* Textlinguistik und Textsemantik, Medienlinguistik, Phraseologie.
andrea.bachmann-stein@uni-bayreuth.de

Bauer, Manuel, Dr., wissenschaftlicher Mitarbeiter am Fachbereich Germanistik und Kunstwissenschaften der Universität Marburg. *Arbeitsschwerpunkte:* Literarische Wirtschaftsanthropologie, Frühromantik, Literatur- und Interpretationstheorie, der literarische Faust-Mythos.
manuel.bauer@uni-marburg.de

Disanto, Giulia A., Dr., wissenschaftliche Mitarbeiterin am Lehrstuhl für Deutsche Literatur an der Universität des Salento, Italien. *Arbeitsschwerpunkte:* Deutschsprachige Literatur des 20. Jahrhunderts, Literatur und Kriegs- bzw. Friedensforschung, Deutsche Lyrik, Literatur und bildende Kunst; Paul Celan, Gruppe 47, Kurt Schwitters, Berliner Dada, Frank Wedekind.
giulia.disanto@unisalento.it

Ernst, Thomas Dr., wissenschaftlicher Mitarbeiter (Assistenzprofessor) der Literatur- und Medienwissenschaft an der Universität Duisburg-Essen. *Arbeitsschwerpunkte:* Literatur- und Medientheorien, deutschsprachige Literatur des 18. bis 21. Jahrhunderts, digitale Medien (im Verhältnis zu Literatur und Literaturbetrieb), Literatur als Subversion, multilinguale und interkulturelle Literaturen (Deutschland und BeNeLux).
webmaster@thomasernst.net; www.thomasernst.net; www.uni-due.de/germanistik/ernst; Twitter: @drthomasernst

Fernández Pérez, José, Studienrat im Hochschuldienst am Institut für Germanistik der Justus-Liebig-Universität Gießen. *Aktuelle Forschungsschwerpunkte:* Literatur und Gedächtnis, Kinder- und Jugendliteratur, Literaturdidaktik, Rezeption deutschsprachiger Literatur in Spanien, Literaturkritik und Medien.
Jose.Fernandez-Perez@germanistik.uni-giessen.de

Gansel, Carsten, Professor für Neuere deutsche Literatur und Germanistische Literatur- und Mediendidaktik am Institut für Germanistik der Justus-Liebig-Universität Gießen; Mitglied des P.E.N-Zentrums Deutschland. *Arbeitsschwerpunkte:* Deutsche Literatur des 19.–21. Jahrhunderts; System- und Modernisierungstheorie; kulturwissenschaftliche Gedächtnisforschung, Narratologie, Evolution und Literatur.
Carsten.gansel@germanistik.uni-giessen.de

Gansel, Christina, apl. Prof. Dr. phil. habil., wissenschaftliche Mitarbeiterin am Institut für Deutsche Philologie, Ernst-Moritz-Arndt Universität Greifswald. *Arbeitsschwerpunkte:* Textlinguistik, Systemtheorie, Semantik, Valenzgrammatik, Gesprächslinguistik.
gansel@uni-greifswald.de

Guerra, Gabriele, Dr., bis 2014 Lehrer für Wirtschaftsdeutsch an der Universität Ca' Foscari Venedig. *Arbeitsschwerpunkte:* Beziehungen zwischen Literaturwissenschaft, Religions- und Kulturgeschichte, insbesondere: Avantgarde und Mystik in der Moderne, Deutschjudentum der ersten Hälfte des 20. Jahrhunderts, Literatur der Konservativen Revolution; weiterer Schwerpunkt über deutsche Reisende der Goethe-Zeit.
gabriele.guerra@unive.it

Hametner, Michael, Literaturredakteur und Literaturkritiker beim Mitteldeutschen Rundfunk, Autor und Herausgeber. *Arbeitsschwerpunkte:* Neuere und Neuste deutsche Gegenwartsliteratur, Literaturkritik.
Michael.hametner@t-online.de

Kasper, Norman Dr. phil., wissenschaftlicher Mitarbeiter am Lehrstuhl für Allgemeine und Vergleichende Literaturwissenschaft der Martin-Luther-Universität Halle-Wittenberg. *Arbeitsschwerpunkte:* Visualität und Medialität in Aufklärung und Romantik; Ästhetische Theorie in Literatur, Gemeinschaftspsychologie und Ethnologie um 1900; Poetologien der Literatur- und Kunstgeschichtsschreibung; Literatur und Vorgeschichte; Ludwig Tieck; Wolfgang Hilbig.
norman.kasper@germanistik.uni-halle.de

Kaulen, Heinrich, Professor für Neuere deutsche Literatur und Literaturdidaktik an der Philipps-Universität Marburg. *Arbeitsschwerpunkte:* Literaturgeschichte seit dem 18. Jahrhundert, Literaturtheorie, Walter Benjamin, Bertolt Brecht, Gegenwartsliteratur.
Heinrich.kaulen@staff.uni-marburg.de

Küpper, Thomas, Dr. phil., derzeit Lehrkraft für besondere Aufgaben im Bereich Neuere deutsche Literaturwissenschaft an der Heinrich Heine-Universität Düsseldorf. *Arbeitsschwerpunkte:* Analyse literarischer und filmischer Darstellungen des Alters (Age Studies), Geschichte der »Kitsch«-Kritik, Walter Benjamins Rundfunkarbeiten, Wilhelm Speyers in Zusammenarbeit mit Benjamin verfasste Gesellschaftskomödien.
thomas.kuepper@phil.uni-duesseldorf.de

Neuhaus, Stefan, Prof. Dr. Dr. h. c., Lehrstuhl für Neuere deutsche Literatur an der Universität Koblenz-Landau, Campus Koblenz. *Arbeitsschwerpunkte:* Literatur des 19. Jahrhunderts, Literatur der Weimarer Republik, Gegenwartsliteratur, Literatur und Film, Kanon und literarische Wertung, Literaturvermittlung und Literaturkritik.
neuhaus@uni-koblenz.de

Roeder, Caroline, Prof. Dr., Institut für Sprachen, Abteilung Deutsch an der Pädagogischen Hochschule Ludwigsburg. *Arbeitsschwerpunkte:* Theorie und Geschichte der Kinder- und Jugendliteratur mit den Schwerpunkten Phantastisches Schreiben, DDR, Gender; Topographieforschung und Kritik.
roeder@ph-ludwigsburg.de

Ruf, Oliver, Prof. Dr., Professur für Medienästhetik und Kulturwissenschaften an der Hochschule Furtwangen sowie Gastprofessor u. a. an der Universität der Künste Berlin und der Zürcher Hochschule der Künste. *Lehr- und Forschungsschwerpunkte:* Medientheorie, Gestaltungswissenschaften, Schreibforschung, Storytelling.
oliver.ruf@hs-furtwangen.de; mail@oliverruf.de; www.schreibaesthetik.de

Stein, Stephan, Prof. Dr., Professor für germanistische Linguistik an der Universität Trier. *Arbeitsschwerpunkte:* Text- und Medienlinguistik, Mündlichkeit und Schriftlichkeit, Phraseologie, Wortbildung.
stein@uni-trier.de

Stoeva-Holm, Dessislava, Prof. Dr., Lehrstuhl für Germanistik an der Universität Uppsala. *Arbeitsschwerpunkte:* Lexikologie, Wortbildung und Phraseologie; Text- und Diskurslinguistik; Kognitions- und Emotionslinguistik, kulturanalytische Sprachwissenschaft.
dessislava.stoeva.holm@moderna.uu.se

Süselbeck, Jan, Privatdozent am Institut für Neuere deutsche Literatur der Philipps-Universität Marburg. *Arbeitsschwerpunkte:* Literaturvermittlung in den Medien, Gegenwartsliteratur, Generationenforschung, Emotionsforschung, Repräsentationen des Krieges, Postcolonial Studies, Interkulturalität, Literatur nach Auschwitz, Literarischer Antisemitismus seit der Frühen Neuzeit, Film- und Theaterwissenschaft.
jan.sueselbeck@staff.uni-marburg.de

Vogt, Rüdiger, Prof. Dr., Pädagogische Hochschule Ludwigsburg Lehrstuhl für Sprachwissenschaft und deren Didaktik. *Arbeitsschwerpunkte:* empirische Unterrichtsforschung, Humor in verschiedenen Perspektiven, Grammatik (linguistisch und didaktisch), Gesprächsforschung (theoretisch und empirisch) sowie Textlinguistik.
vogt@ludwigsburg.de